思想盛宴

国能神东煤炭企业文化建设系列丛书

理论篇

韩浩波 主编

电子工业出版社·

Publishing House of Electronics Industry

北京·BEIJING

图书在版编目（CIP）数据

践行者．思想盛宴：理论篇／韩浩波主编．—北京：电子工业出版社，2023.7

（国能神东煤炭企业文化建设系列丛书）

ISBN 978-7-121-46965-7

Ⅰ.①践…　Ⅱ.①韩…　Ⅲ.①煤炭企业—企业集团—企业文化—研究—中国　Ⅳ.① F426.21

中国国家版本馆 CIP 数据核字（2024）第 001607 号

责任编辑：胡　南　李楚妍

印　　刷：中国电影出版社印刷厂

装　　订：中国电影出版社印刷厂

出版发行：电子工业出版社

　　　　　北京市海淀区万寿路 173 信箱　邮编：100036

开　　本：720×1000　1/16　印张：79　字数：1200 千字

版　　次：2023 年 7 月第 1 版

印　　次：2023 年 7 月第 1 次印刷

定　　价：500.00 元（全 5 册）

凡所购买电子工业出版社图书有缺损问题，请向购买书店调换。若书店售缺，请与本社发行部联系，联系及邮购电话：（010）88254888，88258888。

质量投诉请发邮件至 zlts@phei.com.cn，盗版侵权举报请发邮件至 dbqq@phei.com.cn。

本书咨询联系方式：010-88254210，influence@phei.com.cn，微信号：yingxianglibook。

前言

神东自1984年开发建设以来，一代代神东人传承艰苦奋斗、开拓务实、争创一流的企业精神，在昔日渺无人烟的荒漠中先后建成了我国首个亿吨级、首个两亿吨级煤炭生产基地，成为煤炭工业先进生产力的代表企业。

40年来，神东始终坚持党的领导，加强党的建设，牢记"国之大者"，胸怀"企之要者"，在国家能源集团党组的坚强领导下，勇担保障国家能源安全的使命与责任，坚持走新型工业化道路，围绕高起点、高技术、高质量、高效率、高效益的"五高"建设方针，探索形成了生产规模化、技术现代化、队伍专业化、管理智慧化的"四化"发展模式，走出了一条煤炭产业中国式现代化的发展之路。主要经济指标已经达到国内第一、世界领先的水平。新时代，神东坚持"安全、高效、绿色、智能"高质量发展，持续培育独具神东特色的"创领"文化，坚持文化赋能，全面提升文化软实力，为国家煤炭工业保供贡献"神东力量"，为能源转型升级贡献"神东智慧"。

回望神东40年发展史，是现代煤矿工人艰苦奋斗、开拓务实、争创一流的矢志奋斗史，是神东人锐意改革、团结进取、推动煤炭工业发展的创新创造史，更是神东从文化自发、文化自觉、逐渐走向文化自信的成长壮大史。从各个方面系统总结提炼神东企业文化建设成果，对在新时代丰富国有企业文化内涵、传承弘扬神东精神、巩固拓展神东文化与管理实践成果、提升公司文化软实力和企业核心竞争力大有裨益。

2023年，是全面贯彻落实党的二十大精神的开局之年，是落实"十四五"规划承上启下的关键之年，也是神东深入推进高质量发展的重要之年。在这个特别的年份，"国能神东煤炭企业文化建设系列丛书"和大家见面了。作为本套丛书的第一册，《思想盛宴——理论篇》集中收录了2016年以来公司各部门、各单位的文化思考践行者对于神东企业文化建设的理论探索、课题研究及实践经验总结。这些成果不仅是神东人对于理论创新的探索，更是日常管理智慧和经验的结晶。

本书共分为"课题研究、理论探索、管理融合、践行应用"四个章节。"课题研究"收录了神东在企业文化建设实践中最具代表性的文化建设路径、方法、模式等专题研究，是神东各单位、各部门在多年企业文化建设实践中提炼出来的底层逻辑和一般原理；"理论探索"从文化的视角，以问题为导向，对神东企业文化建设中的重点、难点问题进行梳理，深入研究问题背后的文化归因，有助于我们提升认知、创新思维、启迪智慧；"管理融合"提供了丰富的企业文化与安全管理、党的建设、制度、队伍及绩效管理等融合实践的经验总结，对文化理念转化落实有较强的借鉴意义；"践行应用"则针对企业文化理念在落地实践中的一些具体问题进行具体分析，提出科学的解决方案，为各单位特色文化实践提供一定的参考和借鉴。

愿本书能够为神东各部门、各单位的企业文化建设工作者提供理论的启发和方法的指导，以高质量企业文化建设助力神东高质量发展。

编者

2023 年 7 月

目录

01

课题研究

世界一流企业文化
软实力提升路径探讨

王国青　韩浩波　王新伟　赵晓蕊

摘要： 习近平总书记在党的十九大报告中提出"培育具有全球竞争力的世界一流企业"，明确了新时代我国企业改革发展的目标方向，擘画了我国日益走近世界舞台中央的战略支撑。国务院国资委认真贯彻落实党中央决策部署，对央企创建世界一流示范企业作出具体安排，提出了"三个领军""三个领先""三个典范"的基本指引，中央企业及一些省管企业积极践行，纷纷将创建世界一流纳入企业发展战略，加快创建世界一流企业的步伐。

神东煤炭集团公司作为国家能源集团的骨干煤炭生产企业，落实国家能源集团"一个目标、三型五化、七个一流"发展战略，秉承创建世界一流示范企业的使命，瞄准世界最先进水平，以"高起点、高技术、高质量、高效率、高效益"为建设方针，创新集成国内外最先进的开采理念和科技装备，深入实施关键技术和核心技术研究，实现了煤炭开采由劳动密集型向技术密集型、由高危行业向本质安全型企业和由环境污染向清洁环保、资源节约型的"三个转变"，形成了安全、高效、绿色、智能矿井核心技术。在此时代背景下，神东如何进一步培育世界一流企业文化软实力，推动神东创建世界一流示范企业目标的实现，在本文中进行了研究和探索。

本文首先阐述了选题背景、研究意义和相关概念及基本特征，通过分析研究国内外关于世界一流企业的主要论述，重点从创新、引领和价值三个维度构建出一套世界一流文化软实力指标评价体系，将文化软实力创建的目标任务通过指标的分解与企业决策层、管理层、执行层和操作层的日常工作紧密结合；其次，在对神东目前的文化软实力建设现状综合分析的基础上，开展了深入的问卷调查，分析了神东文化软实力建设存在的问题；最后，结合实际，参考其他领域文化软实力建设方法，实施"五大工程"，推动"五力建设"，提升世界一流企业文化软实力的具体实现路径。为其他中央企业，提供理论上的参考和实践上的借鉴。

关键词：世界一流　企业文化　文化软实力

第一章　绪论

一、研究背景与意义

（一）研究背景

习近平总书记提出：要深化国有企业改革，"培育具有全球竞争力的世界一流企业"，要"增强国有经济竞争力、创新力、控制力、影响力、抗风险能力"。按照这一要求，国务院国资委提出了"三个领军""三个领先""三个典范"的"三个三"基本要求。神东煤炭集团（以下简称神东）作为国家能源集团的骨干煤炭生产企业，落实国家能源集团"一个目标、三型五化、七个一流"发展战略，建设具有全球竞争力的世界一流能源集团的战略部署，在主要技术经济指标达到国内第一、世界领先水平的基础上，立足业务板块，积极创建世界一流煤炭生产企业。开展《神东煤炭培育世界一流企业文化软实力》课题研究是承接集团发展战略部署的内在需要，是社会主义新时代央企发展的客观要求，也是贯彻落实习近平新时代中国特色社会主义思想的重要举措。

核心价值观是文化软实力的灵魂、文化软实力建设的重点。这是决定文化性质和方向的最深层次要素。一个国家的文化软实力，从根本上说，取决于其核心价值观的生命力、凝聚力、感召力。神东作为国内最大的煤炭生产基地，在全面创建世界一流示范企业的时代背景下，如何以习近平新时代中国特色社会主义思想为指引，积极培育和践行社会主义核心价值观，如何培育世界一流企业文化软实力，全面提升企业核心竞争力，推动企业高质量发展，这是神东亟待解决的重要课题。

（二）研究意义

1. 有利于企业战略选择

"一个目标、三型五化、七个一流"是国家能源集团的总体发展战略。作为集团的骨干煤炭生产企业，神东按照集团统一部署，切实担负起创建世界一流企业的使命任务。通过加强企业文化建设，深入推进一流品牌创建工作，着力培育具有时代特色、富有竞争力和创新力的神东企业文化软实力。对内凝心聚力，构筑企业精神，创造企业价值，为职工提供精神指引；对外树立企业形象，强化企业品牌，彰显企业力量，引领企业持续健康发展。[①]为集团实现"建设具有全球竞争力的世界一流能源集团"目标作出应有的贡献。

2. 有利于企业的长远发展

神东深入践行习近平总书记"社会主义是干出来的"伟大号召，积极服务"四个革命、一个合作"能源安全新战略，深度发掘神东精神的实干内涵，塑造神东创业者、创新者、改革者的实干者集体形象，将"艰苦奋斗、开拓务实、争创一流"的神东精神持续传承和弘扬，在理念、使命、愿景、价值上不断进行提升和创新，紧跟时代步伐，才能更好凝聚人心、鼓舞士气，汇集改革发展的强大力量，打造企业高质量发展的新模式。

3. 有利于提高企业管理水平和自主创新能力

神东要提升和培育企业文化软实力，即把浓厚的人文精神融入煤炭企业的经营管理之中，从尊重人的个性、尊重人的选择、尊重人的情感出发，用人性化的管理策略，凝聚和提高员工的思想觉悟、意志品格和综合素质，从"要我怎么做"的被动执行转化为"我要这样做"的主动践行。培育神东企业文化软实力，有利于培育良好的创新环境，形成有效的创新机制，营造"创新智慧竞相迸发，创新人才大量涌现"的创新氛围。

---

① 周剑波. 世界一流煤炭企业建设指标体系研究[J]. 中国煤炭. 2019（03）

二、研究方法

本文主要采用文献研究法、问卷调查法和访谈法，探索神东如何培育世界一流企业文化软实力。

写作过程中，课题组充分利用知网、万方数据库等多种平台，广泛查阅近年来国内外的有关期刊、论文等文献资料，尤其是关于一流企业创建，以及与一流企业文化软实力相关的规划、报告和有关统计数据。尽可能全面地掌握与课题相关的文献成果和基础资料。同时，为了深入课题研究，课题组特意在公司内部开展了一次广泛的问卷调查，共设置关于企业文化软实力的52个问题，收回有效问卷12000份。问卷调查对象涵盖了神东不同职级、不同岗位、不同专业的职工。问卷调查为课题研究提供了第一手详实的研究数据。对神东企业文化软实力培育的现状进行了访谈交流，进一步明晰了神东的战略方向和发展特征，以及文化软实力未来的提升方向，为培育世界一流企业文化软实力提供指导性的事实依据。

三、课题的创新点与不足

本文试图将比较抽象模糊的一流企业文化软实力研究落实成一系列科学的、可衡量的、操作性强的指标体系，以期通过量化的指标为神东一流企业文化软实力建设提供有力有效的考评依据，也为其他中央企业在文化软实力建设方面提供理论上的参考和实践上的借鉴。但因理论和实践的局限性，一流企业文化软实力考核评价指标的设置还存在未全面覆盖企业软实力建设的方方面面，并受个人主观因素影响，个别指标的设置可能存在偏颇或不合理等问题。指标的系统性、科学性、可操作性，评价的信度和效度还需在实践应用中进行进一步的检验。

第二章　基本概念与文献综述

一、基本概念

（一）文化软实力的概念

关于文化软实力，约瑟夫·奈在《软实力——国际政治的制胜之道》中作了阐述：是指一个国家维护和实现国家利益的决策和行动的能力，其力量源泉是基于该国在国际社会的文化认同感而产生的亲和力、吸引力、影响力和凝聚力。他认为，文化软实力的最大价值在于，可以用自己的文化和价值体制塑造、规范世界秩序，而不需要诉诸武力和经济制裁。中国文联原党组书记、原文化部副部长高占祥在《文化力》一书中主张，文化力是软实力的核心，文化蕴涵着巨大的"力"，这种"力"并不同于物理学上的"力"，因而，人们更形象地将文化之力称之为文化软实力。中国企业文化研究会常务理事长孟凡驰指出，文化力是指文化内容影响的深度广度和对创造实践的效果水平，他认为企业文化软实力，是指企业文化内容影响的深度广度和企业文化管理创造实践的效果水平。

结合以上学者的研究和神东在企业文化方面的实践探索，本文将企业文化软实力的概念定义为：企业在社会经济文化环境中，在企业自身发展过程中，通过社会主义核心价值观在企业长期的生产经营管理实践过程中转化而产生的感召力、领导力、专注力、创造力和品牌影响力。这些力量基于企业核心价值观、企业精神、企业哲学、最高目标、价值体系等的影响而产生，不断地在企业生产经营、管理、创新、实践中发挥巨大的作用，成为企业综合实力和核心竞争力的深层支撑，成为企业基业长青的根本力量。

（二）世界一流企业的定义

国内外不同学者、机构关于"世界一流企业"定义各有不同。国内关于世界一流企业的研究和论述也没有统一的定论。清华大学国情研究院胡鞍钢认为，世界一流企业是"世界级企业"，进入世界500强，主要经营指标和业绩达到世界500强的门槛，进入世界同行业前10名，具有世界知名品牌和核心技术的企业。国务院发展研究中心袁东明认为，世界一流企业是全球企业群体中最优秀的企业，具有竞争力强、市场价值大、国际化水平高、社会影响力广等特征。

二、国内外文献综述

软实力理论源自西方早期的国力理论，但这一概念最早是由约瑟夫·奈（1990）提出，并得到广泛的关注和研究。软实力概念由王沪宁教授在1993年引入中国。近几年来，国内学者对软实力进行了许多研究和推广，逐步衍生出"区域软实力""城市软实力""国家软实力""文化软实力"等概念，相关著作和论文如雨后春笋般涌现出来。张敏（2015）认为软实力的本质是一种对外的影响力，通过某个区域或国家的民族精神、价值观以及文化形态所形成。赖海燕等（2013）认为社会主义核心价值体系的重要组成部分是文化，我国的文化软实力的显著提升有利于核心价值体系的不断丰富和完善。孙英兰（2011）认为，共同的理想信念、价值追求、行为准则、精神家园是中国文化软实力的重要内涵。青岛大学商学院副教授葛树荣（2019）认为，企业文化是软中之软，是企业根源性的软实力，简称为"企业文化软实力"，作为世界一流企业的文化软实力应该包含强大的企业家精神的企业使命、融入血液的世界第一愿景、极致的客户至上主义，以及高度专注的技术质量执着等八个方面。本文认为文化软实力应该是一个国家、一个民族、一个地区、一个企业具有民族身份先进文化而体现出的强烈的凝聚力、创造力、生命力、感染力，以及发展前景，这体现出了对一个国家、一个民族或一个地区、一个企业所具有的稳定的文化的完整表达。

第三章　构建世界一流企业文化软实力考评指标体系

一、世界一流企业的三个特征

如前文所述，具有全球竞争力的世界一流企业至少应该包括以下三个方面的特征：一是足够"大"。经营规模、盈利能力、资产产量、市值利润总额居国际同行前列。可以用世界500强排名、行业排名、营业收入、资产总额、市值、产量、业绩工效、利润总额、所有者权益、市场占有率等量化指标评判；二是足够"强"。市场竞争力强，技术、管理、模式、创新能力位居国际同行前列，风险防控能力强，全球资源配置、人才队伍、信息化手段、国际化水平达到优秀水平，有标准话语权，国际公认度强。可以用管理团队和员工队伍学历、年龄占比、员工平均薪酬水平、资源储备量、资产负债率、研发经费在收入中占比、国家及国际科研成果占比、全员劳动生产效率、国有资产保值增值率、海外业务占比等指标来评判；三是足够"优"。企业可持续发展，卓越的战略管理能力、相匹配的品牌和企业文化，企业健康度、职工满意度、社会美誉度和品牌影响力、社会贡献高。但就目前我国企业而言具备这三个特征，真正成为世界一流的企业并不多。

二、一流企业文化软实力指标体系的设计原则

本课题研究选取了一系列一流企业文化软实力评价指标，考虑到企业文化软实力的测度应该是多维度多视角的，能够充分反映文化软实力水平，并且能够为企业文化软实力的培育和建设提供参考依据，因此要尽可能使得收集到的数据真实有效，且在指标选取时尽量遵循以下原则：

（一）科学性原则

各指标体系的设计及评价指标的选择必须以科学性为原则，能客观真实地反映企业文化建设的特征，涵盖企业文化软实力测定的主要方面，能客观全面反映出各指标之间的真实关系，使得指标的选取及指标体系的构建都建立在科学理论基础之上。

（二）简明性原则

各评价指标不能太细致也不能太繁琐，不能够相互重叠，应当具备较强的代表性，重要的信息不能够出现遗漏的情形，同时需要避免可能出现的错误，保证客观性，计算方法应简明易懂且数据容易获取。

（三）系统性原则

系统性即强调逻辑关系，一方面需要指标间能够体现出文化软实力的强弱，另一方面要反映各个层次的内在联系。要全面、完整、系统地分析指标构成体系以及各子体系之间的关系。

（四）可比性原则

要求所采取的指标体系，应对创建世界一流示范企业的中央企业的文化软实力提升具有普适性，能够对不同行业、不同企业的文化软实力进行比较分析。

三、构建世界一流企业文化软实力评价指标体系

本文通过查阅大量国内外学者关于企业的文化软实力测评的研究文献，对其总结和比较分析，借鉴他们的研究成果以及经验。同时，结合国有企业文化建设特征，在满足以上指标选取原则的基础上，最终筛选出以下评价指标。

（一）与世界一流企业相一致的企业经营哲学

世界一流企业有支撑企业长远发展的共同价值取向、一致的发展目标和价值观，即通常所说的企业经营哲学，核心功能是以文化人、以文育人。与一流企业相一致的文化理念体系具有塑造员工的观念与行为的力量，倡导超越产量、业绩、利润等业务指标的价值理念，文化理念与企业安全生产、经营管理、党的建设、队伍建设等工作深度融合，与员工的日常实际工作能够紧密结合。企业经营哲学评判可以从员工归属感与价值观认同度、企业活力、企业家精神三个关键指标衡量，员工归属感与价值观认同度具体指标有核心员工流动比率、员工对本企业文化理念的认同度、员工对实现自身价值的满意度，以及员工内部之间关系和睦度四个具体指标评价；企业活力可以用员工平均学历水平和年龄及企业后备干部平均年龄和学历两个指标评价；企业家精神可以用企业家宣讲使命、愿景、核心价值观的次数、企业领军团队平均年龄和学历水平、企业中高层管理人员参与文化建设的频次等指标考评。具体指标设置如下表所示：

经营哲学指标体系表

一级指标	二级指标	三级指标				
		关键指标	数量	指标名称	主要指标	备注
创新维度	经营哲学	与世界一流企业相匹配的价值观体系，企业精神充分彰显，文化理念广泛认同度，企业成长能力、活力强	4	员工归属感与认同度	1. 核心员工年度流动率占比数（比例越低，说明员工对本企业的归属感越强） 2. 员工对本企业文化理念的认同度 3. 员工对实现自身价值的满意度 4. 员工内部之间关系和睦度	
			2	企业活力	5. 员工学历水平和平均年龄 6. 企业后备干部平均年龄和学历	
			3	企业家精神	7. 企业家宣讲使命、愿景、核心价值观的次数 8. 企业领军团队平均年龄和学历水平 9. 企业中高层管理人员参与文化建设的频次	

（二）与世界一流企业相匹配的自主创新能力

创新是引领企业发展的第一动力，是建设现代化经济体系的战略支撑，企业要增强核心竞争力，在激烈的市场竞争中立于不败之地，实现高质量发展就必须坚持创新发展理念，培育良好的创新环境，形成有效的创新机制，推出一系列科技创新成果，为企业可持续发展提供强大智力支持。作为世界一流企业，必须要根据企业实际情况，从机构设置、经费来源、人员配置、人才培养到科研项目的立项、确认、研发、使用等，建立一套完整的管理措施和制度体系，为实现企业的自主创新奠定坚实的基础。具体可以设置六个技术一流指标：直接从事煤炭技术研发人员占公司所有员工比例、企业的年度研发经费占比、年度发明专利成果数量、全球领先的技术数量、制定行业技术标准数量，以及获得国家科技奖的数量等指标衡量。具体指标设置如下表所示：

自主创新能力指标体系表

一级指标	二级指标	三级指标				
		关键指标	数量	指标名称	主要指标	备注
创新维度	自主创新能力	核心技术开发能力	1	研发人员队伍	1. 直接从事煤炭技术研发人员占公司所有员工比例	
			1	企业研发经费	2. 企业的年度研发经费占比	
			1	专利享有率	3. 年度发明专利成果数量	
			1	产品技术领先程度	4. 全球领先的技术数量	
			1	行业话语权	5. 制定行业技术标准数量	
			1	重要科研成果	6. 获得国家科技奖的数量	

（三）与世界一流企业相融合的文化建设成效

优秀的企业文化是企业发展的不竭动力与源泉，世界一流企业普遍具有富有自身特色、深入人心的优秀企业文化，这也是世界一流企业的核心竞争力。文化建设成效方面可以从文化与管理的融合度、职工满意度和企业健康度三个子指标来评定。一是文化与管理的融合度，可从安全、效率、节能环保、产品质量等方面选取对应的指标，以此衡量企业文化对管理的促进作用，首先是安全，煤矿百万吨死亡率、千人工伤率、煤矿千人职业病发病率三个具体指标可以作为衡量煤炭企业是否达到安全一流；其次，可用单产水平和原煤工效两个指标衡量一个煤炭企业的精细化水平，是否实现效益一流；再次，可用国家级绿色矿山数量占比和工业污水处理和循环利用率两个指标衡量企业是否达到清洁化水平，是否是绿色发展的企业典范；最后，可用用户质量满意度一个指标来衡量企业提供的产品、服务是否实现品质领先；二是职工满意度指标，包括文化投入在企业总支出中占比数、文化产品和文化惠民服务员工人均享有量（平均每人每年享受文化服务次数、平均每人每年观看演出次数、员工年人均培训学时数/人·年）以及文化活动员工参与率≥80%三个指标；三是企业健康度指标，包括承载企业核心价值、深受职工欢迎、具有广泛社会影响的文化精品数≥2次、承担社会责任完成地方扶贫项目数及企业诚信体系建设等。具体指标设置如下表所示：

文化建设与成效指标体系表

一级指标	二级指标	三级指标				
		关键指标	数量	指标名称	主要指标	备注
引领维度	文化建设成效	在优秀文化理念指引下，企业在安全、环保、质量、效益、文化服务等方面成效显著，员工满意度高	8	文化与管理的融合度	1. 煤矿百万吨死亡率；（实现零死亡目标） 2. 煤矿千人工伤率；（低于0.8） 3. 煤矿千人职业病发病率（低于1） 4. 单产水平（达到46万吨/月） 5. 原煤工效（达到85吨/人天） 6. 国家级绿色矿山数量/占比 7. 工业污水处理和循环利用率（达到100%） 8. 用户质量满意度（达到100%）	
			3	职工满意度	9. 文化投入在企业总支出中占比 10. 文化产品和文化惠民服务员工人均享有量 11. 文化活动员工参与率≥80%	
			3	企业健康度	12. 承载企业核心价值、深受职工欢迎、具有广泛社会影响的文化精品数≥2次 13. 承担社会责任，完成地方扶贫项目数 14. 企业诚信体系评级	

（四）与世界一流企业相适应的一流品牌形象

世界一流企业一般都具备良好的社会责任感和企业形象，积极履行社会责任，企业知名度高，积极参与国际及行业性企业社会责任标准制定，有标准话语权、国际公认度。具体体现在：有完善的企业形象识别系统，产品和服务是可信赖的，客户满意度高，具有很强的社会影响力。企业发展具有前瞻性和导向性，能够引领和影响本行业的发展，并带动和支撑相关产业的发展，有良好的形象与声誉，获得了人们广泛的情感认同与尊敬。可以用企业模式或标准成为国家、国际标准数、产品品牌价值量（万元）、在世界品牌实验室年度中国500最具价值品牌榜排位、世界500强企业采矿子排位、环保和职业健康体系认证数量企业主体信用评级、社会贡献度、优秀企业管理模式、大国工匠的数量，以及在主流媒体的发声量等指标来衡量，具体指标设置如下表所示：

社会责任与企业品牌形象指标体系表

一级指标	二级指标	三级指标					
		关键指标	数量	指标名称	主要指标		备注
价值维度	社会责任与品牌形象	有完善的企业形象识别系统,产品和服务是可信赖的,具备良好的社会责任感,企业社会影响力、国际公认度高	4	品牌价值	1. 产品品牌价值（万元）排位 2. 在世界品牌实验室（WorldBrandLab）年度中国500最具价值品牌榜排位、 3. 财富世界500强排行榜采矿子榜单排位 4. 煤炭企业全球竞争力排行榜排位		
			3	社会美誉度	5. 企业文化建设成效显著、做法突出,与企业管理深度融合,至少总结提炼出一个精品案例或典型模式在全国范围推广 6. 推送出几个承载企业精神和大国工匠的全国劳动模范、优秀共产党员等先进人物代表在全国具有一定的影响力 7. 年度内企业在央视主流媒体播出次数≥5次,负面舆情占传播声量百分比0.1%以下		
			2	标准话语权和知名度	8. 企业模式或标准成为国家、国际标准数 9. 环保和职业健康体系认证数量企业主体信用评级		

第四章　神东企业文化软实力建设现状分析

神东煤炭集团是国家能源集团骨干煤炭生产企业,在30多年的发展实践中,传承和践行神东精神,形成了自身独具特色的企业文化,沉淀了深厚的文化底蕴,注重文化软实力培育和建设,取得了一定的成效。

一、神东企业文化较实力现状分析

（一）构建了一套相对完整的企业文化理念体系

神东自2003年启动企业文化建设以来,先后经历了2003、2006、2009、2016年四次文化诊断,第四次文化体系提升时,明确了公司企业文化的核心定位是"创领"，即创新创造、领先领跑，形成了"3+1+4+6"的"创领"文化理念体系（见下图）。"3+1"核心理念，即"奉献清洁煤炭、引领绿色发展"的神东使命、"创百年神东，做世界煤炭企业的领跑者"的神东愿景、"安全、高效、创新、协调"的神东核心价值观、"艰苦奋斗、开拓务实、争创一流"的神东精神。4个基本理念：安全理念、环保理念、人才理念、创新理念。基本理念是在突出核心基础上的聚焦与延伸。6条员工行为守则，即"责任""安全""效能""执行""成本"和"纪律"，是全体员工行为的"标尺"，是"创领"文化理念的具体化。"创领"文化理念体系构建贯穿一条主线，源于神东30多年的创新实践，落于员工的岗位践行，其核心是对神东核心管理思想的深层次解读，系统回答了神东将走向哪里、为了什么、基本价值遵循和精神动力等最基本的问题。

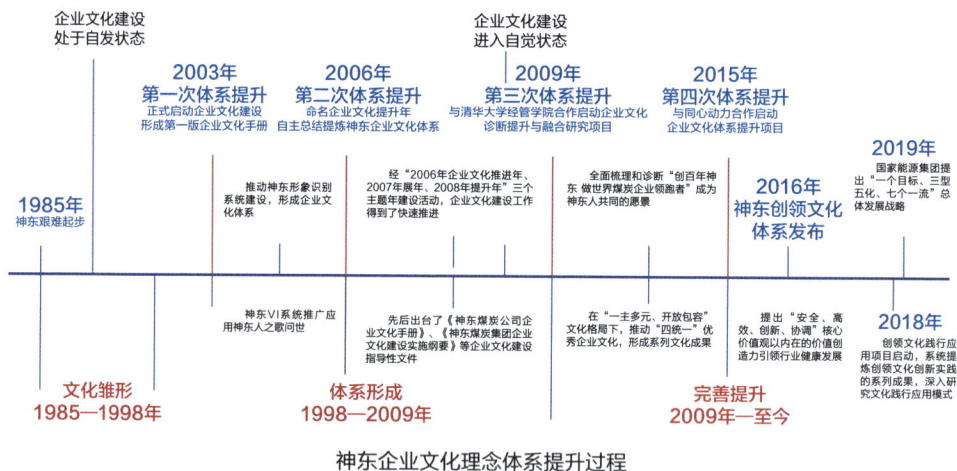

神东企业文化理念体系提升过程

（二）形成了一批神东特色文化软实力建设成果

神东自2016年升级文化体系以来，坚持问题导向，通过统筹规划、督导实施、创新实践，在企业文化建设中进一步厘清了规范与创新的关系、管理与文化的关系、好听与管用的关系，着力打造了既能促进安全生产，又能成就员工价值的文化践行载体。经过安全理念、环保理念、人才理念、创新理念与生产运营管理活动的深度融合，形成了独具神东特色的"创领"文化"双维度"践行模式，发挥了文化在生产运营管理活动过程中不断增值的作用。

1. 践行安全理念，建设安全高效千万吨矿井群

安全是煤炭企业的天字号工程。神东秉承"生命至上、安全为天、无人则安、零事故生产"的安全理念，以文化为载体，让员工在思想上重视安全、企业在管理中落实安全、在技术上保证安全。神东坚持走新型工业化道路，突破行业传统的生产技术、装备水平和管理方式，应用自动化、信息化技术，简化系统、优化管理、提升素质，把保障职工的生命安全和职业健康作为最大的价值追求。神东坚信一切事故皆可预防，通过不断提高对安全隐患的感知意识与风险防范能力，用零事故保零死亡，用零伤害保零事故；做好自保、互保与联保，以个人保班组、班组保区队、区队保矿井、矿井保神东，形成环环相扣、层层负责的安全生产管理保障机制。神东充分发挥信息化、自动化的优势，实现了胶带输送机、井下变电所、供排水等多项作业的无人值守，提升系统的可靠性，减少井下工作人员。煤矿井下作业人员的不安全行为逐年下降8%以上，安全隐患得到了及时处理，百万吨死亡率达到了国际领先水平。

2. 践行环保理念，打造清洁能源生产基地

神东坚持"产环保煤炭、建生态矿区"环保理念，坚定不移地走清洁生产的道路，坚持开发与治理并重，采前防治、采中控制、采后营造的"三期"生态建设防治理念，优化"三圈"生态治理模式与技术，将煤炭绿色开采和节能减排工作相结合，以煤业发展为支撑、井上下互动、采治同行，走出一条主动型生态治理的绿色发展之路，实现高碳产业、低碳发展，使神东煤真正成为"城市环保的救星"。

神东一直秉持"环境保护是企业的生命线"理念，以"打造生态矿区、建设绿色矿井、生产清洁煤炭"的绿色煤炭基地为目标，不断丰富与提升生态文明建设的内容与效果，深入思考煤炭产业生态化、脆弱生态产业化的技术与模式，走出了一条具有神东特色的绿色发展生态文明之路。

3. 践行人才理念，激活人力资源潜能

以"尚德重才、创造价值"为人才理念，敬重矿工、尊崇奉献。倡实干之风，重业绩导向，用实效说话。为每位价值创造者提供干事创业的平台，让每一个价值创造者、持续贡献者得到充分的认可与尊重，获得应有的回报及工作成就。

神东在人力资源管理中，把尊重劳动、尊重知识、尊重人才、尊重创造作为企业一切工作的出发点，努力从制度规划、考核激励、培训开发、企业文化等方面入手，建立吸引人才、培养人才、留住人才的管理机制，创造利于人才发展的环境氛围。围绕"实实在在为职工谋福利、发展依靠职工、发展为了职工"的思路，在注重维护员工的物质利益的同时，也关注员工的个人发展，体现企业应有的人文关怀，满足员工对安全感、认同感、被尊重感的需求。强化培训提升，神东2019年投入7700多万、2020年投入1.08亿用于各级培训，不断从企业和个人需要层次提升，着力找差距、补短板、强弱项、扬长处；创新畅通员工职业发展通道，从管理、技术、操作三个职业发展通道提升和实现员工的价值。近两年共培养享受国务院政府特殊津贴专家、"百千万人才工程"、孙越崎能源奖、大国工匠等科技领军人才53人。

4. 践行创新理念，提升企业生产运营综合实力

追求"创新无止境、求真有回报"的创新理念。神东把创新作为各项工作的动力与引擎，以解决问题、提升生产效率和管理水平为目标，不断地自我完善与提升，打造一流的技术体系和管理体系。

坚持通过创新来提升生产运营效率，利用创新成果来减轻员工的工作强度，实现企业价值增值最大化。2017—2019年累计投入8.5亿用于技术研发、管理创新和群众创新创效活动。建设了"内蒙古自治区煤炭集约化开采工程技术研究中心""内蒙古自治区企业研究开发中心""榆林市煤炭开采与环境治理工程技术中心""榆林市精煤工程技术研究中心"四个科技创新平台和"煤炭开采水资源保护与利用国家重点实验室"。

"煤矿地下水库关键技术"保障了矿区的正常生产、生活和生态建设用水；"生态建设关键技术"攻克了矿井水保护与利用、超大工作面减损、节水灌溉、快速培肥、群落筛选与优化、病虫害防治、菌根生物修复、乏风利用等矿区生态治理难题。

充分发挥职工智慧，通过开展小改小革小组、QC小组、创新工作室等创新创效活动，来解决和优化生产运营的各个环节效率。2019年完成创新创效645项；QC小组完成了100多项成果，取得了企业、集团和政府机构的奖励；连续三年管理课题研究成果达到150项以上；搭建了"煤炭行业技能大师工作室""劳模创新工作室"33个；完成专利申报307项。

（三）探索了"互联网+"智慧文化云服务管理新模式

聚焦企业发展战略，聚焦员工群众对美好生活的向往，神东在文化产品和服务的精准性和有效性上重点发力，有效整合文化艺术活动、文体培训资源、场馆资源、电影放映资源、图书借阅、文化展览展示等文化资源，积极探索集需求调研、服务供给、质量评价、优化改进为一体的"一站式"智慧文化云服务模式，打通融合各项服务功能，激发员工群众内源性文化需求潜力，为每一个有爱好的人提供展示和交流的平台。

其一，在顶层设计框架下各项工作整体推进，更加精准对接服务需求，实现文化服务有效供给。为员工群众提供一站式"可读""可看""可学""可约""可互动评价"的综合性文化服务大餐。探索提供菜单式、窗口式的文化服务，切实发挥出了智慧文化服务的作用。其二，搭建职工书屋、公益培训、智慧场馆服务等文化服务活动平台，满足员工精神文化需求，提升员工文化素养，实现文化服务即时互动式精准服务、订单引领式精准服务、文化活动参与式精准服务。其三，初步形成一体化的服务质量反馈机制与"需求征集—服务供给—意见反馈—改进提升"的良性循环模式，进一步畅通服务需求表达渠道，找准员工群众的文化需求，改变一定程度的"供需错位"，提高文化服务供需的匹配程度，提升文化服务供给的实效，促进文化服务质量的提升。

（四）搭建了内外宣立体式的传播矩阵

坚持以社会主义核心价值观引领文化建设，紧紧围绕举旗帜、聚民心、育新人、兴文化、展形象的使命任务，积极打造内外宣传主阵地，通过入驻国内主流媒体传播平台，致力于打通社会媒体的资源渠道，形成对外传播合力，搭建立体式传播网络。围绕党的建设、科技创新和绿色发展主题，通过内容创新和传播创新，形成新的神东话语体系，用新闻作品为神东模式、神东精神注入新的时代内涵，系统总结梳理神东高质量发展的新做法、新经验，努力推动宣传思想工作融合创新，讲好神东故事、塑好神东形象。

神东通过内外部宣传，得到了国家及地方政府、煤炭行业、社会各界媒体和合作方的广泛关注。神东承办了多次国家和地方技能大赛，通过大赛提升企业的影响力；吸引"行走三秦大地，建设美丽陕西"之走进黄河生态调研采访团深入神东调研采风，多篇采风作品在国内主流媒体上登载；承办和参加国家、地方及行业组织的煤博会，充分展示企业的技术与管理风采。

（五）提升了企业美誉度和品牌影响力

神东自成立之初，积极承担"奉献清洁煤炭、引领绿色发展"的企业使命，秉承"产环保煤炭、建生态矿区"的环保理念，走出了煤炭企业生态发展的新路子，从无轨胶轮化、无盘区、加长工作面布置、特厚煤层一次采全高等一系列采煤技术变革，到创新三级处理、三类循环、三种利用的废水处理与利用模式，为煤炭绿色开采，水资源保护提供了有力保障。在积极承担企业使命的同时，神东为认真贯彻落实习近平总书记关于扶贫工作的重要论述，按照党中央和集团党组统一安排部署，履行社会责任，紧紧围绕产业、生态、教育、医疗、消费、扶智、基础设施等方面创新机制、精准发力，不断延伸帮扶的深度和广度，帮扶工作成效显著。2020年投入各类项目帮扶资金10371.56万元，实施产业帮扶、教育帮扶、以购代扶、结对共建、医疗扶贫、技能扶贫、就业扶贫等，帮扶项目48个，获评2020年陕西省脱贫攻坚组织创新奖。神东积极响应党中央、国务院关于开展消费扶贫的号召，累计采购贫困县各类农副产品逾2700万元，助力米脂、吴堡两县及企业所在地贫困群众脱贫致富奔小康，得到了当地干部群众的一致好评和广泛赞誉。与此同时，神东参与"4.19"神木板定梁塔煤矿透水事故救援、"7.26"榆林绥德、子洲洪灾抢险救灾，神木市李家沟煤矿"1.12"事故救援等，受到了省市县各级地方政府以及社会各界的好评。

二、培育世界一流企业文化软实力问卷调查情况分析

（一）调查问卷的设计与回收情况

神东围绕落实培育世界一流企业文化软实力的各项决策部署，努力构建适应市场竞争要求、符合最具竞争力煤炭企业建设、具有自身显著特色的优秀企业文化。课题组围绕本课题研究，对神东企业文化软实力培育的现状进行了深入调查，并对

集团部分高层、中层进行了访谈交流，进一步明确了未来神东文化软实力提升的方向和路径。

在"培育世界一流企业文化软实力"调查中，共收回有效问卷1.2万份。问卷调查对象涵盖了不同职级、不同岗位的职工。依据神东整体员工比例进行了问卷的发放，并对参加问卷的人员岗位进行了有选择的比例划分，其中12%为职能部室人员、53%为煤炭主业人员、35%为非煤炭产业人员，比重由大到小为生产一线职工、技术人员、基层管理人员、领导干部，体现了较强的客观性。问卷回收后，课题组详细对问卷调研结果进行了深入分析，并根据不同岗位、工龄区分群体，进行了抽样比较分析。参与调研人员结构如下图所示：

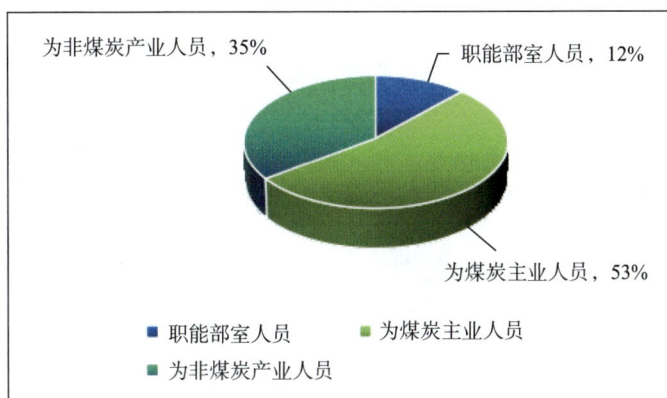

参与调研人员结构分布

（二）问卷结果分析

聚焦创新、引领、价值三个维度，对照经营哲学、管理创新、文化建设、社会责任与品牌形象四个指标，问卷共设置51个题目，从调研人员的参与度与部门的分配比例来看，与神东的组织比例有一定的相似性，具有很强的代表性。由于考虑到试题的数量较多，此处仅选择代表性问题进行分析说明。

1. 企业核心价值观引领力和感召力作用发挥不够

从企业核心价值观发挥作用调研结果看，91.4%的受访者表示了解公司创领文化理念体系，在到神东工作的驱动力方面，有70%以上的员工选择"生存赚钱"，而

"学习新知识、新技术""实现自我价值""企业形象吸引"等内在文化驱动力的选项均不超过50%，说明神东虽构建了一套相对完整、与神东发展战略相匹配的企业文化理念体系，但当前企业核心价值观的感召力和引领力不足，尚未真正发挥文化凝心、铸魂、强本、聚力的作用。

从对文化理念获知途径的调研结果看，86.6%受访者表示通过各类会议、文化培训了解文化理念，66.9%的员工希望用员工的话、身边的事来诠释理念，说明目前神东文化理念宣贯方式单一，员工期待更灵活有效的文化宣贯方式。仅35.6%的受访者（各单位负责人）亲自进行了企业文化宣讲，35.6%的受访者（各单位负责人与中层管理人员）表示年度参与文件建设次数＜2次，说明各单位负责人对文化践行推动重要性认识不够，核心价值观考核倒逼作用还不明显（见下图）。

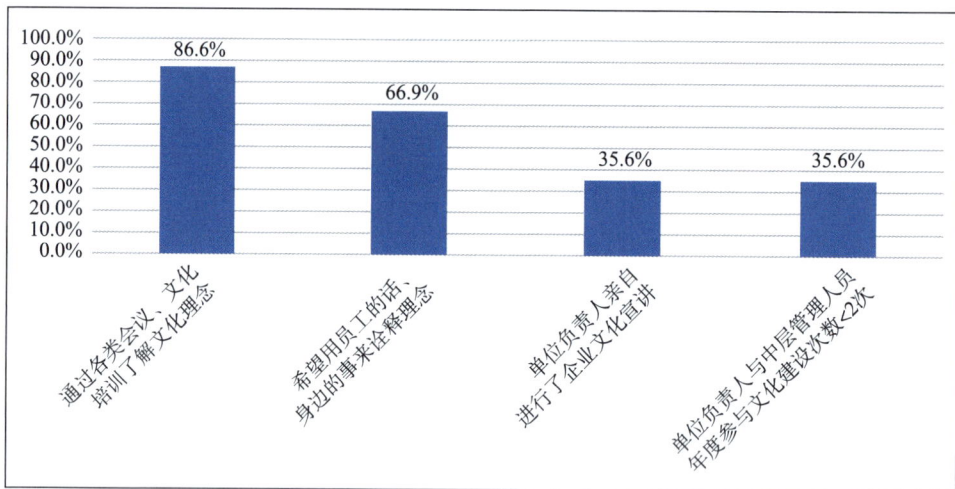

文化理念获知途径

2. 文化理念与企业管理融合互促有待提升

从调研结果看（见下页图），96.9%的受访者表示对公司制定或修订各类制度与企业文化理念融入不够，未能有效衔接，88.4%的受访者（企业文化管理人员）表示未参与制度制定，各类组织绩效考评中未纳入价值观考核，说明文化理念与企业管理融合互促作用有待提升。72.6%的受访者表示职业生涯规划较为模糊，没有更多机会参加公司各类培训，说明员工期待更为科学有效的人才培养机制、广阔的职业发展前景和丰富多样的职业培训。78.8%的受访者认同科技创新对神东驱动发展的作用，但仅有16.8%的受访者表示从事了煤炭技术研发和科技创新工作，说明神东虽全面实施科技创新、核心技术攻关和重大示范工程建设，核心技术研发能力持续增强，但科技创新人才队伍建设仍需加强，核心技术攻关人才仍需加强培养。

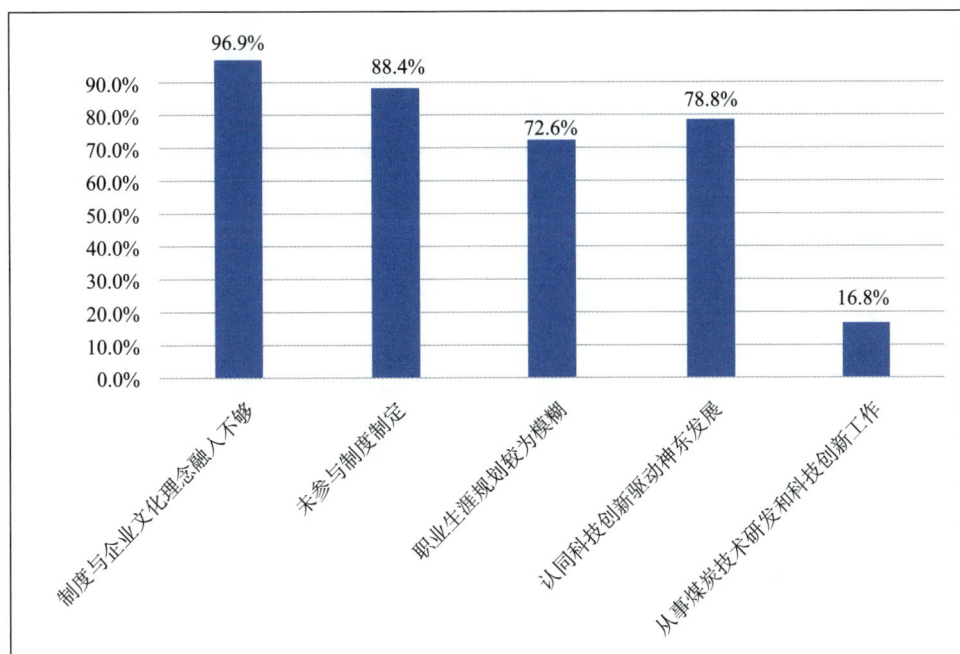

文化理念与企业管理融合调研情况

3. 文化建设和实践路径需要进一步拓宽

在文化实践的载体和路径上，从调研结果看（见下页图），员工的认知目前并没有达到普遍一致，而是存在着不同的理解，虽然具备特色文化的基础，但是主导文化模糊、典型人物不突出等情况，领导的示范作用不突出，在文化建设投入上，77.6%的受访者表示公司在文体设施投入上逐步提升，但在文化建设其他方面投入较少。说明在未来的工作中，领导的示范作用、员工行为、宣传引导、交流沟通、制度建设、文化投入等都需要进一步加强，这些成为神东培育企业文化软实力的重要支撑，也是推动文化理念深植落地的有效路径。

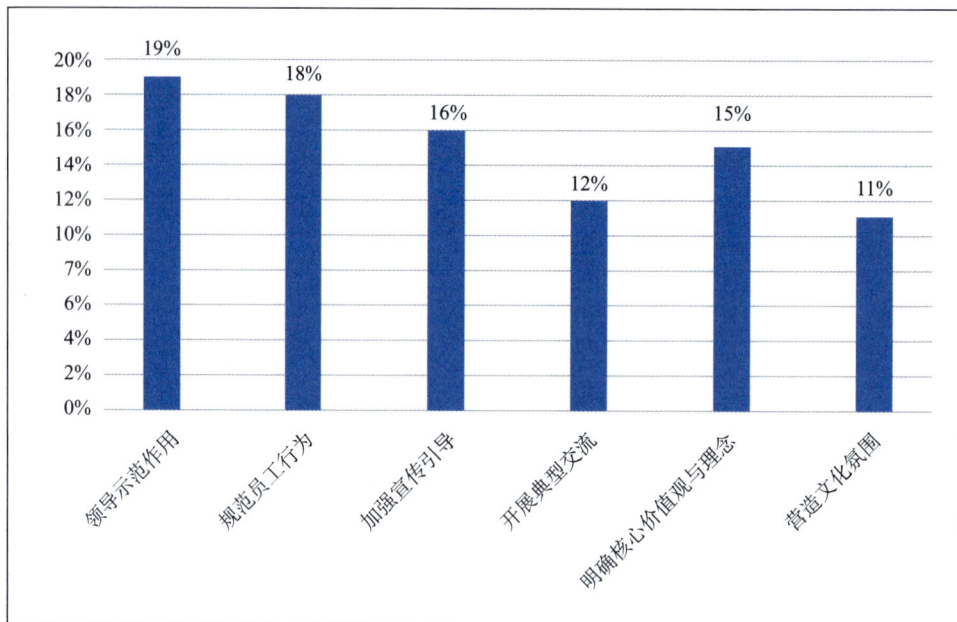

文化实践的载体和路径重要性占比（节选）

4. 文化服务精准有效供给模式需进一步深化

在文化服务活动上，从调研结果看（见下页图），90.6%的受访者认同公司开展的群众性文化活动、公益培训、书香神东、流动电影展映、文化送一线等文化活动，82.68%的受访者主要通过"文化神东"了解各类文化服务活动，仅56.6%的受访者参与了以上文化活动，48.7%的受访者表示能常态化进入文体馆进行健身活动，说明目前的文化服务活动比较丰富，但是宣传渠道单一，员工参与文化服务活动频次较低，文化服务活动覆盖率较低。在文化设施利用上，88.8%的受访者表示文体设施少，且依托场馆的服务活动较少是导致参与活动率低的主要原因，71.2%受访者表示宣传渠道单一影响文化活动参与率，说明公司虽积极搭建文化服务平台，丰富文化服务活动，在文化服务精准性和有效性上重点发力，但在文化服务设施建设上还投入不足，目前中心矿区仅有上湾文体馆、南区活动中心、李家畔文体馆三个专业活动场馆，活动面积6780平方米，员工人均文化场馆享有平方米数＜0.2平方米，中心矿区仅有1个线下书屋，藏书33350册，人均图书藏量＜1册，2019年人均借阅量＜0.2册，阅读人次＜0.2次，说明公司对文化基础设施建设投入不够，下一步还要以问题为导向，在供给侧发力，构建文化服务精准供给体制，增强文化服务供给的实效，提升员工的幸福感和获得感。

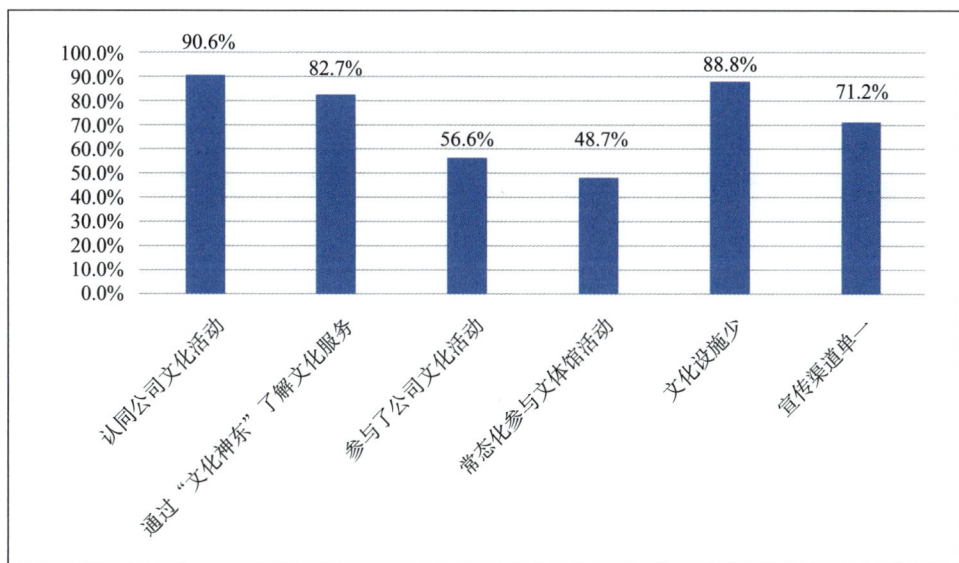

文化服务活动调研情况

5. 文化传播力和品牌美誉度有待加强

从调研结果看，95.5%的受访者对"神东煤"充满自豪感，但不清楚公司的品牌战略和品牌定位及品牌价值，92.6%的受访者认同"艰苦奋斗、开拓务实、争创一流"的神东精神，但对"神东人"的实干精神内涵不清晰，说明公司目前品牌战略、品牌定位、品牌结构不够清晰，"神东煤"品牌知名度、美誉度、忠诚度不够高，品牌影响力和品牌价值还未充分彰显，也说明"神东精神"的实干内涵尚未完全挖掘出来（见下页图）。神东员工"持续艰苦奋斗""不断开拓务实""努力争创一流"的神东精神还有待进一步提升，离世界一流企业员工具有强大的奋斗激情和"自我燃烧"的文化性格还有一定的差距。

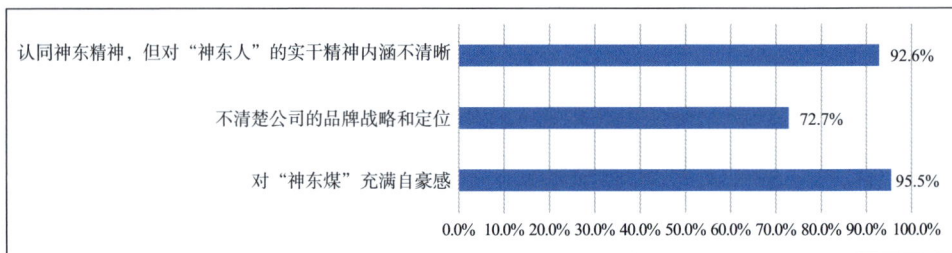

認同神东精神，但对"神东人"的实干精神内涵不清晰 92.6%
不清楚公司的品牌战略和定位 72.7%
对"神东煤"充满自豪感 95.5%

0.0% 10.0% 20.0% 30.0% 40.0% 50.0% 60.0% 70.0% 80.0% 90.0% 100.0%

文化传播力和品牌美誉度调研情况

第五章　神东培育世界一流企业文化软实力提升路径

党的十九大报告提出："文化自信是一个国家、一个民族发展中更基本、更深沉、更持久的力量。"文化软实力不仅代表着文化本身潜藏的力量，还意味着能被他人认同与接受的文化思想，更成为企业与企业间竞争的重要内容。神东在积极创建世界一流煤炭生产企业的背景下，目前除了立足现有得天独厚的资源禀赋和高端智能的采煤设备等硬件，更应该加强党组织领导、培育优秀的企业文化、建设高素质的人才队伍、加大自主创新、探索现代化的企业管理模式、加快企业品牌传播与推广等文化软实力建设，掌握标准话语权，提升国际认可度，保持神东事业基业长青，确保神东在"十四五"期间实现高质量可持续发展。综合前文所述，神东应从以下几个方面提升文化软实力，加快世界一流企业建设的步伐。

一、坚持党建引领企业文化建设，实施领航工程，提升组织领导力

中国共产党是中国特色社会主义事业的领导核心，国有企业是中国特色社会主义的重要物质基础和政治基础，必须加强党对国有企业的领导。企业党组织通过研究讨论企业重大决策，引领推动企业发展战略的制定完善和科学决策，从而为培育世界一流企业文化软实力提供可靠的政治保障，为神东提升文化软实力夯实政治根基。

（一）在战略决策中引领推动世界一流企业文化软实力提升

坚持党的领导、加强党的建设，是国有企业的"根"和"魂"，是我国国有企业的独特优势。作为关系国民经济命脉和国家能源安全的特大型国有重点骨干企业，神东要坚持以习近平新时代中国特色社会主义思想为指导，持续强化党组织核心引领作用，强化战略思维、拓宽视野角度，把眼前需要与长远谋划统一起来，把内部形势与外部环境结合起来，将创建世界一流示范企业与公司整体战略相融合，从战略前端为文化软实力提升创造必备的条件。党组织要通过研究讨论企业重大决策，引领推动企业发展战略的制定完善，推进世界一流企业建设。

（二）在党建融入中引领推动企业文化建设

企业的使命、愿景、价值观体现了企业的政治责任、经济责任和社会责任，诠释了企业为什么而存在、未来发展的蓝图是什么、以什么方法与途径来实现使命与愿景等问题。

通过党建工作、中心工作和重点工作统筹谋划、齐头并进，就能最终让广大党员有更多的成就感，让广大群众有更多的获得感，使党建工作在基层落地生根，建立起牢固的党的群众基础。

企业党建与企业文化辩证统一、相辅相成。党建文化对企业文化建设有着切实的指导、引领作用，只有将党建文化和企业文化有机结合起来，才能更好地带动企业发展进步。一是发挥党员的先锋模范作用在企业中形成创先争优的良好氛围。抓好党员示范岗的带动工作，引导党员和群众做信念坚定、敢于担当、清正廉洁的表率，从而带动广大员工组成一个有理想、有知识、纪律严明、朝气蓬勃的团队。二是用党建文化转变观念。用党的优良传统来转变思想观念。充分发挥党组织的政治核心作用和党员先锋模范作用，带动企业文化建设的全面建设和提升，用先进的党建文化凝聚人、激励人、规范人。三是以红色文化激发奋斗精神。红色文化是中国共产党领导人民在革命、建设、改革进程中创造的革命文化和社会主义先进文化。要挖掘红色文化的价值精髓和宝贵资源，把党的优良传统内化为精神力量，外化为自觉行动，增强创建世界一流企业的昂扬斗志、奋斗激情和思想动力。

（三）在党管干部、党管人才中引领形成企业家文化

国有企业领导人员是党在经济领域的执政骨干，是治国理政复合型人才的重要来源。在培育世界一流企业文化软实力过程中，企业领导者作为企业重大决策的制定者和发布者，发挥着重要的文化引领作用，他们的价值取向和行为选择是企业文化的重要影响因素。培育企业文化软实力，要求领导者必须提升文化自觉，承担文化责任。领导者要定期关注、检测和控制问题，能够应对组织中的关键事件和危机；要有意识地进行角色示范、讲授以及指导，在价值观的转化过程中率先垂范。

深入落实党管干部、管人才工作，提升领导者文化自觉，培育企业家精神，形成企业家文化。党组织要积极引导企业家树立崇高的理想信念，站在国家战略高度制定文化提升战略，明确文化发展方向；深入学习文化知识，提升自身文化修养、文化素质，形成优秀的文化品格；大力弘扬以爱国主义为核心的民族精神和以改革创新为核心的时代精神，增强建设世界一流企业和打造"百年神东"的责任感和使命感，把个人理想融入企业发展的伟大实践中。

（四）在作用发挥中推动行为文化和执行文化建设

发挥好基层党组织的战斗堡垒作用和党员先锋模范作用，为加快世界一流企业文化软实力培育提供坚强的组织保障。神东要紧紧围绕文化提升战略，把党建工作与文化软实力培育工作有机结合起来。要强化党员干部的理论武装，引导党员干部深入学习贯彻习近平新时代中国特色社会主义思想，深入学习习近平总书记系列重要指示批示精神，着力在学懂弄通做实上下功夫，使党员干部在贯彻执行党的路线、方针、政策方面真正起到模范带头作用。

要在发挥党员先锋模范作用中推动行为文化建设。党员是企业中具有坚定信念和严密组织的先进人力资源，要率先垂范，以行为规范培养良好的行为习惯，并引领员工行为；注重人性化管理，与员工进行内部沟通，不断激励员工；在常态化的活动中，逐步形成独具神东特色的礼仪与仪式，增强感染力与传播力。

要在发挥党员先锋模范作用中推动执行文化建设。企业党员干部要从战略高度重视企业执行力，以坚强的决心和意志确保世界一流企业目标的执行；引导员工树

立世界眼光，以世界一流煤炭企业的标准来审视企业的发展；鼓励员工牢固树立"贵在落实、赢在执行"理念，增强执行意识，提高执行素养，培养执行自觉。

二、推进企业价值观转化，实施聚力工程，提高企业使命和愿景的感召力

坚决贯彻习近平新时代中国特色社会主义思想，坚持企业文化的核心理念和价值导向始终践行社会主义核心价值观，始终服务于企业的发展战略和安全生产的定位，推进企业核心理念和价值观转化，实施聚力工程，凝聚全员干事创业激情和动力，提高企业使命与愿景的感召力，为提升文化软实力巩固思想基础。

（一）坚持社会主义核心价值观指导，增强核心价值观凝聚力

要积极培育和践行社会主义核心价值观，将社会主义核心价值观在国有企业落地落小落细，不断拓展企业文化理念体系的内涵和外延，构建与社会主义核心价值观相吻合、与世界一流企业相匹配的、符合企业自身特点的价值理念。坚持不懈弘扬神东精神，丰富神东精神内涵，增强企业向心力和凝聚力。要以国企"六个力量"为指针，以国家能源集团"一三五七"战略为目标，进一步明确公司使命愿景，切实提高员工企业归属感与认同度。

（二）推进核心理念认知统一，提升全员文化向心力

一是在方式上要搭建公司、矿井、区队层面的宣贯渠道，以宣教、研讨、会议、专题培训等方式，立体推进，深化理念的认知与认同；借助企业文化活动仪式平台，以文化活动为载体感知企业文化的要义；通过新媒体、交流会、文化节等方式进行交流分享，加强横向、纵向联动，以点带面，带动企业文化建设水平的整体提升。二是在内容上要不断创新，讲好神东故事、讲好文化故事，从生动鲜活的故事中感悟企业文化的内涵和外延，让企业各层面能够积极主动地去学习、交流和践行；将企业文化内容简单化，让员工易学、易懂、易行。

（三）实现与经营管理深度融合，增强企业价值观的渗透力

培育世界一流企业文化软实力，必须持续推动企业文化与安全生产、经营管理、队伍建设等工作的深度融合，增强企业价值观的渗透力。要始终坚持问题导向、突出文化引领，探索企业文化有效融入管理的路径和方法，把文化理念的价值倡导体现在员工的日常生产生活实践中。

一是企业战略要与文化发展相统一。在进行重大决策时，要充分将价值观融入战略制定和实施中，将价值观转化工作纳入公司整体战略规划。同时，要根据企业发展战略，升级企业文化理念体系，使之符合社会主义核心价值观并与世界一流企业水平相适应；二是企业组织要与文化建设相适应。神东要建立作为第一责任人的企业文化建设领导机构，使其成为企业整体组织体系的一部分，并配备专职专岗人员负责价值观转化推进工作，真正发挥其在推进企业价值观转化工作中的决策和引领作用；三是企业制度要与文化理念相一致。企业制度健全化、规范化，有助于将企业倡导的精神、价值观和行为模式体现出来。实现制度标准与价值准则的协调同步，增进文化认同，达到文化与管理的高度融合。

（四）建立文化软实力考核评价体系，提升企业文化与生产经营互促作用力

价值观随着企业的发展历程和环境的变化，需要不断地充实与完善内容体系，使企业文化整体与时代相宜、与企业发展相宜、与员工感知相宜，才能有效地促进价值观的落地，发挥企业文化的引领作用。

一是要建立企业文化软实力考核评价体系，通过文化软实力指标的考核，来反馈企业文化在企业生产运营管理中所发挥的作用，软实力的作用要通过硬指标来体现；二是通过指标衡量结果来审视企业文化的适应性，通过动态的完善来使企业文化融入生产运营管理的各个环节；三是开展定期的问卷调查分析、访谈，考量员工对企业文化的理解力，减少企业文化与员工自身文化的冲突，发挥企业文化激励员工的正向作用。文化是双向的，只有企业文化得到员工的认同，才能发挥企业文化的引领作用；只有企业文化与员工自身文化差异最小化，能够相互包容、相互转化，才能得到员工的认同，感召员工为企业目标和个人目标而努力奋斗。通过企业

文化考核评价体系促进企业文化真正融入企业并落地，打造企业文化软实力。

三、坚持创新驱动发展，实施强本工程，提升创新的专注力

要全面落实国家创新驱动发展战略，立足创新、创造，领先、领跑的"创领"神东企业文化核心定位，持续弘扬"创新无止境、求真有回报"的创新理念，培育一流的科技创新能力，掌握一流的核心技术，始终坚持"高起点、高技术、高质量、高效率、高效益"建设方针，实施创新驱动发展战略，提升公司煤炭生产和加工运营的管理水平，提升自主创新能力，掌握高端前沿技术，提高创新驱动发展的原动力，提升文化推动管理创新的专注力，实施强本工程，为神东提升文化软实力夯实科技硬核力量。

（一）构建高效的创新机制，以机制带动企业创新活力

深入贯彻创新理念，以建设世界一流企业为目标，建立产学研相结合、内外部协同、全员共同参与的新型共创共建共享创新机制，为企业高质量发展提供动力之源。

一是系统创新。充分利用科研院所和设备制造商技术优势，整合好企业创新平台资源，建立"风险共担、利益共享"的长期合作机制，进一步推进产学研合作，实现创新资源的协同效应与科研开发的规模效应有机统一，努力提高集成创新和自主创新能力。积极推进机械化换人、自动化减人，探索人工智能、大数据、区块链等先进技术与煤炭行业的深度融合，开展智能矿山示范工程建设，引领行业发展。二是大众创新。充分发展企业内部员工的才智，从生产与管理的全流程链条上开展创新，鼓励全员、全过程、全方位、多方式创新，充分发挥拔尖人才、技术骨干和职工群众各层级的技术攻关能力，增强研发热情，形成强大的合力。通过技术创新、管理创新和体制机制创新，全面提升煤矿智能化开采水平，有效减少矿井用人，实现无人化、少人化生产。

（二）加强科技人才队伍建设，以文化孕育创新动力

要建立包容、开放的创新文化，让有能力创新者、愿意创新者敢于创新。创新

的结果是满足企业提升的需要，增加企业的运营效率和效益，而创新的过程复杂多变，成功往往建立在多次大胆尝试、多次失败的基础上。要摒弃唯结果论，要重视创新过程的管理，从文化上给予创新者们最大的支持。

一是树立"失败也是一种成功"的文化理念，重视创新的过程管理，鼓励总结失败的原因，宣传失败者的勇气和毅力，坚定创新者们的信心；二是开源创新者的团队组织，让有共同思想、共同方法、共同能力的人员组织成为团队，发挥团队文化作用，开展创新创效；三是建立团队学习型组织，针对生产运营管理中的问题、提升方向等自主学习、自主研发，达到产学研的结合与统一；四是搭建创新成果的实践平台，让创新成果落地到企业生产运营中，提升创新团队的荣誉感和成就感。

（三）践行神东创领文化，以愿景增强创新原动力

企业文化渗透在企业的技术与管理各个方面。一流的技术需要一流的管理来支撑，一流的管理为一流的技术服务。随着管理学内容的不断丰富，企业管理也逐步成为了特有的技术与方法合集。煤炭行业整体走过了规模化、技术化创效历程，随着煤炭市场的日趋成熟和技术体系的提升，管理创效成为了企业高质量发展的新途径。

一是用文化提升全员技术与管理创新的专注力。文化愿景决定了企业的目标，进而影响着员工的目标，要通过文化来指引企业和员工的行动方向，使二者的目标高度一致，共同专注于世界一流建设，专注于一流企业技术与管理创新。二是用文化指引企业技术与管理创新的发展方向。使命决定了企业要做什么与能做什么，围绕"奉献清洁煤炭、引领绿色发展"神东使命，秉承"创新创造、领先领跑"理念，增强全员创建世界一流企业的自豪感、荣誉感。三是用文化提升企业技术与管理创新的内生动力。深入践行"创领文化"，以集团公司"一三五七"战略为目标，以新技术、新业态、新模式为引擎，推进神东品牌建设，为创新注入内生动力。

（四）加快创新文化建设，以文化引领创新力

创新是引领企业发展的第一动力，神东要创建一流示范企业，实现高质量发展，大力实施创新文化建设，创新文化是神东应对发展环境变化、增强发展动力、

把握发展主动权的战略引擎，也是神东培育世界一流企业文化软实力的力量源泉。要在公司内部树立与创新相适应的一系列思想观念，大力培育创新意识，弘扬"创新无止境、求真有回报"的创新理念，加强创新人才培养，促进自主创新和原始创新，内部大力倡导科技创新、管理创新和体制创新，集合公司内部各类资源，为创新工作提供肥沃的土壤，营造良好的创新工作氛围，着力提升神东文化软实力和核心竞争力。

四、以文化为载体实施育人工程，提升员工价值创造力

创建世界一流示范企业，必须把人力资源作为企业的第一资源，注重现代人力资源管理体系构建，持续优化人才引进、培养、激励机制，努力打造一流人才队伍，充分发挥人才队伍的价值创造力和凝聚力，实施育人工程，为神东提升文化软实力奠定坚实人才基础。

（一）以人才理念推动人力资源管理机制创新

要坚持从实际出发，充分尊重人才、爱护人才，及时调整优化人才引进机制、人才培养机制与人才激励机制，不断创新留人机制，给予人才发挥能力的空间，保证人尽其才、才尽其用。企业引进人才时一般考量其能力，而企业所需人才是能力与素养统一体。一些有能力的人，由于文化环境的不适宜并不能发挥出其最大的潜能，甚至会选择离开企业。所以，企业在引进人才后，要在人力资源管理过程中融入企业文化的培养。

一是要培养其对企业文化中使命、愿景与价值观的认知，发挥人力资源的正向机能；二是围绕企业文化和员工文化属性，采取分类多样的方式激励和留人机制，体现员工的价值存在感；三是匹配员工的能力，从员工文化属性上定位员工的职业发展通道，为员工搭建起各自的使命、愿景与价值体系。正向的人力资源管理机制会使各种人才发挥出其最大潜能，而负向的人力资源管理机制会使人才沦落为庸才。神东更要重视人才综合素质的提升，让杰出的人才持续高效为神东做出卓越的贡献，满足神东践行新发展理念、推动实现高质量发展的人才需求。

（二）以文化引领人才队伍建设，带动企业人力资源升级

文化的对象是人，良好的企业文化是推动人力资源升级的关键。企业人力资源管理过程中，从选人、育人、用人等方面都要注入企业文化理念，把企业需要的人才招进来，根据人才的特质用到能发挥最大作用的岗位上，不断培育人才向高层次发展，发挥文化软实力的作用。

一是要围绕世界一流企业建立人力资源梯队，将不同技能和素养的人选配在企业所需要的管理、技术层次上，避免鱼目混珠的一锅粥管理，防止不合格人员优势岗位，而优秀人才却得不到重视与培养；二是突出优秀人才的培养，树立优秀人才成为引领企业人力资源管理的方向，树立他们的企业观、人生观、价值观同公司的企业文化相统一，营造向优秀人才学习的文化引领力量；三是将工匠精神、创领文化理念融入人才管理，加强新时代产业工人队伍建设，创建劳模和工匠人才创新工作室，大力弘扬劳动精神、劳模精神、工匠精神，发挥劳模和工匠人才示范引领作用，积极培育具有新时代特色的大国工匠。

（三）打造"企业精英"人才平台，广纳贤才助力企业发展

企业通常所讲的人才是指内部人力资源体系内的人才，随着经济一体化发展趋势，技术与管理的日益革新，内部人才往往不能满足企业的需求。如煤矿智能化建设、产业链式发展等，需要社会人才融入企业生产运营活动中。

一是畅通外部技术与管理人员为公司所用的渠道。神东外部专业化队伍是企业的有机构成部分，他们在为神东服务的过程中，根据生产运营特点，提出的管理理念、技术革新等需要通过评估采纳及应用，发挥他们的专业之长，补企业发展之短；二是走出去学习，学习行业内外的技术与管理，将技术和方法带回来，融入企业的生产运营中。尤其是专家、学者、政府人员等通常可能会起到点石成金的效果。"当局者迷，旁观者清""他山之石，可以攻玉"。发挥企业文化的包容性，将社会化的人才能够通过有效的方式利用起来，成为企业发展的助推器。

（四）畅通员工职业发展通道，实现人力资源价值升值

融合企业与员工价值理念，建立人才职业生涯规划，从人才管理的全周期出

发，结合岗位需求、人才匹配和员工意愿的价值理念，充分发挥员工的主观能动性和创造力，实现人才队伍价值最大化。统筹推进经营管理、专业技术、技能人才三支队伍建设，打通各类人才职业发展通道，实现纵向晋升、横向互通，优化人力资源配置，使人才队伍流动起来，不断调整和优化人才的使用与培养方式，实现人才与企业发展相统一。同时完善内部劳动力市场机制，通过内部招聘和调配，畅通内部人才资源的统筹配置和流通渠道，发挥人才最大价值。建立高效的人才招聘、退出机制，形成动态、竞争性的用工管理制度，形成人员能进能出的合理流动机制。

五、整合优质文化资源，实施品牌工程，提高"神东煤炭"品牌影响力

坚持以社会主义核心价值观引领企业文化建设，加强社会主义精神文明建设，围绕举旗帜、聚民心、育新人、兴文化、展形象的使命任务，讲好神东故事，传播神东声音，传递神东形象，宣传神东品牌典型，加强品牌协同，整合品牌资源，开展品牌联动，形成良好的品牌生态圈，推动神东品牌一流建设持续性发展，全力提升公司的品牌影响力，实施品牌工程，为神东提升文化软实力凝聚品牌力量。

（一）持续践行能源安全新战略，打造"神东煤"品牌

"世界一流企业"必须要有一流的技术和产品质量，神东要始终保持世界领先的清洁煤炭生产品牌和用户信赖的绿色开采服务品牌，重点打造"神东煤"品牌，秉承客户至上的理念，持续提升"神东煤"的信誉度和美誉度，让"神东煤"成为备受赞誉的行业标杆与典范，突出抓好核心技术标准的研究和制定，努力将现有的企业标准上升为行业标准和国家标准，谋求标准话语权，面向社会积极宣传和展示"神东煤"，增强"神东煤"在同行业同领域内的影响力，为企业发展构建良好的外部环境。始终让"神东煤"保持"城市环保的救星"的金字招牌，持续推动能源消费革命，不断提升用户的满意度和忠诚度。

（二）积极履行社会责任，树立企业良好形象

企业是社会化的组织部分，与外部存在着资源的交换，实现利益最大化是社会发展的需求，也是相关方相互合作的基础。

一是要发挥企业文化的外延作用，拓展文化的内容，打造"神东煤"产品品牌，实现煤炭加工及使用产业链条的增值。借助神东资源禀赋条件优势，深化煤炭深加工，做到煤炭生产、使用清洁环保；二是要深入践行习近平总书记"绿水青山就是金山银山"生态文明建设理念，坚持走资源开发与生态治理协同发展之路，加强生态矿区建设，塑造煤海"塞罕坝"形象；三是发扬神东"艰苦奋斗、开拓务实、争创一流"的企业精神，建设成本最优、效率最优、质量最优的现代化生产基地，实现成本最优化。利用神东产业优势，积极参与到国家扶贫帮困中，倡导员工帮助困难职工和群众；四是加强与供应商利益共享与合作，保持企业的诚信经营形象，积极参与到上游产业链的价值增值活动，渗透神东企业文化并建立起长期合作共赢关系。

（三）深化智慧文化云服务模式，打造独具特色的神东文化品牌

神东要聚焦企业发展战略和安全生产，聚焦员工群众对美好生活的向往，依托晋、陕、蒙三省区深厚的历史文化、民族文化、革命文化和黄土文化资源，传承优秀传统文化。

一是传承和发扬区域文化。晋、陕、蒙大地地处西北，在历史时期涌现了一批爱国主义英雄，是革命时期的红色基地，拥有着黄土人文吃苦耐劳的精神，传承和发扬区域文化，有助于培养员工的爱国热情和艰苦奋斗的历史情怀，树立正确的社会观、人生观。二是提炼特色的企业文化。神东从开发建设到规模化、智能化生产的过程，是不断突破艰苦的环境条件，大胆创新开采技术水平和不断探索管理新模式的过程，体现了"五湖四海"广纳贤才建设能源基地、集成与创新建设一流企业的人文与理念。奠定了神东企业文化的底蕴。三是建设企业文化的载体平台，以视角、活动、教育等方式，来诠释企业文化、感悟企业文化，从而使企业文化从员工的感性认知提升到理性认知，进而将企业文化融入员工的工作与生活中。

围绕企业文化软实力的培育，一是要不断优化员工的工作与生活场所，使员工能够快乐工作、幸福生活，从工作与生活中感悟企业文化的精髓。完善文化活动场所，满足员工学习、健身、艺术的需求，在工作之余放松心情、强身健体、充实自己；二是丰富群众性文化活动的部署和要求，推动文化活动常态化，让员工根据自己的喜好参与到各种活动中；三是以特色企业文化为主品牌，建设丰富多彩的文化子品牌和团队文化品牌。打造一系列独具特色的"书香神东""健康神东""公益神东""原创神东"和"智慧神东"等系列神东文化品牌，为广大员工群众提供一系列优质丰富有效的文化产品和服务。

（四）强化神东创领文化理念体系，宣贯提升"神东精神"的凝聚力

一是凝练和宣传神东在三十多年的发展过程中积累的宝贵精神财富，系统总结取得的显著业绩和辉煌成就，以及涌现出的先进人物和先进事迹，重点提炼有效促进管理提升的关键做法和典型经验，借助新媒体优势，加强媒体联动、信息互动、资源流动，打造神东专属优质新媒体矩阵。

二是要全方位立体式讲好神东故事、传播神东声音、传递神东形象。将神东使命、愿景和价值观、发展理念向社会展示，使神东融入社会文化体系中，在新时代文化体系中不断提升企业文化的作用。同时借助国家主流媒体讲好神东故事，展示神东特色，展现神东魅力，取得各利益相关方的支持和融入。

三是要持续传承和弘扬神东精神，激发员工干事创业的热情，进一步探讨"神东精神"的时代价值，探索"神东精神"的理论内涵，塑造新时期煤炭行业的实干者形象。其中"艰苦奋斗"是神东人的优良传统；"开拓务实"是神东人始终秉承的可贵品质；"争创一流"是神东人勇于挑战自我、勇争第一的实干境界，构成神东精神的力量支撑。不断挖掘承载"神东精神"的典型人物和优秀事迹，加大宣传推广，通过身边人身边事教育引导员工响应习近平总书记"社会主义是干出来的"伟大号召，激发员工创建一流企业的强大奋斗热情，增强员工投身社会主义现代化建设的使命感和责任感，为神东创建世界一流企业凝聚起强大的精神力量。

第六章 结语

如何培育世界一流企业文化软实力，提升企业的核心竞争力，已经成为创建一流示范企业的央企管理者十分关注的课题。本文以神东煤炭集团作为研究对象，结合大量问卷调研结果和实地访谈材料，针对神东如何培育世界一流企业文化软实力课题做了深入探讨和研究。经过系统的理论分析和实践研究，得出以下结论：

一、厘清了文化软实力和企业文化软实力的概念，文化软实力是指一个国家维护和实现国家利益的决策和行动的能力，其力量源泉是基于该国在国际社会的文化认同感而产生的亲和力、吸引力、影响力和凝聚力；企业文化软实力是指一个企业在一定的社会经济文化环境中，为谋求自身的生存发展而在长期的生产经营实践活动中形成的、基于该企业在国际社会的文化认同感而产生的感召力、领导力、专注力、创造力和品牌影响力，两者之间既有区别又有联系；

二、构建了一套相对科学合理、可量化、操作性强的评价指标体系，将一流的企业文化理念落实到企业家的文化活动参与度等具体可衡量的指标体系中，将文化软实力创建的目标任务通过指标的分解与企业决策层、管理层、执行层和操作层的日常工作紧密结合，与公司生产经营深入融合，推动公司世界一流企业创建目标的顺利实现；

三、提出了实施领航工程、聚力工程、强本工程、育人工程和品牌工程"五大工程"，推动领导力、感召力、专注力、创造力和品牌影响力"五力建设"的一流企业文化软实力提升路径。为其他中央企业进行世界一流企业文化软实力建设提供理论参考和实践验证。

文章出处：课题完成于2020年8月，获神东煤炭集团2020年度优秀党建思想政治理论课题研究成果一等奖。

参考文献：

[1] 葛树荣. 世界一流企业与文化软实力 [J]. 独家策划，2019(12).

[2] 新华社. 决胜全面建成小康社会 夺取新时代中国特色社会主义伟大胜利——在中国共产党

第十九次全国代表大会上的报告[J]. 中国人民日报，2017(10).

[3] 关于印发《中央企业做强做优、培育具有国际竞争力的世界一流企业要素指引》的通知（国资发改革〔2013〕17号）.

[4] 潘涛，万宏，吴谋远，张卫忠，徐凤生，包力庆，陈祺. 世界一流石油企业评价指标体系构建及应用[J]. 国际石油经济，2019(7).

[5] 王吉鹏. 我国石化企业如何成为世界一流[J]. 中国石化，2018(2).

[6] 袁东明. 把一批国有大企业培育成为具有全球竞争力的世界一流企业[J]. 中国经济时报. 2017(12).

[7] 胡鞍钢. 详析世界一流企业：入列世界500强位居同行前20[EB/OL]. 人民网.

[8] 李君清，李寅琪. 创建具有全球竞争力的世界一流能源企业规划目标体系研究[J]. 中国能源，2019.

[9] 周剑波. 世界一流煤炭企业建设指标体系研究[J]. 中国煤炭.

[10] 吴元. 科技创新是神东现代化矿区建设和发展的巨大动力[J]. 中国煤炭，2004, 30(5).

[11] 翁杰明，围绕."三个三"目标培育世界一流企业[J]. 企业管理，2018(10).

[12] 李永生，邵树峰. 国家能源集团创建世界一流示范企业研究[J]. 经济管理，2020(01).

[13] 曾宪奎. 高质量发展背景下我国国有企业创建世界一流企业问题研究[J]. 宁夏社会科学，2020(01).

[14] 李斌. 新形势下加强国有企业文化建设的思考[J]. 现代国企研究. 2018(20).

[15] 曹习习. 对当前国有企业文化建设存在问题的改进对策研究[J]. 商业经济. 2017(01).

[16] 李浩. 国有企业文化建设与国企竞争力探讨[J]. 现代国企研究. 2017(10).

[17] 杜哲. 国有企业文化建设与思想政治工作有效结合路径[J]. 企业技术开发. 2016(09).

[18] 张贵知，于兰. 用社会主义核心价值观引领国有企业文化建设的有效途径[J]. 现代营销（下旬刊）. 2015(11).

创领文化"双维度"践行模式应用探析

韩浩波　赵晓蕊

摘要：传统的文化践行路径以文化宣贯和活动为重点，只停留在浅层认知层面，文化与管理融合不够紧密。神东创新性提出企业文化宣贯路径和企业文化管理路径结合的"双维度"落地路径，从母子文化建设的需要出发，根据基层单位文化升级、管理提升的不同需求，提供不同的落地策略，对创领文化与企业安全生产、经营管理、党的建设、队伍建设等工作深度融合提供启示。

关键词：双维度　文化建设　落地践行

文化是旗帜，文化是动力，无论是对于国家、民族还是企业都有着极其重要的战略意义。神东煤炭集团自2016年升级创领文化体系以来，着力打造既能促进安全生产，又能实现员工价值的文化践行载体，在各基层单位中涌现出了一批典型经验和特色做法，经过系统地总结提炼，形成了具有神东自身特色的创领文化"双维度"践行模式。

一、"双维度"模式实施背景

神东在20世纪九十年代末就有意识地开展了企业文化建设，成为国内最早将企业文化理论应用于管理的企业之一。

2016年进行第四次文化体系提升后，神东明确了企业文化的核心定位是"创领"。"创"是创新、创造，"领"是领先、领跑。创新、创造是引擎，是灵魂；领先、领跑是路标，是航向。创新、创造是神东始终要坚持的价值理念，领先、领跑体现了神东的地位和责任。2017年国家能源集团成立后，提出了下属企业融合对接集团母文化的统一要求和积极践行习近平新时代中国特色社会主义思想的政治方向。

面对新形势和新挑战，神东认真分析行业与企业面临的客观形势与发展趋势，在传承中创新，在创新中完善，凭借多年来的文化积淀和历史传承，坚持问题导向，通过统筹规划、督导实施、创新实践，在企业文化建设上取得了一系列成绩，进一步厘清了规范与创新的关系、管理与文化的关系、好听与管用的关系。所属基层单位呈现出子文化建设百花齐放、宣贯传播氛围浓厚、载体建设亮点频出的格局。另一方面，神东的企业文化建设也面临着一定的问题：基层单位的子文化建设水平参差不齐；建设经验缺乏系统总结分享；个别单位的文化践行仍处在摸索阶段。

通过神东创领文化"双维度"践行模式的构建（详见下图），为解决创领文化践行过程中基层单位存在的这些问题提供了理论依据和践行思路。

二、"双维度"模式核心内涵

（一）创领文化"双维度"践行模式模型介绍

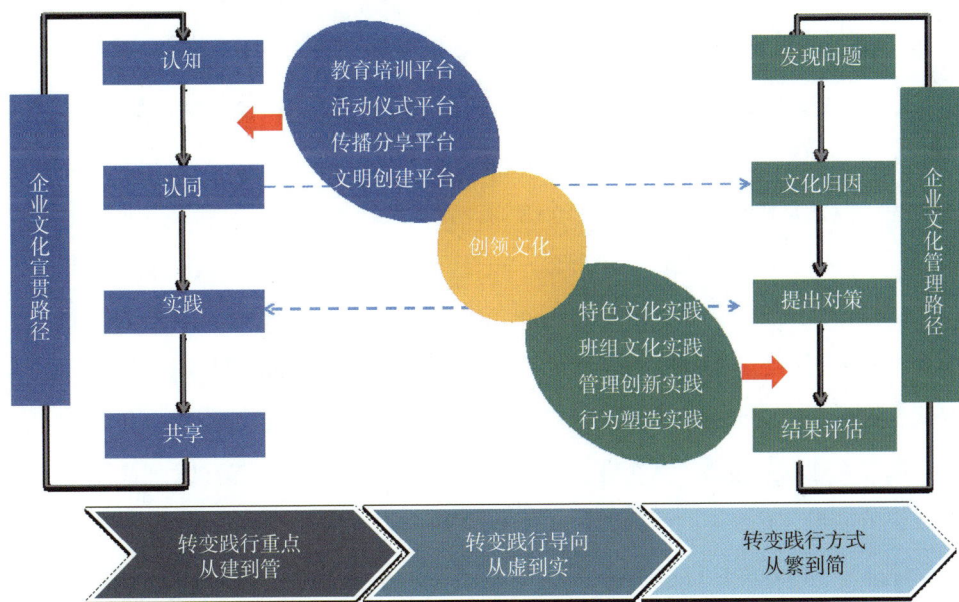

神东创领文化"双维度"践行模型图

传统的文化践行路径，以文化宣贯为重点，围绕理念认知、认同与践行，进行培训、活动、传播等方式的创新，文化与管理的融合度不够紧密。神东在推进创领文化践行应用过程中，采用了"双维度"践行模式，即企业文化宣贯维度与企业文化管理维度并行。企业文化宣贯维度聚焦理念宣贯和价值认同，遵循"认知——认同——实践——共享"的文化认识规律，搭建教育培训、活动仪式、传播分享、文明创建四个平台，通过"从感性到理性、再从理性到实践"两次转化，实现企业文化宣贯的常态化，促进创领文化理念的深植；企业文化管理维度聚焦问题解决和管理提升，遵循"发现问题——文化归因——提出对策——结果评估"，通过特色文化实践、班组文化实践、管理创新实践、行为塑造实践四项措施，推动管理变革与升级。

文化宣贯维度的四大平台，以入脑、入心、入行、入境为目标。搭建公司、矿井、区队层面的教育平台，以宣教、新闻、研讨、会议、专题培训等方式，立体推进，深化理念的认知与认同；借助企业文化中心、矿级单位载体，搭建企业文化活动仪式平台，统筹开展道德讲堂、好人选树、大国工匠评选、神东好故事宣讲等丰富多彩、参与广泛的活动，激活员工内心能量；搭建传播推广平台，不断完善创领文化考核评价机制，总结、筛选践行过程中的优秀经验和故事案例，并通过新媒体、交流会、文化节等方式进行交流分享，加强横向、纵向联动，以点带面，带动企业文化建设水平的整体提升；搭建文明创建平台，借助文明单位创建、文明班组、文明员工等特有的精神文明创建载体，将神东精神显现化，促进神东精神的传承。

文化管理维度，以"制度与文化相融、党建与文化相融、管理实践与文化相融"为目标，坚持问题导向，从四个方面进行实践探索，真正做到以企业文化指导管理行为，以管理行为践行文化理念。一是开展特色文化实践，基层单位基于自身文化积淀、管理提升需要，开展特色子文化或专项子文化建设，形成本单位文化落地的有效做法；二是推进班组文化实践，根据班组建设所处的阶段与管理水平，采取试点先行、重点打造等策略，激活基层活力团队，增强班组的凝聚力和向心力；三是探索管理创新实践，从企业改革、管理、创新、经营等环节中发现最根本、最典型、最重要、最普遍的问题，从文化角度探寻原因，制定系统性的解决方案，实现管理提升；四是深化行为塑造实践，依照神东"责任""安全""效能""执行""成本""纪律"六个方面的行为要求，对表找差，聚焦其中一至两个重点，制订行为转变的方案，进行系统提升，促进员工行为的转变。

（二）创领文化"双维度"践行模式应用思路

致力"三个转变"，推动文化践行。一是转变践行重点，从建到管，把工作重心从企业文化建设放到企业文化管理上来，摒弃"重理念创新不重实践改进"的传统思维，重点解决过去文化和管理"两张皮"的问题；二是转变践行导向，从虚到实，基层单位重在践行，开展任何一项文化管理活动，都要以是否有益于企业安全发展，有益于企业管理提升，有益于员工素养提升为标准；三是转变践行方式，从繁到简，改变过去面面俱到、浅尝辄止的践行方式，鼓励基层单位根据自身实际选择一至两个重点开展企业文化实践，在原有实践的基础上进行总结提升，做出精品、做出特色。

把握"三个要点"，确保践行效果。一是把握好出发点，基层单位首先回答"有什么、缺什么、补什么"的问题，找到自己的提升方向；二是把握好切入点，基层单位文化践行中要结合本单位实际，找到符合自身特色、体现管理意图、员工普遍接受的路径和载体为切入点，重点突破，实现以点带面；三是把握好落脚点，文化践行以人为核心，要坚持以人为本，积极探索与时俱进的管理方式，切实解决人的主动性问题，真正达到以文化人的目的。

（三）创领文化"双维度"践行模式基本特点

1. 一主多元

一主多元是集团公司母子文化融合的通用策略。由于业务不一样、发展阶段不一样、文化关键影响因素不一样，下属单位形成了不同的文化特质。神东明确提出在"一主多元"文化建设原则统一指导下，各单位结合业务性质、人员特征、管理特点等因素，积极探索适合本单位的文化践行路径。

2. 融入管理

文化与管理的融合度，是企业文化落地的标尺。神东各单位对照企业价值理念的倡导与行为守则的要求，查找在安全生产、成本管控、业务流程、队伍建设、宣传教育、信息化建设等方面存在的问题，聚焦管理、营运机制方面的短板，进行全面、深入的梳理分析，寻找背后的文化成因，提出管理提升对策。

3.统一规划

企业文化落地是一项长期的系统工程，需要系统化规划，常态化推进。强化企业文化主责部门的计划管理与服务协调职能，发挥把方向、搭平台、促行动、评效能的作用，神东对基层单位的特色践行工作进行指导，建设过程中的问题及时关注与解决，经验亮点及时挖掘与分享。

4.自主践行

神东统筹指导、基层单位推进实施、全员主动践行，共同推动创领文化深植落地。通过建立科学的考评机制，完善"项目拉动、分享交流"的推进机制，注重引入信息化手段，发挥标杆的示范引领作用，调动基层单位开展文化管理实践的积极性；鼓励基层单位结合自身实际，立足"企业发展与员工成长"双提升的需求，创新企业文化践行路径，搭建丰富的文化建设载体，推动创领文化的落地。

三、"双维度"模式应用路径

神东所属单位的文化践行，在突出创领文化核心理念的同时，注重结合自身实际，路径呈现多样化的特点。总的来说，可以分成六个类别，其中大多数单位选择特色子文化与专项文化作为践行路径，属于特色文化实践范畴；班组管理基础良好的单位，选择班组文化建设，属于班组文化实践范畴；有强长项、补短板需求的单位，开展学习创新实践与管理提升实践，属于管理创新实践范畴；服务型单位自我加压，开展服务提升实践，属于行为塑造实践范畴。

（一）建设特色子文化，让文化更有生命力

特色子文化源于基层单位的安全生产、经营管理工作，是创领文化在基层土壤开出的花朵。按照神东"一主多元、统分结合"的文化建设原则，围绕创领文化核心定位，各单位结合自身实际，着力打造了一批有内涵、有亮点、高认同的特色子

文化品牌。

子文化提炼分为四个步骤：第一步，收集整理，形成文化素材库；第二步，头脑风暴，凝练文化主题词；第三步，拓展提升，赋予品牌新内涵；第四步，精神传承，拓展践行新路径。

子文化践行注重"五个融入"，即在路径规划与选择上，注重融入党的建设、融入制度流程、融入主题活动、融入可视范围、融入日常工作，将特色子文化内化于心、外化于行、固化于制、实化于效，推动特色子文化全面落地。

洗选中心是特色子文化实践的一个典型，秉承"和而不同"的价值理念，构建了"一厂一站一品牌"特色子文化体系；保德煤矿将创领文化与本土文化深度融合，提出具有保德特色和驻地特征的"三保"子文化，为安全发展护航。

（二）做精专项文化，让理念融入业务

专项文化建设，是指在管理专项领域内集中发力，提升关键能力，逐渐以点带面，全面提升管理水平的实践方式。为切实发挥文化引领作用，聚焦重点领域，瞄准关键环节，神东各基层单位积极探索专项文化实践的路径和方法，目标明确、成效明显。

专项领域选择，要从能力和需求出发，遵循两个"最"原则。一是最突出，选择单位比较擅长的领域，易于上手，便于体系梳理和完善，形成经验模式；二是最急迫，选择管理中亟须解决的问题，以问题为导向，目的明确，既解决了问题，又固化了成功的路径。

上湾煤矿秉承"生命至上、安全为天"的理念，构建了"安全文化＋风险预控"的安全管理实践模式，实现了矿井安全管理的五大转变；开拓准备中心针对队伍多、分布广、流动性强等问题，构建了以党建促进"散点联动"的大党建文化体系，发挥了积极的作用；补连塔煤矿狠抓党风廉政建设，构建了"三色四常五力"廉洁文化体系，推动了全矿党风廉政建设工作向纵深发展。

（三）做优班组文化，让文化激活基层

文化引领在高层，文化推进在中层，文化落地在基层。神东各单位从班组这个

最小的作业单元入手，以班组文化建设作为着力点和落脚点，打造各具特色的基层班组文化，全面激活基层班组和员工。在班组文化建设过程中，神东把握了四个重点。

一是分级赋能激活，激发班组动能。分级赋能是神东基层单位开展班组文化建设最有效的方式，在进行单位统一规划和管理的同时，将自主权下放给基层区队、班组和员工，并进行相应的考核，充分激发基层的积极性。

二是班组图腾打造，抓住班组特色。神东提出"文化图腾"的概念，用图腾来指代区队及班组的特点和文化，围绕"一区队一品牌，一班组一特色"，提炼自己区队的"大文化"、梳理班组的"小文化"，用班组图腾凝聚员工。

三是鼓励方法创新，形成独特经验。班组文化建设既要在理念上进行突破和创新，在管理上优化提升，也需要在模式和方法上不断总结，指导本单位班组建设工作的开展。

四是重视标杆引领，带动整体提升。结合实际，采取一系列措施，把标杆选出来、立起来、推出去，发挥榜样的示范作用，扩大标杆区队、标杆班组的影响力。

榆家梁煤矿"三自赋能，六措八法"班组文化建设模式，在实践过程中，将行之有效的思路和方法进行系统性整合，上升到理论高度，提出了"三自赋能"理论，总结出区队赋能"六措"、班组赋能"八法"，成为神东班组文化建设的典型代表，也成为行业内班组文化建设的学习标杆。

哈拉沟煤矿的品牌班组创建。最早在培育"大学生采煤班"过程中，种了一颗文化自觉的种子，拓宽了文化管理的思路，又按这种思路重点打造"神东子弟班"与"创领电工班"，找到了自己独有的文化践行路径。

石圪台煤矿运转二队的"军营文化"建设。运转二队将军营文化融入班组建设中，通过"正军容""铸军魂"和"提战力"三大步骤，提风貌、提精神、提素质，锤炼出了一支能担责、能战斗的矿井虎狼之师。

（四）优化学习创新实践，让人才汇聚合力

学习创新载体的打造，目的在于提升员工整体素质，激发创新活力，为企业的安全生产和健康发展创造更大价值。神东通过学习培训载体和技术创新载体的打造，推动各级单位的学习创新实践，提升人才的素质和能力。

为使学习培训取得实效，神东围绕"六化"打造学习培训载体，即坚持培训全员化、精准化、数字化、共享化、专业化、主题化。通过"六化"学习培训，真正将培训做实、做活。

在培养创新人才方面，关键在于创新意识的植入和创新技能的培养。神东以人才作为创新的基础，以机制作为创新的保障，以平台作为创新的加速器，打造技术创新载体。

寸草塔二矿将安全培训作为硬指标和"一把手"工程，构建"矿长亲自抓、区队自主管、员工主动学"的"三级"安全培训格局，通过菜单式学习、标准网络化共享等方式，营造了"人人皆学、处处能学、时时可学"的良好环境。在共享方面，寸草塔二矿实行课件制作内部市场化，鼓励职工全员参与课件制作，通过审核验收纳入课件库，实现了单位资源与个人价值共赢，促进了员工参与培训的动力和活力。

维修中心大力宣传推广"TRIZ理论"（即发明问题解决理论），为维修人创造性地发现问题和解决问题提供系统的理论和方法工具，通过"送出去"、内外技术比武、车间技术大讲堂、体验式培训等方式，激发全员学技能搞创新的热情。同时，让技能大师主持或参与重大科研项目，对项目中的重点内容、重点环节进行把控与指导，提出一些优化和改进措施，引导年轻员工打破陈规、走到创新的道路上。

（五）创新管理提升实践，让文化融入管理

企业文化落地双维度路径之一的管理路径，指的是以"聚焦问题—文化归因—寻找对策"为主要策略，突出文化引领，探索企业文化有效融入管理的路径，助推企业管理升级，促进企业文化的转化与落地。

坚持问题导向。建立起基于问题管理的机制，将企业改革、管理、创新、经营等环节中最根本、最典型、最重要、最普遍的问题找出来，系统解决问题，不断提升企业的活力与动力。进行文化归因。问题的发现是解决问题的开始，如果不探究问题背后的文化与管理的根源，仅仅是就问题找对策，缺乏系统思考与理论支撑，往往治标不治本。寻找管理对策。针对关键问题及其背后的原因，探寻文化和管理的结合点，制定系统的、切实的解决方案，并推进实施，从根本上提升管理水平。

安监局通过文化反思，积极改革"等级式"管理机构，转变"保姆式"监管模

式，创新安全监管的思路，大力开展"转作风、提能力"活动，强化"主动式"监管理念，构建"大监督"格局，突出重点领域、重点环节风险管控，监督指导隐患的排查整改，实现了安全监管效能全面提升。

柳塔煤矿为优化生产系统、节约运行成本、保证矿井利润增长、坚定职工信心，在矿井、科队、班组、员工四个层面分别提出"创效""勤俭""聚力""奉献"四种精神内涵的"续力文化"，构建了以矿井创效为目标、以科队勤俭为抓手、以班组聚力为导向、以员工奉献为引领的内部市场化管理体系，打破了传统经营理念束缚，大胆创新工作模式，激发了矿井经营管理潜力。

（六）深化服务提升实践，让专业创造价值

神东所属以服务为主的基层单位，根据职能定位的不同，选择了服务提升实践作为践行创领文化的路径，按照行为守则的要求对表找差，在服务行为的改善上下功夫。

一是注重服务理念的更新导入。树立"以主业为中心"的服务理念，是提升服务的关键。二是关注服务能力的有效提升。提高认识、转变作风、提升素质、增强能力是加强服务能力建设、提高服务水平的主要举措。三是着眼服务品质的持续改善。服务质量的提升要从拓宽服务渠道、提高工作效率、建立长效机制等多个方面入手，有效激发员工服务的积极性与主动性，切实提升服务水平。

企业文化中心作为神东企业文化建设实施单位，秉承"党建引领、文化聚力、共创共惠"的工作理念，聚焦企业发展战略和员工精神文化需求，着力推进创领文化践行工程，做精做实文化惠民品牌，积极搭建文化传播平台，强化"精神引领、形象展示、文化交流、素养提升、会务服务、健康生活"六大功能，有效提供文化产品和服务，让"软文化"实现"硬成效"。

矿业服务公司的"强、改、树、创"主题实践，是在员工、群众的品质化、个性化服务需求突出的背景下，针对自身在服务意识、作风纪律、内部管理、服务质量等方面存在的不足推出，同时提出"食堂公寓星级化，车间场所标准化"的创建思路，将主题实践作为"两化"的重要抓手，打造一流后勤服务品牌。为激发全员参与的积极性，确保服务质量的提升，矿业服务公司将主题活动纳入组织绩效考核，使其与内部管理有机结合，与后勤服务质量提升工作充分融合。

四、模式取得的成效

（一）形成了特色鲜明的企业文化践行路径

通过多年的经验积淀和系统地梳理总结，神东明确了"双提升"目标、"双维度"路径和三个机制支撑，为公司深入开展企业文化建设，指导各单位的企业文化工作，提升整体企业文化建设水平提供了依据和指导。

（二）增强了企业的凝聚力和归属感

文化管理实践始终围绕"创领"文化的核心内涵开展，极大调动了各单位、各层级员工对神东的自豪感、归属感，同时实践又深植于各单位实际生产和管理中，激发了员工的创新活力和工作积极性，呈现出同心共建、全面开花的良好局面。

（三）促进了神东的高质量发展

通过安全专项文化、安全管理提升、廉洁文化建设、经营管理改进等相关载体建设，员工队伍的安全素养、安全风险意识、遵章守纪意识、经营管理思路都有了很大的提升，为神东高质量发展提供了强大精神支撑。

（四）塑造了一系列神东文化品牌

在创领文化的践行过程中，涌现出了如榆家梁煤矿班组文化建设、上湾煤矿"安全文化＋风险预控"安全管理实践模式、哈拉沟煤矿品牌班组建设、物资供应中心"启航志愿服务"、新闻中心新媒体运营等具有影响力的文化品牌，被主流媒体多次报道，塑造了神东良好的社会形象。

文章出处：课题完成于2019年10月，获新中国成立70周年企业文化优秀成果奖，2020年度全国电力行业企业文化建设优秀成果，神东煤炭集团公司2019—2020年度科技进步奖二等奖。

品牌管理视角下
一流企业文化建设路径研究

韩浩波

摘要： 党的十九大报告中强调 "培育具有全球竞争力的世界一流企业"。世界一流企业不仅要有一流的产品和服务，也要有一流的品牌、一流的文化。一流企业文化践行的难点不在于对其重要性的认识，是在于难以将之落到实处，提供符合员工群众需求的有效文化服务供给，有效输出文化价值。

本文从品牌管理视角，借鉴经济学中供给侧结构性改革让各种要素实现最优配置从而提升质量与实效的基本要求，运用品牌管理的基本理论，以企业文化中心提出的 "精准对接员工需求，有效提供文化产品和服务" 为例，对文化建设与品牌管理进行联结性分析，在对神东煤炭集团文化服务供给和文化软实力建设调研和数据分析的基础上，从践行应用就如何加强一流企业文化建设的路径进行了深入探索，以期提出解决问题的方法，指导实践应用，从而提升企业文化软实力和核心竞争力，推动企业高质量发展。

关键词： 品牌管理　一流企业文化建设　路径研究

一、绪论

（一）研究背景和意义

党的十九大报告中强调 "培育具有全球竞争力的世界一流企业"，要增强国有经济竞争力、创新力、控制力、影响力抗风险能力。按照这一要求，国务院国资委提出了 "三个领军""三个领先""三个典范" 的 "三个三" 基本要求。神东煤炭集团（以下简称"神东"）作为国家能源集团的骨干煤炭生产企业，落实国家能源集团"一个目标、三型五化、七个一流"发展战略，建设具有全球竞争力的世界一流能源集团的战略部署，以创建"安全、高效、绿色、智能"世界一流示范煤炭生产企业为目标，积极开展品牌建设工作，着力构建"神东煤""神东人""神东矿"为一体的神东品牌价值体系，打造清洁优质的"神东煤"品牌、责任担当的"神东人"形象品牌、绿色发展的煤海"塞罕坝"生态矿区品牌及精准有效的煤海"乌兰牧骑"煤海"黄土情"文化品牌。

一流品牌是企业核心竞争力的标志，是企业美誉度、知名度的集中体现。以品牌文化引领品牌建设，打造具有世界一流水平的企业品牌，有助于提升企业文化软实力和核心竞争力，有助于提升员工文化素养，更好地满足员工对美好生活的向往，推动企业高质量发展，这既是贯彻落实习近平新时代中国特色社会主义思想的重要举措，也是社会主义新时代央企发展的客观要求。

（二）主要研究方法

本文主要采用文献研究法、问卷调查法、访谈法、案例研究法进行研究。

1. 文献研究法

本文充分利用网络数据库的多种平台，广泛查阅近年来国内外的有关期刊、论文等文献资料，并大量收集了国家能源集团和神东两级公司一流企业建设工作报告、一流企业创建专项实施方案、有关统计数据。尽可能全面地掌握与课题相关的文献成果和基础资料，为课题研究提供理论基础。

2. 问卷调查法

本文运用了2020年在神东内部开展了两次广泛的问卷调查的数据。一次是就"文化产品与服务的有效供给"利用"文化神东"微信公众号进行的问卷调研，一次是一流企业文化软实力的问卷调查，共设置52个问题，收回有效问卷12000份。问卷调查对象涵盖了神东不同职级、不同岗位、不同专业的职工。问卷调查为课题研究提供了第一手翔实的研究数据。

3.访谈法

本文对神东企业文化软实力培育及文化产品与服务供给的现状进行了深入调研访谈，特别是就神东煤海"乌兰牧骑"、煤海"黄土情"文化品牌建设进行了深入探讨，进一步明晰了神东煤炭的战略方向和发展特征，品牌管理和文化建设的提升方向，为一流企业文化路径研究提供了事实依据。

4.案例研究法

本文选取神东企业文化中心提出的"精准对接员工需求，有效提供文化产品和服务"为例，对文化建设与品牌管理进行联结性分析，按照从个别到一般的规律，从践行应用上就如何加强一流企业文化建设的路径进行了深入探索，以期提出解决问题的方法，指导实践应用。

（三）研究的创新点和不足之处

本文选择从品牌管理视角研究一流企业文化建设，借鉴经济学中供给侧结构性改革让各种要素实现最优配置从而提升质量与实效的基本要求，运用品牌管理的基本理论，对文化建设与品牌管理进行联结性分析，在对神东文化服务供给和文化软实力建设调研和数据分析的基础上，通过对文化服务的品牌管理，促其成长为文化软实力的竞争优势。基于此视角，就如何加强一流企业文化建设的路径进行了深入探索，提出解决问题的方法，指导实践应用。这是本文的创新点所在。

一流企业文化建设的难点不在于对其重要性的认识，是在于难以将之落到实处，提供符合员工群众需求的有效文化服务供给，有效输出文化价值。企业文化意识形态工作虚拟、间接的特点，通过什么样的渠道和方法将之在企业中落地，理念落实在基层单位、区队、班组，融入员工思想，转化为行动，形成作风和竞争力。如以习近平新时代中国特色社会主义思想为指引，推动文化践行，有效提供文化产品和服务，输出文化价值，全面提升文化软实力和品牌影响力，也是企业管理者一直致力要解决的研究课题。本文的不足之处在于，虽然本文通过查阅大量文献资料和数据调研分析，并在企业文化中心实际文化产品和服务的有效供给上取得了一定的成效，但对文化品牌定位还不够清晰，上升到文化软实力建设措施的可行性还需在实践应用中进行进一步的检验。

二、基本概念及其联结性分析

（一）世界一流企业与品牌管理

关于"世界一流企业"的概念，国内的研究和论述各有不同，没有统一的定论。黄群慧研究员和团队在《世界一流企业管理：理论与实践》中认为"世界一流企业是在重要的关键经济领域或者行业中长期持续保持全球领先的市场竞争力、综合实力和行业影响力，并获得全球业界一致性认可的企业。"其管理特征前三把钥匙分别是企业家精神、组织文化和企业品牌声誉；清华大学胡鞍钢认为，世界一流企业需要具备主要经营指标和业绩达到世界500强的门槛，进入世界同行业前10名，具有世界知名品牌和核心技术的"世界级企业"；余典范教授在文章《以"品牌强基"推进世界一流企业的建设》中，认为世界一流企业的评价标准最核心的体现在于具有世界影响力的企业品牌，并能充分发挥品牌的辐射带动作用，拥有良好的品牌生态。中国企业要在品牌打造上花大力气，让消费者真正感知和体验到中国企业所创造的价值，从而让中国企业拥有真正意义上的品牌价值。

（二）品牌与品牌管理

随着历史的变迁，发展到不同阶段，品牌衍生出不同的含义。具有代表性的主要有：一是强调品牌的识别性。认为品牌的重要性在于可以标榜个性，是具有区别功能的符号，其目的是要使自己的产品或服务有别于其他竞争者。二是强调品牌的公众认可性。认为品牌若是不能得到消费者的认可，产品就从根本上不能称之为品牌。三是强调品牌的无形价值。认为品牌给企业带来的利润和给社会带来的文化价值是企业最重要的无形资产。本文中界定的品牌是一个广义的概念，而不是局限于产品本身的含义。

品牌管理是建立、维护、巩固品牌的全过程。是管理者以消费者为中心为培育品牌资产而展开的规划、传播、提升和评估等一系列战略决策和策略执行活动。通过品牌管理有效管控品牌与消费者之间的关系，最终形成品牌的竞争优势，使企业行为更忠于品牌核心价值，从而使品牌保持持续竞争力。从文化角度上讲，则是指通过赋予品牌深刻而丰富的文化内涵，建立鲜明的品牌定位，并充分利用各种有效的内外部传播途径，促进消费者形成对品牌的认同，最终增强对品牌的忠诚度。

（三）品牌管理与一流企业文化建设

企业文化与品牌是企业核心竞争力形成的必要因素，但是品牌管理不等同于企业文化建设。企业文化更多强调内部价值观管理，目的在于凝心聚力。而品牌管理则强调外部效应，目的是与消费者进行沟通，获得消费者的信任和共鸣，让消费者认同和消费产品，就是将企业品牌价值有效传递给消费者，进而影响消费者的心理。创建世界一流企业须以优秀的企业文化，来塑造与提升企业的品牌形象。受人尊敬的企业文化是世界一流企业品牌的通行证。世界一流企业需要具备被市场、消费者认同的企业文化。实践也表明，知名的品牌都须依靠优秀的企业文化来支撑。把优秀的企业文化融入生产、产品之中，让企业行为与品牌内涵始终保持一致，才能使品牌更具有意蕴，给用户带来一种心灵的慰藉和精神的享受，从而提升品牌的知名度、美誉度和忠诚度。

一流企业普遍具有一流企业相一致的经营哲学，一流的自主创新能力，还要有与世界一流企业相融合的文化建设成效，以及良好的社会责任感和企业品牌形象。而文化建设成效可以从文化与管理的融合度、职工满意度和企业健康度多个指标来评定。品牌、品牌建设与管理和文化建设关联度较高。以一流企业文化引领品牌建设，打造具有世界一流水平的企业品牌，促其成长为文化软实力的竞争优势，从而提升企业文化软实力和核心竞争力，推动企业高质量发展具有重要的实践意义。

三、品牌建设与企业文化建设、文化服务供给现状分析

（一）国家能源集团和神东品牌建设现状分析

《国家能源集团创建品牌一流建设行动方案》和《神东煤炭集团创品牌一流建设行动方案》中对品牌建设现状进行了分析，认为集团公司高度重视品牌建设工作，已创建一批在国内外有一定知名度、美誉度的组织品牌、产品品牌和服务品牌。但

与世界一流企业相比还有不小差距，主要体现在：集团品牌战略、品牌定位、品牌架构等还不够清晰，品牌知名度、美誉度、忠诚度还不够高，品牌影响力和品牌价值还未充分彰显。所属企业子品牌发展不平衡不充分，距离世界知名品牌均有差距。从对煤炭板块品牌管理的调研分析看出，集团内部部分员工对品牌的理解不够清晰，存在着认为企业文化就是品牌的认识。内外部对品牌核心价值排序有所不同，存在认识偏差。

针对不足和短板，国家能源集团制定了创建思路和目标，以品牌价值和影响力为核心，坚持统一规划、统一投入、统一管理、统一维护、统一评价，深入实施国家能源集团品牌战略规划，着力构建品牌建设与管理长效机制，以国家能源集团品牌建设助推现代化发展。神东以品牌建设思路为指引，构建"神东煤""神东人""神东矿"为一体的神东品牌价值体系，助力集团一流品牌建设。打造清洁优质的"神东煤"品牌，塑造责任担当的"神东人"形象品牌，构建绿色发展的煤海"塞罕坝"生态矿区品牌，及精准有效的煤海"乌兰牧骑"、煤海"黄土情"文化品牌。

（二）神东企业文化建设及文化服务供给现状分析

1. 企业文化建设及文化服务供给取得的成效

企业初始，文化且生长。神东在30多年的发展实践中形成了自身独具特色的企业文化。自2003年开始经历四次企业文化理念体系诊断升级，在2016年第四次文化体系提升后，明确了公司企业文化的核心定位是"创领"。自创领文化核心理念提出以来，各单位结合单位实际情况，积极践行，涌现了一批特色文化成果。

如洗选中心秉承"和而不同"的价值理念，构建了"一厂一站一品牌"特色子文化体系；上湾煤矿构建了"安全文化+风险预控"的安全管理实践模式；榆家梁煤矿以班组文化建设作为着力点和落脚点，打造"三自赋能"班组文化建设模式；哈拉沟煤矿"大学生采煤班""神东子弟班""创领电工班"等品牌班组创建，维修中心优化学习创新实践，让人才汇聚合力；企业文化中心探索"互联网+"智慧文化云服务模式，做精做实文化惠民品牌，创研了一批如原创歌舞情景剧《矿工兄弟》《神东魂》等代表煤矿工人形象和神东人优秀品质的文化产品，"企业文化基层行""蓝海豚""蒲公英"公益培训""书香神东""跃动神东"等文化惠民品牌深受员工喜爱，让"软文化"实现"硬成效"。神东被授予中央企业企业文化示范单位、全国文明单位，创领文化践行应用成果荣获全国企业文化优秀成果一等奖。神东积极承担"奉献清洁煤炭，引领绿色发展"使命，履行社会责任，技术变革和扶贫帮困，受到了地方政府以及社会各界的好评和广泛赞誉。

2. 企业文化建设及文化服务供给中存在的问题

本文对2020年、2021年两次围绕神东文化服务供给和培育一流企业文化软实力的调查及访谈交流情况进行了分析。调查分析可以看出，公司在取得成效的同时，还存在一些问题。体现在：各单位在企业文化建设过程中，大都能聚焦企业发展战略和目标，与经营管理工作相融合，但存在认识水平、建设路径、措施和成效不一的情况，企业核心价值观引领力作用发挥不够，文化传播力和品牌美誉度有待加强。从调研结果看，91.4%的受访者了解公司创领文化理念体系，"学习新知识、新技术""实现自我价值""企业形象吸引"等内在文化驱动力的选项均不超过50%，35.6%的受访者（各单位负责人）亲自进行了企业文化理念宣讲，35.6%的受访者（各单位负责人与中层管理人员）表示年度参与文件建设次数＜2次。说明神东虽构建了一套相对完整的企业文化理念体系，但各级领导对文化践行推动重要性认识不够，核心价值观考核倒逼作用还不明显。在管理创新和制度建设上，96.9%的受访者表示制定或修订公司各类制度与企业文化理念融入不够，未能有效衔接，各类组织绩效考评中未纳入价值观考核，说明文化理念与企业管理融合互促作用有待提升。在文化服务活动上，90.6%的受访者认同公司开展的群众性文化活动、公益培训、书香神东、流动电影展映、文化送一线等文化活动，82.68%的受访者主要通过"文化神东"了解各类文化服务活动，56.6%的受访者参与了文化活动，48.7%的受访者表示能常态化进入文体馆进行健身活动，说明目前的文化服务活动比较丰富，但是宣传渠道单一，文化服务活动覆盖率不够。95.5%的受访者对"神东煤"充满自豪感，但不清楚公司的品牌战略及品牌价值，公司目前品牌战略、品牌结构不够清晰，"神东煤""神东矿""神东人"品牌影响力和品牌价值还未充分彰显。"艰苦奋斗""持续创新""务实作风""争创一流"的企业文化优秀基因还有待进一步提升。

四、品牌管理视角下文化建设与文化服务供给联结性思考

（一）品牌管理视角下对文化建设与文化服务供给的界定

如前文所述，品牌管理强调外部效应，是管理者为培育品牌资产而展开的以消费者为中心的规划、传播、提升和评估等一系列战略决策和策略执行活动。品牌管理重点是获得消费者的信任和共鸣，从而提升品牌影响力和品牌价值。在品牌管理视角下，一流企业文化建设与文化服务供给对于消费者的理解则可以有两个角度，狭义上是指文化服务的实际使用者，即享有文化服务的企业职工群众，广义上则指的是与之有过业务往来的人或组织。换言之，对于神东的文化建设与文化服务消费者的界定不能简单地以是否是神东职工或者是否实际享有过公司提供的文化服务作为标准，本文泛指的是在企业文化建设过程中文化服务的使用者、接受者、享有者和影响者，即员工群众和相关者。

因此，一流企业加强企业文化建设，全面提升文化软实力和品牌影响力，提高企业核心竞争力，在品牌管理视角下可以在文化服务提供的有效性和精准度上下功夫，以围绕消费者即员工群众及相关者的需求来开展工作。

（二）企业文化中心推进文化建设系统化和文化服务供给的实践做法

基于此思路，企业文化中心作为"文化建设与实施"的主责单位，始终聚焦两级公司发展战略和目标任务、聚焦职工群众对美好生活的向往"两个聚焦"；着力推进创领文化践行应用，强化精神引领、形象展示等六大功能，在推进"六化建设"上进行了积极的探索和有益的尝试。

1. 坚持系统观点，将既有的要素重新组合，以问题为导向推进文化建设系统化

传统的文化践行路径，以文化宣贯为重点，围绕理念认知、认同与践行，进行培训、活动、传播等方式的创新，文化与管理的融合度不够紧密。神东在推进创领文化践行应用过程中，采用的是"双维度"践行模式，即企业文化宣贯路径与企业文化管理路径并行。企业文化宣贯路径从"认知——认同——实践——共享"的文

化认识规律出发，搭建教育培训、仪式活动、传播分享、文明创建四个平台，通过"从感性到理性、再从理性到实践"的两次转化，实现企业文化宣贯的常态化，促进创领文化理念的深植。企业文化管理路径从"发现问题——文化归因——提出对策——评估反馈"的问题解决策略出发，通过特色文化实践、班组文化实践、管理创新实践、行为塑造实践等措施，推动管理变革与升级，并在这一过程中，进一步转变思想、强化认同、规范行为。

在具体推进过程中，借鉴熊彼特创新理论，将既有要素重新组合，实现组合创新，多点联动，多措并举，推动文化建设系统化。熊彼特认为，所谓创新就是要建立一种新的生产函数，就是要把一种从来没有的关于生产要素和生产条件的新组合引进生产体系中去，以实现对生产要素或生产条件的新组合。

坚持问题导向，以"品牌打造＋文化输出"的方式，突出"精准、有效"品牌价值要素，依托场馆和文体专业力量，积极打造"公益培训""书香神东""跃动神东""企业文化基层行"等文化服务品牌，传递神东精神，树立良好的企业形象。

以"科技项目＋课题研究"的方式，强化科技项目和管理课题研究，以文化视角切入，系统诊断公司文化建设和现有文化服务供给优势和不足，在提升文化软实力、文化践行模式和路径上提出科学思路和方法，推动文化理念在制度建设、安全管理、科技创新、人才培养等方面的融合互促。

以"调研检查＋活动引导"的方式，按季度到各单位检查指导企业文化、安全文化建设情况，同时常态化开展企业文化建设"五个一"活动（组织一次企业文化专题培训，策划开展一次深受员工欢迎的主题文化实践活动，创研一个有传播价值的文化精品，培育一个具有单位特色的子文化品牌，形成一个企业文化践行案例），指导各单位对创领文化"双维度"模式的践行应用。

以"专题培训＋公益培训"的方式，按抓两端的思路，重点抓党员领导干部、主管人员能力提升专题培训，凝聚思想共识，推动实际问题的有效解决。将公益培训常态化，推出"蓝海豚计划""蒲公英计划"和场馆"培训日"，让每一个有爱好的人都有展示的舞台和交流的平台。

2. 以需求为导向，切实提高文化产品和服务的有效性

如同煤炭生产企业向客户提供的是清洁煤炭，后勤服务企业向消费者提供的是质优物美的食品和优质服务一样，文化建设单位实际上是要向员工群众提供有效的文化产品和服务，并通过文化践行、文化产品和服务的有效供给来输出价值，传递价值理念，促进员工行为的转变，增强员工群众的幸福感和获得感，起到凝心聚力的作用。而发挥作用最核心的是"有效"。有效性的检验标准则是"三个有利于"，即"是否有利于企业安全生产、是否有利于满足员工群众精神文化需求、是否有利于提升员工文化素养"。借鉴经济学供求理论，供给侧方面要让各要素实现最优配置来提升质量与实效。而品牌管理以消费者为中心进行的一系列活动，品牌管理重点是在需求侧。当有效需求不足与产能过剩矛盾难以调和时效益递减，必须坚持以需求为导向提高其有效性。

因此，在具体的推进过程中，坚持以需求导向，在对接员工群众需求的精准性下功夫，来切实提高文化建设和文化服务的有效性。"改变原来集中性文化送一线"，根据各单位的需求，以"送餐+点餐"方式，对送文化内容、形式进行创新性策划，使文化活动更有特色和针对性。以"专业+业余"方式，吸收有文体特长的爱好者加入文化志愿者队伍，和中心专业队伍共同创研演绎，在参与中受到感染教育，增强思想认同和行动认同。以"输血+造血"方式，积极推进文化帮扶，深入一线采风创作，汲取"造血"养分，培养更多的文艺体育爱好者，创研出更多有温度、有筋骨、有生命力的文化作品。以"线上+线下"的方式，探索实践了"互联网+"智慧云服务模式，搭建集看书、听书和朗读一体专属神东个性化职工电子书屋，开展运动挑战赛，聚合职工书屋、场馆资源、展览展示、文化产品、公益培训预约报名、线上主题音乐汇等文化服务资源，打造了全民阅读、全民健身、预约参与、共享直播为一体的一站式文化供给平台，让职工享受到"一人一书屋，无处不阅读"的数字阅读新体验，实现"闭馆不闭展""停课不停学""活动享不停"。

简言之，在文化惠民品牌打造、群众性文体活动组织、"线上+线下"文化云服务模式构建、文体中心主楼场馆改造等方面，均坚持两个聚焦，以精准有效提供文化产品和服务为出发点和落脚点，进行精心组织设计，让文化产品更有深度，让文

化服务更有宽度，让文化惠民更有温度，让文化供给的对象更有广度。

3. 坚持人民为中心的工作导向，用流动的文化符号，打通文化服务最后一公里

品牌管理是一个生长的过程。通过充分利用各种有效的内外部传播途径，促进消费者形成对品牌的认同，最终增强对品牌的忠诚度。真正品牌的力量来源于在提炼出品牌特质的基础上，建立起一系列协调一致相互关联的流程和行为所创造出的品牌感知。坚持以人民为中心的工作导向，一方面是要让文化建设和文化服务更有效，更重要的是要简单便捷，且主题突出，输出价值。换句话说，积极培育多层次、多渠道文化传播方式，让一次主题汇演、一次文化惠民、一个展览展示、一场体育赛事、一次文化交流、一次公益培训、一次场馆体验，都成为了解文化、走近文化的一个独特的视角，讲好文化故事，传播好企业声音，塑造美好精神家园。每一次文化服务、每一个文化产品的有效供给都是一个个流动的文化符号，传递文化价值，满足员工需求，营造健康向上的文化氛围，精确助推文化的践行落地。

2019年开展了"一场创领文化践行应用交流分享会、一场庆祝新中国成立70周年主题汇演、一次企业文化管理能力提升专题培训、一次优秀语言类剧本评选、一次'与祖国同行、铸神东辉煌'主题展"的企业文化宣贯"五个一"活动；2020年开展集文艺演出、电影放映、图书漂流和健身指导为一体的"企业文化基层行"，送文化文艺到井口、到班前会、到边远站点，用流动的文化符号打通文化服务最后一公里；2021年开展了"声动神东·党史故事100讲"线上展播、"悦动神东·红色电影100部"流动展映、"声动神东·红色歌曲100首"经典传唱、"书香神东·红色书籍100本"好书推荐、"云上展厅·神东史上的100天"线上展览等党史学习教育"五个100"主题活动，都收到了良好的效果，得到了普遍赞誉。

4. 建立以场馆资源为基础的"场馆+"体育活动生态链，让场馆活起来

每个场馆的价值是有限的，当无数人使用并产生联系，其价值开始放大而有现实意义。一方面推进智慧场馆建设，精准场馆导视系统应用，积极打造4D场馆管理，实现活动场馆的安全管理信息化、活动场馆的智能信息化、活动场馆的数据信息化，极大提升了员工群众入馆活动体验感。另一方面，依托场馆开展集中公益培

训、文化惠民暖心清单·培训日（见下表）、"运动达人挑战赛"，场馆与活动、培训、服务和信息化相结合，建立以场馆资源为基础"场馆+"体育活动生态链，通过文体场馆和惠民活动的互融互促，场馆价值最大限度发挥。仅2021年推出的8个场馆"培训日"文化惠民暖心清单，惠及员工5000多人次，有效满足多样化的文化需求，员工中引起热烈反响和普遍赞誉。

场馆"培训日"项目设置

序号	培训项目	培训时间	授课地点	授课内容	培训教师
1	乒乓球日	每周一	李家畔乒乓球室	乒乓球基础技能	张鹏
2	健身指导日	每周二	李家畔健身室	健身指导	常亚平
3	瑜伽日	每周三	李家畔瑜伽室	瑜伽基础学习	李建波
4	羽毛球日	每周四	李家畔羽毛球馆	羽毛球基本技能	张弘新
5	剪纸日	每周一	南区剪纸、书法培训室	剪纸技法与套色剪纸	李淑琴
6	二胡日	每周三	南区音乐培训室	二胡基础教程	薛世金
7	游泳日	每周二	上湾游泳馆	蛙泳基本技能	刘鑫
8	网球日	每周三	上湾网球馆	网球基本技能	崔恒盛

五、运用品牌管理流程探索一流企业文化建设的思考

（一）建立一流企业文化品牌识别

在央企创建世界一流示范企业的背景下，企业培育文化软实力，提升企业核心竞争力，都需要在一流企业文化建设过程中，洞察自身优劣势，整合优质资源，找准定位，建立好品牌识别。

一是一流企业文化建设内在要求不仅要满足文化的自我增值，更重要的是使其社会功能达到最大化，因而文化建设的品牌定位不仅要聚焦文化建设的发展方向，还要及时掌握当地公共文化服务最新发展动态和现状，从而构建起地企文化相融共建体系，处理好文化建设与社会发展之间的作用关系。充分发挥企业"推进者"的角色作用，实现企业文化建设和公共文化服务无缝对接。

二是文化服务层次的定位，不只局限于关注本企业职工精神文化需求，而是充

分借助企业的资金、人才和设施设备等优势，在为企业员工群众提供有效文化服务的同时，辐射区域居民群众。同时，对外辐射面要进一步放大，更有效传递价值理念。

三是文化践行与文化服务的定位受到社会因素诸如价值观、文化传统等的综合影响，其定位不仅仅是体现于产品、服务本身，而是要能给"消费者"带来尊重和优越感，有助于消费者社会价值的提升，在享有过程中接受价值，提高理念认同度。

四是要发挥好党组织的战斗堡垒作用和党员先锋模范作用，强化企业领导者在文化建设中示范作用，推进核心价值观转化，形成价值观考核倒逼机制。通过薪酬、员工参与、文化活动等相关激励政策，提高全员参与文化建设和文化服务供给，增强价值观的渗透力。

（二）凝练一流企业文化品牌核心价值要素

卡罗·柴普曼和苏珊·图力恩在《品牌DNA》一书中认为品牌是有基因、有生命的，是需要赋予精神、价值观和价值的。提出"品牌＝价值观＋个性"。品牌价值观是企业做任何决定时都要遵循的原则、标准，如果不能贯穿企业经营活动的始终，那么品牌就只是挂在墙上的，是没有生命的。一个企业只有遵循其所主张的价值观时，才能更加让人依赖并且持续发展。换言之，就是当我们扎实践行品牌价值观，品牌价值与行为相匹配时，品牌的力量就会在员工、客户服务和市场中不断巩固和加强。

在一流企业文化践行和文化服务供给中，提炼和挖掘真正的品牌价值观非常重要。如对神东而言，作为国家能源集团的骨干煤炭生产企业，品牌核心价值要素虽没有明晰定位和表述，但数据分析看，广泛认知是"安全""绿色""创新"和"一流"。这与神东创领文化核心理念基本吻合，与神东煤、神东矿、神东人的品牌价值理念相一致。再如前文所述，企业文化中心的职能定位是"企业文化建设与实施"，提供的是文化产品和服务。在广泛调研讨论"要使企业达到最佳状态，需要哪些品质""就亲身经历来说，别的同类企业最让你感到难以忍受的事情是什么""在文体活动过程或进入场馆健身时出现什么样的事情，你会觉得受到尊重"等问题的基础上，按照重要性进行匹配，明确"简单、有效、可持续"价值理念。

"简单"，是要求提供的文化服务应用简单便捷，管理关系简单化。"有效"是要提高文化产品和服务的有效性和精准性。"可持续"是要推动"文化建设系统化、文化惠民品牌化、文化服务精准化、文化产品精品化、文化活动常态化和场馆管理智能化"以场馆为基础资源的文化服务供给，不仅仅是场馆本身或者体育健身本身的具体设施设备供给，更重要的是输出价值主张。

（三）寻找差异点，形成竞争特色

差异点是使企业从同质化竞争中脱颖而出的法宝，也就是品牌在市场上和面对客户或公众所展现出来的品牌特性。譬如，错位竞争模型"与其更好，不如不同"就很有借鉴意义。

各单位在文化践行与文化服务供给过程中，关键在于要分析自己有什么，自己缺什么，还需要补什么，准确找到同类下的差异。同样性质的企业，寻找自己的优势是什么？同样的队伍，自己区别于其他队伍的优势在哪里？同样的文体场馆，自己的不同在什么地方？同样的文化践行单位，自己的特点又在哪里？在此竞争过程中可以考虑错位竞争的理念，深入挖掘自己独特的真正的差异点，具体来说可以细分产品差异、人员差异、形象差异、服务差异以及渠道差异。差异点可以是独特的服务方式，也可以是独有的各种能力，是否能够从行为上体现出自己的品牌价值和个性。

对神东而言，企业文化建设必须与世界一流煤炭示范企业创建相吻合，体现创一流、智能创新和能源行业特性。对于企业文化中心来说，重点是精准对接员工群众需求，有效提供文化产品与服务。其优势就在于专业的人员队伍和优质的场馆资源。因此发挥专业文化体育人员创作突出反映矿工和能源企业特点的文艺作品创研，开展普及性专业的文艺体育培训，依托场馆资源推广全民健身、全民阅读活动，最大限度地将既有的要素重新组合，推进文化建设系统化，要更多体现的是文化建设与文化服务供给中传递的内在价值，让文化产品更有深度，让文化服务更有宽度，让文化惠民更有温度，让文化供给的对象更有广度。此外，在特定区域，员工群众数量特定，多样性和可变性的需求总量有限，因此差异点要求不必"大而全"，要有针对性，场馆建设、活动组织策划要依据实际，场馆各具特色，有助于品牌形象塑造。如企业文化中心所属场馆在综合功能的基础上，南区活动中心突出老年活动的特色，李家畔文体馆突出健身运动指导，文体中心突出文化特点，民泰文体馆突出智能化建设等等。

（四）建立文化价值理念与文化服务之间联想

一次主题性群众活动、一个设备齐全的体育场馆、一场线上线下互动的文艺演出，或者一场规模宏大的体育赛事，不仅仅只是一次活动、一个场馆、一场演出或者赛事本身，员工群众关注和参与的也不仅限于此。品牌建设必须建立起文化价值理念与文化服务之间的联想。要让每一次主题演出、文化交流、文化服务、展览展示都能成为员工群众了解文化的窗口，成为流动的文化符号，传递文化价值，满足员工需求，营造共创共惠的文化磁场，让员工群众关注并对其有独特的偏好的品牌联想，从而增强文化践行的环境竞争力。

在具体过程中必须把握三个方面，第一必须与企业的发展战略相一致。第二必须始终围绕企业的安全生产中心工作，有助于员工素养的提升，推动企业高质量发展。第三必须与文化软实力建设相一致，品牌价值与企业行为相一致。当我们从寒冷的空气中步入一个温暖舒适的书屋、音乐室、各类文体场馆的时候，不仅仅满足读书、培训、健身的需求，更是一种内心的享受与放松，得到心理的调节，在环境过程中潜移默化地接收到了"精准对接""有效供给""用心服务"文化价值，有形的场馆载体与无形的品牌文化相结合，让员工群众与文化服务产生共鸣，员工群众的体验感和满意度会大幅度提升，从而增强理念的价值认同，提升品牌形象。

（五）深化品牌传播平台，形成文化品牌效应

如何才能有效地深化品牌关系并形成品牌效应，使得一流企业文化建设的每个成果被打上品牌的烙印，这是一种无形且有价值的资产，有利于世界一流企业的创建。品牌是需要赋予精神和价值的。通过各种文字、图形、其他相关元素及对综合信息的合理表达，让员工群众感觉、知觉进而让员工群众愿意了解品牌信息，从而在一定范围内形成一个畅通的文化建设品牌传播平台。它渗透在企业的方方面面，它存在的意义是在员工群众中引出正面的发自内心的情感，阐明价值主张，激励企业的每一个人自觉地把预期的价值传递给客户和员工群众，使其在企业经营的每个

触点都能够体验到。

从调查数据分析来看，仅有27.59%的员工反馈公司已经具备了较为完善的品牌传播体系，大部分品牌宣传未体系化或未能有效落地，甚至有11.17%的员工反馈几乎没有进行品牌宣传活动。说明系统化的品牌传播平台尚未形成或尚未形成抓手，品牌传播缺乏系统性支持及反馈。打造品牌故事是深化品牌传播的一种有效方式，可以用启人思考、充满乐趣的品牌故事来触动人们的情感，传递文化价值。

在文化践行与文化服务供给市场，企业向员工群众、向社会提供的文化产品与服务是具有特殊的性质。从产品的整体概念出发，一般的物质产品相比更讲社会效益，是一种投入大于产出的资本。"双赢""社会效益极大化"，应用于文化品牌效应上，产品具有长效性，会有助于员工群众心理健康发展，从而助推企业可持续发展。会辐射到员工家属子女和整体矿区，有利于文明矿区建设，从而产生长远的影响，或能在几十年中都发挥作用。

所以，一流企业文化建设的价值创造不同于一般有形产品供给企业的价值创造，不能简单地通过增加对其产品的购买次数来实现。文化践行与文化服务的推广也不能以增加文化活动、演出、赛事及场馆的个数或人数为目标，而是应该聚焦满足员工群众对美好生活的向往，立足于文化价值传递，让每一个员工群众都能有时间在自身阅读、健身、娱乐方面充实自我，让每一个有爱好的员工都能找到展示的舞台和交流的平台，使之成为自我素养提升和健康管理的一部分，在企业与员工群众之间、企业与社会发展之间，让文化践行与自己相关，与社会发展相关，在此基础上强化文化的品牌效应，从而提升文化软实力，为创建世界一流企业提供强有力的精神动力和文化支撑。

六、结论

本文选择从品牌管理视角研究一流企业文化建设，运用品牌管理的基本理论，对文化建设与品牌管理进行联结性分析，对一流企业文化践行与文化服务供给进行了积极思考和有益探索，提出如下结论：

（一）厘清了世界一流企业与品牌管理、企业文化与文化软实力、品牌建设与企业文化建设的关系

世界一流企业是在重要的关键经济领域或者行业中长期持续保持全球领先的市场竞争力、综合实力和行业影响力的企业。世界一流企业的评价标准最核心的体现在于具有世界影响力的企业品牌，并能充分发挥品牌的辐射带动作用，拥有良好的品牌生态。企业文化是企业文化软实力最突出的表现，优秀的企业文化可以推动企业文化软实力辐射范围的扩大，从而形成培育一流企业文化软实力的基础。世界一流企业不仅要有一流的产品和服务，也要有一流的品牌。企业文化与品牌是企业核心竞争力形成的必要因素，但是品牌管理不等同于企业文化建设。企业文化强调内部，品牌管理则强调外部效应。

（二）品牌、品牌建设与企业文化建设、文化服务供给关联度较高

本文在品牌建设现状分析的基础上，通过对神东企业文化建设及文化服务供给现状、取得的成效及存在的问题的分析，进行了品牌建设与企业文化建设、文化服务供给联结性思考。在品牌管理视角下，文化建设与文化服务消费者的界定不能简单地以是否是企业内部职工或者是否实际享有过企业提供的文化服务作为标准。一流企业加强企业文化建设，全面提升文化软实力和品牌影响力，在品牌管理视角下可以在文化产品和服务提供的有效性和精准度上下功夫，围绕消费者即员工群众及相关者的需求来开展工作。

（三）以企业文化中心"精准对接员工群众，有效提供文化产品与服务"为例进行了有益探索和实践

在具体推进过程中，借鉴能彼特创新理论，将既有要素重新组合，实现组合创新，多点联动。坚持问题导向和需求导向，依托专业的员工队伍和优质的场馆资源，传递文化价值，让文化产品更有深度，让文化服务更有宽度，让文化惠民更有温度，让文化供给的对象更有广度。

（四）在调查分析的基础上，提出运用品牌管理流程推进一流企业文化建设的五个路径

强调要建立一流企业文化品牌识别、凝练一流企业文化品牌核心价值要素、寻找差异点，形成竞争特色、建立文化价值理念与文化服务之间联想、深化品牌传播平台，形成文化品牌效应。提出文化建设与文化服务的推广不能以增加文化活动、演出、赛事及场馆的个数或人数为目标，而是应该聚焦满足员工群众对美好生活的向往，立足于文化价值传递，在企业与员工群众之间、企业与社会发展之间、文化践行与自己之间相关联，使文化价值自身增值和社会功能最大化，从而提升文化软实力和品牌影响力。

文章出处： 课题完成于2021年10月，获神东煤炭集团2021年度管理课题研究成果一等奖。

参考文献：

[1] 新华社. 决胜全面建成小康社会夺取新时代中国特色社会主义伟大胜利——在中国共产党第十九次全国代表大会上的报告[J]. 中国人民日报，2017(10).

[2] 关于印发《中央企业做强做优、培育具有国际竞争力的世界一流企业要素指引》的通知（国资发改革〔2013〕17号）.

[3] 葛树荣. 世界一流企业与文化软实力[J]. 独家策划. 2019(12).

[4] 卜凡. 品牌管理视角下大学一流学科建设路径研究[J]. 南京航空航天大学学报，2017(4).

[5] 袁东明. 把一批国有大企业培育成为具有全球竞争力的世界一流企业[J]. 中国经济时报. 2017(12).

[6] 胡鞍钢，《详析世界一流企业：入列世界500强位居同行前20》[EB/OL]. 人民网.

[7] 余典范. 以"品牌强基"推进世界一流企业的建设[J]. 清华管理评论. 2019年第7-8期131-135页.

[8] 陈春花. 中国企业迈向"世界一流"的四个内在要素——基于经营行动的视角[J]. 清华管理评论. 2019年第7-8期106-113页

[9] 袁东明. 把一批国有大企业培育成为具有全球竞争力的世界一流企业[J]. 中国经济时报. 2017(12).

[10] 杜哲. 国有企业文化建设与思想政治工作有效结合路径[J]. 企业技术开发. 2016(09).

一流企业文化与制度匹配性研究

韩浩波　唐　敏

摘要：企业文化建设作为一种管理实践是将企业在创业发展过程中形成的优良传统、精神风貌及工作作风提炼升华，整合成为全体员工广泛认同的、统一的价值体系和行为准则，以文化的力量激励企业员工，助推企业的长期发展。本研究以神东企业文化与管理制度为研究对象，通过科学的数据分析，验证企业文化与制度执行之间匹配关系，在问题研究的基础上提出一流企业文化与管理制度匹配性优化建议，为企业协调发展、发挥最大管理效能提供参考。

关键词：一流企业文化　制度　匹配性研究

一、绪论

（一）研究背景

企业文化是20世纪70年代末兴起的一种企业管理理论，它的诞生标志着企业管理由"以物为中心"发展到"以人为中心"的时代。企业文化建设作为一种管理实践是将企业在创业发展过程中形成的优良传统、精神风貌及工作作风提炼升华，整合成为全体员工广泛认同的、统一的价值体系和行为准则，以文化的力量激励企业员工，助推企业的长期发展。企业文化对企业的成长来说，是核心的因素，同时企业文化的建设也是一个系统且浩大的工程。

在企业管理实践中，企业文化和管理制度作为"软""硬"两种有效的管理手段备受企业关注，普遍认为二者之间存在着某种特殊的关系。目前，理论界和实践界对于企业文化建设与制度执行的互动关系的探讨较少。由于不能清晰地认识到文化与制度之间的关系，使得企业在管理过程中或是严格地用制度来管控和改变员工的行为，使员工产生"自我保护意识"而更加小心地维护自身利益，使企业的发展受到阻碍；或是过分强调企业利益及员工的奉献精神，使员工的自身利益长期得不到满足，从而丧失工作积极性。由此可见，在企业管理实践中，探究企业文化和管理制度之间的匹配关系对企业如何协调两者间关系并使其在管理中发挥最大效能具有重要意义。

（二）选题目的和意义

现有研究在对企业文化研究投入极大热情的同时，也开始注意到了其对制度执行的重要作用及两者间的密切关系。然而，总的来说，目前大多数对企业文化和管理制度匹配性研究还停留在比较粗浅的阶段，只是在哲理层次上的表述性解释。如何进行匹配迄今尚未有文章系统的论述。因此，解析企业文化和管理制度的关系，分析文化与制度的匹配机制，如何创造条件促使两者良性互动关系的发生成了企业界和理论界关注的重点。本文以神东企业文化与管理制度为研究对象，通过科学的证据分析，验证企业文化与制度执行之间匹配关系，为企业协调发展、发挥最大管理效能提供参考。

（三）研究思路

本文主旨是在明确公司企业文化和管理制度的基础上，通过问卷调查、社会统计分析、访谈等方法，厘清企业文化与管理制度、文化与管理、文化与人才培养机制等关系，采用社会统计分析和访谈数据论证进行匹配审计，深入分析不匹配的原因，提出企业文化与管理制度匹配的五条优化建议。

二、概念界定与理论基础

（一）企业文化与管理制度的内涵

1. 企业文化的定义和构成

国外学者关于企业文化定义的研究比较多，主要观点可以概括为以下几种。一是根本假设论。强调企业文化是被证明为有效的根本假设。爱德加沙因对企业文化的内涵进行了深刻的阐述，他指出：公司文化存在于三个层次：人工制品、认同的价值和基本的、主要的假设。而主要的假设是最深层次的，也是最主要的[①]。二是关系论。从价值观与行为方式的关系角度来定义企业文化，以丹尼森、海能等人为代表。丹尼森认为：企业文化是指基本价值观、信仰和行为组织管理体系的准则以及一整套示范、强化这些基本原则的实践与行为。认为：企业文化是有关企业的、通过象征传播的共同价值观念和行为准则。它们是组织成员的共同思想体系[②]。三是经济资源论。把企业文化定义为一种经济资源。科斯认为，通过塑造具有共同理想信念、明确的价值取向、高尚道德境界的企业工作群体，可以换得产权界定、监督、遵从的费用的减少[③]。

国内学者在西方企业文化研究的基础上致力于研究适合于中国的企业文化理论，并提出了一些很有价值的见解和看法。以著名经济学家魏杰为代表的"价值理念说"，指出所谓企业文化，就是企业信奉并付诸实践的价值理念[④]。以张木生[⑤]、李建军[⑥]、潘肖压与苏勇[⑦]为代表"总和说"，认为企业文化是人类在社会生产实践中形成的具有本企业特色的精神财富与物质形态的总和。第三种是"层次说"。代表人物是张德[⑧]、吴剑平[⑨]和周三多[⑩]。认为企业文化是指全体员工在长期的创业和发展过程中培育形成并共同遵守的最高目标、价值标准、基本信念及行为规范。第四种是"管理

① Edgar H. Seheni, JonLPieree, John W. Newstorm, *The Managers' Bookshelf: A Mosaie of Contem Poray Views*, Haperr & Row, Publishers, Inc., 1988. P31.
② E·海能. 企业文化—理论与实践的展望[M]. 北京：知识出版社，1990.
③ 朱河山，陈翰武. 企业文化教程[M]. 武汉：武汉大学出版社，2003.
④ 魏杰. 企业文化塑造—企业生命常青藤[M]. 北京：中国发展出版社，2002.
⑤ 张木生. 文化变革造就管理变革[J]. 中国高校科技与产业化，2004(8): 72-74.
⑥ 李建军等. 跨国企业文化整合对我国企业文化建设的启示[J]. 商业研究，2003(13): 170-171.
⑦ 苏勇. 当前企业文化建设的一些现实问题[J]. 中国企业家，1996(4): 29-30.
⑧ 张德. 浅论企业文化[J]. 未来与发展，1989(1): 16-20.
⑨ 张德，吴剑平. 企业文化与CI策划[M]. 北京：清华大学出版社，2000.
⑩ 周三多等. 管理学原理与方法[M]. 上海：复旦大学出版，2002.

文化说"。代表人物是张大中①、徐文中②、孟凡驰③。认为企业文化是在一定社会文化背景下的管理文化，是一种新的现代企业管理科学理论和管理方式，又是一种精神动力和文化资源。

学术界对企业文化的定义众说纷纭，从企业文化的定义中可以看出，很多学者认为企业文化与制度两者属于两者包含与被包含的关系，也有学者认为两者是相互影响的平行关系。本研究认同企业文化和制度是平行关系的观点。本文对企业文化的理解趋向于"价值理论说"，认为企业文化由传统和风气所构成，是企业成员共享的价值观念、信念和态度等，以及大家共同遵守的行为习惯、仪式庆典等。

关于企业文化构成要素的研究以威廉大内、狄尔和肯尼迪、赫尔雷格尔、彼得斯和沃特曼等为代表。其中狄尔和肯尼迪提出企业文化六个构成要素（价值观、英雄人物、礼仪和庆典、文化网络、企业环境）得到普遍关注。本文在查阅大量的文献，通过反复讨论，最终提出企业文化构成的七个要素，即为：愿景与目标、共同价值观、企业环境、文化网络、英雄人物、礼仪与庆典、行为习惯。这七个要素的内容全面综合，涵盖范围广泛。

2. 制度与企业管理制度

关于"制度"，不同的学者有不同的理解。制度一词在《现代汉语词典》中的解释有两层含义，第一层含义是指大家共同遵守的办事规程和行动准则；第二层含义是一定历史条件下形成的政治、经济、文化等方面的体系。制度是一种协调人际关系的工具，在任何一个社会形态中，任何个人、组织、社团，甚至政府都处在特定的制度体系中，受其束缚，受其制约。制度，大可以到治理国家，上升为国家意志；中可以到管理公司，成为公司管理的依据；小也可以到人与人日常行为的契约关系，成为人们所共同遵守的规程或行为准则④。

本文中的制度指的是企业管理制度，是企业组织用于规范和约束企业组织成员活动的行为规范，是为了达到企业经营管理目的，维护生产工作秩序而人为制定的

① 张大中. 关于企业文化几个基本理论问题的思考 [J]. 企业文化，1998(6): 3-4.
② 徐文中. 关于企业文化 [J]. 企业文化，2003(5): 20-21.
③ 孟凡驰. 企业文化的观点共识和基本规律 [J]. 企业文化，2008(10): 11-13.
④ 祝慧. 企业文化的制度化研究 [D]. 广州：广东省社会科学院，2007: 13.

程序化、标准化的行为模式和运行方式，是人与人的关系以及种种行为规范和准则，在实践中表现为带有强制性的义务。

（二）企业文化与企业管理制度关系相关研究

论述企业制度与企业文化间关系的文献主要分为三类：企业文化对制度的影响、制度对企业文化的影响、企业文化与制度相互影响。

1. 企业文化对制度的影响

企业文化对制度的影响主要从企业文化对制度或制度执行的作用和影响方面来研究两者之间的关系。夏宏指出文化作为一种非正式制度，可以在制度变迁的进程中减少交易成本，促进正式制度的确立。企业文化的推进过程也就是企业员工对新的价值观和经营理念的具体制度由认知到认同，他律到自律的过程，当员工对某项制度认同之后他们就会自觉地遵守，这时制度的监督成本将大大减少[1]。王小洋等从企业运行机制的角度，将影响企业执行力的因素分为领导者、执行力文化、制度规范、组织结构、战略规划、工作计划系统、信息沟通系统七个方面，建立了企业执行力要素模型，并指出执行力文化是实施执行的平台，执行力文化源于运营并作用于运营。有效执行的最终目的是在企业内部建立一种执行力文化。金华明[2]、路念明[3]、张初阳[4]通过对中国石化企业制度执行力研究，指出转变人的思想，保持正确的思想和行为传承下去，离不开文化建设。即通过创造一种良好的人文氛围和协调的人际关系，对人的观念、意识、态度、行为等进行影响，从而对人的行为产生控制作用，中国石化企业应培育团队执行文化，形成高效执行合力。

上述学者深刻认识到企业文化对制度执行、制度执行力的打造有着关键作用，并提出通过培育执行文化来形成高效执行力，但没有深入地分析企业文化是如何影响制度执行和制度执行力。

① 夏宏. 企业文化与制度变迁探讨—基于新制度经济学的理论分析 [J]. 现代商贸工业。2009(1): 82-83.
② 金华明. 如何提升制度执行力 [J]. 现代经济信息，2012(6): 20.
③ 路念明，靳涛. 提高中国石化HSE执行力探析 [J]. 安全、健康和环境，2009(7): 7-9.
④ 张初阳. 强化HSE的执行力 [J]. 劳动保护，2005(9): 24-25.

2. 制度对企业文化的影响

有学者指出在企业中制度化的过程同时也是企业文化固化的过程，随着对制度的深入理解和广泛认同，人们在接受制度文化的同时，又会反对与制度相悖的文化，容易让企业拘泥于制度文化，而忽略企业的其他文化，抵制外来文化，抑制吐旧纳新的过程。张文军指出制度对核心价值观的反作用主要表现在强化作用和推动作用上，当管理制度与企业的核心价值观一致时，对管理制度的有效执行，会固化或者强化其核心价值观；当管理制度与企业的核心价值观不一致且管理制度先进于价值观时，通过先进管理制度的引进、执行，会对企业核心价值观的变革以推动作用[①]。

3. 企业文化和制度相互影响

这类文献的观点认为企业文化和制度、制度执行是相互影响、相互作用、相互促进的。乐可为把企业文化看作是劳动合同之外的第二个契约即心理契约。如果仅有制度，员工不认同企业文化，缺乏心理契约，企业的制度成本就会很高。制度对企业文化起促进和维护作用，有什么样的制度就会有培育什么样的企业文化。反过来，企业文化影响制度的制定与实施。只有把文化因素有机融入制度管理，使企业独特的精神、价值观念等通过制度载体得以实现，才能实现企业文化的有效落地[②]。

何春衡[③]、李娅、白玉[④]认为企业文化和企业制度可以相互促进。体现企业核心理念的企业制度可以强化企业文化，经过长期反复的实践与完善，最终使企业文化成为员工共同认可的思想；企业文化促进企业制度的有效实施和不断创新，企业文化可以激发员工的"自律意识"，从而降低管理成本，并且根据新环境创造出更好的保存企业核心理念的管理制度。

以上观点从多角度论述了企业文化和制度在管理中辩证统一，相互依存的关系：企业文化与制度在形态上表现出一软一硬、一柔一刚、一无形一有形，但两者

① 张文军.佳通公司核心价值观对管理制度实施效果的影响[D].成都：电子科技大学，2005: 41-42.
② 乐可为.解析企业制度和企业文化之间的关系[J].政工研究动态，2009(17): 30-31.
③ 何春衡.论企业文化与企业制度[J].湖南经济管理干部学院学报，2004(7): 30-31.
④ 李娅，白玉.企业文化与企业制度的关系探讨[J].商业时代，2007(7): 107-108.

在管理目标上是一致的；同时也说明了在变革中相互促进相互影响的关系：文化的创建、调整与变革往往离不开制度载体，而制度的实施和改革往往需要文化的内在推动，两者交互上升。文化的形成需要靠制度为载体。制度反映文化的要求。

（三）企业文化与制度间匹配性研究

理论上，组织制度主要对员工的行为产生规范性和约束性影响，是员工在组织运作过程中共同遵循的行为准则，能折射出组织文化[1]。实践中，虽然管理学者发现组织制度形成了组织运作的依据标准，然而在不同的组织文化内涵下，同一套制度却可能表现出不同的结果[2]，即制度的作用结果受到实践中组织文化各层次及层次间，特别是精神层内及精神层与制度层间的衔接性、协调性和契合性的影响。有学者从企业的宣称价值观（Espoused values，即企业对外和对内宣称的价值观）和执行价值观（Enacted values，即反映在企业员工实际行为之中的价值观）[3]的契合视角解释了企业所要求员工的行为与员工实际行为存在差异的原因[4]，而宣称价值观是通过组织制度等形式反映的。

为体现全面性，本研究将这组织宣称的文化理念称为企业宣称文化，将组织制度中真正实施的文化理念称为企业执行文化。其中，宣称文化以组织宣称价值观作为结构的核心层，并以此为基础反映在组织显性制度层和组织对内对外宣称诸如口号及行为准则等的物质层所构成的文化体系。而执行文化则对应于组织执行中的各项制度，以此为基础反映在组织隐性制度层和体现组织员工实际行为准则等的各项制度实施之中。

组织宣称文化在一定程度上可以转变为组织执行文化，当企业宣称的价值观和

① Eccles, R.G., Ioannou, I., Serafeim, G. *The impact of a corporate culture of sustainability on corporate behavior and performance [Working paper]*. Harvard Business School, 2011(11).

② Vargas-Hernández, J.G., Noruzi, M.R. An exploration of the organizational culture in the international business relationships and conflicts era[J]. *American Journal of Economics and Business Administration*, 2009, 1(2): 182-193.

③ Argyris, C., Schon, D.A. *Organizational learning*[M]. Reading, Mass., Addison-Wesley Pub. Co. 1978.

④ Howell, A., Kirk-Brown, A., Cooper, B. K. Does congruence between espoused and enacted organizational values predict affective commitment in australian organizations?[J]. *The International Journal of Human Resource Management*, 2012, 23(4): 731-747.

员工反映在日常工作中行为的价值观一致时，称为宣称价值观和执行价值观的一致性，对个体和组织都有积极影响。反之亦然。

企业文化与制度执行间关系的测量主要有两种方法，一种是访谈并收集论据证明二者是否契合，还有一种是采用定量方法分别对两种文化进行测量之后进行统计分析，分析二者是否匹配。

三、神东煤炭集团企业文化与制度分析

（一）神东企业文化要素解析

结合概念中对企业文化要素的界定，从愿景与目标、企业共同价值观、企业环境、文化网络、英雄人物、仪式与庆典、行为习惯七个方面，通过对大量关于企业文化的一手资料和二手资料进行整理和归纳，解析神东企业文化要素。

神东特色文化体系即"3+1+4+6"的创领文化理念体系。"3+1"核心理念，即"奉献清洁煤炭、引领绿色发展"神东使命、"创百年神东，做世界煤炭企业的领跑者"神东愿景、"安全、高效、创新、协调"神东核心价值观、"艰苦奋斗、开拓务实、争创一流"神东精神。4个基本理念：安全理念、环保理念、人才理念、创新理念。基本理念是在突出核心的基础上聚焦与延伸。6条员工行为守则，即"责任""安全""效能""执行""成本"和"纪律，是全体员工行为的"标尺"，是创领文化理念的具体化。

1. 愿景与目标

- 创领文化核心定位：创新创造，领跑领先。
- 企业愿景：创百年神东，做世界煤炭企业的领跑者。
- 全面建设安全高效、绿色智能、清洁低碳、多能互补的世界一流清洁能源企业，实现产品卓越、品牌卓著、创新领先、治理现代。

2. 企业核心价值观

- 核心价值观：安全、高效、创新、协调。

- 品牌共识与企业使命：绿色发展；世界领先的清洁煤炭生产品牌和用户信赖的绿色开采服务品牌。
- 企业精神：艰苦奋斗、开拓务实、争创一流。
- 集体形象：塑造神东创业者、创新者、改革者的实干者集体形象。

3. 企业环境

- 在行业发展方面，市场占有率、经济效益和品牌知名度都位居煤炭行业前列。企业主要指标达到国内第一、世界领先水平。
- 科技创新，在煤矿工业互联、能源经济与数字经济融合持续取得突破，多项技术经济指标达到世界领先或先进水平，担当集团的创新先锋，成为行业原创技术策源地。
- 积极履行央企社会责任，让企业发展的红利惠及周边地区百姓。
- 促进区域经济发展，为地方经济社会发展助力，"黄河流域生态保护和高质量发展"神东先行示范区取得重大进展。
- 复杂的国际竞争环境、大国激烈对抗、新冠疫情、能源转型、能源革命、节能减排、低碳社会等新的"艰苦"。

4. 文化网络

- 文化服务常态化机制：积极打造煤海"乌兰牧骑"、煤海"黄土情"文化品牌，创研推出文化产品，为矿区职工群众提供演出点播、艺术辅导、政策宣传、公益培训、赛事活动、图书漂流、流动放映等"一站式"服务，精准有效提供一系列优质高效的文化服务。
- 丰富的文化活动：组织职工多次开展志愿活动，并持续推出"蓝海豚""蒲公英计划""公益大课堂""文化惠民暖心清单·公益培训、运动达人挑战赛"和"文化惠民暖心清单·培训日活动，做实公益惠民培训，满足职工精神文化需求。
- 一站式智慧文化云服务模式，借助新媒体优势，把"文化神东"打造成为神东"信息+服务"的一站式服务平台，成为对内传播文化、服务生活的新平台，对外展示文化形象的"新窗口"。

5. 英雄人物

- 工匠精神，推出一批劳动模范、优秀班组长、"创新工匠"等先进模范人物。推选产生艰苦创业、开拓先锋、突出贡献"百名杰出员工奖"。
- 评选安全标兵、党员安全示范岗、安全之星等安全活动，对入选人员给予一定的奖励，从而调动员工参与安全管理的积极性。
- 搭建了"煤炭行业技能大师工作室""劳模创新工作室"。

6. 仪式与庆典

- 工作仪式：企业日常经营管理活动中常规性的工作仪式，如工作例会、晨会、培训会、展会等。
- 生活仪式：开展的与员工生活直接相关的活动，如联欢会、运动会、演讲比赛等。
- 纪念性仪式：对企业具有重要意义的纪念活动仪式，如周年庆典、年会、企业重要节日等。

7. 行为习惯

- 学习习惯：在神东"学习型企业"的建设中，良好的学习氛围和条件激发员工学习的主动性和积极性，员工本着"不主动学习就是放弃自己"的理念坚持不懈学习。
- 强化安全文化建设，提升了员工的安全生产意识，员工自觉杜绝不安全行为。自觉接受安全教育培训，树立自保互保意识，参与安全管理，提出了不安全行为管控、不安全行为现身说法、安全随手拍等许多有效的安全管理方法。
- 团队合作：班组建设加强了班组内部的团结与协调，小到班组，大到公司，注重团队合作，实现共同目标。

（二）神东企业文化要素提炼

1. 神东企业文化要素提炼依据

国内外学者针对组织文化研究内容非常丰富，本文在文献研究的基础上，选取

10 个具有代表性的组织文化维度内容进行分析（见下表）。

代表性组织文化结构维度

序号	研究者（时间/年）	维 度
1	Miller（1984）	实证原则、卓越原则、一体原则、共识原则、正直原则、目标原则
2	郑伯埙（1990）	社会责任、顾客取向、正直诚信、表现绩效、卓越创新、团队精神、甘苦与共、科学求真、敦亲睦邻
3	Hofstede（1990）	安全需求、以工作为中心、对权威的需要
4	O'Reilly.et.al（1991）	创新与冒险承受、关注细节、结果导向、强调成长与报酬、合作与团队导向、决策果断性、进取性与竞争性、支持性
5	黄子玲（1993）	全员一体、人力至上、踏实经营、改革创新、照顾体恤
6	Dobni，et al.（2000）	员工成长、竞争意识、顾客关系、执行效率、组织保存、变化回避、社会责任
7	Xin，Tsui, et al.（2002）	员工奉献、员工发展、和谐、领导、实用主义、报酬、顾客取向、未来取向、结果取向、改革创新
8	Tepeci & Barlett（2002）	团队导向、合理报酬、关注细节、忠于顾客、员工发展、结果导向、诚信伦理、创新
9	魏钧、张德（2004）	社会责任、制度遵从、创新精神、平衡兼顾、争创一流、变中求胜、和谐仁义、客户导向
10	谭小宏、秦启文（2009）	人本取向、团队取向、形象取向、客户取向、产品取向、社会责任、创新、绩效、求真

　　虽然考虑到国度文化差异及行业差异会对不同国家的组织文化内容或强度产生影响，但文化结构中的子维度构成基本大同小异，比如"创新"这一维度在不同学者建立的结构中均有出现，由此可以推理，出现频率越高的文化子维度，其在不同行业背景下的企业价值观体系中代表性越强，也更符合神东企业文化特质。因此，本文设定根据文献中文化子维度的普遍性程度（子维度在不同结构中重复出现的频次）来决定是否将其留在结构中，来作为神东与其他行业共有的维度。在提取子维度的普遍性程度时，要遵循各个子维度之间的独立性、系统性等原则，将含义相同或相近以及具有包含关系的文化词汇进行整合，比如，为人正直、诚信、求真、奉献等维度都是属于职业道德的范畴，而正直出现2次、诚信出现2次、求真出现2次、奉献出现1次，那么职业道德这一维度的频次为7，如此方法以此类推，将频次小于等于5的维度忽略，于是得到如下反映价值观频次排序的内容，比如改革创新、以人

为本等个维度，可拟定为神东企业文化的初始结构（见下表）。

神东企业文化初始结构

序号	价值观提炼	频次
1	改革创新（包括变化回避、变种求胜等）	9
2	职业道德（包括正直、诚信、求真、奉献、实证、踏实经营等）	9
3	结果取向（包括目标原则、表现绩效、执行效率、产品取向、绩效等）	9
4	以人为本（包括安全需要、强调成长与报酬、合理报酬、人力至上、员工发展、员工成长等）	8
5	团队精神（包括一体原则、全员一体等）	6
6	顾客取向（包括客户关系等）（删除）	6
7	社会责任（包括未来取向等）	6
8	关系取向（包括共识原则、敦亲睦邻、和谐仁义等）	6

2. 神东企业文化要素指标修正

由于神东作为煤矿企业特殊的行业特征，企业文化要素结构必须要遵循更严谨科学的原则加以修整。如此，本文将根据神东相关制度和文化建设资料、代表性案例分析等神东企业文化提炼，结合《神东世界一流文化软实力调查问卷》数据，再运用社会统计学方法提炼神东企业文化词条，形成神东企业文化核心要素26条，再将其分配到依据文献提炼的8个维度中（见下表）。

神东企业文化维度-要素初步构建

维度构建	文化要素	文化要素数量
改革创新	科学管理、开拓创新、学习上进、追求卓越、专业高效	5
以人为本	以人为本、文化理念、尊重人才	5
团队精神	互帮互助、团结协作、包容开明	3
职业道德	廉洁自律、公正透明、求真务实、敬业奉献、纪律严明、诚实守信	6
结果导向	利益共享、绩效导向	2
社会责任	责任意识	1
关系取向	和谐稳定、顾客至上、优质服务	3
安全与风险	安全第一、危机意识、精细管理	3

本研究采用主成分分析法对剩余的 25 个条目进行探索性因子分析（探索性因子分析法 EFA 是用来找出多元观测变量潜在的本质结构，并确定一组条目的深层蕴藏着多少个潜变量以处理降维的技术。在社会科学与行为科学的研究领域中，因子分析可以检验量表的构念效度，通过因子拟和可以为所抽取各因子的含义进行定义），以正交方差极大法进行因子旋转，选取特征根大于 1 并参照碎石图来确定条目和因子。实证数据的 KMO 值达到 0.749；Bartlett 球形检验的显著水平为 0.000，说明样本非常适合进行因子分析（见下方两表）。

神东企业文化要素提炼的初步 KMO 和 Barlett's 检验

KMO 和 Bartlett 的检验		
取样足够度的 Kaiser-Meyer-Olkin 度量		0.749
Bartlett 的球形度检验	近似卡方	20645.187
	df	300
	Sig.	.000

神东企业文化要素因子分析结果

公因子	1	2	3	4	5	6	7
科学管理	−0.165	0.531	−0.248	−0.198	0.156	0.135	−0.056
以人为本	−0.203	0.48	−0.025	−0.113	−0.101	0.414	−0.028
尊重人才	−0.171	0.415	−0.269	−0.191	−0.21	0.275	−0.018
互帮互助	−0.142	0.142	−0.249	−0.085	−0.57	0.147	−0.034
和谐稳定	−0.11	0.092	0.071	−0.095	−0.663	0.045	−0.094
安全第一	−0.002	0.082	0.692	0.063	0.212	0.078	−0.008
责任意识	−0.017	−0.177	0.685	−0.117	−0.159	−0.189	−0.026
利益共享	−0.105	−0.604	−0.059	−0.137	0.057	0.064	−0.041
开拓创新	−0.108	0.066	0.457	0.001	0.469	0.012	−0.048
廉洁自律	−0.164	−0.469	−0.114	−0.077	0.329	0.049	−0.036
绩效导向	0.045	−0.118	0.116	−0.071	0.114	−0.487	0.032
危机意识	−0.024	−0.022	−0.011	0.185	0.001	−0.588	0.104
学习上进	−0.045	−0.057	−0.027	0.587	0.004	−0.03	0.003
追求卓越	0.109	0.107	0.068	0.551	0.192	0.034	−0.011
优质服务	0.014	0.008	−0.056	0.526	0.016	−0.072	−0.035

公因子	1	2	3	4	5	6	7
团结协作	0.148	−0.076	0.085	0.37	−0.1	0.099	0.345
包容开明	−0.048	0.092	−0.026	0.001	0.017	−0.165	0.704
公正透明	0.058	−0.029	−0.042	−0.038	0.092	0.047	0.677
求真务实	0.183	−0.166	0.068	0.247	0.049	0.409	0.202
敬业奉献	0.413	−0.084	0.073	0.206	−0.025	0.158	0.063
顾客至上	0.42	−0.12	−0.016	0.02	−0.082	0.092	0.087
纪律严明	0.551	0.004	−0.027	−0.058	0.063	−0.1	−0.017
精细管理	0.591	0.129	−0.053	0.02	0.142	−0.105	−0.069
专业高效	0.581	0.107	0.018	0.078	0.066	−0.093	−0.046
诚实守信	0.432	−0.123	0.022	−0.035	0.007	0.257	0.213

提炼神东企业文化得出七个公因子共解释了观察变量总变异量的 75.38%。与神东企业文化初始结构进行比较，考虑到条目的变化，需要对维度进行更新命名。正式结构的具体条目代码和维度命名如下表：

探索性因子分析提炼出的神东企业文化要素维度

因子序号	文化要素	文化要素数量	维度更名
1	敬业奉献、顾客至上、纪律严明、精细管理、专业高效、诚实守信	6	伦理取向
2	科学管理、以人为本、尊重人才、和谐稳定	4	人本取向
3	安全第一、责任意识、绩效导向	3	安全取向
4	危机意识、学习上进、追求卓越、优质服务、团结协作	5	卓越取向
5	开拓创新、廉洁自律	2	创新取向
6	互帮互助、利益共享、求真务实	3	规则取向
7	包容开明、公正透明	2	平等取向

3. 因子值计算

公因子 X 得分计算公式为

$$X_i = \sum_j \gamma * V_{j*}\tag{1}$$

其中 X_i 表示第 i 个公因子，V_j 表示第 j 项企业文化要素，γ 表示第 i 个公因子中 V_j 项企业文化要素的特征根值。

依据公式（1）以公因子方差分布为权重，采用加权平均法估计每位样本七项公因子分值，对分值进行线性标准化，使其数值范围为[0，1]，具体结果见下表。

企业文化各维度得分均值

因子序号	文化要素	因子均值	因子均值 （标准化）	因子载荷
伦理取向	敬业奉献、顾客至上、纪律严明、精细管理、专业高效、诚实守信	0.38	0.1357	39.83%
人本取向	科学管理、以人为本、尊重人才、和谐稳定	1.65	0.7089	8.24%
安全取向	安全第一、责任意识、绩效导向	2.035	0.4459	5.91%
卓越取向	危机意识、学习上进、追求卓越、优质服务、团结协作	1.778	0.1862	5.68%
创新取向	开拓创新、廉洁自律	1.358	0.4326	5.46%
规则取向	互帮互助、利益共享、求真务实	1.38	0.6572	5.41%
平等取向	包容开明、公正透明	1.991	0.0079	4.85%

（三）神东企业管理制度解析

结合概念中对企业管理制度构成要素的界定，从日常管理制度、安全生产管理制度、人力资源管理制度、管理创新制度、行为准则与工作纪律、科技创新管理制度、党建七个方面对神东企业管理制度进行解析。

1.日常考勤管理制度

- 公司人力资源部是全公司员工考勤与请销假管理的业务主管部门，机关各部室是本部门员工考勤与请销假的主责机构，各单位是本单位员工考勤与请销假的主责机构。

- 员工应自觉遵守公司工作制度，按时上下班，不迟到、不早退，有事提前履行请假程序，未经批准不得擅自离岗，按要求着装和佩戴工作所需用具。

- 各单位、各部门建立健全员工考勤台账，对员工请假、出勤情况进行详细记录，保证考勤台账与请销假系统、实际出勤信息的准确性和一致性。

- 各单位、各部门要如实统计员工考勤情况，并在每月规定时间内向公司人力资源部报送，对请假的人员还要同时报送请假审批单及相关证明。

- 员工在规定时间内不能正常出勤和因公外出必须请假。员工请假类别包括事假、病假、年休假、婚假、丧假、产假、探亲假、因公外出（出差）、学习等。

- 员工请假天数严格执行国家和公司有关规定，根据员工请假类别，需相关机构出具证明的，必须由员工提供相关证明，确保请假的真实性。

- 各级领导要在审批权限范围内，对员工请假天数和原因进行严格审批，不得超出审批权限天数。员工在请假期满后，按时上班并在3个工作日内主动办理销假。

- 对违反规定、虚报、谎报考勤，请假不履行审批流程，请假记出勤情况的，一经查实，公司除全部扣回提报虚假考勤已计发的年薪、奖金，同时将视情节轻重对责任人、分管领导、主要负责人进行严肃处理，并在公司范围通报批评。

2. 安全生产管理制度

- 安全生产责任体系："党政同责、一岗双责、齐抓共管、失职追责"的安全生产责任制度，构建从上到下覆盖各部门、各单位、各岗位的安全生产责任体系，管理职责实现清单化管理，对照法律法规、部门规章、行业标准以及岗位职责，建立健全覆盖公司各层级、各部门、各岗位的全员安全生产责任制，实现"一岗一清单"并对清单进行公示公告。

- 安全生产责任制考核：公司在安全管理信息系统研发安全责任制考核模块，各煤矿单位充分利用安全管理信息系统，严格各层级安全生产责任制考核工作，建立横向到边、纵向到底、覆盖全员的安全生产责任考核机制，将各层级、各岗位安全生产责任制考核结果纳入绩效；将安全生产责任落实作为党委巡视、安全监察、领导干部年度考核、绩效考核，以及干部提升任用考核的主要内容，考核结果与领导干部履职评定挂钩，将履行安全生产工作责任纳入党政主要领导和其他领导班子成员述职报告。

- 风险预控管理体系：构建业务"线"条风险管控模式，每年一季度前，对业务范围内的重大风险进行识别和评估，结合年初工作计划按季度进行跟踪管控；构建系统专业全"面"风险管控模式，各单位领导层、业务科室要按照要求周期对系统、设备、区域进行风险评估，按月对风险管控措施落实情况进行检查、分析；构建岗位风险"点"的管控模式，各区队（厂站、车间）要在班前会对当班作业中可能出现的风险进行识别，对管控措施进行学习，作业人员作业过程中对风险及时识别，严格落实规程措施。

- 安全管理综合保障能力：坚持"大监督"工作思路，实行安全监察、现场检查、管理审计三条线并行，形成动态、定期、专项相结合，日常、月度、季度检查为一体，全天候、全方位、立体式的安全监管网络；坚持重大隐患挂牌督办机制，全面推进隐患的整改销号；加快推进重大安全技术研发与攻关，积极落实机械化替人、自动化减人、智能化少人或无人方针，加大安全投入，加快设备淘汰更新进度，优化设备配套，降低设备故障率，保障安全生产；加强职业病防治，积极落实建设项目职业病防护设施"三同时"制度。

- 安全生产应急管理：完善应急管理制度，理顺"事前预防、事发应对、事中处置、事后恢复"各项工作机制；打造世界一流应急救援队伍，加快应急救援基地建设和应急救援装备更新，全面推动应急救援技术、先进科技装备研究应用，筑牢安全生产最后一道防线。

3. 人力资源管理制度

- 人才队伍建设：通过国家重点实验室等创新平台、博士后工作站、项目研究、校企合作、提升学历、工学交替、双师带徒等模式培养人才；通过校园和社会招聘择优引进"高精尖缺"人才；全面开展员工职业发展三条通道建设，打通科技人才职业发展通道障碍，实施二级师及以上专业师和公司级以上首席技能师聘任工作，实现各类人才"发展有空间，成长有通道"。

- 业绩考核体系：业绩考评体系由"一领三创"组织绩效考核和负面清单两部分组成。"一领三创"组织绩效考核由高质量发展、高效益运营和高效率生产类考核指标和负面清单考核指标构成；基础管理考核是组织绩效考核的补充，基础管理考核包含日常检查考核和专项奖考核。日常检查考核是指为提升机电、煤质、环保、工程、物资计划、信息化等业务基础管理水平而开展的考核；专项奖考核是指针对安全生产、经营管理、技术创新、企业文化建设等管理提升项目或临时承担上级公司重点工作任务而开展的定向考核。

- 工资制度：公司实行以岗位技能绩效工资制为主的基本工资制度和以"五型企业"绩效考核结果挂钩的绩效工资等灵活多样的分配形式，主要生产经营单位员工实行岗位技能绩效工资制，高层管理人员、主要生产经营单位的助理级及以上成员和公司总部各职能部门助理级及以上人员实行年薪制，急需的特殊专业技能人才实行协议工资制，一些新聘的简单劳动岗位人员实行市场价位工资制；绩效工资根据公司管理的需要可以分为月度、季度和年终绩效工资、各类单项奖励等若干部分。

- 教育培训：按照层级分为公司级、矿处级、科队级、班组级四级，按照实施主体的不同分为集中培训、单位自培和外出培训三大类；公司级培训和单位（部门）员工专业技能和综合素质而组织的培训包括安全培训、管理培训、技能培训、业务培训，班组级培训主要是由班组开展的安全教育培训和业务学习培训，主要包括岗位标准化作业流程、危险源辨识及管控培训、新员工师带徒培训等。

- 招聘制度：考察应聘人的价值观，是否与企业文化相吻合；实施工作预览，向应聘人真实地展现工作的全貌，向应聘人充分介绍公司背景、公司文化、员工待遇等，让应聘人比较全面地了解未来工作的全貌。

- 晋升制度："干部竞聘制度"和"干部选拔聘任制度"。

- 员工职业生涯规划与管理制度：建立员工个人档案；员工个人负责评估自我兴趣、技能与价值观；管理者负责倾听、澄清、询问员工的职业规划及需求。

- 选人用人机制：班组竞赛等活动选拔头脑灵活、富有想法的年轻人；1121优秀年轻干部培养工程，培养高素质年轻干部，从准入、教育培训、实践锻炼建立成长档案，全程纪实优秀年轻干部政治思想、德才表现、培训表现、实践锻炼、廉洁自律等情况，进行考核评价。双千优秀人才大培训力度、人才平台、畅通员工职业发展通道、加强组织关怀。在健全市场化选人用人机制方面，神东顺利推进公司经理层任期制和契约化管理工作，完成所有二级单位领导班子成员的双签工作。同时，构建以专业、学历、职称、工作经历为维度的干部选拔基本素质评价模型，坚持"赛马"与"相马"相结合，实现全部基层单位党政负责人"一肩挑"。

4. 管理创新制度

- 拓宽科技交流合作渠道：依托重点工程、重大项目，加强与科研院所、专家团队、知名企业创新合作，打造标准统一、上下游联动的智能矿山联盟。与华为煤矿军团、中煤科工联手，深化战略合作，共同打造煤炭行业智能化建设、数字化转型的标杆示范。

- 积极开展安全生产科技驱动工程建设。加快建设智能矿山示范项目、智能综采工作面、智能化选煤厂、智能掘进成套装备，推广机器人智能化应用等项目，推广应用主运输系统无人值守、井下车辆智能化管理、井上下一体化智能供电系统，井下配电点、井下水泵房、集中水仓、零星排水点均实现远程集中控制。

- 全方位实现大数据分析和应用、自主研发移动应用平台，全面推广应用移动巡检技术等，提高安全监测监控、人员定位、紧急避险、压风自救、供水施救、通信联络等系统的先进性和有效性，监测监控系统、通信联络系统做到可视化和三维动态化，全面推广智能视频联动监控管理等系统应用，强化科技创新，推进优化系统。

- 加快重大技术攻关。聚焦制约企业发展的技术、工艺、装备、信息化、智能化等各方面的瓶颈，紧盯世界科技前沿水平，推进关键技术攻关和创新能力提升。在区域中央集中控制、锦界数字化矿山建设的基础上，集成物联网、大数据、云计算等现代信息手段，开展较薄煤层综采工作面智能化开采和深部开采灾害防控新技术的研究。聚焦智能化高端装备、矿井机器人等关键技术，研发智能化综采和掘进工作面核心技术与装备。

5. 行为准则和工作纪律

- 员工行为守则：爱我神东，尽责担当；珍爱生命，杜绝三违；感恩矿工，务求效能；恪守诚信，说到做到；崇尚节约，浪费可耻；坚守底线，依规做事。

- 神东企业从11个方面（上下班行为、仪表着装行为、工作场所行为、会议培训、沟通交往行为、接打电话行为、商务接待行为、餐饮住宿行为、文化娱乐行为、员工在外行为）提出66条规范内容，从准则理念拓展到具体要求，以神东共同的核心价值观来规范员工的思想和行为，全体员工以其作为行为准则。

6. 科技创新管理制度

- 体系及机制建设：优化科技创新体系。以问题和需求为导向，兼顾长远发展和近期需要，强化科研项目立项及管理质量。探索建立新型协同创新机制，以科研院所和设备制造商研发作为技术优势，整合企业创新平台资源，建立"风险共担、利益共享"的长期合作机制，进一步推进产学研合作，实现创新资源的协同效应与科研开发的规模效应有机统一，努力提高集成创新和自主创新能力。

- 加强科研投入，加大奖励力度，建立研发投入持续增长的长效机制。鼓励优秀人才积极投身科技创新工作，大力选送培养百千万人才工程人选等各类科技创新人才。

- 激励机制：一是科研人员薪酬激励机制，创新人才评价机制，科学评价人才贡献，明确人才岗位职责，优化薪酬体系设计，对承担重大科技攻关任务的科技研发人员，积极探索项目薪酬制和工作任务考核制等灵活的薪酬制度和奖励措施，促进各级人才在公司科技进步中发挥积极作用。二是科研成果转化激励机制，完善科技创新成果转化机制，确立公平准确的转化衡量指标，制定转化奖励实施细则，对完成、转化职务科技成果做出贡献的人员给予奖励和报酬，使科技人员在成果转化中获得合理回报，打破长期以来对科技人员的奖励资金占有工资总额的桎梏。

- 科技投入保障制度与经费管理工作：一是完善研发投入持续增长保障机制，规范研发经费投入统计，将新产品开发等具有科研性质的资金，全部列入科技投入，提高科技投入占比；二是推行科技费用预决算管理和重大科技项目经费审计制度，建立健全科技费用绩效评价体系，最大限度地提高科技专项经费的使用效益。

- 知识产权和标准化工作：一是专利申报，通过分析科研项目研究内容，分别给四个研发部门下发专利指标，保证科技项目有专利，基层职工有创新；二是在基层开展专利制度宣贯和技术交底书撰写技巧培训，通过面对面交流、一对一讲解，提炼专利发明点、完善技术交底书创新点，实现技术成果专利化；三是加大奖励力度，提升发明人的积极性和主动性，组织授权专利进行表彰奖励；四是积极组织参与国家、行业和团体标准制定，推进国家、行业和团体标准立项，推动企业标准全覆盖。

7. 党建制度

- 坚持党的全面领导。推动党的领导和公司治理深度融合，把党的领导融入公司治理各环节。坚持把政治建设摆在首位。

- 着重加强基本组织、基本队伍和基本制度建设。一是严格"四同步四对接"要求，确保基层党的组织和党的工作全覆盖。二是在组织管理方面，选优配强党支部书记，严格党员教育管理，推动党建工作与中心工作互融互促，充分发挥基层党组织的战斗堡垒作用和党员的先锋模范作用。持续开展先进基层党支部升级示范。

- 深化反腐败工作，深化纪检机构改革，"三个为主"要求，全面落实转职能、转方式、转作风更加聚焦主责主业。集中整治形式主义、官僚主义。进行纪律教育，不敢腐、不能腐、不想腐得到一体推进。

- 严格落实公司党建工作责任体系，健全党建工作责任体系的配套考评问责机制，丰富问责手段方法，形成明责、履责、问责闭环管理。全覆盖开展党建责任制考核、党委书记抓党建述评考，进一步落实党委主体责任、党委书记第一责任、党委委员"一岗双责"责任，切实提高党建工作质量和实效。

- 建设监督机制：深化政治巡视，对标中央巡视，统筹采取常规巡视、专项巡视、机动式巡视、巡视"回头看"等方式，不断提升工作规范化水平，高质量推进巡视全覆盖。并聚焦政治监督，突出问题导向和破题指向，精准发现问题，有效解决问题。深化党内监督，同级监督深入实施，大监督格局初步形成。

四、神东企业文化与企业制度匹配性审计

（一）企业文化与企业制度匹配原则

1. 一致性原则

企业文化要靠具体的企业制度来承载，要体现在企业的各种规章制度中，对企业成员的行为起到引领与规范作用。制度一定要与企业理念保持高度一致并充分反映企业文化，成为企业经营理念的有机载体。企业制度对员工的各项要求必须协调一致。

2. 动态平衡原则

企业文化和企业制度都是在不断变化的环境中发展与生存，都必须随着时代和环境的变化而变化。企业文化与企业制度要服务于企业发展战略，要根据企业的经营宗旨的变化而变化，通过不断的调整、磨合，实现两者的匹配与融合、两者之间的动态平衡。

3. 现实性原则

企业制度和企业文化都具有鲜明的针对性。只有符合本企业现状，从企业员工的行为实际出发，这样才能对良好的行为习惯产生激励和正强化，对不良行为产生约束与进行负强化。只有这样，才能使员工行为规范的结果与企业的要求相一致，促进企业与员工共同成长。

（二）神东企业文化—制度匹配理论模型

现有理论研究中，个人—组织匹配大致可以分为一致性匹配和互补性匹配两类。一致性匹配是指组织内成员个人信念、价值观、目标和态度跟组织文化、价值观、目标和规范很相似。互补性匹配则是指个人和组织二者当中一方能满足另一方的要求，又可具体分为"需求—供给"型匹配和"能力—要求"型匹配。本研究关注的是企业文化层与制度层、制度层与行为层的局部互动关系问题，从而再展现文化与制度的整体互动关系。因此，本文中的匹配是组织宣称文化与制度，制度与个

人制度执行间的匹配。具体而言包括文化与三个方面的匹配，一是文化与组织已经制定的宣称制度，匹配包括员工自觉遵从，自愿顺从或者制度破坏。二是文化与组织中员工职业发展相匹配，即文化与员工的培养、晋升、成果绩效产出相匹配。三是文化与组织管理相匹配，组织管理公平有效。

（三）神东企业文化与管理制度匹配实证结果分析

根据企业文化与组织已经制定的宣称制度、组织中员工职业发展和组织管理进行匹配构建多元线性回归模型，在模型中，自变量（X）均为企业文化的七个测量维度，因变量（Y）为制度自觉遵从、制度顺从、培训制度、职业晋升制度、绩效管理制度和企业管理。

（1）在企业文化与制度匹配情况上，因变量为制度遵从和制度顺从。其中制度遵从的测量指标为"我自觉遵守公司的制度要求和行为规范"；制度顺从的测量指标为"公司员工都是严格按照各项规章制度执行工作，且组织纪律严明"和"我很清楚了解本岗位和本部门的职责要求"。实证分析结果显示：

"安全取向"对制度遵从的影响最大；"人本取向"与制度遵从有显著负相关关系；"安全取向""规则取向"和"平等取向"均与制度遵从有显著正相关关系，说明神东企业文化的"安全取向""规则取向"和"平等取向"能够提高员工遵守企业制度的自觉性；此外，"伦理取向""卓越取向"与制度遵从之间的相关关系没有通过显著性检验。

"安全取向"对制度顺从的影响最大；"人本取向"会对员工的制度顺从产生显著负相关关系；"安全取向"和"规则取向"对员工的制度顺从有显著正相关关系，说明神东企业文化的"安全取向"和"规则取向"能够激励员工顺从企业制度，对员工了解本岗位职责有正向作用；此外，企业文化中的"伦理取向"仅对员工"严格按照各项规章制度执行工作，且组织纪律严明"起负向作用，对员工了解本岗位职责的相关关系未通过显著性检验；"卓越取向"和"平等取向"与制度顺从之间的相关关系没有通过显著性检验。

（2）在企业文化与职业管理的匹配情况上，因变量的测量指标为"公司有较完善的培训体系，对我提升工作能力帮助大"。实证分析结果显示：

"安全取向"对因变量的影响最大;"伦理取向""安全取向"和"规则取向""创新取向"均对因变量有显著正相关关系,说明企业文化中的"伦理取向""安全取向"和"规则取向"对公司培训体系的建设产生了正向作用;"人本取向""卓越取向"和"平等取向"与因变量之间的相关关系没有通过显著性检验。

(3)在企业文化与职业晋升制度的匹配情况上,因变量测量指标为"公司对员工设置了明确而合理的职业发展通道"。实证分析结果显示:

"安全取向"对因变量的影响最大;"伦理取向""安全取向""创新取向"均对因变量有显著正相关关系,说明企业文化的"伦理取向""安全取向""创新取向"有助于公司晋升制度的完善;"人本取向""卓越取向""规则取向"和"平等取向"与因变量之间的相关关系没有通过显著性检验。

(4)在企业文化与绩效管理制度的匹配情况上,因变量测量指标为"我的上级对我工作的绩效评价主要是依据工作"。实证分析结果显示:

"安全取向"对因变量的影响最大;"安全取向""卓越取向""创新取向"和"规则取向"均对因变量有显著正相关关系,说明企业文化的"安全取向""卓越取向"和"规则取向"有助于公司绩效体系的完善;"伦理取向""人本取向"和"平等取向"与因变量之间的相关关系没有通过显著性检验。

(5)在企业文化与企业管理的匹配情况上,因变量测量指标为"我认为公司的管理制度是公平的"。实证分析结果显示:

"安全取向"对因变量的影响最大;"伦理取向""安全取向""卓越取向""创新取向"和"规则取向"均对因变量有显著正相关关系,说明企业文化的"伦理取向""安全取向""卓越取向"和"规则取向"能够正面影响员工对企业管理制度的公平性认知;"伦理取向"和"平等取向"与因变量之间的相关关系没有通过显著性检验。

总的来看,企业文化中的"安全取向"对各因变量均具有显著正向影响,说明神东的安全文化建设能够显著影响企业文化与管理制度匹配程度。

(四)神东管理制度与文化匹配问题的深度分析

神东煤炭集团制度与文化匹配问题分析可从企业文化建设和企业制度完善两个

方面展开。

在企业文化建设方面：企业的伦理取向对制度匹配的相关关系均不显著，这可能是因为伦理取向更多反映在员工行为守则和员工行为规范中，以提倡方式为主，并未有强制性措施规范员工的伦理取向。企业的人本取向对员工清楚了解本岗位和本部门的职责要求产生显著负作用，这可能是因为日渐增大的工作压力与人文关怀的文化建设形成了潜在冲突，同时，普遍的文化活动和工作压力对员工休闲时间造成了挤压，与人文关怀的理念相背离。企业的卓越取向与本研究中的部分企业制度并不匹配，这可能是因为基于卓越取向的员工执行价值观反映了员工追求卓越、优质服务的意愿与能力，而之于煤炭企业诸多一线工人来说，限于工作内容和文化背景，对卓越文化的强调远远比不上与切身利益相关的安全文化等理念深入人心。企业的安全取向与企业制度全部相匹配，说明神东的安全文化建设取得了显著成果。企业的"创新取向"与员工组织制度遵从和顺从，以及企业人才培养机制和企业管理都起到显著的正作用，表明企业创新取向与企业制度匹配。企业规则取向与部分企业制度不匹配，这可能是因为这类取向具有长期、稳定的特征，较难以具体的指标展现出来。企业平等取向与企业制度的匹配结果未通过显著性检验，这可能是因为柔性化的管理手段如"人情规则"与刚性的管理制度之间的内在张力让员工感到无所适从。

在企业制度完善方面：安全文化的宣贯有待加强；人力资源管理中的精神激励制度有待加强，人文关怀还需要进一步提高；在管理制度的信息化上，信息技术投入力度不足，管理人员的综合素质有待提升；在行为准则和工作纪律遵守上，神东员工的纪律意识有待增强；在后勤管理制度上，人文关怀稍显不足；在科技创新管理制度中，先进技术运用导致的工人离岗问题有待解决。

五、一流企业文化与管理制度匹配的优化建议

（一）完善企业文化维度，推动企业文化匹配企业制度

鉴于伦理取向维度与企业部分制度的不匹配，我们需要加强关于伦理取向的文化建设以实现匹配。在文化建设层面，目前企业需要注重的是加强企业文化理念中

伦理取向维度"敬业奉献、顾客至上、纪律严明、精细管理、专业高效、诚实守信"的可操作性，才能从制度层面入手以匹配伦理取向的企业文化。营造体现伦理取向的文化氛围和建设相关文化活动，提高员工个人伦理取向水平。

对于加强人本取向的文化建设以实现与企业制度的匹配，首先企业需要切实了解员工的具体、差异化需求，如情感投入和情感关怀、完善的沟通渠道、尊重和信任、学习和发展的机会等，将员工的现实需求反映到企业的人本文化建设当中，在此基础之上完善企业管理制度，激励员工实现自我价值，同时也为企业创造更多的价值。

对于加强卓越取向的文化建设以实现与企业制度的匹配，首先企业应对卓越文化进行再审视，从基本文化理念、文化宣传手段及氛围到实践活动进行提炼和整理，形成企业文化推进方法。其次，企业应更加细化"危机意识、学习上进、追求卓越、优质服务、团结协作"的理念，内化为员工个人执行价值观。

对于加强创新取向的文化建设以实现和企业制度的匹配，首先应坚持将"创新发展"作为企业的核心价值观之一。其次对于企业理念和文化管理氛围的建设应遵从循序渐进的原则，逐步实现持续改善，公司通过将员工岗位行为准则的考核逐步纳入到干部及员工的绩效评价中，渗透到科研、生产、经营、管理的方方面面，做到入脑入心入行，培育公司的管理生态和文化自觉。

企业规则取向与企业人才培养机制和公平管理的不匹配会影响到企业的人才队伍建设，不利于培养员工的合作意识和能力，造成纪律意识淡薄的问题。而对于此企业应注重"互帮互助、利益共享、求真务实"的规则取向与现行企业人才培养机制的适配性，融入团队建设理念，不只限于硬性考核指标的体系建设和管理，更注重文化氛围的渗透和管理。规则取向相关的制度必须要具备过高的奖惩力度，类似于"强制性"制度表现手段。同时，煤矿企业需要其他类型的激励或约束手段来提升员工自身规则取向水平。

在人才培养机制和企业管理方面，企业不仅需要注重形式上的平等化，也需要关注不同单位、层级之间的实质平等化。

（二）加强一流安全理念的厚植并融入安全管理实际

把安全"零伤害"的理念在安全文化体系建设中要进一步彰显。进一步优化安全文化理念体系，采取一系列相应的配套措施来跟进落实，进一步增进理念认同和实践融入。一是安全文化宣贯需要贯彻以人为本精神，真正在宣传工作中做到关心人、理解人、尊重人、爱护人，突出人性化、人情化特点，应关注员工在繁重工作中的思想隐患，及时对他们进行心理疏导，关注职工诉求，创建和谐工作氛围，以保证安全文化宣传及教育的亲切感和亲和力。二是在安全教育工作中要贴近实际、要贴近本部门、本职工作岗位。应避免频繁组织学习和考试的现象发生，并保证学习考试内容设置科学、合理，以此激发职工参与学习活动的积极性。要针对不同岗位的员工分层次地进行教育工作。三是企业各部门、各组织应在安全文化宣传中通力合作，打造安全文化宣传和教育的系统工程。在实践中不断健全相关制度，让组织资源实现充分调动，安全文化宣传中女工家属、干部职工的主体作用也要充分发挥。四是继承创新。对煤炭企业安全文化宣传的成功经验进行及时提炼、总结和推广，更好适应新任务、新形势变化，创新宣传工作，使得职工的安全意识培养和安全素质提高将更好实现，最终作用于安全行为。

（三）树立尊重员工、以人为本的企业管理理念，增强员工的自我约束和自我激励能力

人才资源管理的最终目标是开发人力资源，甄别优秀员工，确保企业效益最大化。要想做好企业人力资源管理工作，一是必须树立"以人为本"理念，通过培训开发人力资源，提升员工的劳动积极性与生产水平，听取工人的意见，参考员工的建议不断优人力资源管理行为；二是深刻研究人力资源的特征及作用，发挥人力资源开发的主体作用。在人员的任用方面，要根据聘用人才的工作能力进行工作岗位安排，使其在匹配的工作岗位上发挥更高的水平，还要加大人才培养力度，建立健全企业内部员工培养系统，建立各类高层次人才储备库，确保实现高素质人才的目标。建立健全员工晋升机制和企业内沟通平台，明时组织培训的目标和方向，促进组织培训的快速发展；三是尊重员工个人发展意志，同时进行组织开发和个人开发。

在企业的整体行政管理上，要有以人为本的人本理念，明确自己的企业软文化建设方向。严格遵循以人为本原则，适当转变企业管理观念，树立以员工为主体、以人为本的现代化管理理念，将传统企业管理中封闭性与强制性等弊病破除掉，严

格遵循尊重自律、个性、尊重个人尊严以及自我负责的管理原则与理念，在不断强化企业员工技术与技能培训的同时，重视员工道德品质与人文素质的培养。一是在企业的发展战略思考中要将对员工尊重、理解、友爱、互信等放入企业发展目标中，保证员工在为企业工作的过程中得到感染和熏陶，让员工感受到企业无私、博爱、宽容的积极品质。二是要注重对员工培养共同的价值体系，让员工从潜意识中，形成与公司发展一致的价值观念和企业精神，保证相互之间的契合度和默契度。三是树立以人为本的管理理念，加强员工主人翁意识以人为本，让员工认识到在这个企业中自己应该具备主人翁的意识。

（四）加强企业智能化、信息化革新与升级推动管理创新

煤炭行业不仅事关国家发展，更关系人员就业与社会稳定。各级政府、行业需要对煤炭行业转型升级进行大力宣传，积极出台各项激励政策，鼓励、引导煤炭企业进行矿井智能化升级改造；煤炭企业内部，更要认真学习矿井智能化建设相关知识，提高认识，提升智能化建设理论和技能水平，制定符合矿井实际的科学改造规划，认真贯彻落实。

在信息化时代，煤炭企业面临着更多的市场影响因素与更为复杂的市场条件，持续提升管理的信息化水平，管理的数字信息化发展是企业管理的必然发展方向。一是企业应当加强信息化技术引进和投入，从管理软件到生产经营系统根据实际需求及时更新，加大对管理水平提升有利的技术投入，不断提升企业的管理信息化水平；二是管理人员应当不断提高信息化操作能力，应积极主动学习管理信息化软件的操作流程，提高对新技术、新系统的操作能力，同时转变自身观念，把信息化管理模式的理念和思想融入煤炭企业的发展过程当中。

（五）严格执行和落实相关管理规定，使"守纪遵规"深入人心

本着"谁管理、谁清理、谁负责"的原则，严格执行和落实相关管理规定，认真组织学习贯彻落实工作各方面的纪律规定，做好宣传教育工作，对违规违纪人员要坚决按照规章制度进行查处，做到有案必查，有查必果。要坚决防止有案不查，压案不报，大事化小，小事化了现象的出现。

定期组织部门员工进行自查自改。通过前期的广泛动员、深化教育，采取多种形式开展自查自改，并加强舆论宣传，大力提高员工的积极性和主动性，营造浓厚氛围，使"守纪遵规"深入人心，杜绝"纪律散漫、消极怠工"现象，加强各项纪律管理。

纪律建设必须建立一个科学合理的长效机制，为其提供有力的支撑和保障。一是纪律导向机制。狠抓工作纪律、生活纪律、行为准则，倡导形成良好的行业风气，以此形成良好的纪律导向。二是纪律激励机制。对纪律建设好的单位和个人给予肯定表扬，对纪律涣散单位和个人给予通报批评，达到抓两头促中间的效果。三是纪律监督机制。建立由组织人事等部门组成的纪律建设监督机构，经常开展督查，通报督查情况。

文章出处：课题完成于2022年8月，获神东煤炭集团2022年度管理课题研究成果一等奖。

参考文献：

[1] Edgar H. Seheni, Jon L. Pieree, John W. Newstorm，*The Manager, Bookshelf: A Mosaie of Contem Poray Views, Haperr & Row*, Publishers, Inc., 1988. P31.

[2] E·海能. 企业文化—理论与实践的展望[M]. 北京：知识出版社，1990.

[3] 朱河山，陈翰武. 企业文化教程[M]. 武汉：武汉大学出版社，2003.

[4] 魏杰. 企业文化塑造—企业生命常青藤[M]. 北京：中国发展出版社，2002.

[5] 张木生. 文化变革造就管理变革[J]. 中国高校科技与产业化，2004(8): 72-74.

[6] 李建军等. 跨国企业文化整合对我国企业文化建设的启示[J]. 商业研究，2003(13): 170-171.

[7] 苏勇. 当前企业文化建设的一些现实问题[J]. 中国企业家，1996(4): 29-30.

[8] 张德. 浅论企业文化[J]. 未来与发展，1989(1): 16-20.

[9] 张德，吴剑平. 企业文化与CI策划[M]. 北京：清华大学出版社，2000.

[10] 周三多等. 管理学原理与方法[M]. 上海：复旦大学出版，2002.

[11] 张大中. 关于企业文化几个基本理论问题的思考[J]. 企业文化，1998(6): 3-4.

[12] 徐文中. 关于企业文化[J]. 企业文化，2003(5): 20-21.

[13] 孟凡驰. 企业文化的观点共识和基本规律[J]. 企业文化，2008(10): 11-13.

[14] 祝慧. 企业文化的制度化研究[D]. 广州：广东省社会科学院，2007: 13.

[15] 夏宏. 企业文化与制度变迁探讨——基于新制度经济学的理论分析[J]. 现代商贸工业，2009(1): 82-83.

[16] 金华明. 如何提升制度执行力[J]. 现代经济信息，2012(6): 20.

[17] 路念明，靳涛. 提高中国石化HSE执行力探析[J]. 安全、健康和环境，2009(7): 7-9.

[18] 张初阳. 强化HSE的执行力[J]. 劳动保护，2005(9): 24-25.

[19] 张文军. 佳通公司核心价值观对管理制度实施效果的影响[D]. 成都：电子科技大学，2005: 41-42.

[20] 乐可为. 解析企业制度和企业文化之间的关系[J]. 政工研究动态，2009(17): 30-31.

[21] 何春衡. 论企业文化与企业制度[J]. 湖南经济管理干部学院学报，2004(7): 30-31.

[22] 李娅，白玉. 企业文化与企业制度的关系探讨[J]. 商业时代，2007(7): 107-108.

[23] Eccles, R.G., Ioannou, I., Serafeim, G. *The impact of a corporate culture of sustainability on corporate behavior and performance [Working paper]*. Harvard Business School, 2011(11).

[24] Vargas-Hernández, J.G., Noruzi, M.R. An exploration of the organizational culture in the international business relationships and conflicts era[J]. *American Journal of Economics and Business Administration*, 2009, 1(2): 182-193.

[25] Argyris, C., Schon, D.A. *Organizational learning*[M]. Reading, Mass., Addison-Wesley Pub. Co. 1978.

[26] Howell, A., Kirk-Brown, A., Cooper, B. K. Does congruence between espoused and enacted organizational values predict affective commitment in australian organizations? [J]. *The International Journal of Human Resource Management*, 2012, 23(4): 731-747.

"智能+"背景下煤炭企业
价值创造核心影响因素分析

杜昊宇　杜国柱　赵文英　王琨　李姣

摘要： 本文通过"智能+"相关研究明确其概念、优势及本质特征，再基于"智能+"背景下煤炭企业发展问题，分析得出智能化技术融合能力、数据协同应用能力、战略与组织调整能力、智能化人才培养能力、智能化价值主张创新能力五项价值创造核心能力，并向"智能+"转型的煤炭企业给出管理建议。

关键词： 智能+ 核心能力分析 数据协同应用

一、研究背景及意义

（一）研究背景

2019年政府工作报告中首次提出"智能+"的重要战略："深化大数据、人工智能等研发应用。打造工业互联网平台，拓展'智能+'，为制造业转型升级赋能"，"智能+"的提出为我国企业指明了转型升级的方向。中央全面深化改革委员会审议通过的《关于促进人工智能和实体经济深度融合的指导意见》中，也强调要把握新一代人工智能发展特点，构建数据驱动、人机协同、跨界融合、共创分享的智能经济形态。可见，"智能+"不是"互联网+"的简单升级，而是在一条全新技术轨道上呈现的新范式，煤炭企业应当借助"智能+"新思维实现自身的转型升级，这不仅依赖于先进生产技术，更需要整体提升自身软、硬能力，只有在理论上明确了价值创造的关键影响因素，企业才能依据自身的能力与所处环境找到适合自身的转型重点。

然而，"智能+"对我国煤炭企业来说既是机遇也是挑战。目前我国的智能化转型仍处于初级阶段，技术壁垒、数据孤岛、企业自治能力不足、能力边界有限等仍是主要发展问题。

（二）研究意义

有利于提高煤炭企业对"智能+"的认知水平，为企业管理者清晰地提供了"智能+"背景下煤炭企业价值创造五要素模型。本研究系统地梳理了"智能+"的相关研究，明晰了"智能+"的概念、特征，对比了与"互联网+"企业的异同，并结合"智能+"展开了价值创造相关研究，为企业管理者搭建了"智能+"及价值创造相关的理论知识框架。随后基于我国"智能+"转型升级的新背景，提出了智能化技术融合能力、数据协同应用能力、智能化人才培养能力、战略与组织调整能力、智能化价值主张创新能力五项价值创造核心能力，从理论的角度为企业指明了智能化转型的发展要点。

二、"智能+"相关研究

由于"智能+"在2019年政府工作报告中被提出至今的时间还较短，因此还没有形成普遍认同的定义。有部分学者指出，"智能+"的"+"在我国语境里代表着新兴技术与行业的深度融合，这里的"+"既包含"加"、也包含"减"的含义。所谓"加"，就是生产要素被新兴技术重新配置、集成和优化的过程，目的是提高生产效率；所谓"减"，就是去掉障碍，淘汰落后产能和优化生产流程（姚锡凡等，2019）。

"智能+"基于前两代智能发展而来，"智能+"相比"互联网+"而言，在核心技术、经济特性、影响程度等方面都表现出价值优势，具体见下表所示。

"智能+""互联网+""智能"多维对比

对比维度	"智能+"	"互联网+"	"智能"
核心技术	人工智能	互联网	工业软件
数据角色	驱动作用、生产资料	副产品	副产品
关键作用	准确预测、自主调整、辅助决策、拉式生产	供需对接、市场触达、消除信息孤岛	生产设备、生产方式的数字化+自动化

对比维度	"智能+"	"互联网+"	"智能"
作用机制	万物互联、数据驱动、自主反馈调整	增加网络机制，实现互联互通	生产环节数字化、自动化、精敏化
经济特性	智能经济、长尾经济	规模经济、范围经济和网络外部性	规模经济、范围经济
影响程度	覆盖更多场景、高水平人机协同、改变生产关系	以人类的体能驱使机器实现低水平人机协同	生产效率提高，生产过程可视化
实践成果	黑灯工厂、大规模个性化生产、工业机器人等	网络协同制造、数据面板、系统集成等	数字化工厂、精益生产、敏捷制造
对比维度	"智能+"	"互联网+"	"智能"
核心技术	人工智能	互联网	工业软件
数据角色	驱动作用、生产资料	副产品	副产品

综上对于"智能+"和前两代智能的梳理，本文认为三者之间具有诸多差异，"智能+"本质特征主要有：一是数据角色转变，大数据的驱动能力被释放，按需生产和大规模个性化定制成为可能。二是人工智能深入联结，企业价值链高度协同，企业向平台化发展。三是自主学习能力增强，专业数据模型积累时间缩短，企业借助人工智能技术将快速向专业化发展。

三、"智能+"背景下煤炭企业价值创造核心能力分析

"智能+"对煤炭行业价值创造的影响，从企业根本目标上来说主要围绕降低成本、提高效率、使产能和效能达到最优的平衡状态、提升顾客满意度、提升生产安全性几个方面。从前文看出，"智能+"发展趋势主要可以归结为通过影响设备、人、数据三个要素来影响企业生产经营活动。

（一）"智能+"背景下煤炭企业发展问题分析

"智能+"时代的到来，对于大多数企业来说是一个充满未知的领域，在智能化给企业价值创造带来机遇的同时，企业智能化转型实力不足的问题也逐渐显现出来。

1."智能+"技术的着力点不明晰

目前各种新兴业态层出不穷,人工智能、工业物联网、工业大数据、柔性化制造、智慧工厂等先进概念让企业管理者应接不暇,难以确定最适合企业本身的"智能+"着力点,甚至存在盲目地推进机器换人,忽视自身真实需求等现象。通常原因有三点:一是认知不全面,只注意到了技术层面的智能化,忽略行业层面的特点和市场变化风险;二是急功近利,忽视投资回报率及市场变化风险;三是忽略智能化所追求的本质,没有以解决生产制造过程的实际痛点为出发点,如降低成本、提高效率、减少库存、加速定制化生产等。

2. 数据的协同应用能力弱

目前大多数企业处于拥有了大量数据却不能充分地利用数据的窘境,德勤在2019年的研究报告中指出,造成这一现象的原因主要有以下四点:一是数据质量问题,组织中的数据尚未实现格式的统一,甚至包含错误;二是数据碎片化问题,企业数据存储在不同系统中,形成了大量的数据孤岛;三是数据广度与深度问题,智能化应用的最大价值需要以非传统数据的输入进行激活。四是数据架构问题,企业的基础数据架构不能满足智能化时代下海量数据实时获取与应用的要求。以上四点原因任何一点在企业中出现,都将削弱数据在人、机、物在企业内、企业间的协同应用能力,限制智能化技术的能力上限。

3. 企业战略与组织形式不匹配智能化变革所需

管理者未将智能化转型明确写入企业战略,各层级对企业目标难以形成统一认识,无法自上而下地发挥企业的主观能动性,难以规避在转型过程中人主观意识上抗拒变革。智能化转型不能仅囿于生产技术层面的变革,企业资源中的人文因素也应当配合进行部署,包括战略和组织,企业战略与组织因素对价值创造的影响不可忽略。

4. 人才梯队建设不完善

很多管理者都是跟着企业发展从员工一步一步成长起来的技能型的管理人员,没有经过专业的管理培训,也缺乏信息化管理的意识。同时,生产现场人员的素质也参差不齐,很多先进生产管理理念无法得到贯彻和实施。人才短板是企业智能化转型过程中的主要阻碍之一，懂生产又懂智能化技术的人才是重要的战略资源。缺乏专业人才，会使得企业在转型前期对自身需求认知不明确、不全面，很难把握好智能化转型的着力点，在转型中期难以获得充分的技术输出，在转型后期的日常管理维护也将出现人才缺口。

5. 未及时关注客户的新需求

传统企业思维如精益生产、JIT（Just in time，准时制生产）等都局限于企业内部生产效率、效益的优化，追求的是少浪费、少停机、少库存，市场需求的变化不如生产线上的变化那么显而易见，很容易忽视外部客户和市场产生的新需求，导致价值主张不能很好地契合客户需求。能否关注到市场需求进而提出差异化的价值主张，将影响企业智能化改造的侧重点，进而影响到智能化业务场景的改造顺序，对价值创造效果产生不同影响。

（二）"智能+"背景下煤炭企业价值创造核心能力模型

基于前述理论推导和问题分析，本文初步提出智能化技术融合能力、数据协同应用能力、战略与组织调整能力、智能化人才培养能力、智能化价值主张创新能力五项价值创造核心能力。

1. 智能化技术融合能力

智能化技术指在价值链各环节中涉及的多项先进技术群，如人工智能（核心）、物联网、云计算、5G传输、大数据、先进机器人等。在过去的生产方式中，劳动、自然资源、资本和技术在不同历史时期对物质生产起到了重要作用。而在当代，科学技术取代了资本，成为创造使用价值和物质财富最关键的因素。著名管理咨询公司科尔尼（2017）在研究报告中指出，智能化技术正在重塑各行各业，未来几年内五大技术将引领前沿，同时真正引起变革的力量不是单项技术，而是智能化技术的融合。

2. 数据协同应用能力

数据协同是指在企业中，对生产数据、经营数据、供应链数据及消费者数据等进行实时采集、存储、分析，利用数据提高价值链内外部关联度、配合度、灵活度，以降低协调成本、提高生产经营效率。本文综合苏贝（2018）、董小英等

（2019）的观点，认为数据协同应用能力的强弱取决于数据协同基础、数据协同范围、数据协同灵活程度。数据协同基础体现在所采集数据与生产现场具有高度一致性和准确性、数据来源广泛且关键，数据安全性和网络安全性有保障，数据存储及计算架构进行了适用性优化。数据协同范围大小取决于数据在设备间、跨部门、跨企业哪个层面实现了协同。数据协同灵活程度是指数据是否实现了实时采集、实时分析，是否实现了在电脑、手机等多渠道的数据看板、生产监控功能。其中，数据协同基础是基本条件，数据质量和数据架构决定了企业的智能化高度，数据协同范围决定了协同效应的作用广度，数据协同灵活性决定了数据的利用深度。

3. 战略与组织调整能力

Steiner & Miner（1977）认为，战略是组织基本使命、目标的形成，完成使命、目标的政策和流程，以及保证战略实施以达到组织目标实现的统一、综合和总体的计划。战略在企业价值创造中是起到决定性作用的因素。在"智能+"新背景下，煤炭企业正面临智能化转型的岔路口，企业战略的顶层设计、目标引领作用更应被重视。有学者对企业战略与组织动态调整能力的重要作用进行了阐述，Ansoff（1965）提出了战略柔性（Strategic Flexibility）的观点，他认为面对瞬息万变的环境，组织需要通过战略柔性来应对。战略柔性体现在应变的意识、能力和应变的组织。组织必须向更高的灵活性进行改革，如减少管理层次、推行扁平化管理、建立统一的信息平台等。因此能顺应"智能+"背景，对企业战略和组织进行适应性调整，从上至下进行思维转变，是企业的一种关键能力。

4. 智能化人才培养能力

目前，培养智能化人才已成为研究热点，王婷婷和任友群（2018）将智能化人才分为三类，包括推动底层算法发展的基础研究人才、推动应用技术发展的技术研究人才和推动落地实践的应用实践人才。其中，基础研究人才是核心人才，技术研发人才是中坚力量，应用实践人才是根本基础。

智能化人才培养能力具体表现在以下四方面，一是企业组建骨干管理团队、专业技术团队的能力。骨干管理团队协调各项资源，起到带领作用；专业技术团队可为企业量身打造智能化转型的方案，降低企业试错成本。二是在企业外部寻求智能化人才合作的能力，同各大高校、研究院所、海外科研机构建立合作实现产学研一体化的能力将使得企业缩短取得技术优势的时间。三是设立契合企业智能化转型战略的考核激励方式。在智能化转型过程需要所有员工认知、接受和顺应变革，并激发员工创新的主观能动性。四是不断培养员工创新的能力。在智能化技术赋能下，员工从机械化劳动中解放出来，企业创造鼓励创新的氛围、设立鼓励创新的制度，能够激发员工的创新能力，从而使企业获得更多的领先于竞争对手的机会。因此本文认为，企业的智能化人才培养能力主要体现在专业团队组建、考核激励方式创新、开展创新培养活动、与外界人才合作四方面能力。

5. 智能化价值主张创新能力

价值主张（Value Proposition，VP）是指对客户真实需求的深入描述。Anderson等（2006）指出价值主张其实就是一系列要素形态的组合，其在为企业内外部创造价值的同时，也为顾客创造价值，最终转化为企业自身的利润等收益。在"智能+"背景下，消费者的需求也迎来了新一轮更新，如消费者对煤种的个性化需求等。企业如果能快速响应、匹配顾客新的需求，以超过竞争对手的速度调用企业内外各项资源，提供给顾客创新价值主张下的产品，将在市场上获得强大的竞争力。

综合上述分析，本文绘制了"智能+"背景下煤炭企业价值创造核心能力模型，如下图所示，其中五项核心能力是条件，价值创造是结果。

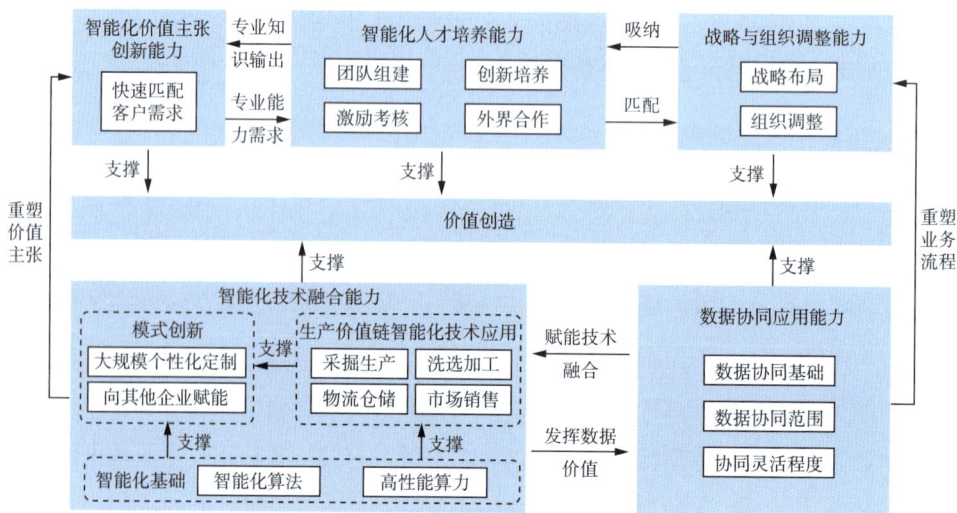

"智能+"背景下煤炭企业价值创造核心能力模型

四、管理建议

基于研究结论，本文向"智能+"转型的煤炭企业提出以下四项管理建议。

（一）有选择地应用智能化技术，逐步提升技术融合程度

智能化转型过程中，智能算法和高性能算力是基础条件，在企业价值链各环节引入智能化技术是关键措施，借由智能化技术实现生产效率的提高是基础目标，实现业务模式创新、寻求差异化竞争优势是最终目标。提升智能化技术融合能力，可以有选择地在部分生产环节引入智能化技术，尝试推动自动化—数字化—网络化—智能化四阶段并行发展，逐渐提高智能化技术融合能力。如在皮带机上加装重量传感器进行轻量改造，借助重量传感器采集实时追踪生产数据，实现人机数据协同等。

（二）采集分析全价值链数据，激发数据要素的协同效应

企业可以有选择地、分步引入ERP系统新模块、新版本或其他成熟系统实现管理数据、质量数据、产线数据、设备运行数据等数据库的互联互通，最大限度地激发企业数据的协同效应。企业可以综合运用高维算法和高性能算力，更有效地释放数据价值，比如运用内部积累的设备运行数据，建立适合自身设备的分析模型，更精准地预测设备故障，减少设备的停机维护时间等。企业打破内部数据孤岛、实现跨设备、跨产线、跨部门、跨企业间数据灵活互联是第一步，当企业积累了足够多的行业经验数据，企业可以搭建生态平台，实现更大范围的互联互通，通过提供行业数据解决方案，获取更多收益。

（三）增加对人力资本的投入，组建完备的智能化人才梯队

目前，我国智能化人才数量供给不足，智能化人才成为企业间争夺的稀缺资源，拥有一支智能化人才团队成为企业进行智能化转型的必然选择。企业可以在两方面采取措施，包括对外吸引和选聘智能化人才，对内培养智能化人才。企业可以通过提高智能化人才的薪酬福利、设计激励方案、设立研发中心并提供充分的资源倾斜来吸引企业外的人才到企业中来。企业还可以通过组织定期培训、外派员工学

习先进经验、设立创新保障制度、打造创新的企业文化氛围等措施，培养员工的创新能力。企业还可以通过加强与高校、顶尖企业的合作，把握最新研究方向，提升研发能力。

（四）提升智能化转型变革理念，多措并举推动战略实施

激烈的市场竞争下，企业管理者应当具备"智能+"前瞻意识，避免由于认知不足、战略刚性等原因，错失本次"换道超车"的机会。同时，在进行智能化转型过程中，应当通过组建领导班子、KPI落实到人等措施厘清战略转型目标和计划，将"智能+"转型明确写入战略规划当中，使组织从上至下形成统一的认知，提高组织的应变意识。变革僵化的组织、精简组织层次，为企业智能化转型扫除人的障碍。同时，可以利用云计算等技术提升组织的协同能力和应变能力，提高组织运转效率。此外，社会上涌现出大量的智能高科技企业，企业也可以通过战略合作、第三方服务购买、投资收购等方式，快速实现战略布局。

文章出处：课题完成于2021年10月，获神东煤炭集团2021年度管理课题研究成果一等奖。

协同治理视角下地企文化相融
共建体系研究与实践

韩浩波

摘要： 伴随着我国进入新时代，构建开放共享的公共文化服务体系，保障公共文化服务的有效供给，是更好地满足人民精神文化需求，也是提高我国文化软实力的必然选择。在建设公共文化服务体系的过程中，需要建立地企相融共建的公共文化服务供给模式，通过政府、市场与社会组织的多方联动，才能更好地发挥公共文化服务的作用。

本文以神东煤炭集团公司所在地大柳塔地区公共文化服务供给现状引入，重点以神东提供的公共文化产品和服务，以及对此的社会服务满意度调查为切入点，分析大柳塔政府在公共文化供给中的财政投入、队伍建设、资源配置、供给结构等方面所存在的问题及其原因，在协同治理视角下对地企文化相融共建体系进行了研究探索，提出国有企业可能以"参与者""推动者"和"跟随者"三种角色参与地方公共文化服务供给。本文从两个不同供给主体角色定位的全新视野，研究如何有效提供公共文化产品和服务，对地企文化服务体系构建具有一定的借鉴意义。

关键词： 国有企业 公共文化服务 地企文化共融共建

一、引言

（一）研究背景

在党的十九大报告中，习近平总书记明确提出："坚定文化自信，推动社会主义文化繁荣兴盛。"为了大力推动文化事业和文化产业发展，为人民提供丰富的精神食粮，构建公共文化服务体系。2017年3月1日国家正式实行的《中华人民共和国公共文化服务保障法》明确规定了各级政府在公共文化服务体系建设方面的权责义务，要求各地高度重视公共文化服务工作。"鼓励和支持公民、法人和其他组织参与公共文化服务"，构建以满足公民基本文化需求为主要目的，由政府主导、多主体协同参与的公共文化服务供给机制。

神东煤炭集团公司（以下简称"神东"）是国家能源集团的骨干煤炭企业之一，地处晋、陕、蒙三省区交界区域，生活着7万多员工及家属，离各个主要城市都有一定距离。所在区域主要企业除神东外，大多属市属企业或小型民企。神东所在地大柳塔试验区地处西部，受地理位置、经济发展、综合实力、社会文化事业发展的不平衡因素影响，本地区人均公共文化产品和服务享有率较之全国较低。从本地区公共文化服务主体来看，主要以政府供给为主，但因地域偏远，市县级图书馆、博物馆、文化馆、美术馆等人文科技场馆，以及工人文化宫、青少年宫、老年活动中心等基层综合性文化服务中心均距离四五十公里以外，无法常态化开展全民阅读、普法教育、科学健身、文艺普及和传统文化传承活动。试验区虽有少量以法人形式存在的非营利社会组织加入，这类组织只能作为提供公共文化服务中的补充存在，但就目前实际情况来看，社会组织力量还未得到充分发挥。

为了适应新时代我国主要矛盾的变化，满足本企业员工及家属日益增长的精神文化生活需要，进一步辐射到所在城区居民对美好生活的向往，有效缓解当地政府和社会组织在公共文化产品和服务有限供给之间的矛盾。神东除兴建职工文体中心、职工书屋、体育场馆、老年活动中心等一些文化设施外，积极推动文化建设、文化惠民、文体活动、场馆运维四大基础工程建设，在公益培训、全民阅读、主题汇演、体育赛事、场馆运营、群众性文化活动组织及优秀传统文化传承等方面重点发力，打出了一套以精准有效提供文化产品和服务，丰富员工群众精神家园的组合拳，不仅丰富了本企业职工及家属的精神文化生活，更是普惠到了大柳塔试验区当地居民，让当地居民共享企业发展的成果，提高了他们的幸福感、获得感和满足感，从而提升了本地区全民文化素养和社会文明程度。

然而，企业以盈利为目的的属性决定了企业必须优化资源配置实现经济利益的最大化。国有企业"大企业、小社会"的现状严重制约着企业的改革发展。2016年国务院下发了《关于加快剥离国有企业办社会职能和解决历史遗留问题工作方案》的通知，明确要求自2016年起分阶段推进剥离国有企业办社会职能，促进国有企业轻装上阵，集中资源做强主业。那么，面对政府作为公共文化服务的主体责任和主导地位，当地政府存在着公共文化服务体系尚不完善，文化服务相关基础设施相对落后，供给力量明显不足，大量文化服务难以普及，文化服务与文化产品供需矛盾突出的问题。神东作为国有企业在参与地方公共文化服务中到底定位在什么角色？哪些是地方政府应该承担的职责？哪些是神东应该承担的职责？本文就地企文化相融共建体系建设进行较为系统地研究和探索。

（二）研究意义

本文从大量研究多主体供给文化产品和服务的文献材料中另辟蹊径，以公共产品理论和协同治理理论为理论支撑，以神东所在地大柳塔地区公共文化服务供给现状引入，重点以神东提供的公共文化产品和服务，以及对此的社会服务满意度调查为切入点，利用个案分析研究政府和神东在地方公共文化服务供给中各自承担的职责和扮演的角色，对不同角色定位下重点发挥作用的领域进行阐述。

特别是不同供给主体的角度研究公共文化服务供给角色定位，提出神东在参与地方公共文化服务上扮演的"三种角色"，既不大包大揽承担政府文化供给职责，也不过分局限，只关注本企业职工精神文化需求。而是在不同的角色定位下，神东与政府分别承担不同的职责，发挥不同的作用，实现地企文化相融共建。"三种角色"定位，有助于厘清公共产品理论、协同治理理论在地方公共文化服务供给实践中的适应性问题，为地方公共文化服务供给研究提供了新的视角。而且有助于拓宽协同治理理论研究的视野，对基层地方服务型政府建设、公共文化服务水平的提高具有重要的作用。同时在理论基础上对国有企业加强自身企业文化建设，社会主义核心价值观在企业落细、落小、落实提供了新的方向和有针对性的建议对策。

（三）研究方法

本文采用的是案例研究法，以神东个案为主进行深入研究和分析，探索国有企业在参与地方公共文化服务供给中扮演的角色。

（四）创新与不足

本文的创新点在于，打破了以往公共文化服务研究多元主体供给模式的局限，将研究对象聚焦在神东和大柳塔试验区。在选题的切入上，以个案研究为起点，针对个案所具有的特殊性，为神东或当地政府有关部门以后的公共文化服务供给的具体实践提供可行性的思路和对策，通过案例以小见大，也为情况类似的企业在参与地方公共文化服务构建中提供一定的借鉴和参考。

本文的不足之处在于，虽然通过深入分析神东和所在区域政府在公共文化服务供给的具体实践，从典型到一般，推论出国有企业可能以"参与者""推动者"和"跟随者"三种角色参与地方公共文化服务供给，但对角色定位是否成立未进行研究假设和可行性论证，对角色的普遍适用性和实践有效性还需进一步验证。

二、大柳塔地区和神东公共文化服务供给现状

（一）地区基本情况

大柳塔试验区位于秦晋蒙能源金三角的核心位置，北与鄂尔多斯市接壤，东与府谷县相望，南与神木市及榆林市相连，是陕西省的北大门，是中国煤炭工业第一镇、西北地区第一经济大镇、大柳塔煤矿所在地。大柳塔占地面积508平方公里，所辖14个行政村、7个社区，总人口11.4万人。大柳塔地区煤炭资源丰厚，煤炭储存面积占辖区面积百分之九十以上。伴随着神东的快速发展，大柳塔成为城镇改革开放的前沿阵地。从发展初期，地区生产总值不足0.5亿元，2018年GDP达到了445.3亿元，人口也从1.6万人增长到了11.4万人，原煤产量从80万吨增长到了1.2亿吨，2019年9月11日，入选"2018中国西部乡镇综合竞争力50强"。

（二）所属省、市公共文化服务供给情况

大柳塔试验区所属神木市，位于陕西省最北部，全市国土总面积达7635平方公里，总人口54.8万，2018年，人均地区生产总值为27万元，是西部地区县域综合实力最强的县市。从2016、2017、2018三年神木市国民经济和社会发展统计公报上来看，神木市虽积极推动公共文化设施建设，创新工作思路，政府从"办文化"向

"管文化"转变，以政府购买公共文化服务的形式，鼓励社会力量参与文化，依托各文体协会举办丰富多彩的体育比赛和文化展览，每年举办文体活动上百场，并开展了"三下乡""村村通"等多项惠民工程，提高公共文化服务效能。但就陕西省统计局的数据分析来看，2018年陕西城镇、农村居民人均可支配收入33319元、11213元，低于全国平均水平5930元、3404元，处于全国中下游水平。且陕西城镇、农村居民生活性消费支出中，文化娱乐消费占比分别为5.3%、2.2%，低于发达国家9%左右的比例，公共文化设施还远不能满足群众精神文化的需求。2019年陕西省颁布施行《陕西省公共文化服务保障条例》标志着陕西现代公共文化服务体系建设工作进入规范化、法治化轨道，也意味着省、市（县）公共服务亟待提升。

（三）地区公共文化服务供给现状

2018年陕西省政府研究室、榆林市发展研究中心和榆林市委改革办组成联合调研组形成的《大柳塔镇级小城市培育试点综合改革评估报告》中明确提到，"公共文化亟待提升"，"试验区教育、医疗条件及周边环境较差、城区内没有广场、公园、停车场等公共活动场所，文化馆、体育馆等场馆建设至今没有启动，群众精神文化生活需求得不到满足。"具体表现如下：

1. 城市书房的公益性和服务性明显缺失

大柳塔试验区一直未建成镇级图书馆或阅览室。隶属神东的文体中心虽加挂试验区图书馆。但馆藏图书数量仅有3万余册。且受场地大小和承重所限，2017年后未进行图书补充。图书借阅仍保持手工操作，自动化和信息化管理落后。人均借书量和人均到公共图书馆次数，低于我国人均水平0.4册/人每年和0.4次/人每年，公众阅读量较低。

2019年12月，在全民阅读理念的倡导下，试验区虽然改造建成城市书房，但该书房馆藏图书3万余册，以售卖为主，且图书资源中教学参考书籍较多，普遍受到欢迎的人文、社科、励志、国学等书籍较少，儿童绘本阅读按次需要收取一定的费用，明显缺乏公益性和服务性。书房很大一部分面积用于出售图书、学习用品和儿童玩具。馆内仅设有借书区、阅览区、儿童绘本区和商品售卖区，相对其他城市书房开设的电子阅览室、亲子互动区、音乐欣赏区、创客空间、朗读亭等多个服务区域基本没有。阅览座位仅有50余个，真正阅读书籍的人数并不多。并未实现城市书房"24小时不打烊"和打通"阅读最后一公里"的目标。

2. 公共文化基础设施建设相对滞后

大柳塔所属神木市虽然建成市、镇、村三级公共文化服务网络，但地区远离城市核心圈，至今并未建成集文化服务、文化娱乐和市民休闲于一体的综合文化服务中心。西北大学李彤曾撰文《基于品质提升的神木大柳塔试验区发展策略研究》提到，"目前文体设施由神东建设，以神东文体中心和体育场为主，文体设施布局不均衡，社区级文体设施普遍缺乏。""目前举办文化宣传、体育比赛等活动较少，文体设施利用不足，未营造良好的文化氛围"。

神东举办的各种日常文化活动及文体场馆服务对象主要为本企业职工，受资金、场地和人数限制，建设规模相对较小，设施设备不够完善，对社会开放程度不高，服务功能还不健全，承载人流量有限。

3. 公共文化服务供需矛盾突出

资料显示：大柳塔在2018年全国千强镇中名列273名，于2016年建成经济示范区，2018年全年实现GDP收入15亿元，但在文化产业投入上的比重仅有0.6%，平均每人每年享受公共文化服务不足1次。随着居民生活水平的不断提高，精神文化消费需求呈现出多样化和个性化特征。但镇公共文化事业发展缓慢，文化活动的创新性不足。政府重要传统节假日也会组织一些迎新春系列活动和消夏晚会，偶尔在政府层面以宣传综治消防为主，组织几场文艺演出。

文化基础设施还不能够满足群众需求，至今未建成镇级博物馆、体育馆、文艺馆、影剧院、科技馆等人文科技类公共场馆。生活在该地区的神东职工往往选择本单位的文体中心作为工余的休闲健身场所，周末带孩子或老人去周围的主要城市享受丰富的图书、博物馆和科技馆等资源。本地居民无法享受到便捷的文化服务，业余文化生活相对单调，亟须其他社会力量作为补充主体，加入到公共文化服务供给体系之列。

4. 公共文化服务和产品精准供给不足

公共文化服务和产品的本质要求是精准供给，是从需求方利益角度看，"精准供给"强调的是"精准"，应该以需求为导向，不是"供非所需"。公共文化服务不仅是对居民表面文化诉求的简单迎合，更应是着眼居民的切身利益，着力于精神文化素养的提升，营造向上向善、积极的文化氛围。

大柳塔政府2014—2018年政府工作报告显示，政府是公共文化服务和产品供给的根本主体，供给方式仍主要是"自上而下"的单向供给，"以文乐民"的比重较大，群众特别是偏远地区居民群众还不能便利地选择和获取自己所需产品、享受服务、参与创造和表达诉求，群众喜闻乐见的公共文化产品比较缺乏，公共文化"以文化人、以文育人"的文化核心功能未得到鲜明体现。

（四）神东煤炭集团公共文化产品和服务供给情况

如前文所述，神东是国家能源集团的骨干煤炭生产企业，自成立之初，就开始积极参与地方公路铁路等城镇基础设施建设，推动地方义务教育、公共医疗、民生改善、生态文明建设，积极履行社会责任，不断集聚企业发展合力。神东始终坚持以人民为中心的发展思想，把提升矿区人民的获得感、满足感作为普惠民生工作的根本追求，努力把矿区建设成生活安定有序、便利舒适；绿色健康、人与自然和谐相处；文化多元、机会公平、开放包容、共建共享的幸福家园。

立足于人民群众多元化"美好生活"需求，按照中央关于构建现代公共文化服务体系的要求，及神东在大柳塔地区经济贡献的重要地位和企业员工家属在区域人口总数中的绝对占比，面对地方政府公共文化事业发展缓慢、公共文化体系还不健全、公共文化产品和服务供给不足等问题。神东在公益培训、全民阅读、主题汇演、活动组织、体育赛事、场馆运营等方面重点发力，打出了一套以有效提供文化产品和服务，丰富员工群众精神家园的组合拳。

1. 搭建职工书屋，突显文化育人聚力功能

面对大柳塔地区未建立公共图书阅览馆，矿区整体人民人文素养有待提升的问题。神东积极推进全民阅读，搭建了"实体借阅＋移动阅读""看书＋听书＋朗读""外

网PC平台+智能终端+微信阅读"的职工书屋平台，平台上包括4000种期刊、30000册电子图书、15000小时听书和300种报纸。书屋多屏一云、同步更新、同步开放，让职工享受到"一人一书屋，无处不阅读"的数字阅读新体验。同时开展"万人悦读季——书香神东"系列读书活动和"寻找神东最爱读书的你"荐书活动，以及"阅见最美·聆听新声"朗读活动，参与读书活动人数达到10000人左右。职工书屋内嵌在公司运营的"文化神东"公众号上，完全对外开放，除公司员工以外的矿区人民完全可以免费共读共享职工书屋的读书资源，营造了"爱读书、读好书、读书好"的阅读氛围和文明风尚，图书智民、文化聚力功能突显。

2. 开展公益培训，满足员工群众的文化素养提升需求

面对矿区员工家属以及地方居民对于公益培训的需求，神东在矿区范围内开展深入调研，了解大家的培训需求，开设了书法、声乐、少儿舞蹈、瑜伽等常态化培训项目，包括少儿舞蹈、游泳、书法、声乐、广场舞、瑜伽等6类19个培训项目，课程覆盖全年，仅2019年参培人数达到23385人次，几乎覆盖了大柳塔地区五分之一以上的居民群众。尤其是公司重点推出的"蒲公英计划"少儿公益培训和"蓝海豚"常态化游泳培训项目的开展受到员工和家属的热捧和广泛好评。

3. 开通公益微课，实现优质文化资源互动共享

针对线下培训受时间、场地、师资、人员的限制，很多有培训需求的人不能正常参培的情况，神东在"文化神东"微信公众号上开通"公益微课"栏目，内容涵盖书法、少儿舞蹈、少儿街舞、游泳、广场舞、古筝等。公益微课以内容"微"、时间"短"、形式"活"的特点。一经推出，受到广大员工的广泛关注，在线学习人数众多。最高课程点击率达到10000人次，实现了培训资源的即时共享。同时积极创研文化作品，将创研出的优质产品上传网络，开通线上公益课堂。"线上"与"线下"相结合，多样化"菜单式"服务满足多元化需求，有效提升了公共文化服务和产品供给水平。

4. 开展文化基层行，精准对接群众精神文化需求

本着"与员工工作联系紧密、深受员工喜爱、有主题有影响力"的原则，神东

创新性提出"送餐＋点餐""输血＋造血"文化服务供给模式，积极开展"送节目到井口""节令送祝福""文化惠民、光影随行"等文化送一线活动。仅2019年累计文艺演出41场次，举办"圆梦新征程，奋进新时代"等大型主题汇演4场，每场大型汇演现场观众达1000人左右，在线观看直播80000人次，几乎覆盖大柳塔地区三分之二以上的居民。电影下基层及公益电影累计放映25场次，电影放映314场，全年观影人数超过12000人。同时注重文化产品创研，全年创研原创作品18个，其中原创歌舞情景剧《矿工兄弟》在北京卫视播出，剪纸作品《托物寄语、筑梦神东》《筑梦改革路、启航新征程》主题展览广受好评。"文化基层行"精准对接群众文化需求，极大满足了区域职工群众的精神文化需求，推进基本公共文化服务均等化，打通"最后一公里"。

5. 开展全民健身活动，引导树立健康生活理念

以科学健身、普遍参与为宗旨，神东在组织体育健身培训之外，适时开展群众性游艺活动，组织丰富多彩的文体活动，并依托场馆优势，办好公司羽毛球、篮球、乒乓球、网球等各类体育赛事，调动广大职工参加文化体育活动的积极性，提升矿区员工的健康指数。仅2019年，组织庆祝新中国成立70周年篮球、排球、羽毛球等系列体育赛事共计812场次，各场馆入馆达123678人次。结合"我们的节日"开展的迎新春趣味游艺活动和元宵文化艺术节活动，吸引大批大柳塔居民和村民的参与，迎新春系列活动最高参与互动人数累计48.85万人次。

6. 强化文化基础设施建设，搭建"智慧场馆"新平台

神东大力推进旧活动场馆改造，除在13个矿井单位投资文体场馆的扩建改造项目，在大柳塔集中区域内按总分馆制建立五大综合文化活动中心。其中文体中心改造总占地面积18200平方米，活动面积14000平方米。2019年建成开放的上湾文体馆建筑面积约为11000平方米，是由集游泳馆、网球馆、羽毛球乒乓球多功能馆及健身馆于一体的综合馆。投资近5000万在建可容纳1000人的上湾滨河文化活动中心。同时积极对接智慧场馆系统搭建，运用信息化手段优化场馆运维，提升公共文化服务效率与质量。

（五）神东公共文化服务供给社会满意度调查

为充分了解矿区员工群众对公司近几年来提供的公共文化服务满意度。笔者针对神东目前提供的文化惠民、活动场馆、文化活动等文化服务，做了一次服务满意度问卷调查。调查对象为关注"文化神东"的员工及群众，调查方式采用公众号上回答问题的形式，为保证调查的客观公正性，本次调查采取记名的方式进行。

"文化神东"公众号是神东以"文化服务＋文化传播"为主要功能的官方服务号，公众号粉丝30000+人。本次服务满意度调查共收回问卷247份，其中有效问卷234份，有效问卷比例为94.7%，征集合理化意见及建议55条，问卷调查结果及分析如下表。

1. 问卷调查结果

神东文化服务社会满意度调查结果

服务项目 ＼ 满意度	满意	比较满意	不满意
惠民工程	87.9%	12.1%	0
场馆运行	81.1%	18.4%	0.5%
公众平台	87.9%	12.1%	0

2. 调查结果统计分析

（1）员工家属对公共文化服务有强烈的参与度

本次调查采用微信公众号调查方式，有效的234份问卷中，员工家属占27.4%、员工占72.6%。因为"文化神东"公众号为公司内部公众号，目的是传播神东文化，服务神东职工。但从2019年的运营数据来看，员工家属关注并参与的比例高达30%，从参与问卷调查的对象中也可以看出。因地方公共文化服务供给不足，公共文化资源相对匮乏，员工家属甚至地方居民都将获取公共服务的目光投向了神东公司。

（2）中青年人是公共文化服务需求最高的群体

从调查数据显示，53.8%的调查对象年龄在30～40岁之间，34.2%的对象年龄在40岁以上，12%的对象年龄在30岁以下。说明中青年是对公共文化服务需求最高的群体，中青年思维活跃，在关注自身薪酬福利的同时，对精神文化需求也较高，且需求呈现多样化特点，再加上30～40岁的人员是养育二孩家庭的主要年龄人群。这部分人员在对自身文化生活关注的同时，更关注少儿公共服务的供给。因此，对神东开办的"蒲公英"少儿培训给予了极大参与和广泛好评。

（3）员工对公共文化服务类型有更高层次的需求

从调查结果来看，虽然员工家属对神东提供的场馆运行、文化惠民、电影放映、微信平台等服务的满意度达到80%以上。但从征集到的55条合理化意见和建议中看出，31%的调查对象希望提供其他更精准多样的服务；24%的调查对象希望能组织形式多样、内容丰富的公共文化活动；18%的调查对象希望能够增加活动场馆数量、改善场馆环境；13%的调查对象希望文化传播的途径能够多样化、载体丰富化；12%的调查对象希望增设电影院，延长放映时间。

（4）员工的公共服务需求呈现多样化精准化特征

为了探究员工到底对哪种类型的公共文化服务需求最为迫切，笔者对31%的调查对象又进行了更加深入细致的分析，发现员工的需求大概集中在10个方面，集中体现在：一是培养优秀文艺人才，提供丰富多彩的文化活动；二是公益活动的多样化还不足，虽然开展了公益培训、职工书屋、文化送一线、电影下基层等文化惠民工程，但覆盖面不够；三是目前公司公共文化服务的体系还未形成，建议多向其他优秀单位学习。

三、地区政府公共文化服务存在的问题及原因分析

如上所述，神东作为大柳塔地区最大的中央企业，在为本企业员工提供丰富的文化服务的同时，辐射到当地的居民，让城镇其他居民也共享了企业发展成果。但是，政府作为提供公共产品和服务的绝对主体，既要提供"纯公共产品"，如法律与秩序、公共医疗卫生、基础教育、环境保护、社会保险和社会福利等；还要提供"准公共产品"或者"俱乐部类公共产品"，如图书馆、电影院、体育场馆等公共文化设施，及借助这些设施提供的公共文化服务。政府应致力于建设城镇公共文化服务体系，加大公共文化建设的投入，为提高辖区内居民的精神文化生活作出积极的努力。不过从现状上，政府在这方面明显存在缺位现象，经过分析主要有以下几点原因：

（一）公共文化服务投入不足

从全国数据看，文化事业支出在我国财政支出中占比长期在0.3%～0.4%之间徘徊，政府对公共文化事业的投入远远低于其他公共事业。神东所在地神木市虽在"2018中国西部百强县市"排名中位居第一，但《神木市国民经济和社会发展第十三个五年规划纲要》数据显示，《规划》确定的目标是文化产业增加值占GDP比重到2020年达到2%，然而实际完成率2016年为0.6%，2017年仅为0.57%，较规划预期有较大差距。大柳塔地区公共文化服务投入比重和文化产业增加值占GDP比重虽未得到一手数据，但参考神木市数据可得知公共文化服务投入比重较低。政府资金投入不足是制约大柳塔地区公共文化服务发展最大的"瓶颈"。

（二）公共文化服务队伍缺失

从全国范围来看，乡镇机构改革后基层文化服务队伍缺失严重。神东所在地陕西省神木市目前建成三馆（图书馆、文化馆和博物馆）、四台（电视台、广播电台、发射台和转播台）、一团（晋剧团）一队（文化市场综合执法大队）一院（企业影剧院）、两办（文管办和人文景区）的文化机构体系，但上级部门神木市文化和旅游文物广电局局机关在编仅有从业人员10人左右，大柳塔试验区综合文化站仅有兼职文化工作人员，事务繁忙，难以开展丰富多彩的文化活动。公共文化服务专业人才不足和专业队伍所具备的服务水平都直接制约着公共文化服务的有效供给。

（三）所属神木市公共文化资源配置不均衡

近年来，大柳塔地区所在神木撤县建市后，不断优化发展理念，深入推进文化建设。2018年底市镇街建成综合文化站20个，村（社区）综合文化服务中心364个，以城带乡，初步建成覆盖城乡的公共文化服务网络。但是神木市明显存在着公共文化资源配置的不合理，文化供给侧重于硬件文化设施，软性精神文化产品供给不足，存在着偏中心城镇、疏偏远乡镇的问题，离市中心的城镇公共文化资源丰富，图书馆、文化站、体育馆、综合服务中心等基础设施设备完善。而大柳塔地区仅在大柳塔街上建了一个综合文化站，文化设施设备还不能满足公众需求。上述现象说明上级政府公共文化资源配置不均衡，偏远地区群众对公共文化资源的需求更加迫切。

（四）政府购买公共文化服务体系未建立

政府购买公共文化服务作为介于政府直接提供服务和完全市场化之间，可以实现服务供给的多元化，是未来的发展趋势。试验区所属神木市自2018年起也探索构建现代公共文化服务体系，购买公共文化服务，提高公共服务供给效率，促进社会组织发展，满足公众多层次文化需求。2018年神木市政府购买公共文化服务投入资金约730万元，2019年投入约550万元。而且"由于煤炭资源经济增速的波动直接影响或制约着地方公共财政收入总量的持续稳定增长。基本公共服务支出对地方公共财政的依赖性较高，且基本公共服务供给机制单一，神木市基本公共服务支出可持续增长不足"。[①]但作为所属镇级市的大柳塔试验区面对政府公共文化服务供给不足或供给无效的情况，还未建立起政府购买公共文化服务体系。

四、地企文化相融共建下公共文化服务供给的角色定位

（一）公共文化产品和服务的需求由市场主体消费者决定，但是供给侧需要由政府和企业的共同配合和参与

协同治理目标的实现不仅需要多元化的主体构成，还取决于治理的运行方式和运行机制，如启动条件、运行环境、制度设计等。尤其是大型国有能源企业，因地处偏远，地方政府大多是因企而兴、因企而强，地方人民是因企而富、因企而荣。例如大庆油田，与地方政府一起"发展共谋、责任共担、稳定共抓、环境共建"，一步步建立了高楼林立、道路四通八达、生活舒适便利、设施功能基本配套的中国石油最大的现代化油城，有力地带动了地方经济社会繁荣发展。

神东作为大型能源企业，与大庆油田、阜新矿业、开滦煤矿同样因特殊的行业性质和所处的地理位置，在推动地方经济发展、基础设施改善、就业机会创造、生态环境建设、公共服务供给等方面责无旁贷地承担起重要职责。因此，神东作为大型国有能源企业通过协商、协调、协作、协同等方式实现公共服务有效供给的目标，这是作为企业的现实需求和来自居民群众的迫切需要。

---

① 张建龙.资源型城市政府基本公共服务供给持续性研究—以神木市为例 [D]. 延安大学，2018.

（二）地企文化共融共建下神东参与地方公共文化服务供给的角色定位

地方公共文化服务多元主体供给最重要的是需要各主体明确自身定位、认清各自角色和权责，进而有效发挥自身优势，协同治理以达到优势互补，满足居民群众对公共文化产品和服务的需求。神东在公共文化服务供给上既然有着现实多方面的需求，基于大柳塔地区公共文化服务的现状及原因分析，神东在地方公共文化服务供给上到底扮演哪些角色？才能既能集中资源做强主业，又能补充政府供给不足，实现地企文化共融共建，满足居民和员工群众的精神文化需求？本文认为，各主体边界清晰，是协同治理实践的基本前提。从神东的实践中可以得出以下结论：

1."参与者"角色

神东作为地方公共文化服务的"参与者"，遵循政府为主、企业为辅的原则。因为无论公共文化服务的供给如何从单一走向多元，从集中走向分散，政府在其中的地位都无法轻易被取代。本文将神东列为主要研究对象，但神东公司也是一种在政府主导下的企业"参与者"角色，角色的实现仍离不开政府作用，政府支持力度越大，神东参与公共文化服务的实践将越活跃。

（1）政府承担的职责

神东作为"参与者"，大柳塔政府仍然是公共文化服务供给上的主体。《公共文化服务保障法》明确要求我国县级以上人民政府必须"将公共文化服务纳入本级国民经济和社会发展规划""加强公共文化设施建设，完善公共文化服务体系，提高公共文化服务效能"。

大柳塔政府应从公共文化服务顶层设计上探索建立有效的公共文化服务供给长效机制，制定地方公共文化服务"五年规划"，设立文化事业专项基金，加大文化建设资金的投入，加强文化基础设施建设和基本文化设备的有效供给，配齐专业人才队伍，创新公共文化服务机制，以政府购买的方式购买部分文化产品和服务，鼓励社会力量参与地方文化事业，提供较为优质的公共文化服务环境，提高文化产品和服务供给的效能，丰富居民精神文化生活。

（2）神东公司承担的职责

神东作为公共文化服务供给的"参与者"，应作为地方政府公共文化服务供给力量的有力补充。

公共文化服务的对象以本企业职工为主，在现有基础上，整合有效文化资源，建立主要服务于本企业职工的大中型图书阅览室，实现不同功能分区；完善文体活动中心基础文化设施，组织开展企业职工家属为参与主体的群众性文化活动，供给员工群众喜闻乐见的文化活动和文化服务；建立企业老年大学，为企业退休人员提供书法、绘画、剪纸等各种服务培训，丰富退休员工生活；优化活动场馆管理，提升员工入馆体验。

总之，在地方政府充分发挥文化服务供给职能的前提下，神东公共文化服务供给的重点是补充政府供给的不足，在政府公共文化服务未辐射到或辐射不够的领域重点发力，形成优势互补、合作共赢的良好格局。

2.“推动者”角色

神东作为地方公共文化服务的“推动者”，并不是打破政府在公共文化产品和服务上责任主体和主导地位，改变为“政府为辅、企业为主”的文化供给格局。而是企业既不包揽承担政府职责，也不只局限于关注本企业职工精神文化需求，是充分借助企业的资金、人才和设施设备等优势，在为企业员工群众提供有效文化产品和服务的同时，辐射区域居民群众，有效弥补政府公共文化产品和服务供给不足、无效供给、供需不平衡等突出问题，实现企业文化建设和公共文化服务无缝对接。总之，在这一角色定位下，神东公共文化服务供给是一种“主动作为”，一种创造条件创新性的行为。

（1）政府承担的职责

在这一角色定位下，政府主要是公共文化政策的制定者和公共文化环境的管理者。政府应在公共文化产品和服务供给机制上发力，提供有效的财政保障，做好公共文化产品和服务多主体的协同配合工作，构建公共文化服务体系下的目标引导、任务分解、激励评估机制，强化多元主体间的交流合作，确保公共文化服务体系内部各要素得到最大程度的协同发挥。

改变政府以前的“办文化”和“自上而下”单一供给现状，推动并落实政府购买文化服务，优化地方公共文化服务设施的建设和运营，提高设施的利用效率。及时回应群众的关切，加大地方的九年义务教育、图书馆、文化宫、综合文化服务中心、大型体育场馆等投入力度，满足群众娱乐健身、文体活动、素养提升需求，保障公共文化服务的顺利实施。

（2）神东承担的职责

神东在"推动者"的角色定位下，主要职责是推动地方政府合理履行职责，尽其所能承担部分重要公共文化事业的建设责任。

企业在参与公共文化产品和服务的供给上，由"被动"变为"主动"，着力在"精准供给"和"有效供给"上下功夫，提高文化服务的质量和效能。比如加快企业内部文化基础设施、图书馆、煤炭博物馆、展览馆、综合文体场馆的改造和建设，健全基本文化服务项目，最大限度地提高员工群众人均文化设施场馆占比、人均藏书量及人均每日文化产品消费数；大力开展公益性文化供给活动，依托传统节日和重大庆典活动，常态化组织读书分享、全民科普、文艺普及、健身运动、亲子互动、科技体验等各类群众性文化活动，真正丰富员工的业余文化生活；借助专业化人员队伍和场馆优势，创建"按需点单"的文化服务模式，采取"线上+线下"方式，开展"流动图书馆""流动展览馆""光影随行电影放映"和"流动舞台"等"文化送一线"活动，加大各类公益性培训文化惠民力度，建立并实施文化辅导员、文化志愿者制度，提高文化服务的精准性和有效性；积极创研有温度、有筋骨、有生命力的文化作品，丰富文化产品供给，提升员工群众的文化素养和品位。

依托本企业文化资源，打造特色文化品牌；利用互联网和企业的工业信息化优势，构建文化信息共享机制，建设数字文化工程，实现文化服务供给的供需互动和双向互动；联合企业内外部各类文化协会、发挥工会、团委、教育、新闻、治安等职能部门和单位，积极拓展文化服务内容和路径，实现文化服务的均等性和便捷性。

总之，神东作为"推动者"的角色定位，在公共文化产品和服务的供给上神东不是可有可无的配角，而是与政府一同进行文化建设，投资公共文化基础设施，提供公共文化产品和服务，最大程度地提升供给效率和服务质量。

3."跟随者"角色

好的政企关系是保证企业有效参与的重要因素。作为地方公共文化服务的"跟随者"，遵循地企共建、共创共惠的原则，企业更多强调的是其企业属性，积极反哺社会，参与社会协同治理。在公共文化产品和服务供给方面，"跟随者"是被动的，是"让做什么就做什么"。

（1）政府承担的职责

在这一角色定位下，大柳塔政府充分发挥自身职能，采用税收激励、财政补贴等方式，来吸引和鼓励以神东为代表的国有企业、私营企业、社会组织参与到公共文化服务中，构建从一元到多元、多主体参与的公共文化服务新格局，推进公共文化设施建设，保障文化资源有效供给。

（2）神东承担的职责

神东作为地方公共文化服务的"跟随者"，是公共文化建设的补充主体和公共文化融资的重要力量。政府是公共文化产品和服务供给的绝对主体。神东则积极承担央企社会责任，参与地方扶贫帮困和支援建设，推动地方义务教育、公共医疗、民生改善、生态文明建设，不断集聚企业发展合力。在推动企业文化建设中，采取申请政府补贴、利用活动冠名方式赞助或承办公共文化活动等多种方式，满足社会的共同需要。

基于以上三种角色定位，作为大型国有企业的神东在参与地方公共文化服务供给时，首先要厘清政府在参与地方公共文化服务供给处于哪种状态，根据政府的职责履行程度，确定自身是"参与者"，还是"推动者""跟随者"的角色。然后再根据自身角色定位，自觉履行承担合理范围内的公共产品和服务供给职责，既不大包大揽承担本应由政府承担的供给职责，给企业增加负担；也不过分局限，将企业文化服务的主体仅限于企业职工，让地方居民不能共享企业发展成果。按照以上分析，在不同的角色定位下，神东和政府分别在不同领域重点发力，从而达到共赢共享共创共惠的目的，促进协作增效。

本文以神东为例，从神东与政府在参与地方公共文化服务供给的实践研究入手，基于各自承担的职责提出三种角色定位。在公共文化服务供给中，协同治理的"协同"绝不意味着主体"混同"，国有企业和地方政府既不是各自为政，也不可互为替代。良好的地企关系和完善协调激励机制，更利于为公众提供与需求相匹配的、系统有序的、公众满意的公共文化产品和服务。

结语

在基本公共服务中，公共文化服务是非常重要的一个环节，它不仅代表了广大群众的基本权利，而且反映了广大群众对文化的需求。本文以公共产品理论和协同治理理论为支撑，以神东在大柳塔地区公共文化服务供给现状为导入，利用案例研究法，按照个别到一般的规律，探讨了在特殊地理环境和行业背景下，以神东为代表的国有企业和地方政府在供给公共文化服务中各自应该承担的职责和扮演的角色，并对两个不同供给主体在不同角色重点发力领域进行展开阐述。经过系统的理论分析和实践研究，得出以下结论。

（1）公共文化产品和公共文化服务的特征决定了政府在公共文化服务供给中主导地位。政府应坚持以人民为中心的发展思想，强化服务职能，创新公共文化服务机制，完善政府在公共文化服务方面的财政支出，积极承担政府在公共文化事业建设中的责任，为本地区城镇居民配置优质的公共文化服务资源，满足群众日益增长的精神文化需求。

（2）国有企业作为公共文化服务供给的重要补充力量，既不是完全独立于政府之外，也不是缺乏独立存在、完全附庸于政府。而在区域地理位置、经济发展、居民占比和地方政府公共文化服务供给不足的特定环境下，国有企业应自觉履行承担合理范围内的公共产品和服务供给职责，从"精准"和"有效"发力，提升公共文化服务供给质量和效率。

（3）政府与国有企业在推进地方公共文化事业发展的过程中，各自承担不同职责，扮演不同角色，发挥不同作用。国有企业无论作为"参与者""推动者"，还是"跟随者"的角色，都需要双方优势互补、协同配合，共创共惠。地企文化共融共建体系建设不仅有利于调动国有企业参与供给的积极性，丰富公共文化产品和文化服务内容，而且有助于化解地方公共文化服务供需矛盾，缩小文化供给与需求差距，提升供给水平，让经济快速发展带来的成果惠及区域内全体居民，从而增强居民群众的幸福感和获得感。

文章出处：课题完成于2020年3月，获神东煤炭集团2020年度管理课题研究成果一等奖。

参考文献：

[1] 陈振明.公共管理学原理[M].北京：中国人民大学出版社，2003.

[2] 毛少莹.公共文化服务概论[M].北京：中国人民大学出版社，2004.

[3] 宋世明.美国行政改革研究[M].北京：国家行政学院出版社，2016.

[4]《国家基本公共文化服务指导标准（2015—2020年）》2015年1月.

[5] 中共中央办公厅、国务院办公厅，《国家"十三五"时期文化发展改革规划纲要》.新华网，2017年5月。

[6]《陕西省公共文化服务保障条例》[EB/6L].

[7]《2018年神木市国民经济和社会发展统计公报》.

[8] 陕西省政府研究室、榆林市发展研究中心和榆林市委改革办组成联合调研组，《大柳塔镇级小城市培育试点综合改革评估报告》2018年.

[8] 神木县人民政府，《神木县国民经济和社会发展第十三个五年规划纲要》，2016年3月.

[9] 林敏娟.公共文化服务中的民营企业角色类型及制约机制——基于"角色分离"的分析框架[J].电子科技大学学报（社科版），2012,14(01).

矿井安全文化对员工行为安全影响的研究

郝玉兵　陈泽　彭海兵　董旭东

摘要： 员工不安全行为是引发事故的主要原因之一，占事故总数的90%以上，是矿井安全管理的重点和难点，而文化是影响员工行为的深层次因素。本文以登高作业类不安全行为为研究对象，从制度建设、标准细化、绩效考核、风险抵押、带头引领、积分考核、特色班组、互保联保、正向激励、检查频次、装备配置、定向约谈、心理访谈等维度，研究矿井安全文化建设对员工行为的影响效果。经研究实践表明，优良的安全文化会对员工作业行为产生积极的正向影响，可以帮助员工养成良好的作业习惯，提升按章作业的主动性和自觉性，增强班组、区队的凝聚力，大幅降低高风险作业时不安全行为的发生频次，为矿井的安全生产保驾护航。

关键词： 安全文化　不安全行为　登高作业　高风险　事故

一、研究背景及意义

神东煤炭集团公司（以下简称"神东"）是国家能源集团的骨干煤炭生产企业，总产能超2亿吨，累计创造中国企业新纪录百余项，企业主要技术经济指标达到国内第一、世界领先水平。补连塔煤矿作为世界最大的单井井工煤矿，是神东的主力矿井之一，年产量达2800万吨，截至2018年9月已实现安全生产18周年，形成了独具特色的安全文化，是现代化特大型安全高产高效矿井的典范。但2018年神东共发生61起轻伤事故，其中补连塔煤矿发生5起轻伤事故，经调查，100%都是由作业人员不安全行为引发的。在员工身体承受工伤痛苦、家庭陷入万分悲痛的同时，也使矿井的安全形象大打折扣。

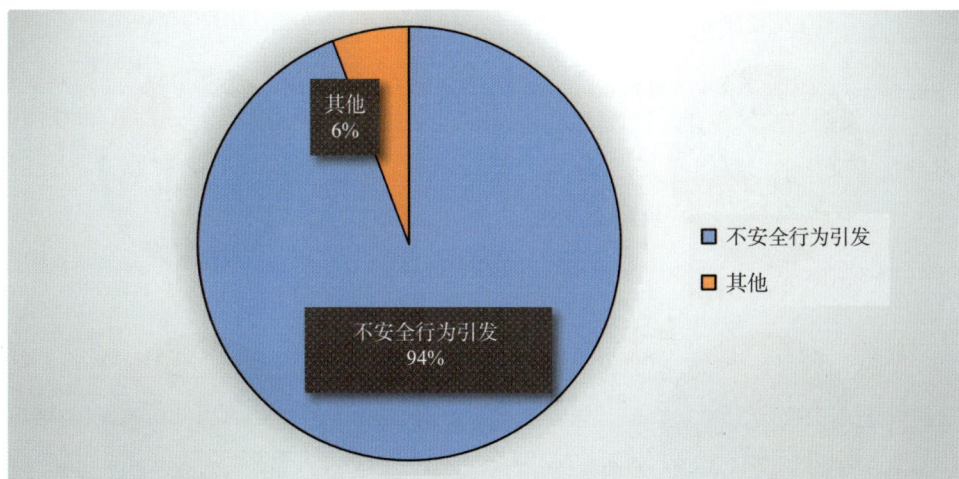

2018年全国煤矿事故原因类型占比图

通过对2018年全国煤炭行业发生的事故统计分析发现（见上图），由人员不安全行为引发的事故高达211起，占全国事故总数的94%。人的行为安全是矿井安全管理的重点和难点。

国内外研究表明，良好的安全文化会对员工的行为产生正向影响，是影响员工行为安全的深层次原因。因此，补连塔煤矿从安全文化的视角出发，深入研究安全文化建设对员工行为安全的影响。本研究对现代化特大型矿井的安全文化建设和员工行为安全管控具有重要的理论与实际意义。

二、补连塔煤矿安全文化建设现状

补连塔煤矿现有员工1587人，平均年龄40岁，大中专以上学历占52%，中高级以上技工占74%，实现了队伍建设的年轻化、知识化和专业化（见补连塔煤矿人员结构情况图）。

2018年补连塔煤矿共查处2198起不安全行为，其中内部单位1834起，占83%，承包商364起，占17%（见补连塔煤矿2018年不安全行为查处情况图）。安全文化落地执行不到位，不安全行为总数非常大，且重大不安全行为高达246起，管控效果不明显。

员工单位分布图

生产单位
31.38%

辅助单位
62.51%

机关人员
6.11%

员工文化程度结构图

本科
12%

研究生
2%

大专
15%

高中以下
13%

中专
23%

高中
35%

员工年龄结构图

50岁以上
10%

30岁以下
29%

40-50岁
31%

30-40岁
40%

员工技能等级分布图

高级工
30%

技师
5%

高级技师
2%

中级工
37%

初级工
26%

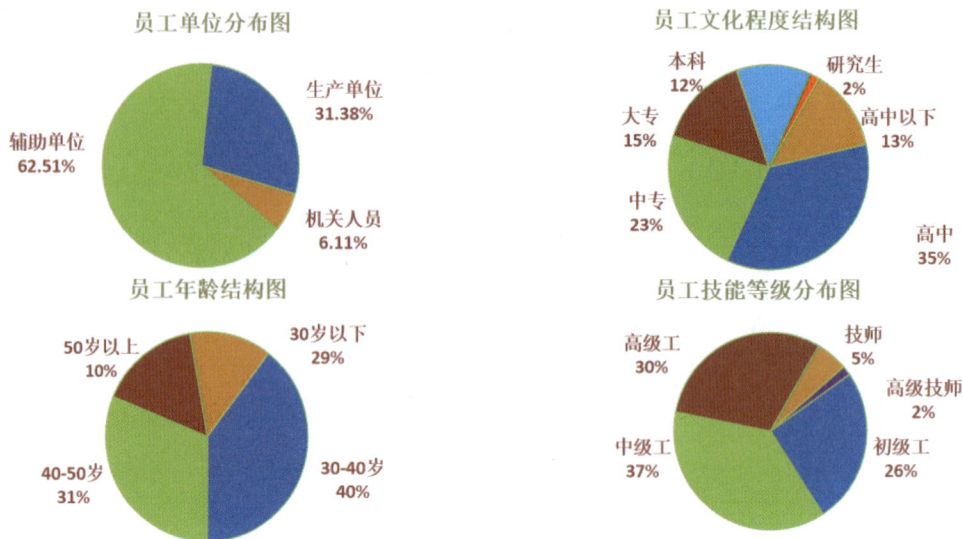

补连塔煤矿人员结构情况图

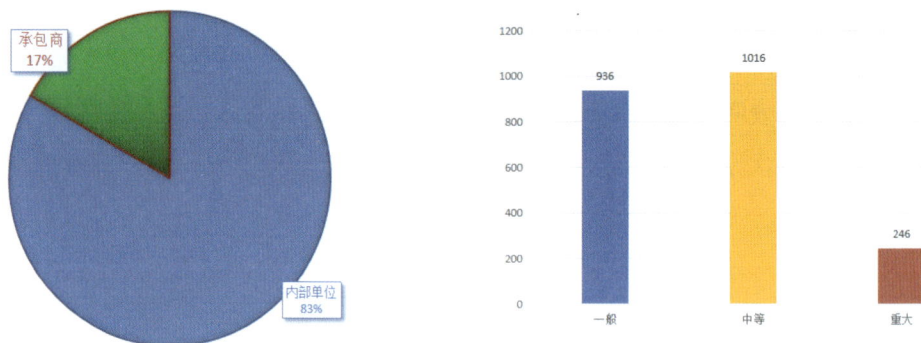

承包商
17%

内部单位
83%

补连塔煤矿2018年不安全行为查处情况图

（一般 936　中等 1016　重大 246）

三、矿井安全文化与行为安全管控研究方向

（一）研究依据的法则

海因里希法则（Heinrich rule）认为，当一个企业有300起违章，必然要发生29起轻伤，1起重伤、死亡或重大事故（见下图）。

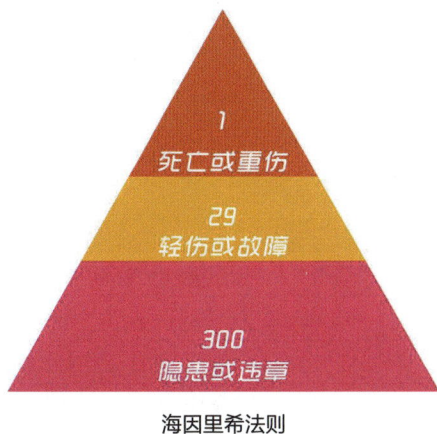

海因里希法则

（二）补连塔煤矿不安全行为统计分析

（1）对补连塔煤矿2018年内部单位发生的不安全行为按等级、数量进行了统计，结果见下表图：

补连塔煤矿2018年不安全行为等级统计表

序号	不安全行为等级	不安全行为数量/起
1	一般	911
2	中等	737
3	重大	186
4	特别重大	0
合计		1834

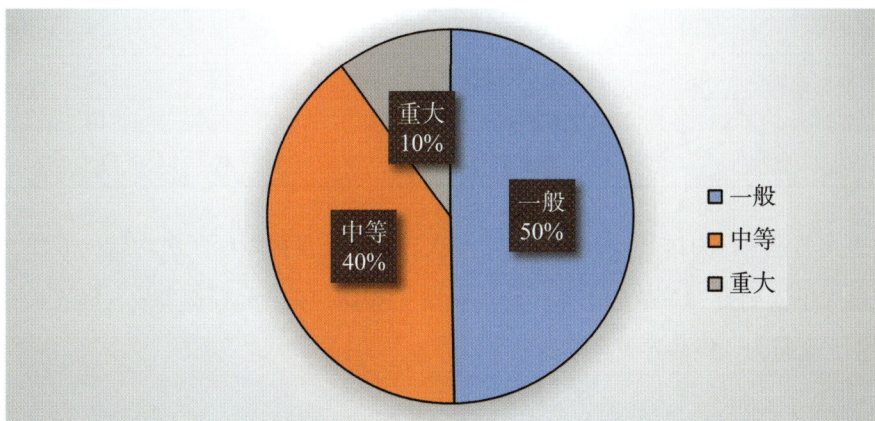

补连塔煤矿2018年各等级不安全行为占比图

（2）本文对补连塔煤矿2018年发生的5起轻伤事故的直接原因和间接原因进行了统计，统计结果如表：

补连塔煤矿2018年事故原因统计表

序号	事故名称	事故直接原因	事故间接原因	引发事故不安全行为等级
1	2.18事故	登高作业未系安全带	侥幸心理	重大
2	4.24事故	带电搬迁电气设备	冒险心理	重大
3	5.3事故	检修皮带时未闭锁、上锁皮带	作业习惯不佳	重大
4	6.27事故	登高作业未系安全带	侥幸心理	重大
5	6.30事故	超速行驶	侥幸心理	重大

通过统计可知，侥幸心理、冒险心理、作业习惯不佳等文化因素是高风险不安全行为发生的内在诱因。

（3）本文对补连塔煤矿2018年发生的186起重大不安全行为按类型进行分析，各类重大不安全行为发生频次如表：

各类型重大不安全行为发生频次统计表

序号	不安全行为类型	发生频次/起
1	登高作业类	49
2	辅助运输类	30
3	电气设备检修类	29
4	移动设备类	27
5	人员站位类	17
6	压力设备检修类	12
7	工器具使用不当类	10
8	其他类	12

重大不安全行为排名前四类的发生频次较高，年度内发生频次均超过了20次，共占重大不安全行为总数的73%，并且引发了2018年的5起轻伤事故，属于典型高风险不安全行为，极易导致事故的发生。

（三）矿井现场实地调研情况

补连塔煤矿属于特大型矿井，巷道平均高度为5米，大型设备较多，通过对各作业地点统计发现60%以上的作业均需要登高才能完成，客观上增加了作业负担和作业风险。

（四）安全文化与高风险不安全行为管控研究方向

通过一个法则、三组数据分析和现场调研可以得出如下结论：

（1）各等级不安全行为发生频次与轻伤事故比例为200∶160∶40∶1，即200起一般不安全行为，160起中等不安全行为，40起重大不安全行为可能会导致一起轻伤事故。

（2）安全文化落地执行不到位是导致不安全行为发生的深层次原因，重大不安全行为是导致轻伤事故发生的直接原因。良好的安全文化可以降低不安全行为发生的频次，降低了重大不安全行为发生频次就可以有效减少事故的发生概率。

因此，本课题研究方向为良好的安全文化如何有效降低高风险不安全行为发生频次，研究核心为良好的安全文化如何降低登高作业类不安全行为发生频次。

四、矿井安全文化对登高作业类不安全行为管控影响目标

由现状调查结合补连塔煤矿2018年发生的轻伤事故可以看出，登高作业类不安全行为占重大不安全行为总数的26%，引发了2起轻伤事故，与轻伤事故发生比例为25∶1。从理论上来说，通过良好的安全文化对员工的作业行为进行正向引导，就可以将登高作业类不安全发生频次降低到24次以下，就可以避免因登高作业引发的事故。

因此，将本次研究目标设定为，通过建设良好的安全文化，对员工作业行为产生正向影响，将2019年登高作业类不安全行为数量控制在24起以下，较2018年下降51%（如下图）。

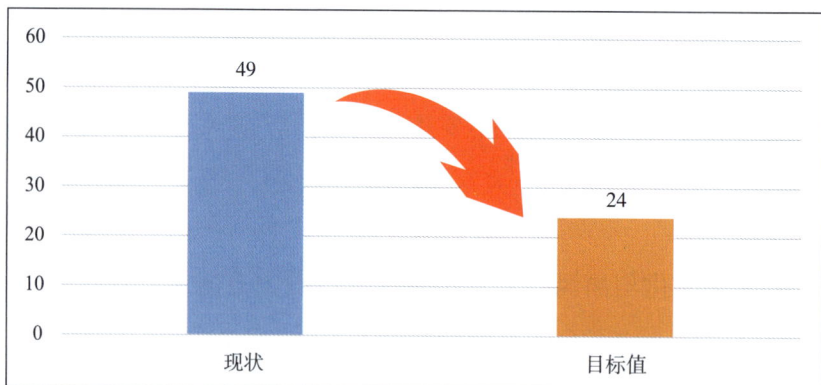

补连塔煤矿2019年登高作业类不安全行为控制目标值

五、登高作业类不安全行为安全文化原因分析

（一）引发登高作业类不安全行为安全文化原因统计

要达到预期目标，首先需要从登高作业类不安全行为发生原因找起。根据头脑风暴的三个阶段对登高作业类不安全行为发生表面原因和深层次的文化原因进行了多轮多次头脑风暴会议。从人、机、环、管四个方面，结合安全文化各个要素讨论登高作业类不安全行为发生的原因，并多次向各个区队管理人员和员工征集意见，安委会多次召开专题会议进行讨论分析，为分析原因提供了充足的保障。

通过多轮头脑风暴，本文作者分析出引发登高作业类不安全行为的安全文化原因（如表）：

引发登高作业类不安全行为的安全文化原因统计

序号	分析角度	原因类型	具体文化原因
1	人员	性格习惯类	性格马虎，工作粗心大意
2			心存侥幸，懒惰，图省事
3			习惯性违章，自我约束力差
4		安全意识类	作业前对潜在的危险源未进行辨识或辨识不到位
5			自保互保意识差，不能坚持安全原则和坚守安全承诺
6			对管理人员的违章指挥不敢提反对意见
7			受家庭、工作等原因导致情绪不稳定

序号	分析角度	原因类型	具体文化原因
8	人员	安全技能类	对管理制度、作业标准等掌握不到位
9			未掌握安全带的正确使用方法
10			识别不出安全带吊挂点是否安全可靠
11			工作经验不足，技能差
12	机器	设备体型	设备普遍体型较大，检修作业登高频次高
13		设备重量	设备普遍重量大，起吊作业频次高
14		设备设计	设备设计时未充分考虑操作、检修情况
15	环境	现场环境	生产工作面粉尘、噪声普遍超标，能见度差
16		巷道高度	巷道平均高度在5米，导致登高作业频繁
17			部分地点无挂安全带的地方
18	管理	制度类	考核机制不健全
19			对有争议的不安全行为缺乏申诉通道
20			制度、标准不够健全完善
21			与风险抵押未挂钩
22		现场类	部分管理人员一定程度上仍存在重生产、轻安全思想
23			班组缺乏自主管控的动力
24			人为查处具有"漏检性"
25			加班延点造成员工身体、心理疲劳，注意力不集中
26		责任心	现场管理人员责任心不够，超前安全预控和预见能力不足
27			"关键少数"作用未发挥出应有的效果
28		培训类	缺乏不安全行为约谈、帮扶机制
29			不安全行为矫正培训效果不理想
30		协管类	未发挥出家属协管作用
31		心理类	未关注过员工心理问题

（二）引发登高作业类不安全行为主要安全文化原因分析

对分析出的31条原因，再次召开专题会议，会议邀请矿长、安全矿长、部分区队管理人员和员工代表参加，结合现场实际作业情况，对31条原因引发登高作业类不安全行为概率进行了计算，并将概率大于5%的确认为要因，共确认出五大要因，如表所示。

引发登高作业类不安全行为安全文化要因确认表

序号	安全文化要因	引发登高作业类不安全行为概率	是否要因
1	性格马虎，工作粗心大意	1%	否
2	心存侥幸，懒惰，图省事	6%	是
3	习惯性违章，自我约束力差	2%	否
4	作业前对潜在的危险源未进行辨识或辨识不到位	2%	否
5	自保互保意识差，不能坚持安全原则和坚守安全承诺	2%	否
6	对管理人员的违章指挥不敢提反对意见	2%	否
7	受家庭、工作等原因导致情绪不稳定	2%	否
8	对管理制度、作业标准等掌握不到位	3%	否
9	未掌握安全带的正确使用方法	2%	否
10	识别不出安全带吊挂点是否安全可靠	2%	否
11	工作经验不足，技能差	3%	否
12	设备普遍体型较大，检修作业登高频次高	2%	否
13	设备普遍重量大，起吊作业频次高	2%	否
14	设备设计时未充分考虑操作、检修情况	2%	否
15	生产工作面粉尘、噪声普遍超标，能见度差	3%	否
16	巷道平均高度在5米，导致登高作业频繁	3%	否
17	部分地点无挂安全带的地方	2%	否
18	考核机制不健全	8%	是
19	对有争议的不安全行为缺乏申诉通道	3%	否
20	制度、标准不够健全完善	7%	是
21	与风险抵押未挂钩	3%	否
22	部分管理人员一定程度上仍存在重生产、轻安全思想	3%	否
23	班组缺乏自主管控动力	7%	是
24	人为查处具有"漏检性"	2%	否
25	加班延点造成员工身体、心理疲劳，注意力不集中	3%	否
26	现场管理人员责任心不够，超前安全预控和预见能力不足	3%	否
27	"关键少数"作用未发挥出应有的效果	7%	是
28	缺乏不安全行为约谈、帮扶机制	4%	否
29	不安全行为矫正培训效果不理想	3%	否
30	未发挥出家属协管作用	3%	否
31	未关注过员工心理问题	3%	否

六、登高作业类不安全行为管控安全文化建设对策

针对五大安全文化要因召开头脑风暴会议，制定了相应的11条对策（见下表）。

五大安全文化要因对策

序号	安全文化要因	对　　策
1	制度、标准不够健全完善	（1）健全制度，精细管理，打造高效执行制度体系； （2）细化登高作业类不安全行为标准
2	考核机制不健全	（3）将登高作业类不安全行为单独纳入绩效考核
3	"关键少数"作用未发挥出应有的效果	（4）突出少数关键，打造七位一体管控格局
4	班组缺乏自主管控的动力	（5）激发活力，打造班组自治管理模式； （6）建立班组互保联保机制； （7）建立季度无不安全行为班组奖励机制
5	心存侥幸，懒惰，图省事	（8）增加检查频次，绷紧高压弦； （9）提高硬件配备； （10）建立定向约谈机制； （11）开展心理疏导

（一）健全制度，发挥安全文化的刚性作用

安全文化要想发挥良好的作用，首先需要用健全的制度作为保障，发挥安全文化的刚性作用，坚持用制度管人。对安全生产奖惩、责任制考核、风险抵押等20余项制度进行修订，2019年累计修定条款76条、不安全行为认定标准32项，确保制度科学合理，为高空作业类不安全行为管控提供了制度保障（如下图）。

（二）细化标准，发挥安全文化的柔性作用

安全文化既有刚性的一面，也有柔性的一面。一种标准无法适应作业现场复杂多变的情况，因此需要将登高作业类不安全行为标准进行细化，发挥安全文化的柔性作用，避免造成查处的不安全行为存在很大争议的现象。员工作业有了具体详细的标准，管理人员检查也有了"谱"。

将登高作业类不安全行为标准由原来的一种细化为十种情况，分别为：未使用登高工具和安全用具的；使用爬梯作业，支撑不牢固或垫高使用的；在无悬吊点，

未采取可靠的防止人员坠落措施的；人员站立位置及扶手未采取防滑、防护措施的；将工具、器材放在工作点边缘或抛掷工具和器材的；在有坠落危险的下方有其他人员停留或者作业的；高处作业使用手工工具，不使用腕带的；使用爬梯作业，无防滑措施或无专人扶梯作业的；使用登高平台作业时，登高平台无防护栅栏的；安全带未系在防护栅栏上的；悬吊点选取不合理，存在掉落风险的。

（三）绩效考核，发挥安全文化的经济杠杆作用

一是为了确保安全文化落地执行的力度，将登高作业类不安全行为纳入"组织绩效"单项考核，考核权重占10%（见下图），每分影响区队整体工资700元左右，每月从工资中兑现，倒逼区队主动加强对登高作业的关注和管控力度。

二是为了在全矿范围内形成良好的安全文化氛围，建立全员安全风险抵押金考核制度，管理人员与不安全行为查处指标任务完成率挂钩，最高沉淀返还金100%。普通员工与不安全行为扣分挂钩，40分沉淀返还金50%，72分及以上的沉淀100%，形成全员抓安全的氛围。

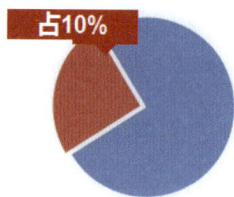

占10%

登高作业类不安全行为考核权重占比

三是做实带班队长积分考核，强化督查作用。带班队长是员工行为安全最直接的管理人，能够及时制止员工可能出现的不安全行为，督促员工按章作业。通过将带班队长带班期间员工发生不安全行为的积分进行排名考核，倒逼带班队长落实安全文化落地的监督责任。每月对带班队长带班期间员工发生的不安全行为进行积分排名（见下图），后三名分别处罚1500元、1000元、800元，避免过去带班队长为完成生产任务而"轻安全"违章指挥的现象。

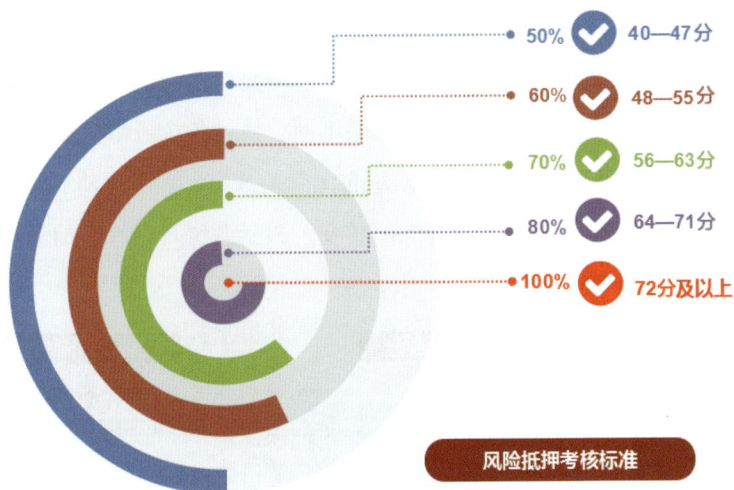

50%	40—47分
60%	48—55分
70%	56—63分
80%	64—71分
100%	72分及以上

风险抵押考核标准

不安全行为与安全风险抵押挂钩比例

（四）少数关键，发挥安全文化的引领作用

全矿井员工的行为管控需要"关键少数"发挥带头引领作用，以少数人安全文化的落实推动全矿安全文化的落地。补连塔煤矿编制了"三长四员"考核管理办法。"三长四员"是指矿长、队长、班长、普通党员、共青团员、技术员、安全岗网员。补连塔煤矿"三长四员"共有403人，与普通员工比例为3∶1，明确"三长四员"的安全责任，起到少数示范带头作用，以点带线，以线带面，充分落实"三长四员"的安全责任，发挥排头兵作用，产生安全文化落地引领效应（如下图）。

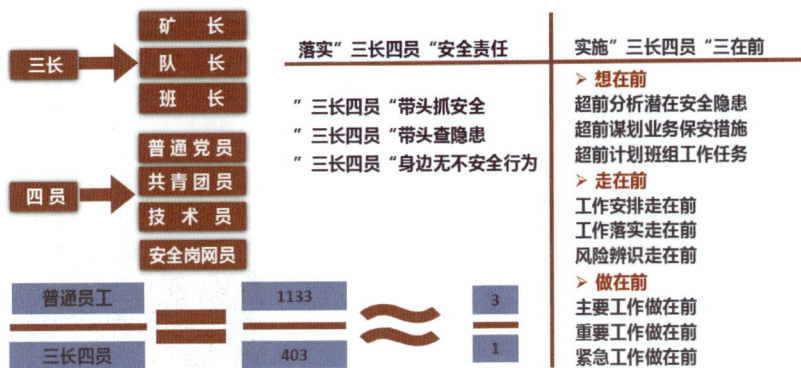

补连塔煤矿"三长四员"七位一体管控格局

（五）激发活力，打造班组特色安全文化

班组是保障安全文化建设的最小组织，也是最具有活力的组织。根据员工组成结构、学历、技能、作业任务等多个因素的不同，鼓励各个班组打造具有自身特色的班组安全文化（如下图）。充分激发班组自主管控活力，践行班前五个自主，推进班中六个自我，逐步推动班组安全理念的转变，激发班组自主管理的活力，逐步提升各班组的安全意识和安全技能。

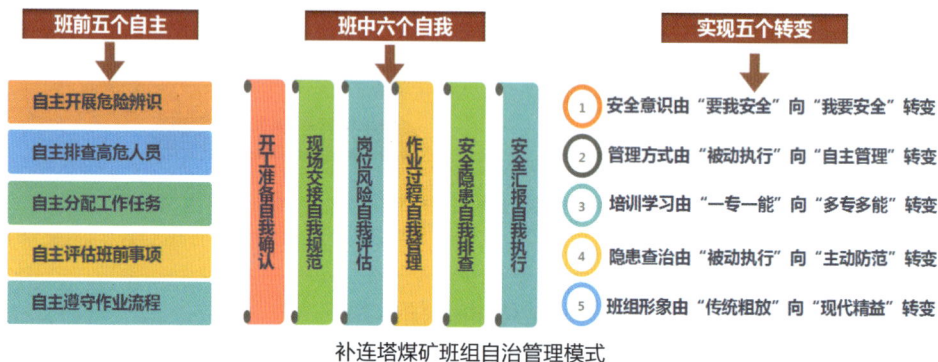

班前五个自主	班中六个自我	实现五个转变
自主开展危险辨识	开工准备自我确认 / 现场交接自我提醒 / 岗位风险自我评估 / 作业过程自我管理 / 安全隐患自我排查 / 安全汇报自我执行	① 安全意识由"要我安全"向"我要安全"转变
自主排查高危人员		② 管理方式由"被动执行"向"自主管理"转变
自主分配工作任务		③ 培训学习由"一专一能"向"多专多能"转变
自主评估班前事项		④ 隐患查治由"被动执行"向"主动防范"转变
自主遵守作业流程		⑤ 班组形象由"传统粗放"向"现代精益"转变

补连塔煤矿班组自治管理模式

（六）互保联保，发挥安全文化的凝聚作用

通过安全文化将班组成员的人凝聚在一起，心也凝聚在一起，就能产生1+1>2的效果。各班组建立班组互保联保机制，班组成员签订安全作业承诺书（如右图），班组成员之间有互相提醒互相帮扶的义务，设立班组安全文化基金。如果班组中有人发生一起登高作业类不安全行为，那么扣除班组当月安全文化基金的30%。

（七）正向激励，发挥安全文化的导向作用

正向激励能够产生积极的导向作用，叠加奖励能够加强导向作用的效果。开展季度无不安全行为班组创建活动，对季度无不安全行为班组进行奖

补连塔煤矿安全作业承诺书

励，通过正向激励的方式提升班组建立安全长效机制意识和集体荣誉感（见下表）。

补连塔煤矿季度无不安全行为班组奖励标准

序号	大班班组成员	大班班组长	小班班组成员	小班班组长
一季度	500	800	300	500
二季度	1000	1600	600	1000
三季度	1500	2400	900	1500
四季度	2000	3200	1200	2000
全年累计奖励	5000	8000	3000	5000

（八）增加检查频次，发挥安全文化的高压作用

适当的压力对员工行为管控能够起到良好的监督作用。补连塔煤矿安监办每月至少组织三次突击检查（如下图），采取"四不两直"的检查方式，同一作业地点不固定检查次数，形成强大的心理威慑作用，让员工时刻紧绷高压弦，保持管控的高压态势。

补连塔煤矿突击检查现场

（九）提升装备配置，发挥安全文化的硬实力

员工个人装备配置的提升，有利于良好作业习惯的培养，发挥安全文化的硬实力。补连塔煤矿为每一名生产区队员工配备一条高质量的安全带（如下图），为辅助区队每一个小组至少配备一条安全带，并要求员工随身携带，避免过去因找不到安全带或安全带距离作业地点较远而冒险登高作业的行为。

补连塔煤矿员工随身配备安全带

（十）定向约谈，发挥安全文化的导向作用

受学历、技能、经验水平等因素的限制，员工自身可能找不到或找不准不安全行为发生的原因，尤其是文化层面的原因。因此建立定向约谈机制，即员工每发生一起登高作业类不安全行为，区队书记负责与员工进行一对一定向约谈，深入分析不安全行为发生的原因，并帮助员工制定预防措施，同时，员工做出不再违反同条同款不安全行为承诺。

（十一）心理访谈，发挥安全文化的疏导作用

矿井安全文化不仅注重员工的身体健康，而且非常注重员工的心理健康。通过与员工进行心理访谈，可以帮助员工发现心理层面的问题，解决员工的困扰，充分发挥出安全文化的疏导作用。补连塔煤矿建成了心理咨询室和减压宣泄室，培养了两名专业心理咨询师，为员工提供心理咨询服务。对登高作业类不安全行为发生人进行心理测评，心理专家与其一对一开展心理访谈，开创了行为安全管理"心"模式。

七、矿井安全文化建设活动成效

（1）通过实施以上对策，补连塔煤矿安全文化得到了有效执行，并对员工行为安全产生了明显的正向影响，2019年共发生登高作业类不安全行为9起，减少了82%（如下图），远远超过了预期值，未发生一起因登高作业引发的事故，采取的对策起到了应有的效果。

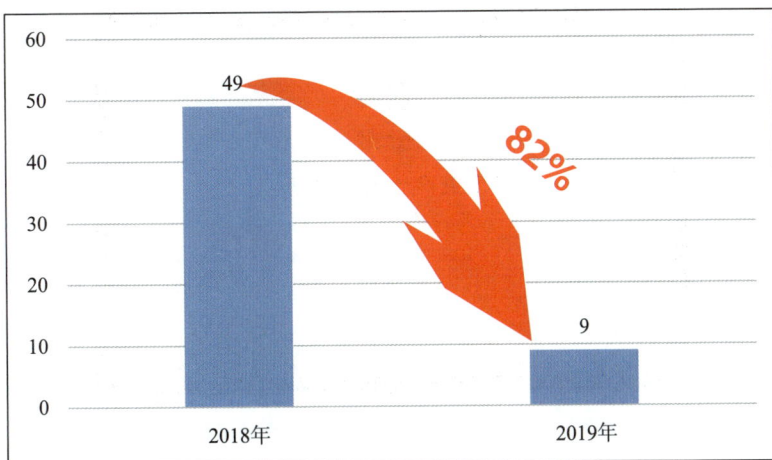

补连塔煤矿2018年和2019年登高作业类不安全行为数量图

（2）对登高作业类不安全行为实施的11条对策对其他几类高风险不安全行为也起到了触类旁通的效果。补连塔煤矿2019年共发生重大不安全行为56起，较2018年的186起减少130起，下降70%（见补连塔煤矿2018年和2019年重大不安全行为数量图），且2019年全年未发生轻伤及以上事故。对策的实施为2019年全年安全生产工作提供了可靠的保障，顺利实现了安全生产19周年的目标，充分验证了安全文化对员工行为安全的积极影响，助力矿井荣获国家能源集团"安全生产十周年井工单位"荣誉称号（见下图）。

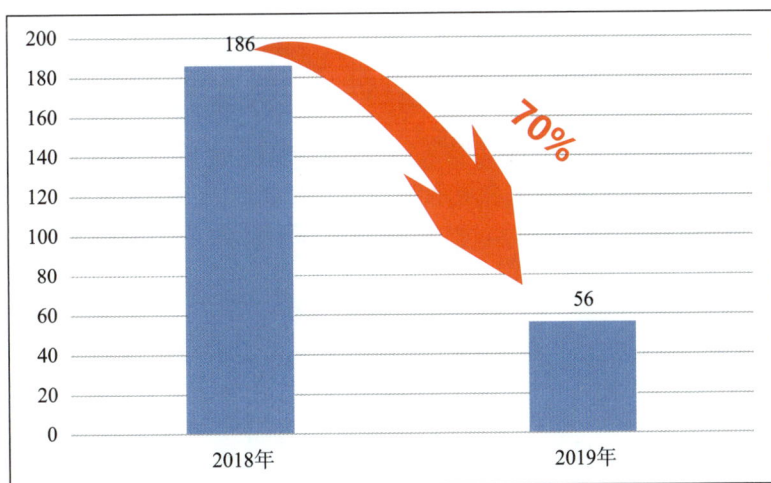

补连塔煤矿2018年和2019年重大不安全行为数量图

补连塔煤矿荣获国家能源集团"安全生产十周年井工单位"荣誉称号图

文章出处：课题完成于2020年10月，获神东煤炭集团2020年度管理课题研究成果一等奖。

神东人才发展问题研究

郝俊奇　郭永斌　李玄　马恺　刘振彦　郭静

摘要： 当前国有企业干部和人才队伍建设越来越体现出重要性和迫切性，唯有不断探索和实践行之有效的人才队伍发展方式，才能真正为企业发展提供源源不断的智力支持。本文从神东人才发展现状出发，在继承中创新，采用分析现状、发现问题、解决问题的思路，对神东人才现状及人才发展存在问题进行分析，提出切实可行的人才发展计划和保障措施，为神东精准识人、科学用人，牵引激励各级各类人才发挥作用，为形成结构合理人才梯队提供重要理论指导，积极促进人力资源管理水平提升。

关键词： 人才发展　队伍建设　问题

引言

神东煤炭集团公司（以下简称"神东"）作为一家大型的国有煤炭集团公司，在人才的识别、选拔、任用、考核、激励等方面下了不少工夫，坚持党管干部、党管人才、党育人才，采用"赛马"和"相马"相结合的方式选拔出一大批艰苦奋斗、开拓务实、争创一流的人才，成为推动神东快速发展的中坚力量。随着5G技术在煤炭企业的应用和神东战略转型，公司着力建设一流示范企业，对一流人才建设提出了新要求，需要在人才发展方面进一步深入探索和完善。另外，神东现有50多家二级单位，管理点多、面广、幅度大，存在制度设计有待进一步完善，人才选用育留的体制有待优化，年轻人才储备不足，人才选聘渠道单一等问题，需要进一步研究解决。本文通过对神东人才现状及人才发展存在问题进行分析，探索切实可行的人才发展计划和保障措施，为公司精准识人、科学用人、牵引激励各级各类人才发挥作用，为形成结构合理的人才梯队提供重要理论指导，积极促进人力资源管理水平提升。

一、神东煤炭集团人才发展现状

神东是一家主要从事煤炭生产的企业，公司成立于2009年5月，它是在神东矿区四公司整合的基础上发展而来的，横跨内蒙古、陕西和山西三个主要的煤炭生产区，自开发建设以来，先后经历五个发展阶段，目前建成2亿吨现代化煤炭生产基地，拥有13个矿井。截至2020年年底，神东共有员工约2.2万人。

（一）组织结构形态

从人员所在层级来看，公司分为"高层""中层""科队层""基层员工"四个不同任务的管理层级，即所谓的"金字塔"形组织结构，如下图金字塔形组织结构图所示。

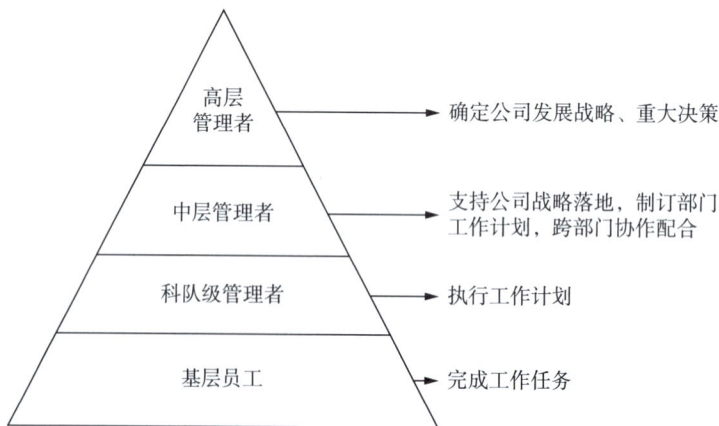

金字塔形组织结构图

（二）人员及学历构成情况

从下页表显示的资料可以看出，当前神东共有员工22293人，其中高层18人，中层662人，科队层3699人，普通员工17914人。从当前的学历构成上看，神东拥有博士研究生7人，硕士670人，本科7203人，专科6348人，高中及以下8065人（见下表）。其中高层管理者均为本科及以上学历；中层管理者中本科及以上学历为480人，占中层管理人员的72.5%。科队级管理者本科及以上学历为2048人，占科队级总人数的55.37%，普通职工专科及以上学历为10415人，占到了普通员工总人数的58.13%。从整体上，神东人力资源的整体素质较高。

神东人力资源构成

层级	人数	学历				
		博士研究生	硕士	本科	专科	高中及以下
高层	18	3	12	3	0	0
中层	662	3	112	365	144	38
科队层	3699	1	251	1796	1123	528
普通职工	17914	0	295	5039	5081	7499
合计	22293	7	670	7203	6348	8065

（三）专业技术人员持证及聘任情况分析

神东拥有专业技术职称持证人员9146人，占员工总数的41.15%，聘任各级专业师1979人，占持证人数的21.64%；职业技能等级持证人员7033人，占员工总数的31.64%，聘任各级技能师1055人，占持证人数的15%。

（四）人才能力优劣势分析

近两年神东委托咨询公司对机关和矿井单位助理级以上领导228人进行能力盘点，其中机关部门正职14人、副职及高级主管82人，矿井单位矿长12人，其余副职和助理共计120人。

从能力盘点数据分析，公司助理级及以上领导干部能力优势：能吃苦，爱岗敬业，工作动力足，责任担当意识强，统筹计划和执行力较强。共性短板：对团队管理和人才培养重视程度不够，方法不多；习惯于凭经验解决问题，运用系统思维和科学方法解决问题的能力有待加强；自我认知和持续学习改进意识不强，在对人际沟通协调方面关注度不高。

二、神东煤炭集团人才发展存在问题

神东作为国内煤炭行业的标杆示范企业，多年来为周边煤炭企业培养输送了许多优秀的管理和技术人才，在人才的识别、选拔、任用、考核、激励等方面积累了较多成功经验，但随着公司发展战略的调整以及煤炭市场、技术革新等诸多因素变化，公司人才培养已无法较好适应企业发展要求，暴露出一些问题亟须进一步研究改进。

（一）人才评价标准不全，导向功能缺乏

目前神东人才标准主要体现为干部考核指标设计，缺乏一整套系统科学合理、具体清晰的人才标准体系，评价结果难以真实、客观、全面地反映被评价对象的责任、风险、业绩。缺乏关键业绩指标，没有针对具体职位设计量化评价的相应内容，评价指标设计缺乏依据，评价内容导向性较差，与公司的核心战略关联度不够紧密。尚未建立以职位为基础、以胜任力为导向的能够反映工作业绩的财务指标和反映综合管理能力的非财务指标体系以及适应企业不同人才类型的人才测评技术。

人才评价结果主要运用于绩效奖罚兑现，没有广泛应用于人员的职务升降、培训发展、轮岗交流等方面，激励与约束效果不明显。

（二）人才发展通道不畅，晋升空间有限

目前神东大量人才聚集在管理通道发展，导致管理通道拥堵不畅；人才老龄化问题较为突出，缺乏有效的退出机制，优秀年轻干部发现培养选拔工作力度不够。同时受职数限制，人才职业发展受限，成为人才流失的主要因素，在职人员工作积极性受挫。

专业技术人才和技能操作人才职业发展通道尚未全面打通。目前神东公司专业技术人才聘任仅限于三级师及以下职务，二级师仅在小部分单位试点进行了聘任，未在全公司范围内展开，导致专业技术人才发展到三级师就无法继续晋升，一定程度上挫伤了人才选择专业技术发展通道的积极性。

（三）人才发展规划系统性针对性不强，指向作用较弱

神东组织制定了干部队伍建设和人才培养规划，明确了管理、专业技术、技能操作各通道选拔人才的数量、条件、目标以及工作计划，着力改善干部老龄化、专业技术和技能人才考核不够，作为发挥较弱的问题。但目前神东人才培养规划仍不够系统，长效性和针对性不足，特别是针对不同类型人才培养措施针对性不强，对实际工作的指导性较弱。

（四）人才考评方式有待优化，激励作用较弱

一是干部考核方式有待优化。一方面各单位（部门）对干部日常考核重视程度不够，日常考核分差较小，不能全面客观反映工作态度和业绩上的差异。另一方面干部能力盘点周期过长，能力盘点结果未能形成详细的个人反馈报告，未对个人进行能力盘点结果的反馈，盘点结果应用不够充分，尚未融合到干部年度综合考核评价结果当中。二是专业技术和技能操作人才考核有待加强。目前神东部分单位对在聘的各等级专业技术和技能操作人才日常管理考核不到位，工作任务分工不明确，考评指标设置不够详细，导致出现聘任前后工作量未能随着薪酬水平发生明显变化，在聘专业技术和技能操作人才作用发挥不充分。三是人才评价结果目前主要运用于薪酬兑现方面，在职务晋升、评先树优、轮岗交流等方面应用不够，激励与约束效果不明显。

（五）人才培养手段单一，有待进一步丰富与完善

神东目前人才培养规划性与前瞻性不足，人才培养方式较为单一，主要依托教育培训中心对各类人才开展管理提升、专业技术以及政治理论等方面的培训，缺乏多元化的人才培养手段。培训针对性不足，与岗位需求结合不够紧密，未能有效运用能力盘点结果和绩效考核结果进行短板提升，培训质量有待提升。

三、神东人才发展对策

针对存在的问题，建议神东强化"尚德重才、创造价值"的人才理念，以打造

"一流人才队伍"推动"一流示范企业建设"为目标，合理优化人才结构，建立人才"选用育留"全过程培养机制，努力做到人尽其才，人岗匹配，着力打造一支作风过硬、素质优良、结构合理、业绩突出、充满活力的人才队伍，为建设一流示范企业提供坚实的人才保障。

（一）建立人才评价标准，牵引激励员工凝心聚力

为了牵引激励广大干部职工成长成才，神东分序列、分职级建立人才评价标准。各职级、各序列关键岗位胜任力素质模型构建以政治素养（忠诚、干净、担当）为基础，以"四力"（学力、阅历、能力、潜力）为核心的人才胜任力素质模型（见下图）。

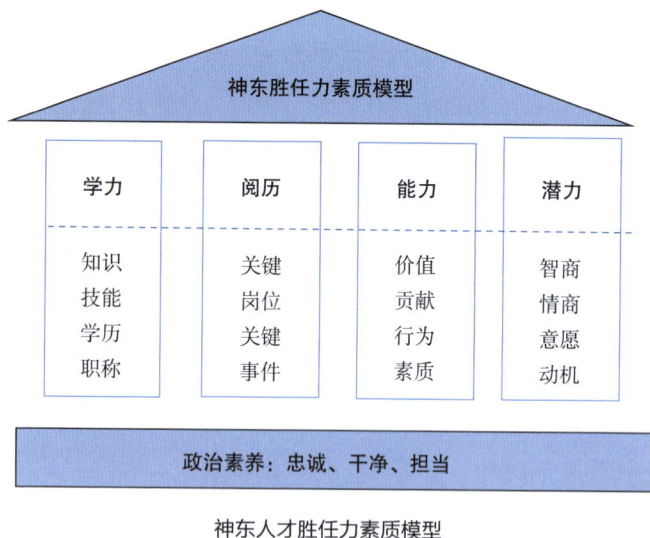

神东胜任力素质模型

学力	阅历	能力	潜力
知识 技能 学历 职称	关键 岗位 关键 事件	价值 贡献 行为 素质	智商 情商 意愿 动机

政治素养：忠诚、干净、担当

神东人才胜任力素质模型

（二）畅通职业发展通道，搭建员工职业发展平台

畅通管理通道职业发展渠道，二级师在公司范围内各单位全面推进，一级师、专家、公司级专家在公司成熟的单位试点推进。单位级首席师在各单位全面推进，公司级首席师和集团级首席师在神东公司范围内选取较成熟的单位试点推进（见下图）。

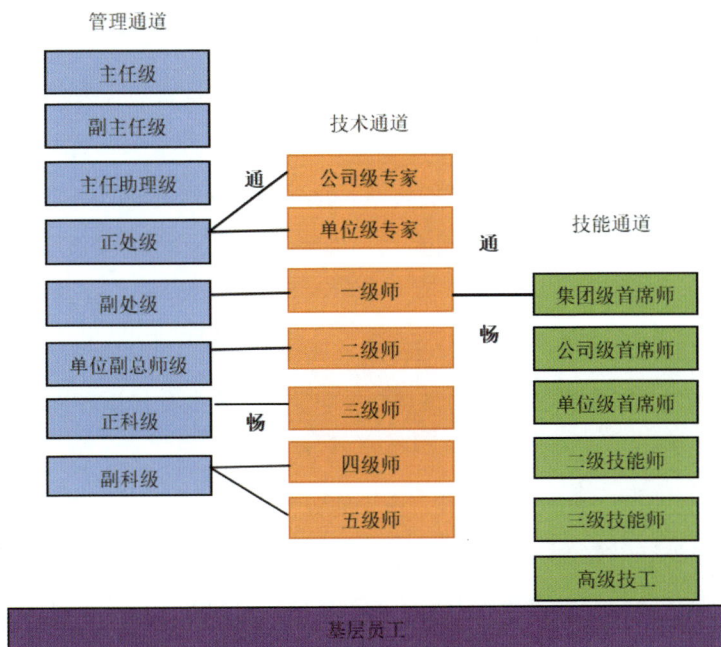

神东公司职业发展路径图

（三）制订人才发展计划，促进人才梯队建设

人才发展计划表

高潜人才	骨干人才	核心人才	领军人才	
雏英计划	飞英计划（科级）	雄英计划（助理副处）	领英计划（正处）	管理序列
	菁英计划（骨干）	菁英计划（行家）	菁英计划（专家）	技术序列
	首英计划（骨干）	首英计划（能手）	首英计划（工匠）	技能序列

1. 推进雏英计划，锚定基层高潜人才

雏英计划：培养100名左右政治素质高、学习能力强、创新精神好、发展潜力大的雏英人才，为公司可持续发展锻造后备力量。具体方法是：从神东所属单位中的班组长、业务骨干、新进大学生中选取高潜员工，建立青年人才库，根据个人特点制订个人发展计划（IDP），建立青年人才个人成长档案，通过定制化培训、轮岗交流等方式搭建个人成长成才平台，加速青年人才成长。

2. 推进管理人才发展计划，充实人才队伍力量

飞英计划：培养100名信念坚定、业务精通、作风过硬的飞英人才（科队级干部），作为企业中长期发展的储备力量。为每位飞英人才建立个人履历档案和成长档案，根据个人成长轨迹定制个人发展计划，通过精品课程培训、导师帮带、轮岗交流等方式，丰富工作阅历，积累工作经验，提高业务能力和综合素质。

雄英计划：培养100名对党忠诚，勇于创新、开拓务实、争创一流的雄英人才（助理级、副处级干部），为企业可持续发展提供中坚力量。通过绘制个人经验地图，定制个人发展计划，实施人才盘点、挂职锻炼，定制化培训等措施，提高管理水平和综合素质。

领英计划：构建100名对党忠诚、勇于创新、治企有方、兴企有为、清正廉洁的领英人才（正处级干部），为"世界一流示范企业"建设提供智力支持。以过硬政治标准为前提，持续优化完善领导干部胜任力模型，通过人才盘点手段，有针对性掌握优点特长和短板不足，通过多岗位锻炼，系统化的管理和专业培训，对标学习交流等方式，不断开阔管理视野，提高创新能力和领导力（见上页表）。

3. 推进技术技能人才发展计划，打造行业标杆

神东各专业分类汇总表

序号	核心专业（7个）	重点专业（4个）	一般专业（14个）
1	采矿工程	通信工程	软件工程
2	通风工程	建筑与土木工程	质量技术监督
3	安全工程	车辆工程	政工
4	环境保护	给排水与暖通工程	经济
5	煤矿机电		人力资源
6	煤矿洗选与加工		教师
7	煤炭地质与测绘		会计
8			统计
9			审计
10			法律
11			新闻
12			档案
13			艺术
14			其他

菁英计划：分专业、分类别培养100名理论基础好、专业水平高、综合素质好的行业专家型人才，通过系统性的专业类培训，建立高校和企业，科研院所和企业联合培养模式，引进高精尖紧缺人才等方式，为行业和企业技术革新培养专家智囊，树立企业在行业内的技术话语权和核心竞争力。

首英计划：培养100名爱岗敬业、技术过硬、经验丰富的工匠型人才，完善首席师制度，充分发挥实操培训基地、技能大师工作室、劳模工作室等平台作用，积极帮助技能型人才提升岗位实操技能，提高处理解决现场实际问题的能力，为企业安全生产培养一批技能大拿（见下页表）。

（四）改进人才考评方式，考评结果有机衔接运用

1. 优化人才考核方式，推进"胜任力模型"落地生根

构建人才量化积分模型，推进"胜任力模型"落地生根。人才量化积分模型主要包括四个子模型，具体是学历积分模型、阅历积分模型、能力积分模型、潜力积分模型。学力积分模型包括知识、技能、学历、职称/职业资格四项指标；阅历积分模型包括关键岗位和关键事件两项指标；能力积分模型包括价值贡献和行为素质两项指标；潜力积分模型包括智商、情商、意愿、动机指标。

学力积分模型作为对人才的门槛要求，其余三类积分模型是对干部进行评鉴的依据。

人才总积分计算公式为：

年度总积分 $=F1+F2+F3+F4$；

$F1=\sum Wi*I1$，$F1$：学力积分总和；

$F2=\sum Xi*I2$，$F2$：阅历积分总和；

$F3=\sum Yi*I3$，$F3$：能力积分总和；

$F4=\sum Zi*I4$，$F4$：潜力积分总和

其中 Wi、Xi、Yi、Zi 是第 i 项单项积分，$I1$、$I2$、$I3$、$I4$ 指各项积分的权重。

2. 实施人才能力盘点，盘清人才家底

持续推进人才能力盘点工作，以神东胜任力素质模型"四力"模型为基础，构

建各关键岗位的胜任力素质模型，形成基于各岗位的人才量化积分表，引进研发适合神东实际需要的人才测评技术/工具，推进人才能力盘点工作，精准识人，形成人才个人画像和组织画像，为人才培养、发展提供可靠决策依据。在具体实施过程中宜采取分步走战略，优先推进管理序列中助理级及以上领导干部能力盘点，试点推进科级干部能力盘点，最后推广覆盖技术和技能序列人才的能力盘点工作。

3. 加强干部梯队建设，提供企业永续发展动力

充分利用量化积分结果，搭建各序列和层级的优秀人才库。针对神东干部队伍建设现状，落实党中央关于培养选拔优秀年轻干部的实施意见，加强长远规划，完善制度，建立优秀年轻干部发现培养选拔工作机制，及时发现、培养和使用优秀年轻干部。建立分层级、分专业类别的优秀年轻干部信息库，公司层面实施"双百"计划，即科级以上干部和优秀班组长（骨干员工）各100人。针对入选信息库的优秀年轻干部，各单位要突出基层锻炼和艰苦岗位历练，采取挂职锻炼、轮岗交流等方式培养优秀年轻干部，丰富岗位阅历，提升综合素养。以优秀年轻干部发现培养选拔为抓手，不断优化干部队伍结构，合理做好干部梯队建设，为企业永续发展提供动力支持。

4. 拓宽人才退出渠道，激发人才活力

在继续执行干部到龄转岗、到龄退休政策的基础上，强化干部日常监督，建立干部负面行为清单，对违规违纪干部，视情节严重程度，给予相应的处罚。严格执行公司红线管理办法，对触碰红线的干部，一票否决。强化干部考核结果应用，对连续两年考核排名靠后的干部，视情况调整岗位。通过以上措施进一步拓宽干部"下"的渠道，促进干部合理流动，优化干部队伍结构。

（五）丰富人才培养手段，加速人才成长成才

1. 突出政治标准，加强党员领导干部党性教育

加强政治理论教育。充分发挥各级党校、行政学院的主渠道、主阵地优势，组织各级党员领导干部参加系统理论教育和严格的党性教育，加强党员领导干部政治

能力训练和政治实践历练。通过专家讲座、革命圣地体验式学习等形式，把"不忘初心、牢记使命"作为党员干部的终身课题，不断强化党员干部的政治意识，提高政治站位。强化党务工作岗位与业务管理岗位之间的轮岗交流，把各级党组织书记、专职副书记、兼职副书记作为干部培养锻炼的重要平台。

2. 夯实理论基础，提升各类人才专业素养和综合能力

有组织、有计划地选派优秀人才到管理学院、知名院校参加培训，分类开展专业培训，促进各类人才不断更新知识储备、优化知识结构，进一步提高知识文化水平和实际工作能力。针对企业人才未来发展需求和能力短板，采取指定必读书目、集中研讨等多种方式，有针对性地提升人才的综合能力素质。积极组织各类人才深入基层进行调查研究，撰写有深度、有价值的调研信息、理论文章，抓好学习成果的转化运用，提高个人分析问题和解决问题的能力。

3. 注重实践锻炼，提升各类人才应对和解决问题能力

对有发展潜力、需要递进培养的优秀人才，抓紧放到关键岗位、重要岗位进行历练。有意识地让其多承担一些急难险重任务，多压担子、压重担子，帮助其在工作中扬长补短，加快成长。对新进大学毕业生，原则上都要放到生产一线墩苗壮骨。优先安排入选雏英计划的人才参与和主持公司和各单位年度计划的重大科研课题，提升分析问题和解决问题能力。实施年轻干部成长培养导师制，按照"一对一"模式签订职业辅导计划书，在日常工作中通过辅导提升年轻干部处理和应对复杂问题的能力。安排优秀年轻干部在生产一线、机关、党务和经营管理等岗位上轮岗锻炼，提升年轻干部综合素质。

四、结语

神东人才管理是一个动态、长期的复杂课题，随着经济社会生活的变化以及企业持续发展而不断赋予新的内涵。在下一阶段的工作中，神东会进一步对标世界一流企业建设标准，拓宽管理视野，积极创新人才培养方式方法，不断优化人才结构，激发人才发展潜能，继续发挥煤炭企业"黄埔军校"的作用，为煤炭行业输送

各类优秀人才，为煤炭企业人才培养发展提供有益的参考和借鉴，为推动企业发展、行业进步提供坚实的人才保障。

文章出处：课题完成于2020年5月，获神东煤炭集团2021年度管理课题研究成果二等奖；荣获2021年煤炭经济研究优秀论文二等奖。

参考文献：

[1] 徐本华. 传承与发展：人—岗匹配与人—组织匹配关系探讨[J]. 河南大学学报，2007，4:4.

[2] 刘昕. 人力资源管理[M]. 北京：中国人民大学出版社，2012:11-27.

[3] 谢晋军. 企业人力资源开发与管理创新[M]. 北京：经济管理出版社2013:424.

[4] 彭剑锋，饶征. 基于能力的人力资源管理[M]. 北京：中国人民大学出版社，2013:25-26.

神东现代班组建设
"赋能场"管理模式研究

高登云　周海丰　刘英杰

摘要： 班组是企业最小的单元，班组强则企业强。神东把班组看成一个"细胞"，把区队、基层单位、公司的日常管理看成一个能量场，通过明确公司、单位、区队三个层级的"育场"职能，从矩阵式组织、四级考核、金字塔激励、共享化平台、信息化工具五个方面进行顶层设计，为区队、班组赋能，激发区队、班组自主管理的活力。

一、研究背景及意义

班组是企业的细胞，是企业生产经营活动的基础环节，是企业开展经济核算的基层单位，也是企业文化建设的重要阵地。只有每一个班组都充满生机和活力，企业才会有较好的经济效益，才会有旺盛的生命力，才能又好又快地发展。因此，建设高水平的班组，对企业的生存和长足发展具有深远意义！

（一）班组建设发展历程

我国班组成长经历了四个历史阶段：第一个历史阶段：社会主义建设发展初期（1949—1978年），体现出了一种老黄牛精神，拼命干活、吃苦在前、享受在后，涌现出了被誉为"我国班组建设的摇篮"的著名先进班组马恒昌小组、大庆王进喜率领的1205钻井队、郝建秀班组、赵梦桃班组、"毛泽东号"机车组等先进班组。第二个历史阶段（1978—2001年）；体现出了练技术绝活，当技术能手，涌现出了被誉为

"抓斗大王"的包起帆所带领的上海国际港务集团吊装班；上海电气液压启动有限公司液压泵厂李斌班；创出震惊世界航运界的"振超效率""振超精神"的许振超所带领的青岛港前湾集装箱码头吊桥队。第三个历史阶段（2001—2016年）；中国加入WTO，国企进入国际经济舞台，需要适应现代企业制度，涌现出了"王洪军轿车钣金快速修复法"、带出一支200多人的高技能钣金整修队伍的长春一汽"全国优秀学习型班组王洪军班"，东风汽车公司"国华班"，中国航天科技集团公司八院800所的"唐建平班组"，江铃汽车集团公司"袁政海班组"，河南平煤神马集团"白国周班组管理法"等。第四个历史阶段（2017—2023年）；进入了新时代，借助信息化智能手段，提升班组管理水平。

（二）新时期班组建设特征

神东的班组建设正处在新时期，新时期班组建设有三个主要特征，一是由于员工的年轻化和社会生活多元化，导致员工价值取向呈现多元化，企业需要引导、影响、协调和规范员工的价值取向，使他们理解班组建设的目的，才能展开真正意义上的班组建设及活动。二是信息化的蓬勃发展带来流程创新，数字化基础设施的广泛应用携带出虚拟化、信息化、开放式、平等式、去中心化、分享等新的特征。三是更注重人文关怀及情感交流，从建构"刚性"管理环境转为建构"柔性"管理环境。培育员工对班组有"家"、对同事有"兄弟姐妹"的情感体验，使员工产生良性的合作反应。

（三）问题的提出

新时期对班组建设提出了新要求，而目前班组建设仍存在一些较为突出的问题。

一是思想认识。一些企业对班组建设不够重视，对班组建设认识不到位，认为班组建设只是务虚，容易分散生产工作精力；还有一些传统企业将班组建设等同于标语口号，没有落地生根，无法在员工中形成共鸣与合力。

二是管理体制。多年来，班组管理属于"被动式"管理。大多数班组管理模式仍沿用传统的行政和经济管理方式，依靠班组长个人作用进行控制管理、制度管理，以考核代管理，以处罚代管理，与现代社会员工群体所期望的能体现个人价值的人性化管理、员工需求多元化不适应。

三是组织机构。大部分国有企业的班组建设工作由政工部门负责，由思想政治工作主导，以举行活动为主，班组建设浮于表面。由于对现场不够了解，在业务之外安排过多额外工作，反而会给员工增负，导致基层员工"谈虎色变"，班组建设成了搞内业、整材料，员工无法真正理解班组建设对企业及自身的作用，导致部分企业的班组建设无法落到实处，也无法形成完整的班组建设体系。

四是班组长管理能力。班组长在企业基层班组中被称为"兵头将尾"，这一"角色"在提升基层班组工作水平、筑牢基层建设根基等方面起到至关重要的作用。一个班组搞得好坏，关键在于班组成员的群体合力，核心是班组长。班组长的素质近年来得到了较大提高，但在管理能力上仍存在欠缺，随着现代化企业的建设，对班组的要求越来越高，班组长能力也出现了不适配的情况。

五是班组技能培训。技能培训教育是提升班组员工素质、技能的重要途径，也是促进班组建设水平持续提升的有力抓手。然而，传统的技能培训教育已经不能满足员工的发展需求，一些企业没有在培训方法和内容上与时俱进，导致员工产生厌烦情绪，消极面对，素质能力无法得到提升。

六是管理手段。当前班组管理手段相对单一，缺乏有效的激励手段和目标管理体系，管理信息化等方面配套也比较薄弱。很多班组缺乏具体的、实用的、全面的可操作性班组目标管理体系，导致班组管理工作随意性很大，班组管理经常处于盲目无序的态势。

如何解决这些问题，成为现代班组建设研究和解决的首要任务。因此，在以往实践的基础上，系统深入地对班组建设的理论、机制和模式等关键问题进行研究，将对大型国企班组建设水平的提升具有重要的理论与实际意义。

二、神东班组建设现状

神东现有员工31283人，平均年龄39岁，其中合同制22164人，劳务派遣用工9119人；26个生产及生产辅助单位418个区队，区队长大专及以上学历377人，占90.3%；党员385人，占92.1%；45岁以下232人，占56%（见下页图）。

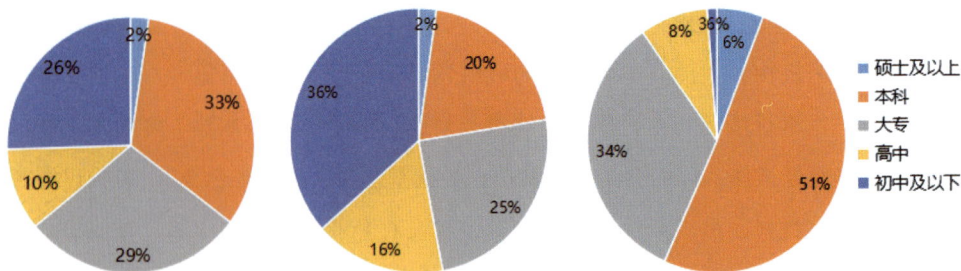

神东区队长学历结构情况

神东现有班组1458个，其中井下班组有674个，地面班组有784个。涉及19个主要专业，班长中，大专及以上占58.3%，平均年龄为39.2岁，党员占34%，任班组长4年及以上占63%（见下图）。

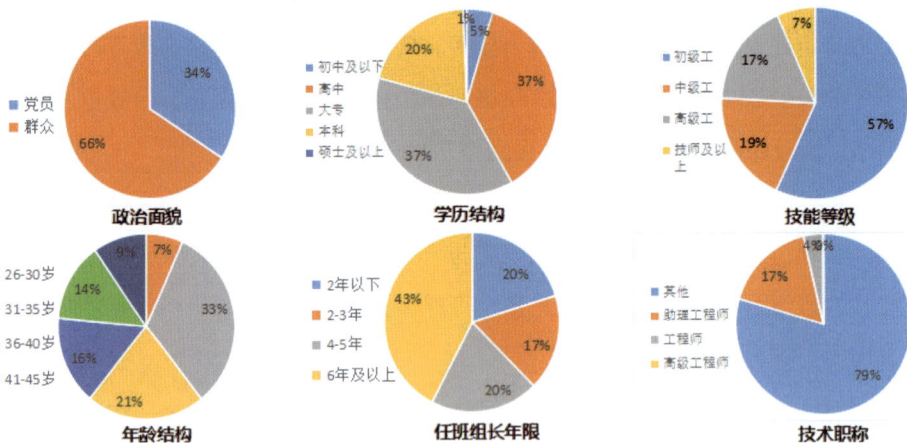

神东班组长学历年龄结构情况

三、理论研究

（一）班组"细胞论"

班组是企业最小的细胞，班组细胞可分为活跃细胞和惰性细胞，班组建设的目的就是采取一系列的手段和措施，引导活跃细胞，激活惰性细胞，释放出细胞本身巨大的能量，促进企业安全生产。

（二）班组"生命体"

一个一个的班组细胞就组成了一个大的"生命体"，犹如银河系中运行的星体，如何保证"生命体"班组的健康正常运转，就需要我们给每个班组"细胞"赋能，激发他们内在的能量，释放活力，让其按照一定的规律或体制运行。

（三）赋能场理论

1."赋能场"理论构建

"赋能场"，顾名思义，是一个对所辖范围内的组织单元（单位或个人）进行赋能的场域。是神东在多年班组建设实践经验的基础上，有机融合人本理论、激励理论、知识管理理论、场域理论和赋能理论而形成的新一代班组建设管理理论和模型。

"赋能场"理论的出发点是人本原理，强调对"人"价值的重视，组织的各项管理活动，都以调动和激发人的积极性、主动性和创造性为根本。这也是神东班组建设的主旨思想，神东班组建设一直注重人的价值、关注人的需求、开发人的潜能，并致力于两个重要转变：基层单位由被动应付检查向主动自发地开展工作转变，员工对班组建设的认识由漠不关心向热情的积极参与转变。这两个转变都体现了对"人"主观能动性的重视。

大型组织在对基层进行管理时，经常会遇到"一放就乱，一抓就死"的问题，神东下辖一千多个班组，公司直接管到班组并不现实，如何将公司先进的理念、方法和工具有效传递给基层，确保基层工作不跑偏，并保持基层的活力，是一个重要课题。受物理学场域理论启发，构建了一个管理场域，就如粒子在电磁场中，因受磁场力控制而始终沿轨道运动，受电场力控制而不断加速一样，管理场旨在通过场的影响力和辐射力对基层班组进行引导和推动。但人和粒子的不同之处在于，人有自己的思想和感情，因此，神东借助人本原理和激励理论，将管理场与心理场进行了融合，形成了新的"管理场"。

因每一个在"场"内的班组均受场力指引和激发成为活力班组，如被赋予能量，且神东在班组建设管理上发挥一线主观能动性的思想和逐级授权模式，与管理学"赋能理论"相符合，故为管理场命名"赋能场"。

在对国内班组建设的考察中发现，优秀班组的出现往往是一种偶然现象，或因为企业的资源倾斜，或因为班组长的能力突出，即使将优秀班组作为标杆，进行宣传示范，其他班组学到的也往往是"形"而不是"神"，很难形成优秀班组群体效应。"赋能场"理论的奠定，让优秀班组成批涌现，成为可能。

2."赋能场"本质特征

神东的"赋能场"融合了物理学和社会学中场域的特性，具备自身独特的本质特征。一个"赋能场"的存在，必须满足5个基本条件，即只有一个"场"具有5种力的时候，才能被称为"赋能场"（见下表）。

"赋能场"本质属性

赋能场本质属性	对企业的要求	神东做法
定场力	先进的理念 强有力的组织	党建，创领文化 "一把手"工程，矩阵式管理组织机构
引导力	对生产的深度了解 高水平的内容策划	生产部门主抓，党政工团联动 五型班组建设
激发力	切实有效的考核指标 振奋人心的激励体系	"清单式"考核，"盖楼式"正向积分激励 "金字塔"荣誉激励体系
加速力	高度的信息化应用水平	神东公司班组建设自主管理系统 企业微信管理平台、钉钉、简道云 超级微信群、各种App等
熵减力	科学有效的知识管理平台	创客系统 神东班组大讲堂 外出考察与培训 技术比武 公司班组建设现场会

（1）定场力。定场力是"赋能场"存在的先决条件，要求企业拥有良好的企业文化基础，具备领先的管理理念，以及科学高效的组织体系。

（2）引导力。引导力是"赋能场"的两大作用力之一。由"赋能场"的动能系统提供，是班组建设的外部驱动力。动能系统是指班组建设的内容和方向，良好的动能系统，依赖于科学的顶层设计。

（3）激发力。激发力是"赋能场"两大作用力之一，由"场"的势能系统提供，是班组建设的内部驱动力，势能系统由班组建设各项机制构成，作用于员工的内心，机制的导向性非常重要。

（4）加速力。加速力是"赋能场"高速运转的助动力，在企业管理中主要指信息化应用能力。

（5）熵减力。熵减力是维持"场"的可持续发展的成长力。熵的概念来源于物理学，指系统内无法再被利用的能量，任何一个封闭系统，都有熵增的趋向，即从有序走向混乱无序，最终灭亡。熵减就是要求企业保持开放，持续学习，对应于企业的知识管理能力。

四、"赋能场"管理模式

神东"赋能场"班组建设管理模式就是把班组看成一个"细胞"（见下图），把区队、基层单位、公司的日常管理看成一个能量场，班组细胞在三级能量场的作用下被激活，释放出巨大的能量。

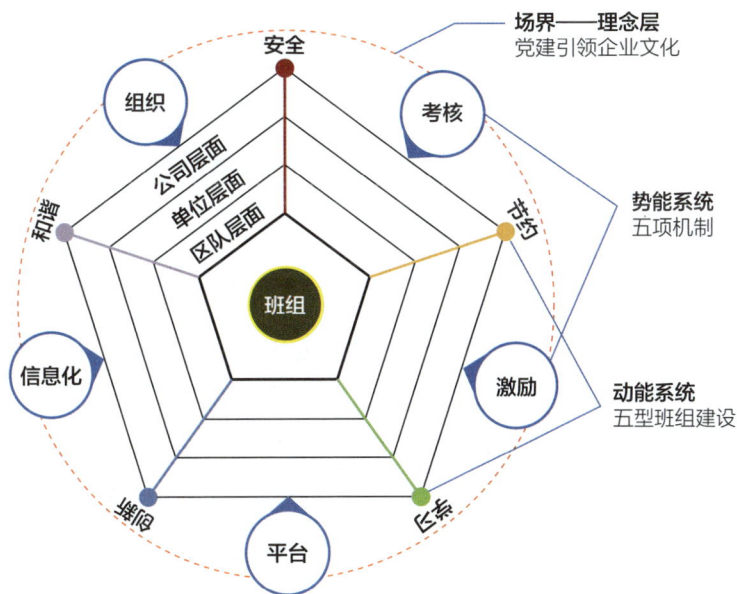

神东"赋能场"班组建设理论模型

"赋能场"主要由场界、动能系统和势能系统三大部分组成。

场界部分对应的是理念层面，党建引领和企业文化建设，使企业始终保持理念的先进性，确保班组建设中导向的准确。动能系统对应班组建设内容，"五型"班组建设像五大引导力一样，层层作用于单位、区队和班组层面，指引班组建设向前发展。势能系统对应班组建设机制，组织、考核、激励、平台和信息化五大保障机制，影响力遍布场域，激发着每个层级的内心能量。

"赋能场"模式的建立，形成了一个良性的"场"，影响力无处不在，只要进入"场"中，自然会按照这一套范式运转，最终成长为一个优秀班组，就如一个孵化器一般，使得优秀班组可以成批次地不断涌现。

（一）强调"育场"职能

在"赋能场"模式中，公司层面的主要职责是育场，具体工作是谋势、建平台、搭讲台。所谓谋势，即指确保理念的先进性和方向的正确性，对班组建设进行顶层设计，即构建"赋能场"的动能系统，建平台、搭讲台等则是通过建立科学的管理机制来实现，即构建"赋能场"的势能系统。

动能系统指的是对班组建设内容的顶层设计。通过基于生产现场的班组建设内容的设计和目标的引领，使基层单位班组建设有的放矢；通过任务推送与目标驱动，达到施加引导力的效果。动能系统的主要内容是五型班组建设。场势能系统的作用，在于激发内驱力。势能系统由五大机制构成，组织、考核、激励、平台和工具。

1. 矩阵式组织

矩阵式组织机构是指"矩阵式"管理机构和生产部门主责的组织形式，其作用在于组织有力、责任到位、专业保证。为了将班组建设工作与煤矿井下安全生产紧密结合起来，克服直线式管理结构中各业务部门相互脱节的现象，加强不同部门之间的信息交流，增强党政工团齐抓共管的合力，神东建立了以生产业务口为主导的班组建设领导机构，形成了公司、基层单位、区队、班组四级矩阵式班组建设管理组织机构（见下页图），四级领导小组形成了公司、基层单位、区队、班组和员工逐级管理、分类指导的矩阵式班组建设管理体制，一级抓一级、一级保一级、一级对一级负责，层层抓落实，依靠全员的力量推动公司班组建设管理水平的提高。

总经理

生产副总经理

生产管理部 | 安监局 | 总调度室 | 机电管理部 | 人力资源部 | 企业管理部 | 党建工作部 企业文化部 | 工会工作部

安全型 | 学习型 | 创新型 | 节约型 | 和谐型

生产矿井（13个）

大柳塔矿	乌兰木伦矿
补连塔矿	柳塔矿
榆家梁矿	寸草塔矿
布尔台矿	寸草塔二矿
锦界煤矿	保德矿
上湾矿	石圪台矿
哈拉沟矿	

生产专业化中心（11个）

生产服务中心	车辆管理中心
开拓准备中心	矿业服务公司
洗选中心	供电中心
设备维修中心	信息管理中心
物资供应中心	皮带机公司
地测公司	

矿长

生产副矿长

生产副总工程师

学习型	安全型	节约型	和谐型	创新型
生产副矿长	安全副矿长	经营副矿长	党委副书记	总工程师
调度指挥中心	安全办	经营办	党政办	生产办
		基层区队		

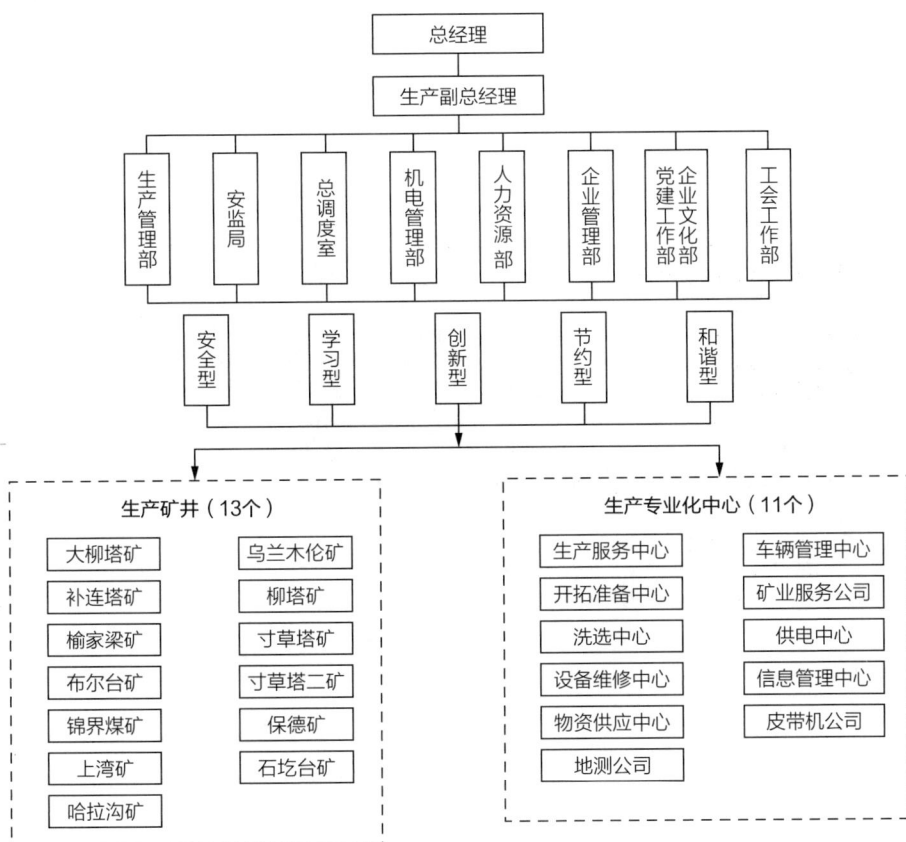

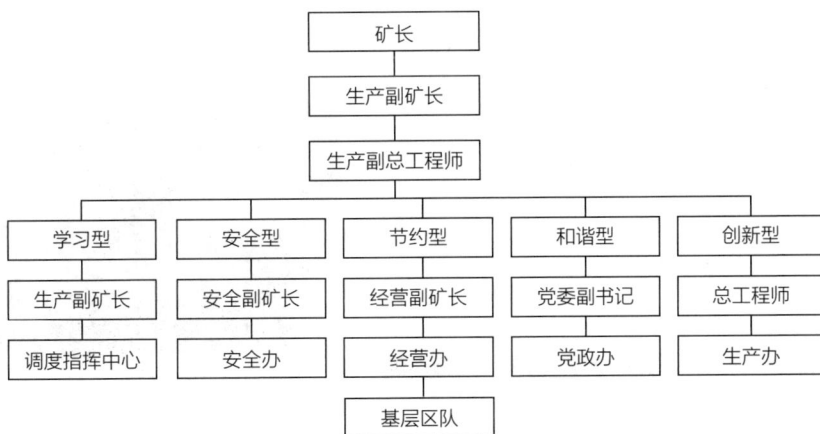

神东班组建设矩阵式组织机构

2. 四级考核模式

考核指"四级"考核模式（见下图），其作用在于有路可循，有法可依。神东实施公司对基层单位、基层单位对区队、区队对班组、班组对员工的四级考核，引入了积分管理机制和正向激励机制，采取定量和定性评价相结合的考核方式。

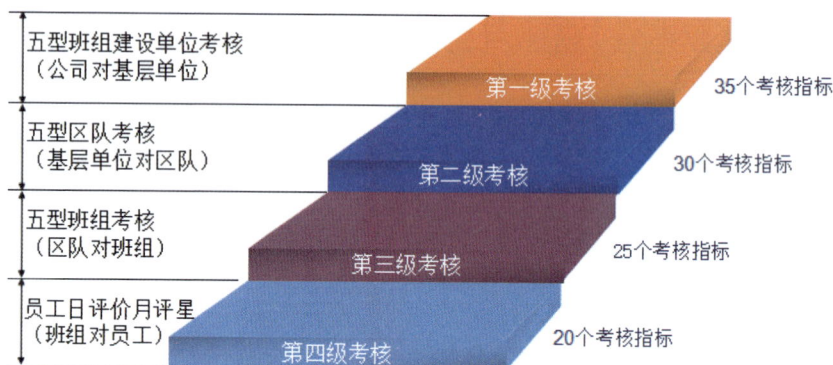

五型班组建设单位考核（公司对基层单位）　第一级考核　35个考核指标

五型区队考核（基层单位对区队）　第二级考核　30个考核指标

五型班组考核（区队对班组）　第三级考核　25个考核指标

员工日评价月评星（班组对员工）　第四级考核　20个考核指标

神东班组建设四级考核模式

考核由"神东班组建设自主管理系统"完成，主要步骤是考核录入（见下图）、上级审核、上级直接打分。考核录入注重及时性，主要由考核录入、上级审核、上级直接打分等功能组成。

录入界面

要求考核录入需要上传能证明真实开展班组建设工作的相关图片；参加班组建设工作的牵头人和参与人均累加到个人积分，作为年终奖金分配系数；基层单位上报的各项工作直接提交由对口分管部门审核，实现了党政工团齐抓共管；采取系统提交工作，现场核实的考核方式。

考核公示注重透明性。主要由单位级、公司级考核结果公示（见下图）和个人积分组成。可以通过系统实时查看任意一单位、区队和班组最新的考核结果，实现了半年度考核向日常考核转变；可以直接调取查看各单位考核打分详细情况，增强了考核透明性和公平性；各单位可以相互学习、相互借鉴，不断开阔思路和视野，实现班组建设管理水平共同提高的目的。

神东公司五型班组考核结果公示（生产单位：2019-01-01至2019-04-05）

序号	被考核部门	学习型(15%)		安全型(35%)		节约型(20%)		和谐型(10%)		创新型(20%)		总分		奖罚
		原始分值	加权分值	原始分值	加权分值	原始分值	加权分值	原始分值	加权分值	原始分值	加权分值	原始分值	加权分值	
1	补连塔煤矿	14	2.1	12	4.2	6.5	1.3	8	0.8	34	6.8	74.5	15.2	
2	上湾煤矿	29.5	4.42	9	3.15	10.5	2.1	15	1.5	19	3.8	83	14.97	
3	寸草塔二矿	19.8	2.97	9.5	3.32	8	1.6	17	1.7	24	4.8	78.3	14.39	
4	布尔台煤矿	22	3.3	11	3.85	7	1.4	6	0.6	19	3.8	65	12.95	
5	石圪台煤矿	14.5	2.17	15.5	5.42	5.8	1.16	6.5	0.65	16	3.2	56.3	12.2	
6	哈拉沟煤矿	32	4.8	5.5	1.92	9	2	11	1.1	16	3.2	69.5	12.02	
7	大柳塔煤矿	9.5	1.42	2.5	0.87	4.9	0.98	2	0.2	42	6.4	60.9	11.87	
8	寸草塔煤矿	8	1.2	6	2	6.9	1.38	2	0.2	32	6.4	54.9	11.28	
9	乌兰木伦煤矿	17	2.55	11	3.85	8.5	1.7	2	0.2	16	3.2	61.5	11.2	
10	榆家梁煤矿	17	7.5	7.5	2.62	6.4	1.28	4	0.4	21	4.2	51.9	10.5	
11	锦界煤矿	10.2	1.53	5.71	1.99	7.5	1.5	14	1.4	16	3.2	53.41	9.62	
12	保德煤矿	18	2.7	-1.15	-0.4	7.5	1.5	8.5	0.85	22	4.4	54.85	9.05	
13		4.5	0.67	10.5	3.67	4.5	0.9		1	0.1		20.5	5.34	

神东公司五型班组建设考核结果公示

五型类别	序号	考核项目	考核项目总分	考核明细	考核明细分值	评分依据	完成时间	工作情况	系统得分	审核得分	评分理由	审核人/评分人
				被考核单位：补连塔煤矿			考核时间：2019年					
安全型(35%)	1	安全目标	24	安全加分：实现安全零伤害事故的单位，加2分/月；发生一起重大以上人身事故，扣50分		上级评分	2019-03-25		2	2	未发生事故。	李建刚
	2						2019-03-26		2	2	未发生事故。	李建刚
	3	安全培训	10	开展矿层面安全专题培训（包括信息化系统、职业病防治，事故案例教育，五大灾害，应急预案和灾防计划），每开展一项（将整改通知，签到表，现场照片等信息系统）加1分/次。		工作情况	2019-01-25	1月份消防安全培训	1	1	通过	李建刚
	4						2019-01-01	1月应急预案培训	1	1	通过	李建刚
	5						2019-02-26	2月份辅助运输专项培训	1	1	通过	李建刚
	6						2019-02-27	2月安监员培训	1	1	通过	李建刚
	7	高危人员管控	11	开展月度、季度和年度"无不安全行为科队"和"无不安全行为班组"创建活动，有制度，有考核，有评价，有激励，每月5日前将上月考核、激励情况及上传系统，加1分/月。		工作情况	2019-02-28	2月份高危人员管控	1	1	通过	李建刚
	8						2019-01-31	1月份高危人员管控	1	1	通过	李建刚
	9	隐患排查	10	每月组织各区队开展全员隐患排查活动，对各区队隐患排查的数量、质量等综合情况进行评比考核，并纳入五型区队考核，有制度，有记录，有激励，每月将区队全员隐患排查评比奖励情况上报系统，根据隐患的量值，加0-1分/月。		工作情况	2019-02-28	2月份隐患排查			通过，以上上传图片需打印日期，即时上传活动结果。	李建刚
	10						2019-01-31	1月份隐患排查				李建刚
				小计					12			
创新型(20%)	11	科技创新	60	生产类：基层单位员工科技创新成果（含"五小"成果）论文、专利、优秀亮点工程和管理提升项目等获得公司级以上奖励的，按照一等奖5分/项，二等奖3分/项，优秀奖1分/项，基层单位员工申报成功一项实用新型专利，加3分/项。		工作情况	2019-01-01	实用新型专利——混凝土上料装置	8	3	通过	周海丰
	12							机械式自动闸门器——2018年创新创效三等奖	8	3	通过	周海丰
	13						2019-03-12	行人风门互锁器——2018年创新创效三等奖	8	5	通过	周海丰
	14							过渡支架侧护板改造——2018年下半年创新创效二等奖	8	5	通过	周海丰
	15							定滑轮吊松滑移门式巷道捕尘、降尘装置——2018年下半年创新创效二等奖	8	5	通过	周海丰
	16						2019-01-11	发明专利——一种采煤机机头	8	5	通过	周海丰
	17							发明专利——风门组件、风门组件的控制方法和装置	8	5	通过	周海丰
	18						2019-01-25	发明专利——连运一号车启停控制	8	5	通过	周海丰

基层单位班组建设工作导出界面

查询注重便捷性。通过查询功能可查看基层单位全年班组建设所开展的工作，可以导出任何一个单位、区队或班组甚至个人所开展的班组建设工作（见上页导出界面、下图明细查询）；可以导出任一时间段待审、已审、退回的班组建设工作。

2018-01-01至2018-12-31大柳塔煤矿工作明细情况

五型类别	考核项目	项目总分	考核明细	序号	工作名称	完成时间	工作内容	工作类型	系统得分	审核得分	牵头人	参与人	审核人	审核部门
				1	事故案例学习	2018-10-16	下班后，员工在机电二队办公室认真学习布尔台煤矿"10.13"电缆伤人事故。	宣传报道	5	5	高海林35	张海军1	房战锋	机电二队
				2	技能在提升、岗位再巩固	2018-10-18	机电二队把提升的职业技能素养作为提高生产矿井生产能力...	宣传报道	5	5	孙龙85	吴彬23,杜向东93,白鹏21	房战锋	机电二队
				3	井下现场考核员工对设备完好掌握情况	2018-11-14	在活井下延伸17联巷移交调度，班长高海林现场对包机人对设备完好情况提问，对掌握好的员工进行奖励。	培训	5	5	高海林35	黄东伟54	房战锋	机电二队

基层单位工作明细查询

考核效果注重实效性。考核具有五个特点：定量考核，实现了班组建设考核工作由定性评价向定量打分转变；主动工作：班组建设工作由被动向主动转变，主动开展工作的积极性明显增强；日常考核：实现了班组建设考核工作由定期考核向日常考核转变，提高了考核的及时性；避免造假：扎实开展班组建设工作代替了以往为了应付检查突击资料造假现象；透明考核：可以查看任何单位、区队和班组的考核打分明细，实现了考核的透明化和公正化。

3. 金字塔激励

"金字塔"荣誉激励体系，其作用在于以正向激励激发员工活力；为发挥荣誉的激励作用，激发区队长和班组长自主管理班组的热情。每年，根据累计积分排名推荐公司班组建设先进集体和个人的评选，将年终先进评选与日常工作紧密结合起来。公司每年拿出400万元设立班组建设专项基金，构建了神东钻石奖（公司班组建设专项基金）、班组建设优秀单位、一二三级优秀区队（区队长）、金银铜牌班组（班长）、星级员工（见下图）等共10类共计230多个奖项。金字塔形的荣誉激励体系，极大地激励了单位领导、科队长、班组长、员工及家属抓好班组建设的积极性和热情。

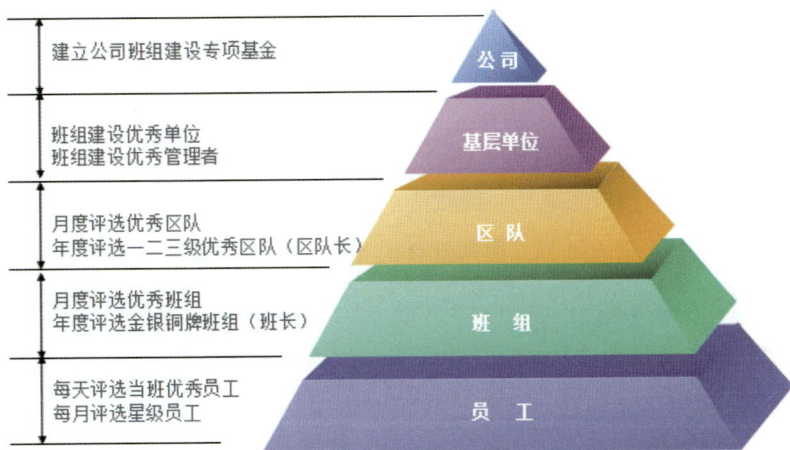

神东班组建设金字塔形激励体系

4. 共享化平台

共享化平台，旨在提升素质，开阔视野，加强交流，知识管理。神东有三大主要平台：一是外部典型经验对标交流学习平台，主要通过"请进来"和"走出去"两种方式，开办大讲堂、组织考察团，及时学习和吸收国内外班组建设的优秀经验和做法；二是内部经验交流学习平台，通过召开不同层级、主题的现场交流会，相互借鉴、取长补短，增强开展班组建设工作的主动性，营造"比、学、赶、帮、超"的良好氛围；三是公司专项工程建设，如开展班组长素质提升工程，提升班组长综合素质，开展创新工程，支持基层单位创新工作室建设，鼓励基层创新。

5. 信息化工具

引入信息化管理工具，旨在提高工作和运行效率。神东班组建设包含三大信息系统：一是神东班组建设自主管理系统，融入了积分管理、正向激励、资源共享、自我考核等管理思想，具有考核标准管理、考核管理、考核结果公示、综合查询统计、概况等主要功能模块；二是创客系统，主要功能为亮点工程和管理提升项目管理，构建"学习提升—创新实践—持续改善—评价激励"闭环运行模式；三是微信办公系统，利用微信企业号和第三方软件平台开发区队自己的微信平台，具备员工档案管理、请销假、培训学习、班组活动、网上班前会、班后会、通知公告、学习资料、文件精神传达、员工工作计划和工作总结的上报、审核，工作任务的分派和跟踪落实，在线学习、考试等多项功能，用来支持区队数据统计和管理的需要。

（二）单位突出聚力职能

从公司到基层单位，完成第一级赋能。"场力"传递到单位层面，基层单位接收场力后，需要一个转化的过程，根据自身的实际，决定在哪些方面重点发力。因此基层单位在班组建设中的作用主要是聚力，具体工作为谋局、搭赛台、建舞台。

"场力"进入基层单位区域，受单位自身性质的影响，使得场域呈现不同的特色。神东各单位基于本单位的实际，包括发展史、产量规模、业务特点、员工特质、单位优势等因素，选择一项或几项，作为抓手，带动整体工作的提升，形成了独具特色的班组建设模式。

特色模式的优势在于：可以充分发挥特长，以优势带动全面提升；工作主次分明，有利于整体效率的提升；易于形成品牌效应，增加单位美誉度，提升员工自豪感。目前形成的特色模式有：以党建为抓手的党建引领模式，以激发活力为主旨的自主管理模式，以人才培养为特长的人才基地模式，以培训创新为特色的知识管理模式，以机制创新为驱动的精益管理模式等。

确立了相应的模式后，基层单位据此确立指导思想、制定管理办法、明确工作目标和工作原则，并构建组织、考核、激励和保障，保障班组建设管理办法的有效实施。

（三）区队承载中枢职能

从基层单位到区队，完成第二级赋能。区队既承担着贯彻落实上级任务，又承担着促进班组和员工自主管理的重要作用，是企业管理坚强的"中枢"。区队受到神东"赋能场"的引导与激励，发生共振，将"场力"传递到区队、班组内部。神东注重打造区队的六项特质，使之在班组建设中发挥强有力的作用。

1."支部建在连上"，争创标杆党支部

标杆党支部创建的价值体现在三个方面：一是开拓思维，促进党建理念创新。

二是破解难题，推动党建实践创新。三是绩效为先，助推党建方法创新。

神东基层单位在实际工作中，将标杆党支部建设与标杆区队建设结合起来，在三个方面进行了有益探索：一是在领导机制上"双向进入、交叉任职"，要求区队长兼任支部副书记，实施"一把手"负责制，与支部书记齐心协力抓党建。二是基层党建与"五型"班组有机结合，在班组建设中强调党建引领，以党建工作促进班组建设，以班组建设深化党建工作。三是党建工作创新与管理方法创新相结合，推动党建与业务的互融互促。

2. "一队一品"，打造文化区队

"一队一品"，以树立团队精神为核心，以加强班组建设为重点，以打造标杆区队、卓越班组为目标，将神东创领文化的价值理念渗透到管理中，做到价值同心、目标同向、业务同轨，激发员工的内生动力。"一队一品"建设，包括文化图腾的提炼、文化实践的深化和文化品牌的打造三个模块。

3. 管理创新，打造高效区队

神东提倡的区队管理创新，是一种示范推进的思路，由区队发起、矿井单位指导、公司评估推广，最终惠及所有的基层区队。模式创新指的是从区队管理的实际出发，扭住区队管理的"牛鼻子"，找到一个突破口，用一条主线，贯通管理重点，创新机制与载体等，解决核心问题，使区队管理进入良性轨道。

4. 技术创新，打造精益区队

区队（车间）在班组建设中注重发挥创新工作室和QC小组的作用，来聚拢具有创新能力的人才，通过团队协作，解决制约安全生产中的技术难题，为矿井及专业化服务单位提供技术支持。

5. 信息化应用，打造"互联网+"区队

开展"互联网+班组建设"，将员工的信息孤岛快速地被互联网连接起来，让矿井与区队、班组、员工之间信息交互融合形成新的班组建设生态。同时利用钉钉、简道云平台，实现资源共享、员工日常考核、内部市场化工资等功能，极大提高了管理效率和员工积极性。

6.考核激励，打造活性区队

区队在班组建设考核激励方面，一方面贯彻执行公司的班组建设考核制度，另一方面大胆探索适应自身需要的考核激励办法，积累了丰富的经验。落实分级分类五型班组考核，解决了一贯到底的问题；创新以正向激励为主的积分制考核，并衍生出"蚂蚁币""大拇指点赞"等多种形式，解决了活力激发的问题。

五、实施效果

（一）安全生产周期得到不断延长

截至2019年10月23日，神东安全周期为681天。13个煤矿中，12个矿井为一级安全生产标准化煤矿，3个安全生产周期超过4000天，10个超过2000天（见下图）。

单位	当前	纪录	标准化等级	单位	当前	纪录	标准化等级
大柳塔煤矿	1510	1510	一级	石圪台煤矿	4857	4857	一级
补连塔煤矿	6991	6991	一级	乌兰木伦煤矿	1890	3114	一级
榆家梁煤矿	3306	3306	一级	柳塔煤矿	3067	3695	一级
布尔台煤矿	681	3123	三级	寸草塔煤矿	3404	3404	一级
锦界煤矿	2947	2947	一级	寸草塔二矿	3025	3025	一级
上湾煤矿	2296	4210	一级	生产服务中心	4319	4319	未评级
哈拉沟煤矿	3640	3640	一级	开拓准备中心	5678	5678	未评级
保德煤矿	4775	4775	一级				

神东各煤矿矿井安全生产天数

（二）生产效率得到不断提升

2018年，各矿单产单进水平不断提升，公司产量完成16668万吨，最高月综采单产152.7万吨，回采工效为438.15吨/工.天。掘进完成34.1万米，超计划3.7万米，单进717.37m/个/月，同比增加了5.9%，连掘单进1101.4m/队/月，同比提高25.9m/队/月；掘锚单进494.8m/队/月，同比提高7.4m/队/月。

（三）培养了一批优秀科队长和班组长

布尔台煤矿综采二队生产三班班长丁明磊2018年被评为享受国务院政府特殊津贴专家，丁明磊技能大师工作室被命名为"煤炭行业技能大师工作室"。补连塔煤矿综采一队生产一班等6个班组被中国安全生产协会评为2017—2018年度安全管理标准化示范班组，哈拉沟煤矿综采一队生产一班班长梁勇等7名班组长被中国安全生产协会评为2017—2018年度安全管理标准化优秀班组长。大柳塔地测站测量三组班组长陶良山被国家能源集团聘为第一届首席测绘员，还荣获鄂尔多斯英才奖；贾连鑫等12名公司优秀科队长被公司选拔为矿井副总工程师。于玄任等58名金银牌班长被提拔到技术员、副队长岗位。

（四）获得多项省部级及以上荣誉

2019年，神东获得全国安全管理标准化示范班组、百强班组长、创新工匠等20多项省部级荣誉。2月22日，在中国安全生产协会2017—2018年度安全管理标准化示范班组命名表彰大会上，大柳塔煤矿连掘二队生产二班、榆家梁煤矿机运二队生产四班等6个班组被评为安全管理标准化创建活动示范班组。李国闯、李东等7名班组长荣获安全管理标准化示范班组创建活动优秀班组长荣誉。8月8日—10日，在由中国企业文化研究会主办的"班组建设与班组文化管理——2019全国班组管理论坛"上，榆家梁煤矿综采二队检修班、运转队检修二班荣获"中国企业文化建设与管理标杆班组"荣誉称号，赵宝、王小照荣获"中国企业文化建设与管理标兵班组长"荣誉称号。10月24日，在第十五届中国工业论坛创新工匠高峰论坛上，丁明磊技能大师创新工作室荣获优秀班组创新工作室，上湾煤矿综采一队队长王旭峰、大柳塔煤矿综采五队队长呼绿雄荣获优秀创新工匠。

文章出处：课题完成于2019年5月，获神东煤炭集团2019年度管理课题研究成果一等奖。

神东精神：企业安全高效发展的原动力
——挖掘和传承神东精神的实践与思考

高会武　艾绍东　霍永霞

摘要： 实践产生精神，精神推动伟大实践。神东矿区的开发建设是改革开放跨世纪工程的典范，各时期建设者、一代代神东人砥砺奋进凝聚形成了神东精神。神东精神孕育于革命老区，发源于时代精神，贯穿于矿区开发建设和属地城市兴起繁荣全过程，应时而生的实践性是其本质所在，顺势而变的创新性是其生命所在。走进新时代，站在新起点，踏上新征程，在新的历史新时期，深入挖掘、传承和践行神东精神的时代内涵，具有重大现实意义和深远历史意义。

关键词： 神东精神　挖掘传承践行

一、深刻认识挖掘和践行神东精神的重大意义

（一）适应新形势的内在逻辑

神东煤炭集团（以下简称"神东"）地处蒙、陕、晋三省交界区，始建于20世纪80年代中期，自矿区开发之初，建设者面对自然条件艰苦、煤矿各种灾害并存的复杂环境，大力弘扬艰苦奋斗的精神，吃苦耐劳、坚韧不拔，逐渐培育形成了"艰苦奋斗、开拓务实、争创一流"的企业精神。伴随中华民族迎来从站起来、富起来到强起来的伟大飞跃，与创业初期相比，神东发展面临的内外部环境发生了深刻变化，环境、物质条件等的转变，经济体制从"高度计划"向"市场主导"转变，发展方式从"封闭保守"向"开放合作"转变，城市形态从"依矿而居"向"现代宜居"转变，社会主体从"单一构成"向"多元共融"转变，必须在识变、应变、求

变中挖掘神东精神新的时代内涵。

（二）担当新使命的迫切需要

一个时代有一个时代的主题，一代人有一代人的使命。在神东精神的引领下，历经30多年的艰苦努力，神东在昔日荒漠上成功打造出一个两亿吨级绿色煤炭生产基地，使中国煤炭工业走上一条具有中国特色的新型工业化道路，改变了中国长期以来能源发展滞后的局面。目前，神东进入高质量发展过程中，企业改革发展的任务艰巨，新时期，神东人肩负着保障国家能源安全的政治责任、支持和推动属地资源型城市转型发展的历史责任，推动集团建设具有全球竞争力的世界一流能源集团的时代责任，迎接新的"赶考"、交上时代答卷，必须在聚力、担当、作为中挖掘神东精神新的时代内涵。

（三）解决新问题的现实举措

神东高质量发展关键在全体干部职工，关键在落实；越是困难，越需要"真把式"，越要真抓实干。面对企业可持续发展战略思考、企业发展的机制体制问题的破解、党的领导和党的建设需要加强、企业风险管控能力需要持续提升等等问题，任务艰巨。神东部分党员干部思想观念的短板，尤其缺少创新精神和思想格局、担当不够、作风不硬、劲头不足，部分员工奉献精神退化，责任意识不强等，与神东精神的优良传统形成反差，必须在巩固、拓展、提升中挖掘神东精神新的时代内涵。

二、准确把握神东精神内涵挖掘的原则方向

坚持在继承中创新、在创新中发展，在既定语境之下赋予神东精神主要内涵更具时代感，更有针对性，更能凝聚共识、产生共鸣、提振干事创业精气神的新表现新形式，更好地凝心聚力，构筑起新时期神东人团结奋进的共有精神家园。

（一）在"艰苦奋斗"语境下提升"勤勉敬业、真挚为民"的境界情怀，强化"淡泊名利、清正廉洁"的品德操守

神东精神孕育于革命老区，发源于时代精神。神东矿区位于陕甘宁边区这片红色土地之上。神东的党组织和人民群众，牢记毛泽东在党的七届二中全会上向全党发出的"务必保持谦虚、谨慎、不骄、不躁的作风，务必保持艰苦奋斗的作风"的号召，大力传承延安精神和石圪节精神，在煤田开发之初就将"艰苦奋斗"写在自己的旗帜上，成为企业精神的精髓和内核。为彻底改变我国煤炭工业的落后局面，加快实现四个现代化建设的进程，神东把煤矿工人特别能吃苦、特别能战斗的光荣传统与工人阶级产业报国、保障能源安全的爱国主义精神、世界先进技术所蕴含的科学精神、勇于改革自主创新的时代精神有机连接起来，构成企业精神的血脉之源。所以说，艰苦奋斗是神东精神的灵魂。

在新时期，弘扬艰苦奋斗的政治本色，意味着保持一种生活准则，一种工作作风，一种利益观念，一种精神状态，乃至追求一种高尚的奋斗目标和人类共同的价值方向。坚持干一行、爱一行、钻一行，兢兢业业、勤勤恳恳、任劳任怨，在平凡岗位创造不平凡业绩，以不懈奋斗创造幸福人生；坚持倾情服务惠民生，践行以人民为中心的发展思想，用心用情用力办好员工群众急需迫切的民生实事，一件盯着一件抓、一年接着一年干，不断增强人民群众的幸福感获得感；坚持心底无私天地宽，正确对待苦与乐、得与失、进与退，思想上保持清醒、行动上恪守理智、心态上笃定平和，守得住清贫、耐得住寂寞、稳得住心神，坦坦荡荡做人、踏踏实实做事；坚持严于律己守底线，明大德、守公德、严私德，心有所畏、言有所戒、行有所止，甘于付出、不计回报，弘扬真善美、传播正能量。

（二）在"开拓务实"语境下提升"尊重规律、崇尚实干"的作风导向，强化"严谨精细、术业专攻"的能力本领

开拓务实是神东人始终秉承的可贵品质，坚持实事求是循真理，尊重市场经济规律、尊重社会发展规律、不脱离实际不超越阶段，尊重自然演进规律、把"绿水青山就是金山银山"理念落到实处；坚持扑下身子抓落实，"当老实人、说老实话、办老实事"，不驰于空想、不骛于虚声，力戒"表态多调门高、行动少落实差"的

形式主义、官僚主义，杜绝"摆平""搞定""忽悠""跑粗"之风，做埋头苦干的真把式、雷厉风行的快把式、追求卓越的好把式，既创造看得见、摸得着、得人心的"显绩"，又做好打基础、利长远、攒后劲的"潜绩"；坚持一丝不苟铸精品，倡导"工匠精神"、下足"绣花功夫"，掌握情况要细、分析问题要细、制订方案要细、配套措施要细、工作落实要细，"宁要一个过得硬，不要九十九个过得去"；坚持勤学深思肯钻研，增强本领恐慌意识，主动学习新知识、熟悉新领域、开拓新视野，不断提高专业化水平，造就技术精湛、业务精通、政策精熟的行家里手。

（三）在"争创一流"语境下提升世界一流企业建设的质量，强化"永无止境，不断进取"的价值追求

争创一流不是静态的指标，而是动态的创建过程。早在20世纪90年代，公司就提出争创一流的价值追求，30多年来引领的作用历久弥新，在不同的发展阶段支撑战略定位。进入新时代，神东要以世界一流企业建设目标为统领，聚焦"三型五化、七个一流"战略，抓实能源安全新战略，做优清洁煤炭，做强世界领先。要境界高远，有永无休止的进取目标，用于对规程进行理性实验，使企业始终走在行业前沿。

三、丰富和拓展神东精神践行转化的载体路径

坚持把传承弘扬神东精神作为神东党建工作的鲜明红线和特色品牌，以解决党员干部思想、作风、能力等层面突出问题为着力点，搭建载体平台、创新路径举措，将践行神东精神新的时代内涵体现在公司高质量发展的各个方面，贯穿于建设具有全球竞争力的世界一流企业的全过程。

（一）根植于红色基因，助力持续培根铸魂

坚持党的领导，加强党的建设，是国有企业的根和魂。神东在改革发展中始终保持坚强的政治定力，持续培根铸魂，将神东企业精神融入理想信念教育中，融入弘扬和传承党的优良传统、作风中。构建驻地省级党校（行政学院）市委党校代

培、神东党校集中培训、井冈山和延安等党性教育培训基地培训相结合的三级培训体系，开展年度"千人教育计划"，探寻和感悟神东精神之源，不断筑牢全体党员理想信念之根。党员干部在企业精神宣贯、践行中充分发挥先锋模范作用，示范引领广大员工践行企业精神，为神东的发展提供了强大的精神动力和思想保证。

（二）强化思想政治工作，构建"四位一体"神东精神认同机制

为推进神东精神的价值认同，公司党委在实践过程中，摸索出一套战略引领、理念指引、行为规范、产品育人的"四位一体"认同机制，使企业精神深入人心。

神东精神引领企业发展战略。公司党委将神东精神贯穿于企业发展历史过程，通过党代会、职代会的形式，制定了一张张企业发展蓝图，将神东精神转变为全体员工发展企业的共同理想和自觉行动。2006年公司第一次党代会提出要将神东打造成为国内领先、世界一流的卓越煤炭企业，2009年二届二次职代会提出的建设"四化五型"大神东，2011年整合后的神东第一次党代会提出要"建设世界一流煤炭企业"，之后提出的"创建世界一流的清洁煤炭供应商""建设世界领先的清洁煤炭生产商"……争创一流的神东精神基因，始终支撑着一代代神东人不畏艰难，勇于奋斗，推动神东持续领跑世界煤炭工业的发展。

神东精神指引企业核心理念。神东精神的践行，有了企业发展战略的指引，还需要核心理念来导航。公司党委在企业发展过程中，践行神东精神，形成了独具企业特色的神东核心理念："奉献清洁煤炭、引领绿色发展"的神东使命，"创百年神东，做世界煤炭企业的领跑者"的神东愿景，"安全、高效、创新、协调"的核心价值观。这些核心理念既是对神东核心管理思想的深层次解读，更是对神东精神积淀的传承，成为神东走向未来的旗帜、永续发展的动力。

神东精神规范员工行为准则。一种企业精神，只有成为全体员工共同的行为准则，才能在企业落地生根。公司党委将社会主义核心价值观、精神文明建设、员工思想道德建设、神东精神的传承和弘扬，进行统筹规划设计，建立了《神东人职业道德规范》和《神东人行为准则》，强化员工道德行为和文化行为的养成，使企业精神内化于员工的心灵和自觉行为，外化于企业的良好形象。

神东精神外化为精神文化产品。神东精神的弘扬离不开文化产品育人化人的重

要功能。公司党委组织拍摄了大型文献纪录片《神东之路》，利用三年的时间，走访近百名参与神东开发建设的开拓者和建设者，以文献史的方式阐述神东的开发历程，真实再现了30多年改革创新、科技发展的神东之路，为神东广大员工传承神东精神提供了的生动教材。

（三）推行"1114"工作法，培育践行神东精神的思想政治工作范式

为确保企业精神内化于心、外化于行，公司党委紧紧围绕践行企业精神的方法路径、关键环节和重点措施，推行"1114"工作法，即聚焦"做安全文明幸福新矿工"一个主题，突出员工一个主体，抓住党员领导干部一个重点，确保"四个融入"，融入安全生产、融入管理运营、融入企业文化、融入日常生活，取得了良好的效果。

聚焦"做安全文明幸福新矿工"主题，坚持思想政治工作以人民为中心的基本立场。思想政治工作是国有企业的优良传统和政治优势，是企业改革发展稳定的有力保证。公司党委针对煤矿安全生产的极端特殊性、重要性，始终注重人文关怀和心理疏导，坚持解决实际问题与解决思想问题并重，提出"安全就是最大的效益""安全为天"，确立"带着感情抓安全"的管理观，将严管与厚爱相结合，实现了员工"要我安全"向"我要安全"的转变。针对矿区条件艰苦、精神文化生活单一情况，实施幸福矿工工程，从员工需求出发，将提高员工幸福指数作为核心任务，着力促进员工全面发展。开通了董事长信箱，建立了党员领导干部密切联系群众、服务群众的新桥梁和纽带，形成了干部职工共同治理企业的智慧合力。

始终突出员工主体地位。公司党委始终践行群众路线，坚持全心全意依靠职工群众办企业的方针，在思想政治工作中，把工作重点放在一线，工作方法下沉生产一线，积极采取群众工作方法，教育引导员工群众，激发员工的主人翁意识，推动员工自觉认同和践行企业精神，推动企业可持续发展。开展神东精神报告会、道德讲堂、先进模范事迹宣讲会、奋斗的青春最美丽微讲堂等主题教育实践活动，构建发现、学习和宣传员工先进典型的常态化机制，使员工群众自觉成为企业精神的传播者和践行者。并通过构建"技能大师工作室""劳模创新工作室"等载体，开展技能培训、师带徒、技术比武等活动，在全公司营造了自觉"比学赶超"先进的浓厚

氛围，在传承工匠精神中进一步涵养和丰富神东精神。

充分发挥党员领导干部带头示范作用。一个典型就是一面旗帜，一个模范就是一座丰碑。党员领导干部是群众的带头人，要想凝聚起员工群众在企业改革发展中的合力，只有时时处处带好头，做好表率，才能赢得员工群众的拥护和信任，才能团结带领群众攻坚克难、勇往直前。一大批优秀共产党员干部奋战在煤田大开发的各条战线，积极发挥党员先锋模范作用，自觉用神东精神指导生产实践，不怕苦不怕累，讲奉献有担当，团结和带领群众，有条件要干，没有条件创造条件也要干。广泛开展的党员示范岗、党员责任区，组织党员骨干组成了"党员突击队"，在每一次急难险重任务面前，冲锋在前，战胜困难，团结带领广大员工群众在企业发展中争做贡献。

抓好"四个融入"。企业精神的培育践行单靠宣传教育是无法落到实处、发挥实效的，只有融入安全生产、干部队伍建设、企业文化、日常生活，落实到管理全过程，落实到日常生活行为中，才能真正形成自觉，做到知行合一。神东建立了"主管部门牵头组织、业务部门分工负责、党政工团齐抓共管、广大员工积极参与"的融入机制，结合各单位实际开展形式多样的主题实践活动。

四、传承、践行神东精神的思考

（一）传承、弘扬神东精神，要把企业精神的践行和指引企业发展战略的落地相结合，这是思想政治工作的重要关注

企业精神是企业的灵魂，决定了企业员工的整体风貌。企业发展战略是决定企业发展方向、发展速度与质量的重大选择。企业发展战略只有在企业精神的指引下，才能形成员工共同的价值选择，才能统一员工思想、最大化发挥企业成员的集体合力，提升企业竞争力。神东以企业精神指引企业形成发展战略，为神东生产力水平的快速提升、成功走上新型工业化道路、实现可持续安全发展、最终成为煤炭行业领跑者，提供了强有力的精神动力。

（二）传承、弘扬神东精神，要将企业精神融入企业生产运营管理全过程，这是思想政治工作落地落实的关键

企业精神重在转化和落地，只有将企业精神融入企业生产运营管理全过程，才能根植于企业发展的实践中，才能融入员工思想，使之内化于心、外化于行，做到知行合一，形成促进企业改革发展的强大合力。神东全体干部员工依靠企业精神所积累的强大内生动力，凝心聚力谋发展，紧紧围绕企业目标，强化安全管理，提升质量效益，推进改革创新，狠抓风险防范，全面从严治党，生产经营业绩突出。在企业精神的引领下，神东实现了在煤炭行业百万吨死亡率全世界最低、全员工效全世界最高的辉煌业绩，多个矿井连续多年实现了百万吨、千万吨甚至几千万吨"零"死亡的成绩。

（三）传承、弘扬神东精神，要发挥"三个作用"，这是思想政治工作开展的基本支撑

国有企业是党和国家事业发展的重要物质基础和政治基础，国有企业的企业精神也应遵循社会主义核心价值体系。各级党组织和全体党员是国有企业精神传承的重要骨干和支撑，企业精神的传承和弘扬，只有通过党支部的战斗堡垒作用、党员领导干部的示范带头作用、党员的先锋模范作用"三个作用"，才能确保国有企业发挥"六种力量"。要加强典型引路，以神东精神的时代内涵为价值引领，选树和表彰为培育与塑造、传承与弘扬神东精神做出突出贡献的百名功勋（优秀）员工，通过神东精神巡回报告会进行事迹宣讲，让广大党员干部群众学有目标、赶有方向、人人争做"新时代神东人"。

（四）传承、弘扬神东精神，要坚持以人民为中心，这是思想政治工作的基本依靠

员工群众是企业发展历史的创造者。全心全意依靠工人阶级办企业，是国有企业发展的优良传统和独特的群众优势。国企思想政治工作要坚持以职工群众为中心，传承弘扬企业精神。要践行群众路线，坚持从员工群众中来、到员工群众中去的方法，教育引导员工群众自觉掌握、践行企业精神，运用企业精神武装职工群

众，企业精神才会转变成推动企业发展的强大的物质力量。神东加强社会动员，通过文艺汇演、人物访谈、现场宣讲、公益广告等喜闻乐见、易于接受的形式，推动神东精神新的时代内涵进基层，进地方，激发全体员工的认同感、荣誉感；加强学习交流，积极参与国内具有代表性的红色精神研讨论坛、学术交流，广泛征求新闻宣传和社科理论界专家学者意见，学习借鉴红船精神、井冈山精神、延安精神、红旗渠精神传承弘扬的经验做法，完善提升神东精神品牌影响力；加强宣传教育，依托"互联网+"技术、总结提炼"神东口述史"，使神东精神新的时代内涵通俗易懂、耳熟能详、经久传颂。注重把神东精神新的时代内涵融入新入企业员工教育培训中，在广大员工中深植神东精神基因。

传承和弘扬企业精神是企业党委开展思想政治工作的重要关注和领域。神东将以习近平新时代中国特色社会主义思想为指导，践行以人民为中心的发展思想，全面构建大思想政治工作格局，为国有企业发挥"六种力量"、助力中国梦的实现贡献力量。

文章出处：课题完成于2019年8月，获神东煤炭集团2019年度优秀党建思想政治理论课题研究成果一等奖。

新思想引领企业文化融合重构路径研究
——以国家能源集团企业文化融合重构为例

韩浩波　赵罗平　杜亮　岳兵

摘要： 习近平新时代中国特色社会主义思想为央企做好文化融合重构提供了思想指导和行动纲领。本文以国家能源集团企业文化融合重构为例，在厘清文化差异、文化冲突的基础上，以解决企业实际问题为根本出发点提出文化整合与融合的模式选择、原则进程、路径与方法，以文化助推企业组织变革和管理升级。

关键词： 新思想　企业文化　融合重构　路径

2017年11月28日，两个位居世界500强的神华集团和国电集团合并重组，成立了国家能源集团。资产规模1.8万亿元，员工33万名，是集煤炭、常规能源发电、新能源、交通运输、煤化工、产业科技、节能环保、产业金融八大业务板块，拥有四个世界之最的综合能源集团。按照集团重组"职能部门＋产业平台＋服务中心"的整合过程中，除涉及资产、财务等产权重组，涉及战略、组织、管理以及市场品牌等软实力的融合更为重要。只有以习近平新时代中国特色社会主义思想为指导，发挥好文化融合的导向作用，推进观念、思想、制度等深层次的整合，才能更有效地发挥叠加协同效应，通过物理组合，发挥化学反应，实现1+1>2的重组效果。

一、集团文化融合的现状分析

（一）企业文化特征分析

原国电是以发电为主体的一流综合性电力集团，坚持把企业文化与企业发展、企业管理和职工队伍建设融为一体，培育形成了独具国电特色的"家园文化"。原神华是以煤炭为基础的特大型能源企业，以推动清洁能源发展战略落地为核心，以价值创造为动力，彰显了"艰苦奋斗，开拓务实，争创一流"的企业精神。

在管理模式上，原国电以统一的"家园文化"冠名，以着力促进职工全面发展的基本定位，建立健全了公司统一指挥、子分公司强化督导、基层企业深化落实的三级共建管理模式，以"四统一"原则确保集团整体品牌形象。原神华突出煤、电、路、港、航、煤化工一体化经营，产、运、销一条龙的模式特征，倡导"一主多元、开放包容"文化管控模式，各子分公司"子文化"各具特色，母子文化优优相促，共同发展。

在价值追求上。原国电按照建设一流电力集团的战略要求，倡导"严格高效正义和谐"的核心价值观，将"一五五"转型发展战略纳入"家园文化"体系，以清洁高效火电和可再生能源的发展特色，形成了与企业战略相融的文化品牌。原神华坚守能源报国、为社会发展提供清洁动力的企业使命，推动绿色开采、清洁供应，确定"1245"的清洁能源发展战略，持续推进"五型企业"建设和绿色发展价值导向，形成了创新创造创领的文化追求。

在队伍建设上。原国电以"家园·舞台·梦"的共同愿景，注重发挥职工的主体作用，突出员工与企业共成长，共享改革发展成果。原神华坚持构建企业和职工命运共同体，树立"一流的企业要靠一流素质的员工队伍去建设"的发展理念，营造了心齐、气顺、劲足的良好氛围，激发职工干劲，促进了企业的发展。

（二）原有文化同一性和差异性分析

在尊重历史现实的基础上，把握其同一性和差异性，辨析文化冲突，最大程度传承和弘扬优秀文化基因，是做好文化融合的基础。原国电和原神华两家文化体系都集中体现了中国传统的人本思想，以"和谐"为主体的价值导向，体现了"艰苦奋斗"价值追求。同属国有企业的政治属性，党内政治文化是贯穿企业成长发展的精神血脉，都把国有资产的保资增资作为责任使命，并做出了积极贡献。同为国家能源企业、煤炭发电集团，处在同一产业链中较为密切的上下游产业，文化特征具有同质性。

但两集团因不同的产业模式、发展路径，价值导向存在差异。原国电提出"严格、高效、正义、和谐"的核心价值观，企业管理、经济效益、道德规范、和合协调四个层面，以严格规范作为前提。原神华提出"科学和谐、厚德思进"的核心价值观，科学发展、和谐环境、处事原则、精神状态四个方面，发展是价值观的基础。在企业管理中，原国电深化对综合性电力集团管控，按省份区域划分，突出集中管控。原神华按板块业务划分，一体化运营，突出专业管理。在行为规范上，原国电以家园文化统领，坚持文化冠名、文化理念、形象标识、职工基本行为规范"四个统一"，强调高度统一。原神华在多元文化建设中规范员工行为，强调在实践中因地制宜，发挥特色。

二、新思想引领集团文化融合的模式路径

（一）融合模式确定

文化融合是指不同的文化间在承认、重视彼此差异的基础上，相互尊重、相互协调、从而形成一种融合性极强的企业文化。原神华和原国电集团，整合前都是"国字号"能源企业，在发展历程、管理模式、管理理念上有一定的相通性，企业文化具有很高的相似性，不存在明显文化冲突，通过文化融合形成新文化，具有明显优势。根据国家能源集团特性，结合原有两公司企业文化现状，集团文化融合主要有三种模式选择。

1."保持一致、强制执行"模式

即集团公司建设统一的企业文化，各子分公司强制执行、一统到底，不允许保留原有文化或者新构建特色文化。虽然集团在管理上具备统一企业文化的先决条件，可以借助专业化管理、一体化运营优势，让企业文化在集团总部和子分公司中得到迅速的统一和推动，但此模式是通过自上而下的文化融合，且完全以一种文化取代另一种文化，一味地将文化强行灌输到各子分公司，不考虑子分公司文化的潜在不同，稍有不慎就可能引起文化对抗，致使文化融合受阻。鉴于集团体系庞大、板块业务多、地域差别大，集团文化融合不适合这一模式。

2."尊重个性、独立运行"模式

对于各子分公司现有的文化不进行融合、保持现状，允许其独立运行。因不涉及文化整合，也不会引起明显的文化冲突，有利于保持暂时的稳定。但这种模式和集团的发展战略和管理定位不符，从长远来看，不利于企业发展，对企业的管理和协调能力要求较高，对后续管理可能带来一些负面的影响，甚至出现对决策部署消极对抗问题，显然这种模式也不适合集团文化的融合。

3."一主多元、和而不同"模式

即构建符合集团公司"统一"的母文化，在遵从母文化引领的前提下，在与集团企业文化的核心内容和主基调保持一致的同时，给子公司留出足够的文化建设空间，允许子分公司结合自身实际，保持并创建特色子文化，母子文化共同存在。根据原有两家公司文化同一性和差异性现状分析结果，集团文化融合更适用于这一模式。一是主文化要统一，在集团内部保持"发展战略、文化冠名、核心理念、企业标识、行为规范"的"五统一"，保持集团核心文化和主基调的高度统一，形成统一的企业文化氛围、企业形象和企业品牌。二是子文化有创新，在充分考虑子分公司文化特质的基础上，围绕母文化核心内容和主基调深化、拓展和延伸，消除与母文化相悖的内容，寻求母文化引领下合适的对接路径，创新具有自身特色的子文化，与母文化一起形成一主多元、整体一致、特色鲜明、兼顾个性的企业文化。三是合文化有条件，由于集团管理属于专业化管理、一体化经营的强势管控模式，有利于实施统一的"一主"文化。而子分公司受所在区域、业务性质、行业背景、发展历程、人员情况、固有文化、生活习惯等因素影响，经过长期实践，积淀了"多元"文化的潜在基因。这种文化模式可有效避免"文化强势"强加于"文化弱势"，可以最大化地消除文化冲突，促进认知，增进认同。

（二）文化融合原则

1.坚持政治引领、统筹兼顾原则

始终坚持以习近平新时代中国特色社会主义思想为指导，全面贯彻落实中央关于深化国资国企改革和加强国企党建的重大部署要求，发挥央企政治优势，引领企业文化服务企业战略，融入工作实践，肩负起确保国家能源安全战略的重大使命。文化融合重构要认真总结提炼神华、国电原有企业文化建设成果，充分调查研究，统筹兼顾，引导干部职工广泛参与、群策群力。

2. 坚持价值引领、主动担当原则

始终坚持中国特色社会主义文化发展道路，坚持社会主义核心价值体系，用社会主义核心价值观引领企业文化融合重构，增强文化自觉，坚定文化自信，主动肩负起传承发展中华优秀传统文化，革命文化和社会主义先进文化的央企责任担当，将其熔铸于集团企业文化建设的方方面面，在文化建设的过程中培育和践行社会主义核心价值观，构筑共有的精神家园。

3. 坚持统分结合、有统有分原则

始终坚持在"一主多元"的文化格局下，开放包容，有统有分，统分结合。强化顶层设计，坚持集团主文化的统一性，打造统一的企业品牌形象，彰显独特的精神气质。在集团文化统一主导下，鼓励和引导各子分公司结合自身历史、特点和实际，深化延伸，强化文化个性培育，细化文化措施落地，建设个性鲜明的子文化。

4. 坚持战略引领、融入管理原则

始终坚持企业文化融合与企业发展战略、企业管理、员工思想行为转变紧密结合，贯彻国家新发展理念和能源发展战略。坚持战略引领，促进文化融合与企业战略无缝对接，突出价值创造，聚焦质量效益，以文化融合推进企业战略落实，以文化建设促进管理水平提升。

5. 坚持问题导向、双向循环原则

始终坚持以解决问题为导向，树立问题意识，从集团重组现状出发，从最迫切需要改善的地方着手，遵循"建立问题导向—形成解决机制—切实解决问题"的路径，推进文化融合重构工作。在企业文化建设的设计、宣贯、践行上做到职责分工明晰，形成"自上而下，积极引导"和"自下而上，自觉践行"的双向互动循环。

6.坚持传承继承、创新升华原则

始终坚持在继承中融合，在融合中创新，通盘考虑神华、国电原有文化体系，坚持继承、融合、创新相结合，注重发展新变化、把握发展新规律，创新发展新方法，探索发展新路径，激发企业文化的生机和活力，让企业文化真正成为激励广大员工奋勇向前干事创业的强大精神力量，更好服务企业生产运营和价值创造。

（三）融合路径选择

1.突出以人为本，抓实"融入"这一切入点

突出思想融合，着力解决人的思想认识问题，加强宣传教育，充分认识企业文化融合的重要性和紧迫性，建立起企业和谐文化，以崇尚和谐、追求和谐为价值取向，融思想观念、思维方式、行为规范、道德风尚为一体，实现思想上的融合、感情上的交流、工作上的协同，使原有公司文化观念和思想行为，逐步融合达到一种新的文化认识上的统一。

突出班子融合，着力解决抓班子带队伍这两个首要任务，把讲政治、讲大局、讲团结、讲责任、讲民主、讲敬业、讲作为、讲贡献作为两级班子、各级干部的工作要求，开展"德、能、勤、绩、廉"五个方面的年度履职述职考核，并将考核结果与岗位聘任、晋升提拔、降职解聘、绩效兑现等方面挂钩，促进领导干部对企业忠诚，对工作敬业，对岗位尽心，对员工负责，从而做到忠于职守，一心为公，服务员工，在岗有责，在岗尽责。

突出企务融合，着力解决企业民主管理、政务、企务、厂务协同运行的管理模式，规范完善董事会议事制度、党政联席会制度、总经理办公会制度等，公司董事会、党委会、党政联席会、总经理办公会集中研究，集体决策，民主决定。班子领导定期深入对口联系点工作调研，并开展重大节日走访帮困，高温慰问、金秋助学、大病助医等关爱工作，多形式、多渠道深入基层、深入一线，畅通民主渠道，把员工的合理诉求、好建议、好意见体现在民主决策中，实施在政策措施里，让员工更好地直接参与企业管理中。

突出人才融合，着力解决开放式的人才交流引进模式，促进干部内外交流，有

序流动。公司内部招聘，通过内网全公司范围内公开招聘，建立内部子分公司之间、单位之间、区域之间的人才合理流动。对外引进人才，实行公开竞聘面试，在集团中、行业内、社会上广揽各类精英、优秀人才，建立适应企业转型发展需要的各类人才循环流动的机制，促进企业人才队伍的精干化、复合型、高素质。

2. 突出管理效能，抓实"融制"这一契合点

以问题为导向，做好管理模式的融合。通过务实、精干、高效的管理思想，理顺公司上下、内外的管理关系。注重把企业理念体现到各项规章制度中去，渗透到企业经营管理的各个环节，转化为广大员工的工作动力和自觉行为，使企业文化融合步入决策理性化、管理制度化和操作规范化的良性轨道。以效能为导向，做好管理制度的融合。通过建立内部管理评审、第三方管理评审和贯标体系管理外部评价审核等管理机制，定期对公司管理基本制度、管理办法、管理规定和实施细则等三个层级的管理文件进行全面清理、梳理、认真审核的基础上，根据业务重新调整，职能重新划分进行修订、新建和废止文件工作。不断规范形成与公司管理体系相协调、适应公司管理特点的管理制度，使公司管理更加科学、规范、细致、完整，提高管理效能。

以激励为导向，做好薪酬分配融合。建立有特色的职工薪酬分配体系，由于不同的产业结构，不同的行业特点，不同的管理模式，整合前的企业职工分配体系、工资结构、薪酬标准和分配形式不完全相同，这也是企业文化融合的最大障碍。企业整合重组后，如何建立公平公正合理的统一薪酬分配标准，缩小分配差距，体现分配公平透明，至关重要。认真研究职工薪酬分配的统一架构，制定统一的分配方案和具体标准，逐步实现工资薪酬分配标准的统一，为进一步的文化融合提供新的平台，着力消除整合重组后不同企业职工因薪酬问题带来的心理落差，增强广大干部职工对公司的归属感和认同感。

3. 突出产业协同，抓实"融资"这一立足点

整合优质资产，对阻碍企业的核心竞争力、耗费现金资源、耗费管理资源、不产生净现金流和通常不盈利或少量盈利的资产通过出售、出租、承包经营等方式进行剥离。对优质资产根据不同情况分别给予处理，对于不属于企业核心业务但是盈

利能力较强的资产，由原来的经营股东继续经营。对于符合企业发展战略、收益水平较高的资产，采取直接经营的方式，对于具有关联性和互补性的资产，实施资产置换。

优化产业结构，塑造一种有利于煤、电共同提高技术创新能力、降低产品成本、提升市场竞争力的体制机制；探索形成一套对煤、电企业实施有效保护的机制。核心就是既要发挥市场导向作用，又要避免因市场价格过度动荡造成不利影响，最终实现煤电双方协同发展。不断优化资源利用，优化供应环节，优化价格形成机制，在市场化基础上，形成合理定价体制，确保煤电双方利益，实现共赢。融合组织机构，建立适应新的发展战略所需的管理能力、技术优势、竞争力等组织机构，借鉴国际上最新的组织创新成果，选择与企业自身实际情况相适应的组织结构模式。

4. 突出理念引领，抓实"融心"这一关键点

以文化理念引领人，通过开展十大理念征集、品牌故事征集、企业文化软课题研究、劳模先进事迹汇编、科技创新成果发布等途径；通过开展安全文化、廉洁文化，以及"中国梦、国能梦"和"国能情、中国梦"等系列征文、书画、摄影活动；通过文化成果、先进典型等鲜活事例、特色经验和丰富多彩的文体活动成果，达到文化培育人、文化熏陶人、文化激励人，使先进的文化理念故事化、人格化、自觉化，从而达到内化于心，并在充分尊重和引导并购整合型企业员工文化心理差异的基础上，用企业愿景、发展战略、核心价值观、企业精神、服务理念、工作作风等企业核心理念，武装员工头脑，形成员工共识，在企业生产经营实践中转化为员工的自觉行动。

以美好愿景感召人，企业发展需要员工的智慧，企业发展大计需要员工献计献策。以企业愿景引导员工关心企业发展大计，并围绕公司发展愿景、发展战略和企业每年的发展目标，定期开展形势任务教育活动，通过工作年会、形势任务报告会、辅导讲座、专题论坛等形式，向各级干部、广大职工讲政治、讲形势、讲任务，统一认识，凝聚共识，明确目标，激发干劲。通过会议传达、网站、杂志专栏专题报道和干部宣讲、班组学习等形式，让干部职工知形势明目标，知任务明要

求，保持稳定，凝聚力量，形成企业发展合力。

以事业舞台激励人，全面开展对标提升活动，完善标准，研究制定企业文化项目管理办法、企业文化宣贯培训管理办法，使各项工作有章可循、有标可依。在融入过程中，选树标杆，坚持好中选优，选树一批企业文化标杆单位和先进个人，建立典型经验和最佳实践库，确保学有榜样、做有示范、赶有目标。开展对标提升活动，全面查找体制机制、理念方法、能力素质、阵地载体方面的差距与不足，制定针对性措施加以改进，狠抓落实，持续改善，确保企业文化工作全对标、上台阶、提水平。

三、集团文化融合重构的启示

（一）必须以习近平新时代中国特色社会主义思想引领新时代企业文化建设

党的十九大报告指出，新时代我国社会的主要矛盾是人民日益增长的美好生活需要和不平衡不充分的发展之间的矛盾。这意味着当代中国人的需求发生深刻变化，已经由主要满足物质需求，转化为主要满足精神需求。文化建设的核心就是满足人们的精神需求。满足文化需求是满足人民日益增长的美好生活需要的重要内容。

坚持习近平新时代中国特色社会主义思想的原则，确保企业文化建设方向正确、路径正确、方式正确。坚持实现中国梦的原则，推动中华民族伟大复兴中国梦的实现、培育具有全球竞争力的世界一流企业。坚持社会主义核心价值观的原则，企业文化体系的总结提升符合社会主义核心价值观的根本要求，反映企业的优良传统及企业员工优秀品质。明确在新时代下企业行为中什么有价值或者最有价值，什么是公司倡导的员工必须践行的，并且细化为员工行为守则，成为员工行为的标尺和行动的遵循。

（二）必须加强党对国有企业文化建设工作的领导

坚持党的领导、加强党的建设，是我国国有企业的独特优势，是国有企业的"根"和"魂"。基层党组织是党最基层的组织细胞，是党的全部工作和战斗力的重要基础，是连接基层党员群众与上级领导、党组织的关键纽带，担负着直接联系群众、宣传群众、组织群众，把党的方针、政策落实到企业的重要任务。基层党组织是企业文化的引领者和践行者，以党的宗旨教育和文化理念来影响和整合党员和全体员工的行为规范，并将其智慧和力量凝聚起来。

基层党组织对于一个企业的文化构建，起着至关重要的作用。要发挥党员的先锋模范作用，要严把发展党员质量关，发挥好"一名党员一面旗"的示范引领作用，保证党组织的战斗力和影响力。2017年神东借鉴"两学一做"学习教育的路径和方法，以践行员工行为守则切入，从"责任""安全""效能""执行""节约"和"纪律"六个方面组织全员对表找差纠偏，收到了良好的效果。

基层党组织要在对党员和员工的宣传教育工作中，融入企业愿景、使命、价值观、经营理念、经营宗旨等与企业文化体系有关的内容，通过履行社会责任、开设道德讲堂、开展红色教育等多种形式，把党建工作与企业文化建设有机地统一起来，使企业文化真正成为企业核心竞争力的关键因素。

（三）必须坚持问题导向，把企业文化作为一种文化管理，践行在企业管理的过程中

文化的培育、提炼、整合不是目的，目的是达到文化管理的境界。建设企业文化不能"从文化到文化，从精神到精神"，简单地依靠组织一些活动来实施，要与企业管理高度融合、相互渗透。企业文化融入管理一定要从外部适应性和竞争性、内部管理的有效性、制度管控及执行、创新能力与氛围上反思我们存在的问题，提出有针对性的整改措施，拓展文化管理的覆盖面，把战略实施和生产经营中的重点、难点作为文化建设的着力点。

要把文化理念渗透于价值创造行动中，遵循"建立问题导向—形成问题解决机制—深入解决问题"的路径，不断推进企业文化与经营管理工作的对接与融入，拓展和深化企业文化融入管理的载体和途径，应用文化来指导企业的经营、安全、生产、服务，指导企业的制度安排、体制变革、战略布局、人力资源管理等等，使制度标准与价值准则协调同步，硬性约束与文化导向互补，从而提升管理效能，使文化真正发挥作用。

（四）必须遵循文化建设规律，构建有效的企业文化建设机制

企业文化不能独立存在，只有做好融合才有生命力，才能发挥作用、彰显价值。在文化融合的过程中，要保持文化融合的平等性、先进性，对于先进的、能够促进公司发展的文化予以吸收融合，为培育适合并购公司发展的文化奠定基础。文化融合的目标是共生、共创、共荣，它不是简单的文化兼并和渗透，而是文化的提升和再造。要正视代管企业、参股、控股企业的文化差异、价值冲突，在大力倡导公司主文化、核心价值理念的同时，建立包容、理解机制和文化沟通渠道，用哲学思维加强企业文化建设。通过相互的交流、吸收、渗透融合成一种新的文化。在文化的融合上要兼顾各方利益，建立符合并购重组目标的企业文化体系，将企业文化的融合作为一个整体去谋划和实施。

文章出处：课题完成于2018年8月，获神东煤炭集团2018年度优秀党建思想政治理论课题研究成果一等奖。

02

理论探索

基于发展型心理契约的情感性安全文化对员工安全绩效的作用机理

贺生忠

科学管理发展的最高境界是文化管理，安全科学管理的发展也不例外。就影响安全的客观要素而言，生产设备数字化水平、安全性越来越高，环境安全性也在不断得到改善，但安全事故仍然时有发生，安全问题并未因此得以根治。

从安全事故统计来看，90%的安全事故是由人和管理的因素所引致，"人的不安全行为"是安全风险管理的关键。人的行为很大程度上受到企业文化的影响，管理水平的提升与管理手段的内化更是离不开企业文化建设。

在安全管理中，安全文化对安全绩效的影响也得到了证实。美国学者Keith R. Molenaar研究发现，安全文化对生产安全绩效有明显提升作用。关于组织安全文化对个体行为作用的研究表明，个体会受组织管理目标、激励措施以及制度规范等企业文化因素的影响，从而选择更为安全的行为方式。但从已有的研究成果中也发现，安全管理中组织文化的作用并不直接形成管理效能，可能是通过某种中介变量达到最终的效果。

为此，从发展维度心理契约的视角，结合国家能源集团、山西煤炭运销集团以及山西焦煤集团等企业的情感性组织安全文化建设实践，研究情感性组织安全文化对员工安全绩效的作用机理，以发现情感性组织安全文化对员工安全绩效发生作用的内在规律，对提升高危行业企业的安全管理水平和企业履行社会责任都有重要意义。

一、理论分析与研究假设

（一）情感性组织安全文化与员工安全绩效

情感性组织安全文化依赖于人的爱与被爱的情感需要，对组织安全文化具有基础性影响，并贯穿于组织安全文化的各其他层次。在社会组织生活中，个体既是家庭成员也是其他社会组织成员的伙伴和同事，因此，企业员工在情感范畴普遍存在着亲情、友情以及组织归属等情感关系。员工行为一方面受到组织规范的约束，另一方面因来自组织内外部情感因素作用而触发内心行为规则调整、作出行为价值取向选择。员工因生理、心理、组织规范、工作环境以及设备可靠性等因素，可能导致员工工作中的不安全行为发生。

在企业安全风险管理实践中，以国家能源集团基层煤矿情感性组织安全文化建设为例，通过组织矿工家属体验实际工作场景、了解一线工作实况，增进家属对矿工工作的理解和在生活方面的关爱，反过来促使矿工内心产生更强的家庭责任感和亲情责任感，工作更加专注，降低了作业中不安全行为发生的可能性，有利于改善员工安全绩效；通过评选典型和谐家庭等活动，强化员工及其家属对组织的归属感、荣誉感，促进员工安全行为与组织安全管理目标的一致性，达到改善员工安全绩效的目的；通过增进团队成员情感关系，使员工作业过程中能够处处为他人的安全负责，减少不安全行为的发生，在改善自身安全绩效的同时，也促进了企业生产安全管理水平提升。因此，提出以下假设。

H1：发掘员工自爱性情感归属、增进家庭关爱与责任、体现组织关爱情感的组织安全文化有利于改善员工安全绩效。

（二）情感性组织安全文化与发展型心理契约

组织文化通过个体感知影响员工行为、流动性以及组织运营成本等，从而对经营绩效包括安全管理绩效产生影响，但组织文化发生的这些作用可能并非直接地产生这种影响结果，人们可能忽视了这一作用过程中的中介途径——比如组织文化通过影响员工心理契约进而影响到管理绩效。

Kotter认为心理契约是员工与组织之间的隐形协议，是双方对彼此付出和得到的期望，Herriot等通过进一步的研究认为心理契约是雇佣双方对彼此价值观的认同。Shapiro等、李原及陈加州等人在研究中认为：心理契约按3个维度界定，包括"交易（规范性）责任""关系（人际）责任""发展（培训）责任"；按两个维度界定，则包括"现实责任"和"发展责任"两个维度。研究中将心理契约的"发展责任"维度定义为"发展型心理契约"：体现为组织为员工提供更多的发展空间，使员工为争取更大的发展机会而产生更强的工作自愿，付出更多的努力。

员工心理契约与企业文化具有相互影响，企业文化对员工心理契约具有调节作用。情感性的组织安全文化能够激发员工内在"想要安全"的动力，诱发员工的潜力、努力做到在工作中更加安全，可以将这种内在的动力和努力，理解为员工在安全工作基础上的发展需要。从这一角度，可以认为情感型组织安全文化有利于员工与组织之间发展型心理契约的平衡。为此，提出以下假设。

H2： 发掘员工自爱型情感归属的组织安全文化、增进家庭关爱与责任、体现组织关爱情感的组织安全文化有利于发展型心理契约平衡。

（三）发展型心理契约与员工安全绩效

从个人心理需求的自我价值实现层面的来讲，开发自我潜能，实现自我价值，才能获得心理的满足，也就是说追求事业的发展和自我价值实现是人在一定阶段的心理需求。

研究发现，心理契约的破坏或违背对员工任务绩效、组织绩效有显著的负向作用，发展型心理契约与员工绩效高度相关，William H. Turnley等人从个人发展与组织发展、个人发展与职业奉献视角的研究支持了这一观点。心理契约在发展维度的均衡，将反映在员工额外付出工作努力，自愿地、不计报酬地承担角色外责任，在超标准完成个人工作的同时，也促成了组织的发展。在煤炭生产企业中，生产安全风险相对较高，安全管理是生产经营头等重要的任务，从以人的不安全行为为核心的员工安全绩效抓起是提升煤炭生产安全管理水平的关键所在。安全生产是个人得以发展的基本条件，更是企业发展的基础，组织营造良好的发展环境，通过增进员工与家庭、与同事和组织之间的情感和责任感，有助于增强员工上进心。

如果组织能够基于安全发展观，在提供稳定的工作、良好的福利待遇、丰富的文化娱乐、相关技能竞赛、具有竞争性的薪酬机制与绩效奖励、与员工期望相适应的晋升渠道、挑战性机会、发展目标指引以及与发展期望相匹配的系统性培训，将有利于维持好的心理契约平衡，避免负面情绪产生，提升员工安全责任感，减少违章作业、违反劳动纪律以及违章指挥等不安全行为的发生，改善员工安全绩效，有利于提升组织安全管理水平。基于此，分解发展型心理契约破裂的测量维度，提出以下假设。

H3：稳定的工作、良好的福利待遇、丰富的文化娱乐与竞赛活动、与安全风险关联的薪酬机制、引导建立合理发展目标、安全绩效关联的晋升、挑战性工作机会以及系统专业培训等因素有利于促进发展型心理契约平衡，提升员工安全绩效。

二、研究设计

（一）问卷设计及发放与回收

为确保问卷有较好的效度，课题组针对题项设计进行多次讨论，并进驻企业走访基层单位和企业管理部门征求意见，对问卷进行修改完善。

本次调查对象主要是神东煤炭集团、山西煤炭运销集团和山西焦煤集团，涉及煤矿38家，共发放517份问卷，剔除漏答题较多、倾向性过于明显的问卷，共获得313份有效问卷。所得有效问卷中，来自集团公司安全管理部门的98份，占31.31%，基层煤矿管理科（队）的112名，占35.78%，一线技术人员及生产工人员工103名，占32.91%。

（二）问卷变量设计

研究中使用的测量量表主要包括情感型企业文化感知量表、员工发展型心理契约量表和员工安全绩效量表。

其中，情感性组织文化感知量表设计，是在王秉、吴超关于情感组织安全文化内涵界定的基础上，设计"我内心认为'安全作业第一，是实现个人发展和自我价值的前提'"等8个题项。员工发展型心理契约量表参考李原、陈加州研究心理契约发展维度部分，设计"企业能够提供稳定的工作，使我安心专注地在这里工作"等

10个题项。员工安全绩效量表在李光荣等关于安全风险的诱因分析、高伟明等有关安全绩效量表研究的基础上，设计了"我能够严格按照安全规章规程进行作业"等7个题项。

对回收问卷数据运用SPSS进行纠正项目总相关（CITC）统计分析，删除CITC值小于0.5的题项（情感型企业文化感知量表中的1个题项、发展型心理契约中的2个题项）。

三、实证分析和结果

研究中借助Amos 17.0和SPSS 19.0软件展开统计分析，主要进行信度分析、验证性因子分析和对假设模型的检验。

（一）样本数据的信度和效度检验

应用SPSS 19.0进行CITC分析，样本数据 Cronbach α 系数的统计结果为：总量表的Cronbach α 系数为0.947，大于0.8的一般接受水平，所有观测变量的 CITC 值最低为0.534，大于0.5；分量表中，情感性组织安全文化的 Cronbach α 系数为0.890，关系型契约的为0.888，员工安全风险的为0.949，均大于0.7一般可接受水平。因此，量表具有较高的信度。

此外，研究还通过验证性因子分析对样本数据的效度进行了评估。研究结果显示，情感性组织安全文化验证性因子分析模型的拟合指标值分别为卡方自由度比 $\chi^2/df=0.812$、相对拟合指数 IFI=1.002、比较拟合指数 CFI=1.00、非规范拟合指数 NNFI=1.006、近似误差均方根 RMSEA=0，均达到或接近各个拟合指数取值标准；发展型心理契约验证性因子分析模型的拟合指标值分别为 $\chi^2/df=1.112$、IFI = 0.915、CFI=0.915、NNFI=0.911、RMSEA=0.052，均达到或接近各个拟合指数取值标准。员工安全绩效验证性因子分析模型的拟合指标值分别为 $\chi^2/df=1.229$、IFI=0.964、CFI=0.964、NNFI=0.915、RMSEA=0.054，均达到或接近各个拟合指数取值标准。分析可知，测量量表具有较好的信度和效度。

（二）研究假设的检验

（1）情感性组织安全文化对员工安全绩效影响检验。建立潜变量情感性组织安全文化与员工安全风险之间关系的结构方程模型1，并进行验证性因子分析。通过 Amos 17.0统计分析结果显示，模型1的拟合指标为：$\chi^2/df=1.289$，NNFI=0.962，IFI=0.948，CFI=0.962，RMSEA=0.057，基本达到了结构方程各拟合标准取值，反映出模型具有较好的拟合度。观测变量对潜变量"情感性组织安全文化"的回归分析以及"情感性组织安全文化"对"员工安全绩效"的回归分析情况如下图，情感性组织安全文化对员工安全绩效产生正向作用，初步验证了研究假设 H1 是成立的。

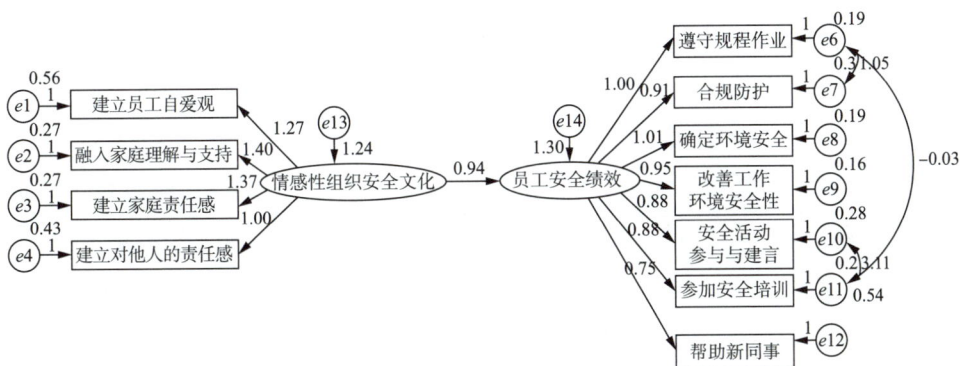

模型1的检验结果

（2）情感性组织安全文化对员工安全绩效影响：发展型心理契约的中介效应检验。针对员工关系型心理契约作为中介变量的影响效应进行研究，建立潜变量情感性组织安全文化、发展型心理契约与员工安全绩效之间作用过程的结构方程模型 2，并进行验证性因子分析。通过 Amos 17.0 统计分析结果显示，模型 2 的拟合指标为：$\chi^2/df=1.725$，NNFI=0.939，IFI=0.927，CFI=0.938，RMSEA=0.061，基本达到了结构方程各拟合标准取值，反映出模型具有较好的拟合度，回归分析结果如下页图所示。"情感性组织安全文化"对"发展型心理契约"产生显著影响（标准化回归系数为0.929，显著性t值为6.577），"发展型心理契约"对"员工安全绩效"产生显著影响（标准化回归系数为0.844，t值为7.428），验证了研究假设 H2、H3 是成立的。

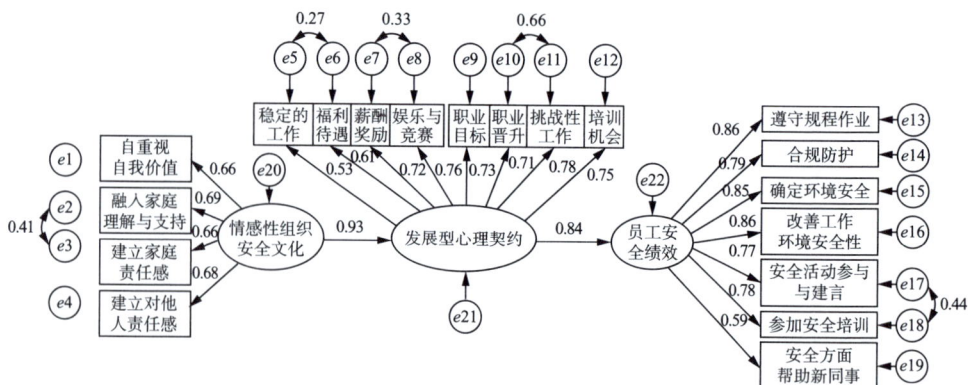

模型2的检验结果

（3）情感性组织安全文化、发展型心理契约对员工安全绩效的作用路径检验。根据上文研究，情感性组织安全文化对员工安全绩效产生直接的影响，同时情感性组织安全文化对员工安全风险的作用通过存在中介变量-员工关系型心理契约，在以上情感性组织安全文化对员工安全风险的直接作用和间接作用同时发生的状态下，应该是怎样的作用路径？此处通过构建情感性组织安全文化、发展型心理契约对员工安全风险的作用路径模型3（见下图），并进行验证性分析。

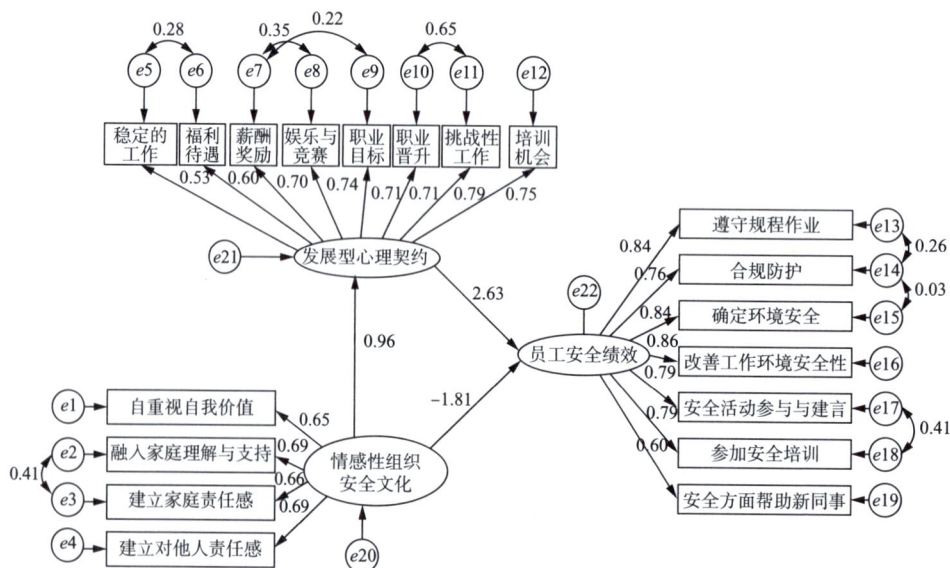

模型3的检验结果

通过 Amos 17.0 统计分析，经过数次修正后的模型 3 拟合指标为：$\chi^2/df=1.332$，NNFI=0.939，IFI= 0.950，CFI=0.950，RMSEA=0.056，达到了结构方程各拟合标准取值，反映出模型具有较好的拟合度，回归分析结果如上页图。检验结果显示"情感性组织安全文化"对"发展型心理契约"产生正向影响（路径系数为0.96，t值为6.668），"发展型心理契约"对"员工安全绩效"产生正向影响（路径系数为2.692，t值为1.078），因此，再次验证了研究假设H2、H3是成立的；但另一方面，路径模型检验结果也显示，"情感性组织安全文化"对"员工安全风险"具有负向的作用（路径系数为–1.810，t值为–1.181），假设H1即"情感性组织安全文化"对"员工安全绩效"具有的正向直接作用的假设没得到验证。

（三）结果分析

（1）构建情感性组织安全文化，发掘员工珍爱生命、重视自我价值的自爱观，促建和谐家庭、形成家属发自内心地理解员工工作、关爱员工健康与安全，建立与同事的和谐关系，能够使员工在内心建立对家庭的责任感，提升员工内心对他人的责任感，有利于形成员工发展型的心理契约均衡，避免心理契约的破裂甚至违背的情况。

（2）实证分析中当情感性组织安全文化对员工安全绩效的直接作用和通过中介变量（发展型心理契约）的间接作用情形耦合时，关系型组织契约的中介效应表现为显著的正向作用，而直接作用的路径系数为负。其结果的可能原因是当前时期人们对安全风险厌恶感增加甚至出现过度厌恶情况，以至于部分人逃避、拒绝从事高危性工作，导致新进入或留下来继续从事高危工作的员工，比较欠缺情感性组织安全文化浸润，未能实现情感性组织安全文化对个人安全绩效的直接性改善。

（3）情感性组织安全文化对员工安全绩效的作用，通过中介变量"发展型心理契约"的正向中介效应显著。在组织安全文化建设中，能够体现个体的自爱观，融入家庭情感的因素、同事和组织的情感因素，树立对家人、同事及组织的责任感，有利于员工基于发展维度的心理契约均衡，避免心理契约破裂或违背情况的发生，从而有利于改善员工安全绩效。

当然，构建情感性组织安全文化还应同时融入工作稳定性、福利改善、与安全相关的薪酬奖惩和晋升机制、技能竞赛与文化娱乐、职业挑战性工作机会、系统专业培训以及发展目标实现发展等因素，以更好地促进发展型心理契约平衡的保持或健康发展，从而有效改善员工安全绩效。

四、结论

（1）在情感性组织安全文化对员工安全绩效的直接作用和情感性组织文化通过中介变量（发展型心理契约）对员工安全绩效的间接作用耦合情形下，情感性组织安全文化并不直接产生作用使员工安全绩效得到改善，而是通过中介变量"关系型组织契约"的中介效应对员工安全绩效产生影响。

（2）情感性组织安全文化，通过构建发掘员工自爱观、融入家庭关爱和建立与他人情感的情感性组织安全文化，增加员工对自我、对家庭和对他人的责任感，有利于达成员工发展型心理契约的均衡，避免心理契约的破裂乃至违背，进而有利于改善员工安全绩效。

（3）构建情感性组织安全文化还应融入工作稳定性、福利改善、安全相关薪酬奖惩和晋升机制、技能竞赛与文化娱乐、挑战性工作机会、专业培训以及发展目标实现等发展因素，才能更好地促进发展型心理契约平衡的保持或健康发展，从而有效改善员工安全绩效。

文章出处：成稿于2018年5月，发表于《煤矿安全》2018年第8期。

参考文献：

[1] Keith Molenaar, Hyman Brown, Shreve Caile, et al.Cor-porate Culture[J]. *Professional Safety*, 2002(7): 18.

[2] 胡世伟. 文化管理：企业管理新思路[J]. 江西社会科学，2015(12)：184-187.

[3] 李光荣. 国有煤炭企业全面风险演化机理及管控体系研究[D]. 北京：中国矿业大学（北京），2014.

[4] Keith R Molenaar, Jeong -Il Park, Simon Washington. Framework for Measuring Corporate Safety Culture and ItsImpact on Construction Safety Performance[J]. *Jour-nal of Construction Engineering & Management*, 2009, 135(6): 488-496.

[5] 王秉, 吴超. 情感性组织安全文化的作用机理及建设 方法研究[J]. 中国安全科学学报, 2016, 26(3): 8-14.

[6] 尚会鹏. 心理文化学要义：大规模文明社会比较研究的理论与方法[M]. 北京：北京大学出版社, 2013: 37.

[7] 何刚, 朱艳娜, 张贵生等. 基于SEM的煤矿员工安全风险成因耦合模型[J]. 矿业安全与环保, 2016, 43(6): 103-106.

[8] 王少杰. 企业文化演化路径及对绩效影响 的实地研究-基于工商人类学视角的分析[J]. 山西财经大学学报, 2015, 37(7): 71-84.

[9] 曹文敬, 李爽, 夏青. 矿工心理契约与其安全绩效的关系研究[J]. 煤矿安全, 2016, 47(11): 234-237.

员工负面情绪对企业管理的影响及对策

王新伟

摘要： 员工既属于企业，也属于社会，多个方面的因素会影响到员工的情绪，如果员工的负面情绪得不到及时有效的消除，将会影响到企业的效率与效益，在高危行业也将会产生安全的事故诱因。所以，企业应采取行之有效的管理方法来消除员工的负面情绪，从管理、文化到服务等方面给予员工必要的关怀。本文从员工负面情绪的表现形式、阐述了员工负面情绪对企业的影响、分析了员工负面情绪产生的环境、企业体制机制、文化等方面的原因，提出企业从理念、文化、服务等方面加强员工负面情绪管理的管理方法。

关键词： 负面情绪　管理方法　安全生产　效率效益

随着职业的多元化，人们的从业思想也出现了多元化。无论是就业方式，还是工作模式，都已经发生了很大的变化。如半月工作、半月消费的从业方式，无固定化的工作模式等都为新生一代所追求。因此传统企业管理模式在信息化时代受到了不同挑战。然而，诸如在企业不断的规范化、科学化管理过程中，企业通常以员工遵守企业相关制度、听从领导安排为管理主线，员工的个性往往被企业所忽视；员工处于社会、企业、家庭等多重环境下，受外界的影响比较大；不良的社会因素影响着员工的心理和行为，员工的情绪得不到有效释放。这些因素都会导致员工产生负面情绪，影响着企业的团结、高效发展。在现代化的企业中，企业一直处于管理的主导方，缺乏体现员工的个体化管理方式，加速了员工负面情绪的产生。

一、员工负面情绪的表现形式

按照员工负面情绪持续时间的长短，分为短期和长期。短期主要表现在员工情绪波动上，如焦躁、怨恨、抑郁、愤怒等。在短时间内爆发，也会在短时间内消失。这类消极情绪对企业的影响不是很大，本文不再详述。

长期性的负面情绪往往是由于多层次的环境因素、文化因素、自我感知因素等叠加而形成，比较温和地存在于企业，其对企业的影响比短期的负面情绪要大。具有长期性负面情绪的员工主要有以下表现形式。

（一）"不求有功，但求无过"式上班

在电视剧《人民的名义》中的孙连城区长，由于感到自己的政治前途已经到了尽头，在工作中采取"不求有功，但求无过"的做法，对上口头答应但不做事，对下不办事。这类人群多是快到退休年龄的中高层管理人员，到了职业生涯的末端，在个人事业的发展上已经没有可能性，自己也就不存在期望值。但由于企业制度、历史等原因，企业难以降职或开除。

（二）当一天和尚撞一天钟

每天按时按点上下班，按领导要求办事，以完成工作为主，而从不问工作的意义。他们在工作没有怨言，但也不是积极主动。业务毫无创新，"贵在完成"。这种现象在十多年的职工是高发区，逆来顺受，工作的热情已减，以工作求稳为主。

（三）牢骚满腹

这类员工每天都能够尽职尽责地上班，但是并不理解工作的目标，边抱怨边干活。对工作没有充分地理解和认识到其中的意义所在，感觉到自己做的是毫无意义的事，有大材小用的情绪。

（四）不能够遵守企业规章制度

无原因地迟到、早退、旷工，工作过程中逃岗，井下工作时"睡岗"。这类员工

的心思不在工作，多为赌博、酗酒及其他非工作、家庭生活类原因，游手好闲的员工。他们是人在企业心在社会，盼早下班，上班是为了下班娱乐做准备，基本上是游离于企业之外。

（五）身在曹营心在汉

这些员工在企业中，往往干的是与工作无关的事。对于自己的工作，他们已经没有心思，而是忙于工作之外的事，如利用企业的关系接私活挣钱，有的已经在外部有自己的小生意，在企业内部挂职缴纳五险一金等。

二、负面情绪的特性

通过调研发现，员工的负面情绪主要具有以下几个方面的特性。

（一）传染性

员工的负面情绪往往由个体传染给群体，例如工资等共性问题，很容易达成员工的共识，形成群体性的负面情绪。

（二）放大性

对于员工的负面情绪，得不到有效的疏导和解决，久而久之会从小的负面行为发展成为大的负面行为，其影响性和破坏性更大。

（三）阶段性

一些负面情绪，具有一定的时间范围内的影响，随着时间的推移被其他的负面情绪所替代或成为了员工次要的负面情绪。如在"董事长信箱"中员工关注的热点问题，在一定的阶段内会出现和消失。

（四）区域性

如同区域性文化一样，负面情绪在一定的地域内存在。如公司偏远地区工作员工产生的负面情绪，一些单位由于管理中的问题所引起的负面情绪等，在一定的范围内存在。

（五）层次性

不同层次的人，具有不同的负面情绪。如企业的普通员工，通常以工资的高低而产生工作中的负面情绪；中层领导则以升职的快慢而产生负面情绪。

三、员工负面情绪对企业的影响

员工负面情绪会对其工作产生非常大的影响，特别是在工作效率方面，如果员工将负面情绪带到工作中，会在很大程度上降低工作效率，从而影响到企业的运营。由于负面情绪所具有的特性，一些负面情绪会不断地扩散并放大，从个体到局部，甚至影响整体的企业效率与效益。

（一）影响企业的效率

相关研究表明，忽视或放任负面情绪可能会使企业生产力下降，人心涣散，效率变差，造成企业的经济损失。在一项以137名高阶主管硕士班学员为对象的研究中，乔治城大学的克莉丝汀·波拉思（Christine Porath）发现：消极情绪会极大影响组织运作，大大减少员工投入到工作中的精力和时间，降低绩效或质量标准，削弱对组织的忠诚度。那些试图掩盖负面情绪的员工会对工作失去热情，甚至把自己的负面情绪转嫁给同事、上级或无关人员。

如在利用企业的资源干私活、为跳槽做铺垫、偷懒应付、曲解管理者意图、磨洋工等现象，不只是影响业务本身的效率，还会影响到整个流程的效率，可能引起一个团队人员的消极情绪。企业如同一台机器，其高速运行的过程中，如果负面情绪的员工越多，其产品的残次品越多。

（二）影响企业的对外形象

员工对企业的热爱是对企业的最好宣传。一个企业，员工都不说好，无论是在外部媒体上如何宣传，人们都不会相信它是一个好企业。带有负面情绪的员工，很有可能将负面情绪传递给供应商、用户和社会，给企业造成不良影响。董明珠有一个观点，那就是自己员工是没有理由不用自家生产的手机的，在她看来如果你对自己公司的产品都没有信心，那还凭什么去赢得市场的认可，只有使用自家的产品，体验自己产品的好处，才能更好地销售出去。员工对产品的信任度就是对企业的信任度，当员工认识到自己产品不足时，要全身心地投入到产品质量的改进。企业员工是对企业最好的代言人。

（三）影响优秀员工的利益

当员工有消极情绪时，往往与之相伴的是消极补偿。消极补偿是指建立在逆反心理基础上的自我补偿，通常通过从对手的失败中获得"满足"和补偿。而这种消极补偿在团队的工作中，往往会对冲优秀员工的利益。如企业中团队的业绩是员工薪酬高低的尺度，负面情绪员工影响效益对优秀员工薪酬产生影响；由于业绩的原因，企业对团队的认可度不高，造成企业对优秀员工晋升、评先树优等精神层面的影响。一个优秀的员工在这样的团队中工作是痛苦的，最后的选择将会是离开或者同样沦落为负面情绪员工。

（四）高危行业影响企业的安全

在安全管理中，员工的负面情绪对安全生产有着很大的影响，人的心理因素与工作的工种、作业条件、社会环境、管理行为等有着一定的联系。由于员工带着负面情绪上班，导致不能使人的意识集中于当前的活动，影响有效而安全地进行工作。

在某矿井进行不安全行为产生的机理调研中，员工相当比例的不安全行为是由于员工带着情绪上班造成的，如不参与班前会、班中做与工作无关的事，睡岗、不履行交接班程序，吵嘴、打架、开斗气车、危险驾驶等行为，发生的频次高，容易产生人身事故和设备事故。而在车辆驾驶员这个群体中，由于多为临时工，其薪酬待遇相对较低，成为了矿井负面情绪的集中地，车辆驾驶员岗位成为发生不安全行为频率高的岗位。

四、员工负面情绪产生的原因

员工负面情绪的产生原因是多方面的，很多因素都会导致员工产生负面情绪，如个人原因、家庭原因、情感原因、工作原因等。因而，客观来说，员工负面情绪的产生也是无法避免的。个人原因、家庭原因、情感原因属于企业之外的原因造成的负面情绪，这里主要研究在企业中容易造成员工产生负面情绪的原因。

（一）企业制度不完善

一是制度内容的缺失。企业还没有建立起完善的制度体系，人治大于法治，工作中的随意性强。如员工的职责不清，工作任务随意性大；员工奖罚没有标准，领导说多少就是多少等。二是制度中有条款不公平。涉及员工利益的制度，在制订的过程中由于员工参与度低，一些制度没有有效地保障员工的利益，导致员工对企业的不满，引起员工的负面情绪。三是制度遵守过程中存在"变通"现象。制度在执行的过程中，因人而异，对一部分人来讲是工作的保护伞，是谋取利益的工具；而对另一部分人来讲，却是享受职工权益的壁垒。

（二）激励机制

任何人都有对美好事情追求和向往的意愿，一旦企业的激励低于员工的期望值时，会产生负面情绪。在企业的激励机制包括精神激励、薪酬激励、荣誉激励、工作激励。例如升职，当同样尽职尽责工作的员工有一个得到升职，其他人员心理产生落差，从而对企业产生失望的情绪。或者当每年工资在稳定增长时，如果有一次降低，就会产生负面情绪。所以说，企业制订的激励机制要有连续性，要稳中有升。

（三）领导与员工间的代际关系

国有企业的领导与员工之间的工作量、收入等差距大，一旦进入领导岗位，有的干部成为"甩手干部"和"二传手"，工作由员工干，功劳自己得，每天在单位无所事事，而员工累死累活，从而在员工心里产生了负面情绪。在工作和生活中，领导有领导的圈，员工是员工的圈，两者界线明确。

（四）企业的管理文化氛围

一提起管理，就想起了领导，一说起领导，就想起了特权。在企业管理文化建设过程中，没有建立员工参与企业管理的通道，往往都是领导层说东就往东，说西就往西，领导就是权威，永远是正确的，员工得不到应有的尊重，从而产生听之任之的负面情绪。员工只知道搬砖，不知道搬砖有什么用。

（五）挫折感

在一些职能式管理的企业中，领导向下安排工作，不需要员工有不统一的想法。而当员工试图提出更好的建议时，却被领导直接拒绝，这样员工感觉到自己没有受到应有的尊重，从思想上产生挫折。在工作过程中，领导的安排不断地被事实证明是错的，而领导又要求按照领导的想法重来的，工作的负面情绪升温；当工作成果成为领导向高管们领赏的资本时，员工的负面情绪可能会爆发。多种挫折感叠加后的员工，其负面情绪都随时可能爆发。

整体而言，由于员工负面情绪产生的原因是多种多样的，并且负面情绪的产生也有着不确定性等特点。企业对员工负面情绪的控制，应针对员工负面情绪产生的根本原因及相应的特点，采取适宜的控制措施。在这一过程中，员工也应当对自己的负面情绪有较好的控制，积极配合企业相关的管理活动，不能把负面情绪带入工作中。

五、员工负面情绪管理方法

对企业而言，要控制员工负面情绪产生，显然是不现实的。负面情绪本身是难以完全杜绝的，无论是家庭原因还是工作原因或个人原因，都可能导致员工在工作的过程中产生负面情绪。基于员工负面情绪产生的这一特点，企业在对员工负面情绪的管理过程中，应注重负面情绪的控制，而不是力求完全消除。在企业管理中，应针对性地采取措施，力求杜绝或者降低到企业可接受的程度。

（一）体现以人为本的企业管理思想

1. 注重企业大目标和个人小目标的统一

在企业的规范化运营过程中，人是最具活力、有思想的重要因素。人具有感情，所以需要社会和企业的关怀与帮助，人与人之间通过交流得到信任，相互配合使之力量更加强大。在员工负面情绪管理方面，企业应树立以人为本的管理思想，围绕以人力资源为中心也是现代企业管理的基本要求，注重对员工的人性化管理和个性化管理。在为了实现企业大目标的同时，企业要注重员工小目标的实现，如果员工在企业中连自己的小目标都不能实现时，个人的价值属性将会受挫，导致员工的灰心和不满，增加员工的负面情绪。

2. 建立公平的管理和绩效考核制度

公平是社会和谐发展的重要因素，也是企业管理员工的基础。企业应该在制定管理制度的过程中，从员工角度出发，使制度更加人性化，既能实现企业管理的目的，员工能够享受较好的自主权，发挥员工的优势。在企业发展的同时，要根据企业效益的水平适当提升相关的福利待遇，使企业的发展与员工发展相匹配，增加员工对企业的依赖性和忠诚度。古人云"不患寡而患不均"，要保证制度层面的公平性，实施过程公正性，结果公开性。

3. 营造企业人文关怀的管理氛围

企业的竞争，往往也是人才的竞争，特别是从企业的长远发展角度来说，更是如此。在刚性化的制度下，建立充满人文管理的环境，通过对员工需要的分析调研、策划组织实施等一系列的活动，让各项管理更加符合员工的需求和工作生活实际，充分激发员工的积极性、主动性和创造性，更大地发挥员工的潜能，进而带动机械化生产的效率。随着企业人力资源结构不断知识化，管理手段不断信息化，员工不再仅仅从事于简单的体力劳动，更重要的是技术型和管理型相结合，是某一专业或者岗位领域内从事体验、认识、发现、解决问题、再优化等参与度高的独特人才，一个岗位或专业性质等同于传统的一个部门。

（二）建设适宜企业与员工发展的企业文化

1. 为员工营造良好的硬件工作环境

环境影响情绪，情绪影响行为。工作物理环境根据ERG理论，影响员工情绪的一个最基础的层面是工作的物理条件。ERG理论认为，员工首先要考虑生理和安全的需要，使员工免于情绪受到伤害。工作的物理条件或者环境包括灯光、温度、湿度、噪音、工作场所的大小、颜色的变化、工作工具和机器的适用性、办公设备的空间位置等等因素。舒适的工作物理条件对员工的正面情绪有积极的刺激作用，无论是在工作满意度上还是生产率上都会有很积极的反应。

2. 企业文化与员工的个人思想产生共鸣

对员工负面情绪管理而言，企业文化有着重要的作用。当一个企业的文化与个人的文化不相融时，表现出员工的行为与企业文化要求不一致。企业对员工负面情绪的管理，便是降低员工负面情绪对工作的影响，使得负面情绪不至于影响到员工的工作和企业的运营。企业在建设企业文化的过程中，要充分调研员工的文化基础和需求，企业文化涵盖层次性、阶段性、区域性等诸多方面，贴近员工的工作与生活，达到可望也可及，不能好高骛远，不能脱离实际。

3. 用良好的企业文化影响员工的情绪

事实上，从一些调查研究结果中也可看出，很多员工负面情绪是由于工作造成的，而且由于这种因素所带来的负面情绪，也是对员工工作影响最大的。基于企业员工负面情绪的产生特点而言，当员工产生负面情绪后，如果有着较好的企业文化环境或较好的疏导措施，员工负面情绪也能够及时消除，能够有效降低员工的负面情绪对工作的影响。

（三）企业提供人性化的员工服务

1. 选择适宜的员工服务类型

为了管理员工负面情绪，一些企业已经为员工提供一些人性化的服务。企业根据自身实际情况，结合员工的工作性质，建立了适合减少员工负面情绪的服务类型。例如，一些员工由于工作压力较大会产生负面情绪，企业为了帮助员工消除负面情绪，会定期地举办一些活动，帮助员工释放压力。企业可以组织员工参加野外活动、旅游活动、文体娱乐活动等，这也是当前企业在释放员工压力方面应用较为广泛的一种方式。还有一些企业专门设立员工减压室，提供一定道具让员工释放负面情绪。也有的企业请进来心理咨询服务，帮助员工消除负面情绪。

2. 提供员工服务应有针对性和目的性

管理要有目的性。企业在为员工提供人性化服务过程中，应有较强的针对性和目的性，要针对不同的群体开展不同方式的员工服务，有关的人性化服务应能够针对员工的实际情况和特点开展。例如，由于工作强度和工作压力较大，员工普遍出现了负面情绪。或者某一时期，由于生产经营活动的调整，一部分人员岗位需要重新调整。针对这些问题，企业应结合员工实际情况，寻找解决问题的最佳途径，对于工作强度与压力大的员工群体，可以在薪酬方面倾斜，适当给予休假；向调整岗位的员工及时解释企业的发展方向，取得员工的理解。

3. 重点把握和重塑企业文化建设中的相关要素

在企业文化建设中，要以企业发展为纲领，归纳、总结和提炼出文化的相关要素，将企业发展与员工个人利益紧密地联系在一起。企业对影响员工情绪的相关要素应有较好的把握，给予精准的诠释和设计。例如，为了有效管理员工的负面情绪，在企业文化的建设中融入一些积极、正面、正能量的企业文化理念，鼓励员工参与企业管理活动中，建立员工小改小革和建言献策的通道，促使员工能够对企业产生较强的认同感和归属感。在围绕员工发展的企业文化的影响下，员工在企业中的价值能够得到体现，能够正确感受和认识到自身对企业的重要性，也能够感受到企业对员工的关心和关爱，这样的工作环境更加有助于员工控制个人情感，全身心投入工作中。

六、结语——必要时企业需要建立情绪预警机制

员工是企业中最活跃的生产要素，在企业注重生产运营管理的同时，也要加强

员工的情绪管理。根据企业员工的特点，企业要建立员工情绪的预警机制，预警机制中要有管理的组织，管理的内容主要应该包括员工的单位行为和群体行为变化。

员工单体的行为变化：是否有个别员工投入到工作中的时间和精力变少了？参与度是否下降了？那些可自行决定是否参加的活动——如非强制性的会议或学习——报名的员工是不是变少了？是否员工在内外部媒体发表关于企业的不实言论？这些行为都预示了潜在的负面情绪，还有一些硬性数据和趋势指标：比如迟到、旷工和离职率。

员工群体的行为变化：是否团队工作经常出现问题？绩效水平低下？是否存在同组或同队人员聚在一起如喝酒、打麻将等活动？是否发表不实言论或跟随涉及企业的媒体事件推波助澜？

当企业建立有效的负面情绪预警机制后，能够及时发现具有负面情绪的员工，也能够及时分析产生负面情绪的原因，进而采取有效的措施来降低和消除员工的负面情绪。通过对负面情绪的有效管理，增强企业文化的凝聚力，更好地服务于企业的生产经营活动。

文章出处：成稿于2018年6月，获神东煤炭集团2018年度优秀党建思想政治理论课题研究成果一等奖。

解决问题是企业文化升级的关键着力点——神东煤炭集团公司企业文化升级的实践与思考

韩浩波

摘要： 企业文化是保持企业活力的重要基础，对企业经营绩效有着重要的作用。但企业文化建设的难点不在于对其重要性的认识，而在于难以将之落到实处。本文以神东煤炭集团企业文化诊断提升为例，分析阐述企业文化升级中遵循"建立问题导向—形成问题解决机制—深入解决问题"的路径，通过查摆存在的问题，分析问题背后的文化归因，不断推进企业文化与经营管理工作的对接与融入，以制度保障文化理念的传递与传承，推动企业文化转化与落地。

关键词： 企业文化升级 转化落地 企业活力

企业文化建设的难点不在于对其重要性的认识，而在于难以将之落到实处。企业文化意识形态工作虚拟、间接的特点，通过什么样的渠道和方法将之在企业中落地，企业文化理念如何从手册、机关办公室中落实在基层单位、区队、班组，融入员工思想，转化为行动，形成作风，形成竞争力，一直是困扰企业的难点问题，也是企业管理者一直致力要解决的问题。遵循"建立问题导向—形成问题解决机制—深入解决问题"的路径，突出文化引领，积极探索企业文化与经营管理有机融合、与制度建设有效对接、与队伍建设紧密结合的有效方法和途径，引导员工对照文化理念找差纠偏，增进思想共识，可以助推组织变革和管理升级，有效推动企业文化转化与落地。

理论探索

一、坚持问题导向，组织实施企业文化升级

企业文化的形成是一个螺旋式上升的过程。当企业所处的政治、经济、文化环境发生重大变革时，企业发展的目标和管理模式发生重大转化时，企业员工队伍结构发生重要改变时，支撑企业实现目标的文化也随之进行提升。2015年，经济新常态下，神东煤炭集团公司（以下简称"神东"）面临的内外部环境发生了深刻变化，煤炭产能过剩、需求不足、市场低迷、竞争激烈，企业需要转型发展，员工队伍现状和思想状况也呈现新特点。为了更好适应新的形势任务要求，神东再次以项目运作的方式实施了企业文化体系升级项目，组织了大规模的企业文化提升问卷调查、调研、访谈和自我诊断分析，厘清文化演进，梳理文化基因，定位文化重点，统一文化共识，以文化助推企业的创新发展。这是神东第四次企业文化升级（见下图）。

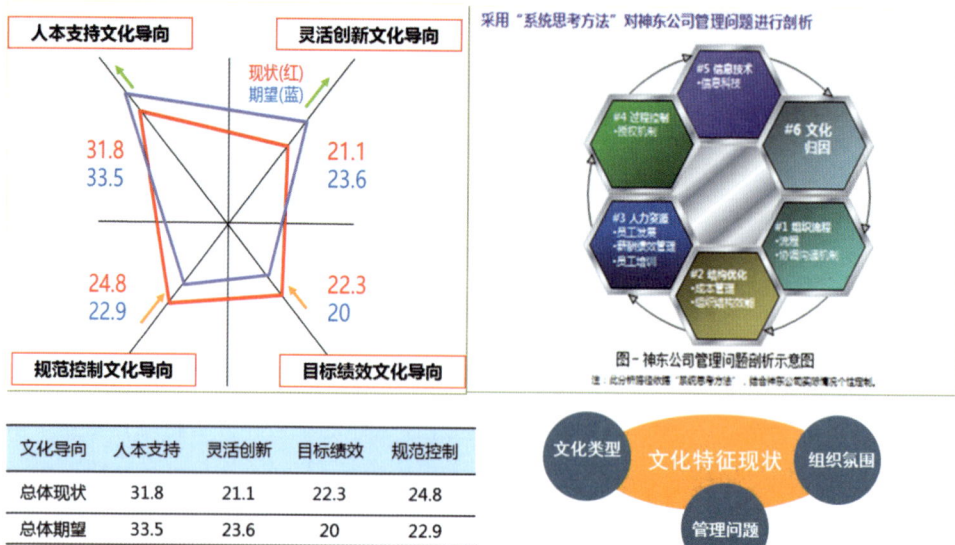

文化导向	人本支持	灵活创新	目标绩效	规范控制
总体现状	31.8	21.1	22.3	24.8
总体期望	33.5	23.6	20	22.9

神东企业文化升级现状分析图

此次升级采取领导团队、专业机构、员工队伍三结合的方法组织实施。具体分为调研诊断、体系构建和深植应用三个阶段。选择科学、先进并经过实践检验的诊断工具、设计符合神东实际的诊断方法是保障诊断工作成功的重要因素。治病开方把脉尤其关键。运用Robert E.Quinn（罗伯特·奎因）的对立价值构架理论和系统分

析的办法，共组织调研12场，访谈166人，发放问卷4245份，基层单位自我诊断34次。通过全方位、立体化、多手段调研诊断，全面梳理经营管理和文化定位要素，通过文化基因分析、现状文化类型及优劣分析、主要管理问题及问题背后的文化探究、员工期望文化与形象类型、战略对于文化的要求、行业关键价值驱动要素以及民族、国家及社会文化影响定位文化导向，描绘出神东自身的基因图谱，以解决企业实际问题为根本出发点，回答"有什么——缺什么——要什么"，提出相应的解决方案。

"文化定位"为核心。在全面系统评估、传承优秀历史文化积淀基础上（见下图），多元视角发掘文化个性，最终确定形成了神东创领文化，核心定位就是"创、领"。"创"，创新、创造。"领"是领先、领跑。创新、创造是引擎，是灵魂；领先、领跑是路标，是航向。创新、创造是神东始终要坚持的价值理念，领先、领跑体现了神东的地位和责任。神东要始终立足世界煤炭科技前沿，建设创新驱动型企业，持续提高价值创造能力，逐步由外延式增长转向内涵式发展，从而促进煤炭工业的绿色转型与升级。同时将文化理念延伸为行为准则，知行合一，便于文化理念体系有效落地。

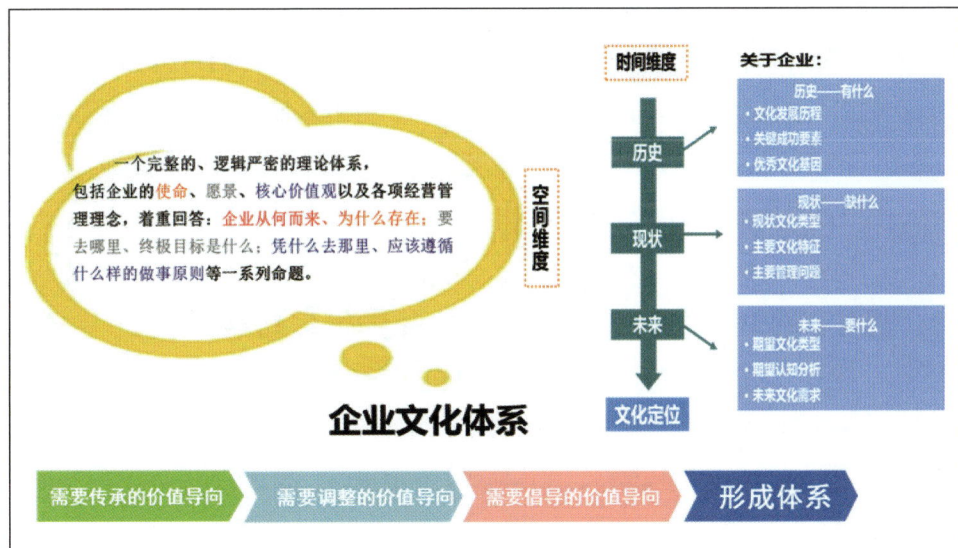

企业文化体系形成过程及维度

坚持问题导向实施企业文化升级，必须解决好三个问题：

一是解决好传承与创新的关系问题。企业文化理念的孕育、发展、成熟的过程，记录了一个企业整体的发展历程，反映了企业建设者对社会理想、人生价值的深层思考。任何企业，尤其是一个有一定历史积淀的企业，在企业文化建设过程中都要注重文化的传承，恰当地处理好传承与创新的关系，在传承的基础上去创新，文化才更易于被认同，更具影响力。要与企业的发展历史结合起来，找准变与不变，在传承中继承，在改革中创新。

二是解决好制度和文化有效对接的问题。制度是文化传播的重要保障。如果公司所倡导的理念与企业激励机制、决策流程、人力资源、干部管理、各项规章制度所体现的不相吻合，与企业领导层日常的表达不相统一，企业文化出现"融入不够""两张皮"现象就绝非偶然，员工在思想上出问题也属意料之中。管理制度要体现管理思想，管理行为要与管理思想相一致。企业文化升级一定要基于企业发展现状存在的问题，用企业文化指导管理行为，以管理行为践行文化理念，达到制度和文化互相促进，深度融合的目的。

三是解决务实管用的问题。企业文化作为一种群体意识，本身就是认识活动与实践活动相互作用的产物。企业文化升级必须源于企业的生产经营和管理实践，源于企业员工的个人岗位实践，这是其形成、发展的基础和基本条件。企业文化升级中，一方面要注重理念体系的动听、易记、上口，另一方面，一定要坚持务实管用的原则，要能解决实际问题，用文化理念规范企业的管理行为，统一员工的思想和行为，促使每名员工都能自动自发的工作、思考和执行。

二、抓住问题对表找差，充分发挥文化的管理功能

企业文化与企业管理有着天然的、密不可分的内在联系。企业文化是在企业管理不断创新的过程中概括、总结、提炼而成的精神产品，属意识形态，本身不具备可操作性。但它又确实存在于管理的各个环节和全过程，对实际工作起到一种指导、约束、辐射作用，影响着管理的效果。

一个单位、一个部门中明晰的价值倡导、积极的文化氛围能够影响这个单位或

部门的职能发挥和效率的提高。相反在单位或部门中一些制度的不遵循、考评的不公平、工作落实不到位、协调沟通不畅及一些员工工作不在状态、责任不担当、思考研究不深、服务意识不到位等不良现象长期存在且得不到及时整改，就会形成不好的文化，对企业管理产生坏的影响，甚至阻碍企业的发展。

"管理，应以文化为基础"。企业文化升级、转化落地必须从企业当前管理实际出发，认真对照文化理念体系，查找存在的问题和不足，拿出具体改进实施意见。只有这样，文化建设才有针对性，才有实际效果。

企业文化理论于20世纪80年代传入中国，在企业中实践30多年，虽取得了成效但仍存在诸多问题，且一些问题长期没有得到实质解决。以神东为例，虽然公司在业内企业文化建设上有较高的知名度与影响力，是全国文明单位、国资委首批命名的30家全国企业文化示范单位之一，是企业文化顶层设计与基层践行的十大典范组织之一，获多项省部级以上奖励。存在的问题仍不可小视，主要表现在四个方面。

（一）思想认识上存在误区

有一定比例的领导干部认为，文化是文化、管理是管理。公司领导高度重视、企业文化部门强力推动与基层践行存在很大差距。有的仍然甚至单纯地把企业文化当成精神文化，简单地看作理念体系的提炼与总结，等同为宣传教育和群众活动的开展、标识标牌的制作，把企业文化看成精神文明、思想政治工作的一个方面。认为是虚的，是党群工作部门的事，是书记的事，不能自觉地与分管的领域、所在的工作岗位实践有机结合，落实不够。究其根本是一些领导干部思想上认为虚化不出效益，没能把握企业文化的管理本质。

（二）干部队伍能力与文化管理匹配性不够

企业文化建设一般由党组织书记负责，由党政办工作人员兼职，人员少，重视不够，力量不足，投入精力不够。再加上长期以来，受企业制度、行业性质、精干高效模式等因素的影响，与思想政治工作相关的专业干部非常少，人员大都是"半路出家"或者被"安置"的，而且，存在工作标准不高、自我要求不严等现象。有的对企业文化基本内涵把握不深，学习不坚持、不系统，学以致用做得不好；有的工作不在状态，工作思考研究不深不透，工作落实不到位；有的企业文化建设的统筹规划、组织创新及协作配合能力还需进一步提升，存在习惯思维，思想习惯性、方法习惯性、行为习惯性，等等。客观上造成了工作不同程度存在应付、表面化、碎片化的现象。

（三）企业文化实践上与管理融合不够

企业文化一个重要的属性是管理学属性。文化管理是以价值观培育为核心的管理思想和方式，是应用文化来管理企业，指导企业的安全、生产、经营、服务，推动管理问题的解决，提升管理效能。实践中就表现出制度与文化契合度不够，文化与业务工作融合不够，企业文化工作机制不顺、文化资源整合不够等问题。有时制度倡导、绩效考评与文化理念存在冲突。有的单位在企业文化建设上表层化、形式化的东西多，制度层面、管理层面的东西少，与企业的安全生产及经营管理存在一定程度的脱节。

（四）子文化建设在深化特色、管理实践上深入不够

神东作为一个集团公司，在"一主多元"文化格局下推进特色子文化建设。以发挥企业文化管理功能为目标，公司层面重在顶层设计、明确文化关系和实施文化管控。各基层单位对接公司文化，在与公司文化内核始终保持一致性的前提下，深化延伸，创新载体，重在实践。要结合自身实际，寻找特色文化建设方向，探索具有自身特色的基层文化。目前，一些单位缺乏特色有效载体，保障机制不健全，员工参与度不高等现象。再加上存在前三个问题，导致文化建设效果不明显。

存在的问题还有很多，分析其背后的文化归因，根本上是人的问题，是思想认识问题。"兵者，上下同欲者胜"，思想认识问题解决了，人的价值取向及行为取向与企业达成一致，其他的问题就会迎刃而解。企业宣贯践行，必须要正确审视自身存在的问题和不足，找差才能纠偏。而且要动员广大干部员工积极参与，使参与过程成为全体员工发现问题、研讨问题、寻求方案、解决问题的过程，成为文化融合、文化认同的过程。

三、以解决问题为抓手，推动企业文化深植应用

管理学家德鲁克说："管理是一种实践，其本质不在于'知'而在于'行'"。企业文化深植应用（见下图）必须遵循"建立问题导向—形成问题解决机制—深入解决问题"的路径，不断推进企业文化与经营管理工作的对接与融入，建立起与公司企业文化理念相配套的管理体系，以制度保障文化理念的传递与传承。

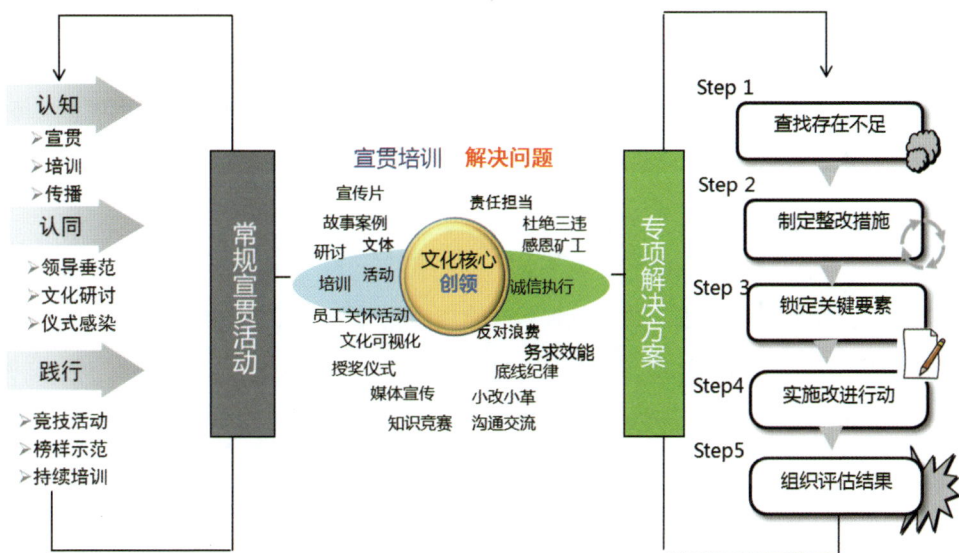

神东企业文化深植示意图

（一）聚焦问题抓整改

诊断查摆仅仅是第一步，解决问题才是关键。要用文化是否有效融入管理，问题是否切实解决，企业安全是否更好、效益是否更高、是否更加和谐稳定来检验文化的作用发挥。要对照企业价值倡导，查找目前各级组织在安全生产、成本管控、业务流程、日常管理、队伍建设、新闻宣传、教育培训、文化建设与群团活动等各个方面存在的问题，查找存的问题和不良文化现象，进行系统全面、深刻彻底的梳理剖析，寻找症结所在，研究落实整改方案。要结合实际，抓住当前存在的突出问题，以此为抓手和突破口，精准用力，实现循环运作。

（二）立足岗位纠不足

企业文化不能有效落地的一个重要原因是，文化理念与员工岗位实际结合不够紧密，认为文化与自身没多大关系，践行文化方法和载体不够鲜明。借鉴与拓展"三严三实""两学一做"学习教育的有效成果与方法手段，每一个员工遵循企业价值观的倡导，立足岗位查找存在的问题和不足，制定改进措施，从而促进思维及工作方式、行为方式的转变，就能从根本上解决这一问题。神东企业文化核心定位为"创领"，体现在员工上就是六条员工守则，是全体员工行为的"标尺"。六条员工守则的遵守就是对神东创领文化理念的践行。"创领"文化中的六条员工行为守则是从"责任""安全""效能""执行""成本"和"纪律"六个方面将抽象的文化理念具体化、条例化。对六条员工守则的遵照执行，就是对"创领文化理念"的宣贯践行。

（三）制度保障文化的有效传递

企业文化建设与管理实质上是探索文化制度化与制度文化化的内在统一。不能把企业文化做成挂在墙上、说在嘴上的"口号式"、务虚式文化。不能就问题查问题，不整改不落实，这不叫文化。要通过建立规范科学的制度体系、管控体系来实现企业制度与文化理念的对接，把企业文化理念充分体现在各项管理制度、工作标准、考评中，寓于管理流程、资源配置、成本管控、薪酬管理、人才选聘、干部任用等各领域、各个环节，使制度标准与价值准则能够协调同步，硬性约束与文化导向互补。

（四）要顶层设计与基层践行双向循环

企业文化宣贯践行是一项系统工程，需要系统筹划，常抓不懈。在企业文化的建设、设计、践行这些方面，重要是要做到职能分工清晰，形成自上而下、积极引导和自下而上、自觉践行的文化建设常态化管理模式。神东在企业文化建设中明确了顶层设计、服务协调、运行实施三级管理重点，从完善公司企业文化建设顶层设计入手，建立公司企业文化建设管理责任体系，统筹企业文化建设总体规划，强化对企业文化建设工作的领导与管理；加强企业文化建设服务协调，整合优化文化管理资源和服务资源，对二级单位子文化建设及职能部门相关专项文化建设工作进行指导，对建设过程中的问题加以解决，亮点加以挖掘、分享；夯实基层单位企业文化建设运行实施基础，重在实践，追求实效。相对于基层单位来说，与区队、厂站母子文化的管理关系，越基层越要在"实践"上下功夫，这是基层企业文化建设的生命力所在。

（五）方法载体要灵活多样

神东企业文化建设"654"工作法坚持公司主导、基层单位主体、全员参与，多途径、多方式、多手段的企业文化建设体系。"6"是建立健全六大系统，即组织领导系统、制度管理系统、培训宣贯系统、传播推广系统、考核评价系统和成果管理系统。"5"是要发挥五种力量：制度的规范力量、领导的推动力量、典型的示范力量、员工的践行力量和宣传的引导力量。"4"是在理念、制度、行为、物质四个层面用好教育培训、交流传播、文明创建、仪式实践四种方式方法，增强文化的凝聚力和影响力，实现"看得见的宣教"和"看不见的熏陶"。

2016年，神东在企业文化现状诊断、体系构建过程中，同步策划开展23项企业文化提升系列实践，活动以问题的文化成因分析与解决为重点，从文化建设和管理的层面上，区分管理干部、员工群众、青年员工三个群体，区分公司、基层矿处单位、区队厂站三个层次自主组织开展，针对问题解决的同时，提升了员工队伍素质和道德素养，让员工享受更丰富内涵的精神生活。

（六）推动文化产品精品化

优秀的文化产品反映着一个企业的文化创造能力和水平。一部传播企业文化理念、体现企业精神、反映员工的审美和价值追求的文化作品才能触及员工的灵魂，引起员工的思想共鸣，才能有正能量、给人以强大的感染力。神东利用三年的时间拍摄而成的大型文献纪录片《神东之路》，以高利兵为原型由员工自编自导自演的公益微电影《寻找好人》，全社会范围内征集、员工创作演唱的16首《新歌唱神东》原创歌曲，受到广大员工群众的广泛认可和媒体的高度关注。就是因为这些文化作品具有鲜明的思想性，反映了神东发展、企业进步、员工创造、时代风尚的良好思想内涵和精神追求，显示了强大的精神力量。

新闻媒介要负起企业文化建设的责任和担当。要多层次、多角度宣传企业文化理念和员工行为规范，传播展示多媒体化，讲好神东故事，推出更多传承企业历史、体现创领文化内涵、反映员工精神生活的文化精品。

文章出处：成稿于2017年3月，发表于核心期刊《企业管理》2017年第5期。获神东煤炭集团2017年度优秀党建思想政治理论课题研究成果一等奖，陕西煤炭行业思想政治课题成果一等奖，2016—2017年度全国煤炭行业优秀政研成果三等奖。（本书出版时，文章有微调）

参考文献：

[1] 中国企业文化研究会. 中国企业文化年鉴2015—2016卷 [M]. 长春：吉林人民出版社，2016.10.

[2] 孟凡弛. 企业文化研究 [M]. 北京：中国经济出版社，2016.10.

[3] 神东企业文化项目组. 神东企业文化 [M]. 西安：三秦出版社，2009.12.

[4] 杨克明. 企业文化落地高效手册 [M]. 北京：北京大学出版社，2010.10.

国有企业文化改革创新与实践研究
——以神东煤炭集团公司企业文化建设为例

霍永霞

摘要： 党的十八大以来，伴随着社会经济"新常态"的到来，以全面深化国有企业改革为引领的社会经济迎来了一次新的变革，国有企业之间的强强联合、兼并重组等此起彼伏，不同行业、不同产业间的资源整合对国企的面貌产生了深远影响，其中企业文化之间的整合凝聚也必然面临新的问题和使命，如何创新国有企业文化，以其凝心聚力的深厚内涵推进国有企业改革是我们面对的重要现实挑战。本文以神东煤炭集团企业文化建设为个案，通过回顾神东文化建设的发展历程，分析新形势下神东企业文化建设面临的环境，总结介绍神东企业文化建设实现创新发展的主要做法，探索和思考国有企业文化建设和创新需要注意的几个问题，总结经验，发挥企业文化凝心聚力作用，为国企深化改革助力。

关键词： 国有企业　文化改革　创新与实践　研究

一、神东煤炭集团公司文化建设的发展历程

神东煤炭集团公司（以下简称"神东"）地跨蒙、陕、晋三省区，是我国第一个两亿吨级煤炭基地，也是我国最大的煤炭企业。神东在30多年的发展实践中积淀了优秀的企业文化。在20世纪80年代煤田开发建设初期形成了"艰苦奋斗、开拓务实、争创一流"的企业精神，神东的建设者在自然条件和生活条件都极其恶劣的情况下开始了伟大的创业征程；90年代初提出了"高起点、高技术、高质量、高效率、高效益"的"五高"建设方针，逐步探索出优良地质条件与先进开采工艺相结

合的高产高效建设道路，突出"精干高效"的价值理念，为今后的超常规跨越式发展争得了优势。1998年以后，神东坚持技术创新和管理创新，创建了以"生产规模化、技术现代化、队伍专业化、管理信息化"为特征的千万吨矿井群生产模式，成为煤炭产业技术系统集成和煤炭产业自主创新的示范。2009年神东煤炭集团公司成立，提出了建设"四化五型大神东"的发展战略和"创百年神东，做世界煤炭企业的领跑者"的共同愿景，2011年建成全国第一个两亿吨商品煤生产基地，神东进入新的发展时期。2015年神东明确世界领先的清洁煤炭生产商的战略目标，开始全面提升企业发展优势。在继承上述这些文化因子的基础上，近十几年来，神东积极进行了企业文化的构建、升级和落地。

二、新形势下神东集团企业文化面临的环境分析

随着企业的快速发展，神东面临的内外部环境发生了深刻变化。深入分析当前企业的内外部环境，辩证地来看神东文化的成因，有助于我们更好地理解神东文化的内涵，更好地在新常态下不断创新企业文化。

（一）社会主义核心价值观为企业文化提供了巨大推动力

党的十八大提出"三个倡导"的社会主义核心价值观，强调把培育和弘扬社会主义核心价值观作为凝魂聚气、强基固本的基础工程。习近平总书记指出，把培育和弘扬社会主义核心价值观作为凝魂聚气、强基固本的基础工程，继承和发扬中华优秀传统文化和传统美德，广泛开展社会主义核心价值观宣传教育，积极引导人们讲道德、尊道德、守道德，追求高尚的道德理想，不断夯实中国特色社会主义的思想道德基础。伴随经济发展进入新常态，全面深化改革进入关键期，国有企业面临的形势复杂严峻，更要坚持价值引领，坚持改革创新。我们必须要将社会主义核心价值观贯穿融入企业改革发展全过程，通过加强企业文化和精神文明建设，推动社会主义核心价值观落细落小落实。这为企业文化建设指明了方向，注入了动力。

（二）神华集团"1245"新的发展战略，需要企业文化的支撑

2014年，新一届神华集团党组提出了"1245"的发展思路，以"技术领先、管理先进，价值创造、创新驱动"为基本特征，创建世界一流清洁能源供应商，并明确提出神东要成为世界领先的清洁煤炭生产商的新目标。可以预见，在今后一个时期内，神东也需要将重点围绕"依法治企、安全环保、价值创造、优化结构、幸福和谐"这五个方面找准新目标、确立新优势。而引领和实现这一新的战略发展目标，无疑需要用文化来统一思想、思行共促。同时，强化神东企业文化建设也是营造神东发展所需动力和氛围的要求，是减少管理成本的基础。随着全国煤炭形势的大变革，神东也必然面临深刻的转型发展，随着神华全面深化改革的推进，管理模式也必然随之变革，这些都需要以文化凝聚人心。

（三）年轻员工思想意识的多元化，急切呼唤企业文化的转型

当前，随着老一辈煤矿工人退出历史舞台，新一代员工尤其是"80后"和"90后"的加入，使得价值观念和思想意识呈现出更加多元的趋势，人们的诉求各不相同，追求的目标也面临差异。随着信息技术的飞速发展，网络更是以前所未有的速度扩展到年轻一代员工的身上，冲击着他们的传统的观念，影响着他们的思想和行为。新旧思想观念的交融，可能会使得一些原有价值理念、目标追求受到质疑，使得他们在价值评判和行为准则选择上感到迷茫困惑，甚至无所适从。新的问题需要新的文化来适应和引领，如何使新员工的价值追求和企业的发展目标有效互融互通，促进企业发展，这就对企业文化的多样适应性提出了新的要求。

三、神东企业文化建设实现创新发展的主要做法

（一）科学开展企业文化诊断提升工作

只有认识自己，才能改正自己、发展自己。为了更好地了解神东的企业文化状况，神东按照企业文化建设规律要求，先后四次组织企业文化诊断提升，目的在于及时了解和把握广大员工群众对文化建设的诉求，总结企业文化建设过程中的经验和亮点，查找不足，树立问题导向，为今后的文化建设提供可用的决策参考和建设

方向。特别是2006年组织了企业文化体系的提升，2009年与清华大学经管学院联合以项目运作的方式进行企业文化诊断提升、融合项目研究，2013年组织实施安全文化建设项目研究，2014年组织企业文化提升网络问卷调查和基层单位企业文化自我诊断，有14096名员工参与问卷答题，答题人数占员工总数（包括1.66万劳务工）的34%。38个基层单位完成了自我诊断分析报告。诊断提升运用了问卷、访谈、主题研讨、专家评审等多种形式和手段，参与人员包含上至总经理下至一线员工等各个层级的人员，使诊断结果最大程度地符合公司实际状况。

经过几次的诊断提升，神东形成了一系列的文化建设成果：一是修改完成《神东企业文化视觉识别（VI）系统手册》《神东煤炭集团公司标识标牌应用规范》和《神东煤炭集团公司员工工装设计规范》；二是修改完成《神东煤炭集团企业文化手册》《安全文化建设手册》《员工行为规范手册》；三是形成《神东企业文化实施纲要》《培育和践行社会主义核心价值观实施意义》《神东安全文化建设指导意见》等纲领性文件；四是编撰出版《神东企业文化》《神东故事》《神东企业文化典型案例》《画中有话安全漫画集》等企业文化建设系列丛书。这些成果是对神东30年企业文化建设的总结和升级，也为神东今后的企业文化建设指明了方向。

（二）文化理念宣贯与转化

企业文化建设重在文化理念的转化与落地。使具有神东特色的企业文化深深地根植于员工的心灵中，根植于企业和谐发展的实践中，是企业文化建设的目的所在。

（1）健全六个工作体系，为文化理念的宣贯转化提供保障。一是健全组织领导体系。成立企业文化建设领导小组，明确了各部门、各单位企业文化建设工作的负责人和岗位职责，形成了公司领导带头建设、相关职能部门各司其职、员工全体参与、合力推进公司企业文化建设的工作格局。二是健全工作制度体系。结合公司战略规划，出台《神东企业文化建设规划》等制度文件，规划了"一主多元"的文化建设格局，保证了企业文化建设系统性和规范性。三是健全宣贯队伍体系。举办企业文化宣贯大赛，选拔建立了公司级、矿（处）级、区队级、班组级"四级"企业文化宣贯队伍，为企业文化理念宣贯提供了人员保障。四是健全设施设备体系。加大文化活动设施的投入，改善员工的洗浴、餐饮、住宿等生活设施，建设图书室、员工活动室、培训教室、文体娱乐室等场所，为开展企业文化建设工作提供设施保障。五是健全载体手段体系。运用专题网站、电视专题片、报纸、展厅、文化走廊、广场、宣传栏、宣传牌板、广播等传播手段和渠道，在全公司营造浓郁的文化氛围，历时三年拍摄大型文献纪录片《神东之路》，全景展示了神东煤田的开发历史，再现了神东人改革奋进的精神风貌。六是健全考核评价体系。企业文化建设纳入公司五型绩效考核中，将考核结果与单位绩效、员工晋升有效结合，通过科学、系统、有效的考核评价，持续改进，不断完善。

（2）坚持宣贯渗透，强化认知认同。为了让企业文化理念入心入脑，神东注重搭建教育培训、文明创建、宣传报道、文化活动等平台建设，强化认知和认同。一是深入解读企业文化核心理念体系，收集整理员工身边发生的真实文化故事和语录，人手一册《企业文化手册》，编制了《神东企业文化》员工培训教材，开展了企业文化宣讲系列活动。二是制定下发《神东企业文化宣贯实施指导意见》，把文化理念学习纳入"每日一题"，通过开展主题实践活动、有奖故事比赛、员工班前诵读、入井前安全宣誓等方式向员工宣传渗透。三是运用信息化手段提高企业文化宣贯效果。将"大访谈、大沟通、大和谐"分层讨论会与QQ群、信息系统相结合开展企业文化宣贯；制作企业文化成果电子书，开发企业文化宣讲专题课件和网络知识竞答App，将企业文化理念通过网络展示开来，借助网络无时空限制、信息传递及时快速的特点有效地传播企业文化理念。四是多种形式加强领导干部和企业文化骨干的培训。先后组织到胜利、华为、大庆、龙煤、兖州、枣庄等知名企业进行了文化对标考察。邀请国内知名企业文化学者魏杰、邹广文、张德、韩庆祥、郑晓明、孟凡弛、李世华等教授走进矿区举办讲座，在大学生入企培训、区队长培训、职工子女培训、宣贯员培训、复转军人培训、班组长培训等培训中有效传递企业文化理念；通过持续不断地宣贯渗透，强化企业上下对价值观的深刻理解和广泛认同，实现价值观内化于心。

（3）加强制度、行为文化建设，规范员工行为。一是进一步梳理、修改完善了各项制度，把文化核心理念和价值追求细化到企业各项制度之中，用制度诠释怎么看、怎么办的问题，宣传弘扬什么、摒弃什么、什么该做、什么不该做的问题，强化制度固化。二是以新型矿工建设为载体，强化员工的行为养成。通过开展岗位成才、感恩教育、诚信建设、中国梦等主题实践活动，将员工岗位实践、个人的价值追求与企业发展紧密结合，在全公司形成浓郁的文化氛围。三是与道德建设相融合，发挥文化无形的辐射和引领作用。公司承办了中央企业先进精神报告会，组织首届道德模范评选活动，分区域举办神东精神报告会，开设道德讲堂和道德模范故事汇基层巡演，常态化推选身边好人等。用身边事教育身边人，小故事阐述大道理，让核心价值理念可近、可信。2012年神东首届道德模范评选，历时半年，近3万员工群众参与了此项活动，这是公司成立以来员工群众参与人数最多、社会高度认同的一次活动。是企业文化建设融入中心工作，凝聚力量，促进安全生产，提升神东品牌效应的一次成功探索，受到员工群众广泛赞扬和主流媒体的高度关注，提高了神东企业影响力，体现了文化管理的巨大效应。四是抓住班组文化的根基，转化为员工的自觉行动。神东共有527个区队1986个班组。神东将企业文化建设融入班组建设中，以文化理念引导班组建设，积极探索形成了公司谋势、建平台搭奖台，基层单位谋局、搭赛台建舞台，区队谋子、建讲台摆擂台，班组实践、创标准唱主角，逐级管理、分类指导、层层落实的班组建设管理体制，形成了企业文化与班组建设同步开展、相互促进的良好效果。五是创新开展群众性文明创建活动，提高矿区整体文明程度。以各单位为主体，深化文明单位、文明员工、文明办公、文明餐桌、文明交通、文明传播等文明创建活动，树立积极健康、文明向上的思想意识和行为方式，践行神东人"十要十不"行为准则，使讲文明、树新风成为每个神东员工共同的自觉行为。

（4）完善形象识别系统，营造浓郁文化氛围。为了推进企业文化建设，神东把企业精神、理念等转化为具体化、视觉化的外在形象进行传播，规范了公司及各部门简称、办公设备、办公器具、员工着装款式及色调，统一企业宣传标牌、广告牌的装置规格和设置区位，潜移默化地向员工传播文化理念，扩大了企业文化建设的有效覆盖面；发挥板报、专栏、橱窗、宣传栏、广播等阵地作用，通过设立企业文化网页，开设专栏，在电子屏幕、广播站滚动播放企业文化理念、安全歌曲等多种形式，促进全员参与认知，来实现文化共建、文化价值理念共享。如设备维修中心结合本单位实际，员工自行设计制作铁艺作品，做到环境文化有展示、行为规范有体现、思想内心有认同。在神东形象展厅设计、国际交流中心软装工程、"神华杯"

采煤技能国际大赛的开闭幕式、道德模范颁奖典礼等大型文化活动和工程中体现文化元素，统一标识，使员工完全置身于一个有明确文化提示或暗示，能增强员工记忆、引发员工思考的文化环境之中，从而提高员工对神东文化的认同。

（三）强化五种力量，推动企业文化的建设与落地

（1）制度的规范力量。一个良好的、有序的制度体系是做好安全工作的重要保证，也是培育企业文化的基础。神东在制度建设上形成了一套科学严密的规章制度体系。制度健全、流程清晰、职责明确，这些刚性的制度是实现管理的有力措施和手段，作为员工行为规范的模式，能使员工个人的活动得以合理进行，同时又成为维护员工共同利益的一种强制手段。

（2）领导的推动力量。企业领导在企业文化建设过程中发挥着主导作用，是企业文化建设的倡导者、领导者和实施者，领导者的价值观和领导风格决定企业文化的基调，领导者的率先垂范和持之以恒决定企业文化建设的成败。公司注重领导的领导力建设，组织能力素质模型研究，举办神东大讲堂，提高各级领导的领导艺术，按照政治素质好、经营业绩好、团结协作好、作风形象好"四好"班子的要求和标准加强领导班子自身建设，从而带动全体员工认同文化理念，推动了文化理念的落地。

（3）典型的示范力量。企业典型模范人物是企业的中坚力量，他们的行为在整个企业行为中占有重要的地位。这些典型模范人物使企业的价值观人格化，他们是企业员工学习的榜样，他们的行为常常被企业员工作为仿效的行为规范。神东注重先进模范人物的塑造和宣传，通过开展"劳模风采""神东先锋谱""寻找身边的好人"的多种主题活动，涌现出"感动中国矿工"陈苏社、"榆林道德模范"顾秀花、央企青年劳模王国靖等一大批模范，矿业服务公司劳务工高利兵入选2014年中国好人榜候选人。选树榆家梁煤矿、设备维修中心一厂、哈拉沟煤矿大学生采煤班为践行社会主义核心价值观示范单位，达到了"树一个典型、影响一大片"的效果，形成了良好的文化氛围。

（4）员工的践行力量。企业文化建设工作需要全体员工的参与。每个员工不仅仅知道企业的核心价值观、企业精神和经营理念是什么，还要能够切实理解，并转

化为自己的实际行动，用文化来指导自己的工作，做到"文化内化于心、固化于制、外化于行"。比如寸草塔煤矿"员工诚信档案"、洗选中心"共产党员模范行为积分活动"等，在学习宣传的基础上，把公司核心价值理念的本质要求细化为可描述、可操作、可考核的岗位行为规范，明确公司员工在本职岗位工作中应遵循的行为标准和规则，应展现的良好品质和形象，起到了良好的效果。

（5）宣传的引导力量。企业文化建设需要广泛宣传和传播，否则，文化就只是个别人的思想而不是影响大众行为的文化。注重文化理念的故事化，通过故事将抽象的理念具象化，使文化理念通俗易懂，有助于员工理解和接受；榆家梁煤矿员工自编自导自演《矿工父亲》等七部微电影，讲自己的故事，弘扬核心价值观念，塑造了当代矿工的良好形象。在宣传途径上，神东充分利用广播、电视台、信息网、报纸、看板、宣传窗、文化长廊、展厅、班前会、大型专题会议及微信、微博、QQ等新媒体进行宣传，同时与中央及陕蒙两省区主流媒体建立战略合作关系，传达神东落实中央、国资委和集团党组决策部署的重大举措，展示神东在绿色开采、生态环保、履行社会责任、创先争优活动等方面的突出亮点和成就。通过系统的主题宣传，使得每位矿工处于文化理念的包围之中，认同和接受神东企业文化。

四、神东企业文化取得的效果与经验

经过若干年的企业文化建设，神东企业文化体系得到广泛认可和贯彻，文化管理及相关建设活动积极开展，逐步落实，组织领导和制度保证显现成效，形成了良好的文化氛围。公司员工和专家学者对神东企业文化建设的成绩和效果给予较高评价，认为神东企业文化建设取得了"提升企业形象、提高员工幸福指数、增强职工队伍凝聚力、推动企业健康发展"的作用。总结公司企业文化建设工作，体现了以下的一些亮点或经验。

（一）坚持先进理论与企业实际相结合

理论指导实践，实践验证理论。科学、有效的企业文化建设工作一定是科学指导理论与企业实际情况完美结合的产物。在神东的企业文化建设中，公司选择奎因的对立价值构建模型和麦肯锡"7S"模型这两种先进的理论作为指导实践的工具，通过将这些理论与神东实际情况相结合，产生了一批高质量的成果，为各项工作的开展指出了方向。

（二）坚持文化建设与安全生产相结合

神东积淀、传承、发展的神东精神、五高方针、四化模式都源于神东的安全创新实践，都恰当地反映了不同阶段神东建设的任务、目标和原则，反映了主观建设理念与客观煤炭资源的高度统一。在企业文化建设中，也着力避免就文化谈文化、文化与工作相隔离的现象，努力将文化理念融入企业战略之中、融入企业管理之中、融入员工岗位之中，文化要素覆盖到每一个人、每一个角落、每一个岗位，使企业文化渗透到企业的方方面面，实现神东企业文化与安全生产实践的最佳结合。

（三）加强文化融合，提高价值认同

神东在发展过程中，经历了几次大的战略重组和整合。1998年8月地处陕西和内蒙古的两公司合并成立神东煤炭有限责任公司，2009年神东煤炭分公司和金烽、万利、神东煤炭公司四公司整合，成立神东煤炭集团公司。2014年和2015年，神东分别托管新街能源公司，与榆神能源公司整合。整合之前，各个企业都是独立的法人企业，都有自己的独立的管理体系和企业文化。不同的企业文化又孕育出不同的员工价值观念、行为规范和行动规则。企业联合重组后，存在着价值观冲突、行为规则的差异。要想成为一个整体，需要一个较长时间的磨合过程。神东注重文化的融合研究和实施，在机构、人员、技术、设备整合同时，加强主流文化的宣贯和文化融合，鼓励员工积极参与，渐次形成了共同的企业价值追求和文化价值取向。当然，随着企业的持续发展，针对托管矿井的文化认同问题，文化融合仍然是企业文化建设工作的重点之一，需要下大工夫解决。

（四）注重传承、吸收、创新和扬弃

神东企业文化内涵深厚，来源广泛，既有煤矿工人特别能战斗的精神禀赋，又有国际领先价值理念的熏陶，还有国内外知名企业先进文化的影响。2003年以来，

先后几次以项目运作方式对神东企业文化体系进行了诊断提升。每一次总结提升都是一个传承、吸收、摒弃的过程。

（五）创新企业文化建设的载体和形式

结合时代和员工接受信息来源的主要特点，将先进的科学技术手段与企业文化建设工作相结合，有效促进了企业文化工作的开展。如网络知识竞答、网络企业文化提升问卷、制作企业文化成果电子书库、微信讲堂学习、QQ交流等等，手段新颖，员工群众乐于接受，效果显著；组织各类主题教育实践活动，调动员工参与到企业文化活动中，进而关注和参与到企业文化建设中，推动企业文化建设重心下移。将企业文化理念融于员工招聘、大型文化仪式活动、VI导示、软装工程、员工工装及各类标牌的组织与制作，在设计之中体现文化元素，文化力量在活动与工程建设中得以充分展现。

五、国有企业文化建设和创新需要注意的几个问题

从神东企业文化创新实践取得的成绩我们可以看出，其中既有时代的因素，同时也是企业文化与企业战略相匹配的结果。但是必须要达到的一点是，必须实现企业文化理念与战略相支撑、与企业管理深度融合，特别在"一主多元"的文化格局下，要加强顶层设计，注重布魂、布局、布道、布法、布点，通过打造文化软实力，实现国有企业文化创新。

（一）要重新构建以企业文化理念为核心的企业文化体系

企业文化的价值观是企业全体员工在企业生产经营活动中一致的价值取向，它反映了企业的根本追求与精神归宿，它告诉员工企业行为中什么有价值或者最有价值，什么是公司倡导的员工必须践行的。通过梳理将员工高度认同的企业精神、方针、安全理念、环保理念等坚持和传承，体现价值观重要性与体现程度极差大的"公平"理念、认同低的人才理念等进一步提炼挖掘。需要进一步确定国企企业文化的核心，厘清各理念的逻辑关系，使文化理念更体现神东管理思想，更易懂、易

记、易传播。

（二）重视发挥公司领导和各基层单位一把手的重视并积极参与

在尊重与顺应社会文化，用社会主义核心价值观丰富企业文化内涵的大前提下，企业文化与单位的一把手有着直接的相关关系。企业文化建设并不像具体生产、经营管理、组织结构设计等职能清晰可见，也无法在短期内见效。要想使员工群众能相信并愿意去实践共同的文化理念，一把手的身体力行最为重要。如果提出的理念只是停留在口头上、文字、会议等形式上，只是向下要求践行内化，这样的企业文化是不可能被员工群众所接受，文化所能起的作用也就显而易见了。而且企业文化的落地一般都要经历熟悉、遵从、领悟、认同、内化几个阶段，需要融入管理的方方面面才能真正形成一种力量。

（三）顶层设计与基层践行相结合才能确保企业文化体系不断完善健康发展

建设企业文化是一项长期而复杂的系统工程，需要系统筹划，常抓不懈。在企业文化的建设、设计、践行这些方面，重要是要做到职能分工清晰，形成自上而下、积极引导和自下而上、自觉践行的文化建设常态化管理模式。公司层面和基层单位层面要各有建设重点，不能混淆职能。上一级要注重顶层设计，重在布局、建机制、创模式、推典型，重在搭建平台。下一级注重实践。顶层设计不能过于繁杂，过分细化、面面俱到，要给基层留下更多创造性的空间。基层践行重在实上、践上。子文化建设要具体化、形象化、业务化、个性化。要追求实效，这是基层企业文化建设的生命力所在。

（四）有效的企业文化建设机制是企业文化建设中不可忽视的重点

通过构建一套科学的、行之有效工作机制，包括建立完善制度保障机制，为企业文化建设提供"刚性"约束；健全资源保障机制，为企业文化建设提供资金和人力保障；健全考评机制，把评价检查与改进工作相结合，使企业文化建设与单位绩效挂钩，与各级管理干部考核挂钩，从而实现企业文化建设水平的全面提升。但文化本身又相对难以量化，而且实际上文化的考核评估也从来不是单纯的使用一种方法就可以实现，又能合理公平。另外经过一段时间的企业文化建设，已经取得一定成绩或成效的单位也需要进行适时总结评估，及时修正，巩固提高，才能促进企业文化不断改进、创新、发展。因此进一步整合文化资源，在公司层面修改完善考核评价、表彰激励机制，以评促建，才能不断推动企业文化建设工作的改进和提高。

（五）做好企业文化融合更加具有紧迫性和重要性

企业文化不能独立存在，只有融入生产经营才有生命力，才能发挥作用、彰显价值。例如，神华集团提出要主动适应经济发展新常态、积极引领煤炭行业新常态，加快推进"1245"清洁能源发展战略落地，改革创新，追求价值，创建世界一流的清洁能源供应商。神东作为神华的核心企业，寻找新优势，要建设"世界领先的清洁煤炭生产商"。因此，企业文化导向与发展战略要相匹配、相融合，围绕企业发展战略目标适时调整文化体系。企业文化要与企业管理相融合，管理制度要体现管理思想，实现管理行为与管理思想相一致。企业文化与员工岗位相融合，使文化理念成为员工的普遍共识、自觉追求和实际行动。企业文化与思想政治工作相融合，互为补充，互相促进。另外随着企业转型发展，文化整合越来越需要引起我们的高度重视。文化融合的目标是共生、共创、共荣，它不是简单的文化兼并和渗透，而是文化的提升和再造。要正视基层单位企业文化的差异，在大力倡导公司主文化、核心价值理念的同时，建立包容、理解机制和文化沟通渠道。这一点尤其需要注意。

文章出处： 成稿于2017年8月，获神东煤炭集团2017年度优秀党建思想政治理论课题研究成果一等奖。

参考文献：

[1] 张德. 企业文化建设[M]. 北京：清华大学出版社，2003.10.

[2] 罗长海，陈小朋，肖春燕，郭灿希. 消企业文化建设个案评析[M]. 北京：清华大学出版社，2006年7月第1版.

[3]《神东企业文化员工培训教材》2009版，神东企业文化项目组编。

[4]《神东企业文化手册》2009版，神东企业文化建设委员会编。

[5] 金·S·卡梅隆，罗伯特·E·奎因，组织文化诊断与变革[M].北京：中国人民大学出版社

[6] 张玉卓董事长在集团公司2014年工作会上的讲话.

[7]《神东煤炭集团企业文化建设实施纲要（试行）(2009—2013)》.

国有企业党建与企业文化建设
融合机制探索——以神东煤炭集团公司为例

云飞

摘要： 党建及思想政治工作是国有企业的优良传统和政治优势，企业文化是企业的核心竞争力和软实力，二者在企业管理中有着十分重要的位置和作用，同时也有着许多共同点和相似处。当前，思想政治工作和企业文化建设与企业管理"两张皮"的问题十分普遍，建立国有企业党建与企业文化建设"两位一体"、相互融合的工作机制，使其有效地融入中心、进入管理、发挥作用，是现代企业管理发展的必然趋势。本文以神东煤炭集团为例，进行了相关工作实践思路的探讨，并力求达到对国有企业举一反三、触类旁通的作用和效果。

关键词： 党建　企业文化　机制　创新

党的十八大强调，扎实推进社会主义文化强国建设，党的十八届三中、四中、五中全会围绕全面从严治党和推进文化体制机制创新提出一系列重大举措和工作部署。思想政治工作是国有企业的优良传统和政治优势；企业文化是社会文化在企业的有机延伸，又是企业的软实力和核心竞争力。坚持用党的方针政策指导企业战略决策，用党的核心理念和工作方法调适企业治理模式，并把党群组织作为滋养先进文化的有力阵地和工作主力，建立国有企业党建与企业文化建设"两位一体"、相互融合的工作机制是国有企业深化改革和管理提升的必然要求。神东作为神华集团的"长子"、煤炭工业的"帅旗"，构建党建与企业文化建设相通相融、协调统一的工作运行机制，既是企业创新发展的工作需要，也是领跑行业的光荣使命。

一、神东党建与企业文化建设存在的问题及原因分析

神东从1984年开发建设，作为国家重要的能源战略基地和首个现代化煤炭生产企业，30年来，坚持不辱使命，勇扛帅旗，走出了一条创新发展之路，形成了独具特色的管理文化，得到世人瞩目和行业尊重。与此同时，企业党建与思想政治工作紧紧围绕中心、发挥职能、力求有所作为。但是受大环境、大背景及企业自身因素的影响，与好多企业一样，党建与企业文化建设也暴露出许多与党和国家当前政策形势及企业自身发展不相适应的问题，必须站在中央企业使命担当与神东战略落地的高度系统谋划，科学解决。这些问题主要表现在以下几个方面：

（一）"一手硬一手软"的问题依然存在

公司及基层单位普遍存在重视安全生产和经营管理，弱化党建和企业文化建设的问题。一些基层党组织不同程度地存在"纪律松弛、组织涣散，党员干部政治意识淡薄，思想退坡，党组织凝聚力、战斗力大打折扣"的问题；存在"党的领导弱化，管党治党不严，主体责任压力传导层层衰减，监督执纪问题刚性不足"的问题。党建及思想政治工作常常表现为"说起来重要、做起来次要、忙起来不要、出了问题才要"的现象。近年来，尽管通过党的一系列专题教育活动对部分问题进行了集中整治，但好多深层次的问题仍然存在，没有从思想根源上彻底解决，制度层面还有缺陷，稍一放松就会反复。党建工作实际已游离于企业管理，成为一种政治标签和应对任务，企业文化更多的是为了包装形象、粉饰门面。

（二）企业文化建设实践工作相对滞后

神东在30年的发展历程中，一直比较重视和关注企业文化核心理念的提炼和工作体系的构建，而忽视了专业文化和基层特色子文化的建设和发展。由于缺乏制度的设计和实践工作的跟进，具体工作很容易停留在简单的宣贯层面浮游空转，不能转换落地。另外，煤炭十年黄金期已经结束，面对企业新的战略调整和发展定位，原有的部分管理理念已与之发展不太协调，需要再梳理、再完善、再升级、再提高，并要形成与此相适应、相匹配的工作运行机制。

（三）"两张皮"现象的问题比较突出

党建及企业文化建设工作方法、实践载体缺乏创新，融入机制没有形成，相关工作要求、规划不严不实，常常写在纸上，提到会上，挂在墙上，却落实不到行动上，形式主义较为严重；党建、工会、纪检、团青等党群部门缺乏有效的协作配合，企业文化、安全文化、风险预控体系、班组建设、群众安全、宣传教育、标准化作业流程、精益化管理等基础工作缺乏统一规划、统一安排，具体工作中常常各自为政，造成具体工作内容的重复和人财物等资源的浪费，严重影响到工作效率和效果的进一步提高。

（四）政工干部业务素质不能满足当前工作需要

由于对党建及企业文化建设工作的重要性和必要性缺乏正确的理解认识，在相关部门的定员编制上过求精干，力量不足，且政工岗位常常被当作安置性岗位，人为降低了准入门槛，使得其能力不足，业务逐渐边缘化；新员工招录惯于向生产技术和经营管理岗位倾斜，造成相关岗位人才急缺，后劲不足；公司业务部门缺乏对基层相关工作的权威指导，习惯于隔空喊话，一味安排和要求，用检查考核代替指导服务，用评比奖罚代替管理提升，使好多基层单位在具体工作落实上被动接受、盲目应付，不利于相关工作的提升和人员的进步，表现为党群及企业文化建设方面创新谋事的动力不足。

需要说明的是，上述问题绝非神东独有，国有企业类似的情况普遍存在。造成这些问题的原因是多方面的，有党和国家治理及社会层面的问题，如"两手抓"的政策落实不到位，国有企业党组织履职尽责的途径不畅通等；有企业自身的问题，如对相关工作定位不准，与企业的价值追求有冲突，政工干部队伍自身不努力等。所有这些问题只有结合起来，找出根源，抓住根本，理顺关系，用辩证的观点、系统的思维，统筹兼顾，顶层设计，才能从根本上得以解决。

二、党建与企业文化建设工作的相互关系

企业党建与企业文化建设尽管属于党务和行政两个不同主体的工作，但在工作

性质、任务目标和实际操作中，却有着千丝万缕的联系。

（一）对象相同

企业党建和企业文化建设工作，其研究对象都是企业员工，都是做人的工作，它们都是以尊重人、理解人、引导人和激励人为出发点，都强调协调好企业内部的关系，都重视培养人的团队观念和思想素质。企业党建从根本上来说，是研究人的思想认知和价值观点，立足于用先进的思想武装人，用正确的舆论引导人，培养有理想、有道德、有文化和有纪律的员工。企业文化从研究人的共同价值取向出发，注重焕发人的精神，塑造人的灵魂，倡导优良作风和好的传统，强调自我激励的作用，最终实现人格化自主管理。因此，企业党建和企业文化建设在培养人的良好品质、塑造人的美好灵魂方面出发点是相同的。

（二）目标相向

企业党建和企业文化建设都属于意识形态范畴，都是为企业经营管理服务。无论是企业党建还是文化建设都必须坚持党的领导，服务于企业中心大局。企业党建的目的是通过加强党的政策理论教育和爱国主义、集体主义思想教育，加强党的政治建设、组织建设，进一步发挥党员的先锋模范作用，调动企业员工工作的积极性，最终达到提高企业经济效益的目的。企业文化建设的目的，就是围绕企业生产经营中心工作，通过人性化管理和制度建设互补，激发人的工作热情，构建低成本的长效机制，推动企业健康发展，从而提高经济效益。因此，企业文化建设和企业党建的共同目的都是为提高企业核心竞争力，为企业生产经营管理服务。

（三）路径相通

企业党建工作常常开展的党建主题实践活动、寓教于乐的文化活动及典型人物、先进事例的宣传教育活动，也是企业文化建设宣贯工作的基本手段和主要途径。企业党建和企业文化建设可通过形式多样的载体活动，向广大员工传播共同的价值取向和行为准则，引导企业员工树立正确的思想观念，形成良好的行为习惯，使全体员工在企业的使命、战略目标、战略举措、运营流程、合作沟通等基本方面达成共识，凝聚广大员工发展共识，激发企业管理创新活力。

（四）阵地相容

企业党建和精神文明建设的主阵地是党建、宣传、工会、纪检、团青、女工等党群组织及其职能部门；企业文化建设作为一项系统工程，其基础工作还要靠党群组织及其相关部门来推动。党群部门虽然分工不同，各有侧重，但共同点都是在维护各自组织群体的合法权益基础上，组织引导他们积极为企业安全生产和经营管理工作服务，构建员工与企业的利益共同体。此外，在实际工作中，企业文化工作部门也往往与党建工作部门统一编制为两块牌子，一套人马，合署办公。这样既可发挥党群部门的组织优势和工作职能，又有利于企业党建与文化建设工作的有效融合。

三、建立党建与企业文化建设工作融合机制的意义

国有企业党建与企业文化建设诸多共同特点使二者走向融合成为必然。建立党建与企业文化建设"两位一体"、相互融合的工作机制，对于企业在激烈的市场竞争中，较好地履行经济、政治、社会"三大"责任，保证企业持续健康稳定发展有着重要的现实意义。

（一）有利于提升党建工作的科学化水平

提升党建工作科学化水平是推进全面从严治党的根本之策，而全面从严治党对国有企业来说就是要求党建工作在内容上全覆盖、组织上全过程控制、党员全生命周期管理、信息全维度掌握。通过企业文化建设与党建工作的融合，自然而然地将党组织的行为转化为企业行为，使党建工作在理论上有了依据，制度上得到保障，方法上促进创新，效果上实现可持续，整体工作步入系统化、规范化的良性运行轨道。通过企业文化建设和精神文明建设，使企业员工形成共同的核心理念和价值追求，达到统一思想、聚拢人心的目的。国有企业党建工作中的思想政治工作、群众工作、党员教育工作和党建主题实践活动等，很重要的一个功能就是提高人的思想素质，促进企业和谐稳定。国有企业党建工作的一个重要任务，就是支持和指导所

属企业积极开展企业文化建设，倡导健康向上的企业精神和以人为本的企业文化，企业党组织应该把企业文化建设作为重要载体，使党的政治核心作用得到进一步的加强。企业党建工作实际上是一项提高人的综合素质的工作，这一点与企业文化建设高度吻合，所以加强企业文化建设工作，可以使企业党建工作更加突出主题、有的放矢、务实有为。

（二）有利于形成企业管理的长效机制

企业管理的实质是人的管理，企业管理的难点和关键点是建立长效激励机制，持续提升企业管理水平。卓有成效的党建工作是企业实现和谐稳定、科学发展的利器，先进的企业文化是企业持续发展的精神支柱和动力源泉，二者的相互融合将极大增强企业的凝聚力和竞争力。先进的企业文化建设，有利于使企业保持旺盛的斗志，通过大量微妙的方式来沟通企业内部员工思想，使企业成员在统一的思想指导下，产生对企业目标、准则、观念的认同感，产生对企业职工的自豪感和对企业的归属感。这些一旦成为员工的潜在意识，就能形成一种以企业为核心的强烈的凝聚力和向心力，这也是加强国有企业党建和思想政治工作的一个重要任务。企业党组织在推动企业文化建设过程中，通过企业文化实践和理论的积极探索，将企业文化建设目标纳入企业管理的工作目标和考核体系；通过大党建工作的思路和模式，形成党政同责、互相协作、齐抓共管的工作格局；通过推进企业文化建设形成了企业管理工作的长效机制，推动企业持续健康稳定发展。

（三）有利于实现企业党建与中心工作相通相融

企业党建工作要有所作为，就必须融入中心、进入管理。党群组织围绕企业中心在开展企业文化建设的过程中，将党建与企业管理紧密地结合起来，坚持生产经营的全过程就是党建工作的全过程，生产经营的难点就是党建工作的难点，生产经营出现的问题就是党建工作的问题，将生产经营工作与提高职工政治思想、业务素质同步规划，将生产经营任务考核目标和党建工作的要求同步下达。企业文化具有大众特点，具有春雨润物的功能，许多思想、观念、精神层面的内容与企业文化的有效载体结合起来，可以拓宽工作领域，创新工作形式，易于为人们接受，达到异曲同工的作用。优秀的企业文化所具有的时代魅力与党建工作的传统优势相结合，有利于提高思想政治工作的针对性、实效性和时代感，增强对广大员工的吸引力、渗透力和影响力。

（四）有利于解决党建与企业文化建设的自身问题

党建与企业文化建设"两位一体"融合机制的建立，使企业党群部门的有效资源、工作内容彻底整合，最大限度地减少重复工作和用人成本，大大提高工作效率，达到"1+1>2"的效果。这完全符合现代企业经营管理理念，符合精干高效的用人原则。另外，通过党建与企业文化建设的整合，使其各自优势充分发挥，成为企业管理的基本力量，为企业持续健康发展奠定强有力的组织保障；通过企业文化与党建及思想政治工作融入中心、进入管理，引领企业发展，有效地克服"两张皮"现象，也使得到长期以来党建工作弱化、淡化、虚化、边缘化的问题得到有效解决，企业以人为本的管理理念得到真正落实。党建与企业文化工作的不断创新，也推动企业管理、生产技术的创新，从而保证了企业的良性发展、高效运行和战略目标的最终实现。

四、构建党建与企业文化建设工作融合机制的路径和方法

（一）树立大党建的思路，为融合机制提供组织保障

大党建思路就是不就党建论党建，树立抓党建就是抓管理的思想，让党建工作融入中心、进入管理、服务主业、突出实效、虚功实做；党政工团一体化，构建一主多元的工作格局，以适应精干高效现代化企业管理运行的需要。

1.建立符合大党建模式的组织保障体系

大党建的组织体系必须突出党的统一领导的权威和职能定位，根据企业党群工作的运行特点和实际需要，在企业精干高效的用人原则下，将党建、宣传、团青、企业文化进行业务整合，由党建工作部统一负责。组织人事、工会、纪检、信访维稳尽管机构单设，但在党委统领统筹的工作体系内，相互衔接，相对支撑、相互融

合。在工作安排方面要在党委的领导下，建立统一规划、分工落实、联合检查的工作运行机制，即年初应由党委统一制定工作思路和目标，各部门按照各自职能明确自身工作重点和措施；具体工作落实过程中要既有分工、又有合作，各有侧重，保持沟通。检查考核应组成若干联合小组，共同实施，综合评价，统一激励。基层单位则可按照精干高效、扁平式管理的原则，将组织、宣传、纪检、工会、团青、企业文化、文秘等综合性工作进一步整合、统一管理。部门工作人员要求一岗多职、一专多能，具体工作中特别要发挥团队协作优势，坚持分工不分家。这样通过上下对应业务的整合，有效地克服上下各自为政、多头对应、重复安排、效率低下的不正常现象。

2. 大党建思路下党群部门的职能定位

大党建思路并不是取消或模糊党群组织应有的基本职能和工作属性，党群组织及其他相关部门在分工协作的基础上，要突出其基本职能和工作重点。其中各级党组织突出宣传教育职能，重点抓好党委的政治核心作用、支部的战斗堡垒作用和党员的先锋模范作用的发挥；企业行政相关部门突出生产组织和经营管理职能，重点抓好资源配置、绩效考核和企业文化建设的对接转化；工会突出维权职能，重点落实好职工群众的民主管理、文化生活、岗位成长、安全健康等权利；团青组织突出服务职能，重点抓好"青年人才工程""青年文明工程"及"一团一品"工程；纪委突出监督职能，重点抓好对党员干部"六大"纪律的监督执纪问责。按照党群组织及各部门上述职能定位和重点工作分工，形成党政工团齐抓共管的工作格局和团结协作的务实氛围。

3. 大党建思路的现实意义

大党建工作思路的提出，为组织宣传、干部人事、思想政治、群团活动、企业文化、精神文明建设、班组建设、信访维稳等党群工作提供了多位一体、协调推进的运行平台；整合了各相关部门人、财、物及其政策理论、管理制度、组织职能等方方面面的有效资源，建立了党政工团齐抓共管，全员参与的工作机制；实现了党群工作与企业生产经营工作同安排、同落实、同考核、同激励的基本要求；体现了党委对党群工作的统一领导，使党建与企业管理相通相融、有机衔接、协同发展，提高有效资源利用，实现工作效率和成果的最大化。

（二）探求党群工作与企业文化建设的结合点，为融合机制提供理论依据

在大党建工作机制的前提下，要将企业文化建设与党群工作结合起来，找出其各自与企业文化建设的结合点和共同点，搭建思想同源、载体同构、推进同步的一体化运行机制。

1. 将党的先进性与文化的引领性相结合

党组织的政治核心作用要通过党员及其基层组织的先进性来体现，企业文化的引领作用同样需要企业党员领导干部发挥表率作用。如号召党员立足岗位创先争优，将创先争优活动与安全生产、倡导核心理念相结合，深入开展党员亮身份、党员身边无事故、党员争当安全生产标兵、党员先锋突击队、党员安全示范岗、党员"一帮一"和共产党员工程等主题实践活动，保持党的先进性。坚持党的群众路线教育实践活动和"三严三实"要求，积极开展"两学一做"，带头遵章守纪、传递正能量。这样党员干部不仅在生产生活中做表率，解决问题中当能手，同时在企业文化实践中争先锋，将政治优势转换为管理优势。

2. 将工会组织的群众性与企业文化的广泛性相结合

工会的基本职能是维护职工的合法权益，具有广泛的群众基础；企业文化建设特别需要广大员工的理解、认同和支持。党组织可以围绕工会维权体系的建设，自然而然地将企业文化的核心理念灌输到每位员工。如通过开展"安康杯"竞赛、全员兼当群安员、家属协管安全、班组建设及寓教于乐的安全文化宣传教育活动，既维护了职工的安全健康权利，又提高了员工的安全意识，促进其安全行为的养成；通过落实职工代表大会、厂务公开、合理化建议、职工代表巡查等制度，既维护了职工民主管理权利，又促进了企业民主管理，强化员工热爱企业、关心企业的热情；通过开展技术攻关、技能大赛、发明创造、导师带徒、读书学习等岗位训练活动，既维护了员工的岗位成长权利，又可以推动企业人才战略的实施和员工岗位成才的自觉；通过开展各种丰富多彩、寓教于乐的文体活动和实施"幸福矿工工程"，

既维护了职工的文化生活权利，丰富了员工的业余文化生活，又提高了员工幸福指数，维护了稳定，构建了和谐。

3. 将团青工作的活跃性与企业文化建设的相融性相结合

团青工作具有组织性、活跃性的特点，文化建设特别需要青年员工的参与，需要青年人特有的热情。团组织在企业文化宣贯传播、创新发展中将发挥主力军作用。其中可以以落实"青年文明工程"和"青年人才工程"为重点，通过开展青年文明号、青年文化园、青年志愿者、青年岗位能手、青年创新创效、青年监督岗及"一团一品"等活动，发挥团的组织引导职能，培育青年员工广泛多元的兴趣爱好，提升其综合素质，同时也为企业的发展注入新的生机、增添新的活力，形成健康向上的文化氛围。

4. 将纪检工作的严肃性与企业文化建设规范性相结合

企业文化的推广落地，必须靠强有力的制度做支撑。纪检组织的基本职能就是监督执纪问责，纪检部门通过对制度执行情况和责任落实情况的效能监察，保证制度的严格执行和企业决策的有效落实。如围绕人财物对重点岗位、关键环节进行廉政风险因素辨识，找出可能发生腐败的重要风险节点。按照企业管理的相关制度，监督企业相关部门和领导坚持"三重一大"事项党委会集体决策，涉及职工切身利益的事项职代会表决决策，日常事项相关人员沟通决策；坚持推行"赛马与相马相结合"的公开、透明的选人用人机制，坚持物品采购和工程项目公开招标制度；坚持群众路线，通过各类座谈会、恳谈会和合理化建议征集活动，广泛听取职工群众的意见和建议，推行人性化管理，由此培育形成严谨规范的企业廉洁文化。

5. 将宣传工作传播性与文化建设的影响力相结合

企业文化建设的基础工作就是通过广泛宣贯，让全体员工理解和认同企业的核心理念和价值追求。可充分利用报纸、电视、网站及新媒体平台，开展企业文化宣贯传播；积极推进"文化墙""亲情寄语""神东故事"等子文化展示窗口建设，打造健康、向上、有益的文化产品；利用展馆、活动中心、培训室等文化教育基地，加强企业文化理念宣传教育培训；通过开展"道德讲堂""劳模风采""群英荟萃"等主题活动和知识竞赛、演讲比赛、辩论大赛、文艺演出等文体活动将企业文化的核心理念融入具体人物、事迹和群众活动中，增强宣传教育工作的灵活性和感染力，以寓教于乐的形式，传播新思想，提供正能量，促进企业文化的全面转化落地。

（三）坚持"一主多元"的工作格局，为融合机制提供实践平台

要使党建与企业文化建设工作自上而下整合贯穿起来，必须通过"一主多元"的基层子文化建设，才能将诸多积极因素结合起来，调动起来，用"弹钢琴"的方法，统筹兼顾，科学谋划，保持其具体工作的系统性和特色性。

1. 明确工作思路

集团企业文化是母文化，各基层单位子文化必须服从和服务于母文化。特别是要保持企业精神、企业核心价值观、愿景目标及形象 VI 识别系统的一致。在"一主多元"的文化格局下，培育和塑造各具特色、贴近实际、易于实践的专业文化和子文化体系，形成一批与中心工作紧密联系、深受员工喜爱、有影响的子文化特色品牌，建立自上而下、积极引导和自下而上、自觉践行的文化建设常态化管理模式，通过文化的力量引导员工岗位践行企业核心价值理念，实现企业文化与企业发展战略的协调统一、特色文化与具体实践的协调统一、公司发展与员工发展的协调统一、文化优势与竞争优势的协调统一、文化建设与党群工作的协调统一。

2. 完善工作机制

子文化建设是一项系统工程，贯穿于基层单位生产经营管理工作的全过程，影响着员工的精神面貌和价值认同，需要利用各方资源，调动所有可能的积极因素，联系实际、谋划长远、整体设计，建立健全协调统一、务实高效的运行机制。首先要整合人力资源，按照大党建的工作思路，自上而下建立统一的组织领导和管理体系，明确分工，落实责任。根据子文化建设工作的作用性质和涉及的主要业务，基层单位应建立由行政"一把手"总负责，书记或副书记具体负责，分管领导分工负责，相关部门联合负责的工作机制。其次要整合工作内容，在特色子文化建设的基础上，将党群活动、群众安全、培训教育、班组建设、标准化作业流程、精益化管理等工作内容全面梳理，统一部署，统一要求，统一考核，统一激励，突出工作质

量，力求一举多得、事半功倍的效果。另外，要整合经费开支，将党建经费、工会经费、安全活动经费及宣传费、培训费、党（团）费、安全罚款等费用统筹规划、归口管理、调节使用，达到降本增效。

3. 打造工作平台

文化建设工作具有系统性、抽象性、间接性、长期性等特点，任何方法和途径都不可能一蹴而就、立竿见影。要借助一些载体，打造一些平台，循序渐进，逐步渗透，通过实践不断完善。一是打造宣贯平台，充分利用基层单位"三级"培训体系和宣传工作平台，将子文化建设的相关内容作为员工应知应会的基础知识，分层次、多角度进行有针对性的宣贯培训。二是打造沟通平台，通过座谈会、交流会、研讨会等形式，让广大员工全面深入了解子文化的内涵及工作方法和途径。三是打造展示平台，结合自身工作实际和历史沉淀，培育本单位子文化的特色，并把学习先进典型与弘扬企业精神、践行社会主义核心价值观结合起来，充分发挥先进典型的示范作用。要结合本单位实际，创新开展道德讲堂和企业精神报告会，鼓励全员积极参与，形成学赶先进、争先创优的良好氛围。

4. 融入日常工作

文化建设的目的是统一员工思想，规范员工行为，建立科学管理的长效机制。必须将企业文化核心理念内化于心、外化于行、固化于制，体现到日常工作中。要结合管理体制、组织形式、队伍结构的新变化，推进制度创新，及时修订、完善各类规章制度，逐步建立与母子文化相适应、相配套的管理体系，将核心价值观体现在本单位的体制、机制和日常管理工作中。充分发挥党群组织的阵地优势，解决文化建设的组织发动、宣传引导、思想渗透、载体建设等难题；将子文化建设与员工思想道德教育、业务素质提升结合起来，建立学习型组织，树立终身学习的理念，培育有理想、有道德、有文化、有纪律的员工队伍；与安全生产、经营管理等工作结合起来，融入相关工作制度中，建立"文化管人"的工作运行机制，培育员工关心企业、热爱企业、奉献企业的热情和自觉性，为企业提升管理，追求卓越提供不竭动力。

5. 建立激励机制

企业文化建设工作自上而下要有规划、有要求、有措施、有考核，要建立健全考评激励机制。公司层面，要对子文化建设成果进行总结、宣传、评选，推动子文化建设创新发展，要对企业文化建设作出贡献的单位和个人进行表彰激励。要定期召开企业文化建设阶段性总结会，对基层单位子文化建设全面评价，评选表彰年度优秀子文化项目建设、优秀主题案例和文化产品，推广应用典型经验。要开展子文化建设理论研究，认真总结子文化建设成果，分析存在的差距和不足，研究完善的机制和措施。要将子文化建设日常工作纳入党建及精神文明建设工作要求，对应到绩效考核中一并奖罚兑现。

（四）培育高素质的政工人才队伍，为融合机制提供工作助力

人能尽其才则百事兴。建立和培育一支高素质的政工干部队伍是保证党建及企业文化建设工作提升发展的先决条件。

1. 做好政工干部选拔培养

政工工作是一项综合性业务，在选用政工干部时，应侧重于对工作经历较为丰富人员的选拔，这样有利于发挥其各方面的工作经验，应对各种不同情况，提高工作效率。政工干部选拔使用要坚持德才兼备、任人唯贤的原则，要努力将政治素养好、文化水平高、道德作风硬、执行能力强的党员充实到思想政治工作队伍中来，不断优化政工干部结构。加强政工干部队伍建设，鼓励工作创新，引导他们注重群众工作方法，深入调查研究，准确把握新时期思想政治工作的特点规律，积极探索思想政治工作的有效途径，提高思想政治工作的针对性和实效性。

2. 加强政工队伍的自身建设

由于多方面的原因，政工干部往往存在动力不足、工作不力、创新不强。一方面企业党组织要通过传、帮、带或采取多形式、全方位的在岗培训教育，帮助政工干部熟练应用各项基本知识、基本方法，提高实战能力。另一方面广大政工干部要树立正确价值观和良好的职业道德，努力消除工作上的麻木感和被动性，树立有

"才"才有"为"，有"为"才有"位"的思想。平时特别要严格把握自己的言行，树立良好的形象，不把不良情绪带到工作上，以良好的涵养和较强的自制力，应对世俗偏见的挑战，始终以乐观向上的心态和优秀的人格魅力凝聚人、感染人、影响人。

3. 创新政工干部管理体制机制

思想政治工作的主体是人，对象也是人，必须牢牢把握"以人为本"这条主线，不断创新干部管理机制，最大限度地调动政工干部积极性，激发干部潜能。一要建立循环有序的干部交流机制，全面推行干部人事制度改革，拓展职业发展通道，通过竞争上岗、双向选择，为每一名政工干部提供平等的竞争机会。二要重视政工干部业务素质的培养，增强思想政治工作的感召力和渗透力，积极支持和鼓励政工干部进修、学习深造、专业拓展等方面，在政策、经费、时间上给予支持和保障。三要关心政工干部的成长，增强政工干部队伍的吸引力，对符合晋职晋级条件的，要果断使用，不断健全完善政工干部培养使用的常态化运行机制。

结语

国有企业党建与企业文化建设相互融合、互利互补，不仅是推动企业改革和发展的需要，也是适应新形势下推进党建工作融入中心、提质增效的必然途径。在企业发展过程中，党组织必须紧紧围绕企业文化建设，积极探寻科学的工作方法，主动将企业核心理念体现到企业生产经营工作的全过程，有目标、有方法、有步骤地提升企业管理；国有企业党建工作要充分发挥党的政治核心作用，组织引导全员全过程参与企业文化建设，规范意识行为，凝心聚力，推动企业持续健康发展。神东作为国家煤炭生产及能源安全的战略基地，尽管具体工作有其行业的特殊性，但就党建与企业文化建设工作的普遍问题、整体思路和发展趋势而言，值得国有企业之间相互借鉴和深入交流。

文章出处：成稿于2016年7月，获神东煤炭集团2016年度优秀党建思想政治理论课题研究成果一等奖。

聚能领跑——神东企业文化现象研究

贺生忠

摘要： 优秀的企业文化是企业持续发展的精神支柱和动力源泉，是企业核心竞争力的重要组成部分。神东经过30年的发展，积淀形成了独具特色的企业文化。文章从神东企业文化的积淀条件、企业文化的建设轨迹、企业文化的内在特质、企业文化的社会价值四个方面分析神东企业文化的发展历史，深入思考研究以聚能领跑为本质内涵的神东企业文化，以期对神东进一步加强企业文化建设提供有益探索和帮助。

关键词： 聚能领跑　企业文化现象　研究

2013年2月，神东煤炭集团公司被国务院国资委命名为首批30家中央企业企业文化建设示范单位之一，这标志神东企业文化已经成为一个品牌，并且走出了行业，享誉中央企业的各行各业。纵观神东企业文化积淀发展的历史，一个基本的特征是聚能领跑。本文试以聚能领跑对神东企业文化现象进行一些思考，以期待与参与、关心、支持神东企业文化建设的人们共同深入研究。

一、神东企业文化的积淀条件

神东企业文化是以聚能领跑为本质内涵的文化。神东煤炭开发之初，煤炭工业是当时我国工业中最为落后的一个产业，其特征是，规模小，产能低，事故多，成本高，打眼放炮，人海战术，管理粗放，污染严重，活力匮乏。如果说哪一个产业与世界先进水平差距最大，那毫无疑问就是煤炭工业。进入21世纪以来，神东矿区建成了世界独一无二的千万吨矿井群，改写了多年沿用的以百万吨产量控制死亡率的做法，实现了千万吨、亿吨无死亡，世界范围的采煤技术攻关升级的引领、装备更新换代的主导，由西方发达国家转向中国西部的神东矿区。神东聚能领跑现象是一个十分奇特的社会现象。

（一）聚能是领跑的基础和动力之源

神东聚能，首先是聚集了得天独厚的资源之能，这是一个重要的物质基础。大自然数十亿年间积聚了世界级的能源宝库，1982年12月，陕西煤田地质勘探185队揭开了神东神秘的面纱。当月，新华社记者成大林来到神木采访，写了题为《陕北发现大煤田，干部群众要求早开发》的内参，引起了中央领导同志的重视。1984年10月18日，新华社陕西分社社长冯森玲在《人民日报》《经济日报》等全国各大报纸发出电稿《陕北有煤海、质优易开采》。这一消息引起举世瞩目。在我国晋陕蒙资源富集区，探明煤炭储量2236亿吨，远景储量1万亿吨。储量大、赋存条件好，给领跑者提供宏大而优越的历史平台。

（二）聚能关键在于凝聚改革开放的政策之能

神东煤田开发起步于我国改革开放的暖春时节。早在全国性的改革破冰之时，国务院打破常规，为神东矿区组建了一个全新的项目投资主体—1984年11月6日，国家计委批准成立了中国精煤公司筹备处，统筹陕西神府煤田、内蒙古东胜煤田开发事宜。国家作出这样的决策，是基于开发这样一个特大型煤田，首先要有效解除条块分割带给开发经营主体的各种束缚，而开发主体的选择与筹集资金要一并考虑。

1985年5月15日，国家计委和国务院煤代油办公室批准成立华能精煤公司，1986年6月3日，国务院研究加快发展煤炭工业和能源重化工基地建设问题。以这次会议为标志，神府东胜煤田开发建设由原定"七五"准备转入正式建设阶段，并列为国家"七五"重点建设项目。这次会议还明确提出，由华能精煤公司统一规划开发神府东胜煤田，并以其为基础，吸收多方参加，组建股份制公司，设立董事会，在国家计委单列户头。

在计划经济时期，计划单列就等于摆脱了众多"婆婆"的束缚，独立自主地进行生产经营活动，由项目投资主体变成了市场竞争主体。1987年9月，首次提出：神府东胜煤田要按照"矿、路、电、港集团项目综合发展，产、运、销一条龙经营管理"的发展战略和经营模式进行开发建设。1991年3月12日，国家计委正式批复了《神府东胜煤田总体设计方案》，同意矿区一、二期总体规模为年生产原煤3245万吨。至此，建设重点逐步转向大型和特大型机械化矿井为主，兼顾地方、乡镇办矿。

1995年8月8日，国务院批复同意成立神华集团有限责任公司和以其为核心组建神华集团，与华能集团公司彻底脱钩，列入国务院大型企业集团试点，在国家计划中实行单列，负责开发经营神府东胜煤田及其配套的铁路、电站、港口、航运船队，以及与之相关的产业，拥有对外融资、外贸经营和煤炭出口权，神府东胜煤田的开发占有了体制机制的先机。

国家赋予神东项目的体制机制，化解了条块分割的能量磨损。根据当时我国煤炭项目管理体制，一个大型煤矿的开发项目由国家计委、煤炭部、物资部、铁道部、交通部等10多个部门共同审批，项目开工要盖够56个印章。漫长的审批过程中，部委往往循规蹈矩，各执一端，横向协同非常困难，纵向沟通难上加难。等到审批敲定之日，企业内外部环境与申报初期相比发生了质变，再加上长周期审批增大财务费用的负担，项目开发步履维艰。神东矿区开发如果采用这样一种体制，后果可想而知。

（三）聚能体现在汇聚地方政府和人民群众的巨大能量

榆林地委提出像当年支援闹红、支援延安、支援陕甘宁边区一样支援煤田开发，在项目前期准备、征地拆迁、人力、物力等各方面提供尽可能的保障。为了迈出煤田开发第一步，早在1981年11月，榆林地区行署派出赴京汇报小组，几经辗转，争取中央领导同志的支持，1982年国家出口煤计划中单列了榆林出口煤指标3万吨。与今天神东年产两亿吨规模相比，当年的3万吨指标显得微不足道，然而在计划经济体制、国家限制煤炭出口的大背景下，3万吨计划拉开了大开发的序幕。神东煤田开发不仅寄托了当地人民群众脱贫致富的梦想，更为重要的是唤醒了地方党委、政府和人民群众对国民经济和社会发展的庄严使命感和崇高责任感。

二、神东企业文化的建设轨迹

得天独厚的资源、充满活力的体制、人民群众的支援，凝聚了神东改变煤炭工业落后面貌，赶超世界先进水平，领跑世界煤炭企业的不竭动力。神东矿区开发之初，我国井工煤矿最大设计能力300万吨/年，到2000年，世界首座年产1000万吨矿井在神东建成。此后10多年来，神东引领了世界煤炭技术与管理一系列的革命。

神东作为领跑者，树立的第一个里程碑是"五高"，即高起点、高技术、高质量、高效率、高效益。20世纪80年代，煤田开发建设初期，面对恶劣的自然环境、简陋的生活设施和艰苦的工作条件，从中小矿井起步，"五高"方针的确定经历了新旧体制、新旧思想的激烈博弈。

"五高"的精神元素，集中来源于几个方面：资源的禀赋，存在决定意识；煤矿工人特别能战斗精神所支撑的改变煤矿落后面貌的梦想与冲动；改革开放走出国门目睹发达国家先进采煤工艺形成的深刻启示；神东煤田全新的开发体制解放了建设者的思想；新的项目，一张白纸，没有任何包袱和负担。这些元素的里程碑，体现在时任国务委员邹家华1989年5月给华能精煤公司的一封信里。他这样说道："神府煤田在一开始就应有一个用先进技术建设的指导思想，而不应用人海战术的办法，其中主要的是先进的装备（不论是露天还是井下）及先进的控制管理系统。"这是神东真正的历史起跑点。

"五高"作为一个划时代的煤矿建设方针，经历了一个快速完善升华的过程。1990年首次提出"高起点、高效率、高效益"，1991年全国政协副主席钱正英考察听取汇报时增加了"高技术"，1992年全国政协副主席卢嘉锡现场考察时增加了"高质量"。于是，"五高"正式成为神东建设的指南，标志着神东逐步探索出了优良地质条件与先进开采工艺相结合的高产高效建设道路，确立了"精干高效"的价值理念，进入规模化、跨越式发展的高速通道。

"五高"孕育了"四化"。1998年以后，公司坚持技术创新和管理创新，创建了以"生产规模化、技术现代化、队伍专业化、管理信息化"为特征的千万吨矿井群生产模式，在装备、机制、效率、效益全面赶超世界一流水平，使资源丰富的神府东胜煤田告别了以前煤矿小、散、乱、脏的形象，成为煤炭产业技术系统集成和煤炭产业自主创新的示范，奠定了神东企业文化的思想内核。生产规模化，即资源的规模配置与规模生产；技术现代化，即应用高效的采掘技术，使用自动化程度高、安全可靠性高的采掘装备；队伍专业化，即基于煤炭生产规模化的专业化组织、专业化分工；管理信息化，即通过信息化、自动化技术提升管理水平。"四化"模式为大型煤炭基地建设提供了新思路，推动了企业生产力水平的快速提升，深层次地影响了企业的安全管理和技术变革。

"四化"是"五高"的升华，是核心技术的升级，是规程创新的实验，是产业转型的经验。然而，"四化"是有缺陷的，因为它没有发展质量的取向。于是，建设"五型"企业的理念应运而生。"五型"，即本质安全型、质量效益型、创新驱动型、清洁环保型、和谐发展型。"五型"是发展价值的导向，是发展内涵的规定，是企业品质的旗帜，是行业领跑的本钱。推进"本质安全型"建设，优化安全管理，提升企业事故预控能力；推进"质量效益型"建设，转变发展方式，提升企业市场竞争力；推进"创新驱动型"建设，完善创新体制机制，增强企业发展动力；推进"清洁环保型"建设，改变生产模式，提升企业可持续发展能力；推进"和谐发展型"建设，改善与利益相关者关系，提升企业凝聚力。"五型"相互关联，互为支撑，是走新型工业化道路的具体路径和方法，是全体神东人共同追求的目标。"四化五型"是神东领跑的第二座里程碑。

"四化五型"是一个开放的体系，神东走向国际化的标志就是世界一流。"四化五型""世界一流"，这是正在树起的第三座里程碑，核心价值取向包含战略管理世界一流。拥有全球性的宽广视野和超前的发展理念，战略目标具有行业引领效应，战略实施的保障措施完备，产业集中度行业最高；商品煤产量占有较大市场份额，具有主导和控制地位；处于可持续规模化生产状态，对于能源安全具有重要支撑作用。

安全生产世界一流。企业具有强大的抗风险能力，能够控制和化解严重的自然灾害、经济危机、突发事件等外界因素对企业安全的影响。百万吨死亡率全球同行业最低，安全绩效具有引领意义。

核心技术世界一流。创新自动化开采、区域自动化控制、资源利用最大化、清洁生产低碳发展等世界前沿采煤技术，形成完善的节能减排、清洁生产、绿色开采技术体系；拥有顶尖的技术人才团队；规程和标准具有行业示范价值；以核心技术为支持，从性能需求、设备参数、工业试验和监制改进等方面带动生产装备的升级，最大限度发挥世界领先装备水平的能力。

运营管控世界一流。主要经济指标成为全世界行业标杆，低成本优势国际领先；具有成熟的全面成本管控体系，具有行业内最高的投入产出比，具有科学的经营管理体制机制，具有跨区域和跨国开展矿业服务的能力，成为矿井设计、建设、生产、运营等矿业全面解决方案提供商。

企业文化达到世界一流。时代精神和民族灵魂根植于企业价值观，形成与社会文化相融合、具有行业共享价值的核心理念；主动肩负能源安全的使命，自觉担当产业报国的责任；建成与利益相关方诚信共赢的精神生态；全体员工具有无可替代的成就感、归属感和自豪感，幸福指数处于全世界行业领先水平。

三、神东企业文化的内在特质

凝聚资源之能、政策之能、人民之能，神东首创"五高"方针，创新"四化五型"，直奔世界一流，在短短30年间，完成了瞄准、赶超、创新、领跑、标范五个阶段，把一代又一代煤矿工人梦寐以求的夙愿变成了现实。这种深刻而宏大的实践始终贯穿神东企业文化体系的内在特质。

（一）源于神东安全高效创新实践，具有持续循环的内生性

30年来，神东的发展经过艰辛的探索，走上领跑世界煤炭企业的高速通道，从1991年提出奋战十年，争创一流，建设特大型现代化能源基地，到2011年提出建设具有国际竞争力的世界一流煤炭企业，一脉相承，一以贯之，成为几代矿工矢志不渝的价值追求。这种坚强意志就是神东文化的血脉之源，是神东企业文化的精髓。这种血脉与精髓，把煤矿工人特别能吃苦、特别能战斗的光荣传统与工人阶级产业报国保障能源安全的爱国主义精神、世界先进技术所蕴含的科学精神、勇于改革自主创新的时代精神有机地连接起来，构成神东企业文化的造血循环的机制。因此，神东能够在不同的历史阶段，各种抉择的紧要关头，都能做出正确的选择。30年间，前10年排除各种干扰和质疑，确定新路子、新模式，中间10年，集中打造新技术、

新机制的优势，最近10年致力于新规范、新标准的实验与应用。

（二）始终贯穿以人为本的主线，具有强大的融合性

员工队伍是神东安全高效生产运营的主体，也是神东企业文化建设的主体。神东企业文化自我造血循环的特质，产生了极为强大的贯通融合力量。首先是代际的传承融合。从1987年组建两省区所属的开发经营公司算起，神东先后经历了九任领导班子，无论班子结构素质、主要领导的个性特征如何变化，神东的核心价值取向始终一脉相承，在传承的基础上持续创新。其次是团队的深度融合。神东的员工早期主要来自调配煤矿、党政机关和大专院校，地域分布较为集中；行为习惯各具风俗，中后期主体是大专院校毕业生，来自全国各地，可谓五湖四海，文化禀赋差异极大；特别是近年来整合、托管力度加大，不同的员工队伍难免形成自己深刻的文化影响。然而，无论什么样的文化影响，都快速地被神东主体文化同化、根植，纳入完整的循环体系。

第三是产业文化的连接融合。神东企业文化不仅在内部具有强大的引领力，对神东的利益相关方也产生着重要的影响力。为神东服务的研发设计、建设施工、装备制造、物资供应、监督评估等等团队都对神东企业文化高度认同，这是任何经济手段无以达到的效应。

（三）汇入改革创新的时代洪流，具有擎旗领航的先进性

神东所积淀传承、创新提升的文化理念都是中国特色社会主义理论体系指引下形成的，有着独特的实践自信和文化自信。仅以神东"艰苦奋斗、开拓务实、争创一流"的企业精神分析，有三个鲜明的标志：（1）有坚强的政治定力。面对举世罕见的资源宝库，在项目上马初期，就把艰苦奋斗写上自己的旗帜，当作企业的传家宝，永葆国企的本色，经得起历史的考验。（2）有鲜明的问题导向。神东的发展历程是传统煤炭工业不甘落后锐意走新型工业化道路的缩影。一批煤矿工人自觉把煤炭工业现代化的重任扛在肩上。建不成特大型能源基地，甩不掉矿难频发的帽子誓不罢休。（3）有永无休止的进取目标。早在20世纪90年代，就提出争创一流的价值追求，30多年来引领的作用历久弥新，在不同的发展阶段支撑战略定位，境界高远，

善于吸纳国际接轨的文化元素，勇于对规程进行理性实验，敢为天下先，践行神东领跑世界煤炭企业的愿景。

四、神东企业文化的社会价值

神东企业文化，不是随处可见大同小异到处套用的标语口号，不是与企业安全高效生产运营两张皮束之高阁空洞无物的装饰品，而是不同发展阶段神东建设的任务、目标、原则、规章、行为的高度凝练和深刻反映，基于主观（建设理念）与客观（资源优势）的高度统一、员工与团队的高度统一、历史与未来的高度统一，以聚能领跑为特征，发挥了重要的社会价值。

第一，改变了长期以来能源发展滞后的局面。奋斗30年，神东建成了我国首座两亿吨级商品煤炭生产基地，推动了能源基地战略西移，创新了煤炭工业又好又快的发展道路，提升了煤炭工业设计理念和规范基准。

第二，走出了一条新型国企的发展道路。神东30年来累计产煤22亿吨，创利1400亿元，税费1000亿元，未发生重大违法违纪案件，实现了政治优势与市场主体作用两个充分发挥。

第三，缩短了我国工业与世界发达水平的差距。神东主要工艺获得国家科技进步奖一等奖1项、二等奖3项，在我国距离世界水平最远的行业，创新了世界领先的核心技术，增加了国际上的话语权。

第四，改写了我国煤矿安全生产历史。神东首创了煤矿风险预控的行业标准，以风险管控为核心，构建具有神东特色的"政治、经济、生产"三位一体的安全文化体系。以无人则安为标志的神东安全文化理念，对全国安全生产提供了借鉴和示范。

第五，带动上下游产业转型升级。神东促进了我国重型机械制造、材料工业、煤矿科研设计等单位的转型升级，加速了煤炭工业及相关产业规程规范与国际接轨的进程。

第六，有力支撑地方经济社会发展。神东改变了陕、蒙、晋资源富集区的产业格局，改善了交通和基础设施，优化了煤炭主产区的综合生态环境，引进了巨额投资，带动了区域经济和社会发展，是西部大开发的成功范例。

第七，培育了我国第一支新型矿工队伍。神东在全国煤矿首家建设幸福矿工工程，员工薪酬福利、学历技能、安全保障、职业健康等幸福指数在全国同行业遥遥领先。神东成为周边煤矿及央企煤电、煤化工等企业的骨干人才基地，神东矿工成为新型安全文明幸福矿工的典型代表。

上述7个方面，每一个都体现了神东企业文化的重要价值，但还不是最根本的价值。神东开发建设30年，是以前30年为根基的。如果没有坚强的政治优势，没有艰苦奋斗的光荣传统，没有坚定的理想信念宗旨意识，没有民族精神、时代精神、矿工精神，就没有创造世界奇迹的主体力量和动力支撑。如果没有改革开放，就没有神东的市场主体地位，没有神东的完备的产业链条，没有发达国家先进装备的引进、消化、集成创新直到自主创新，就没有"四化五型"、世界一流。所以说，神东为"两个不能否定"提供了一个历史的标本，为中国特色新型工业化道路提供了一个经典的范例，这是神东企业文化最根本的社会价值。

文章出处：成稿于2015年7月，发表于《中国煤炭工业》2015年第9期。

神东实现企业文化建设向企业文化管理转型升级的初步探索研究

赵晓蕊

摘要： 神东自创立之初艰苦奋斗、开拓务实、争创一流的神东精神就已根植在神东人的基因里，为了传承和弘扬神东优秀文化基因，将在创建之初公司内形成的强大的精神力量转化为生动高效的管理实践。神东自2003年开始着手建设企业文化，共经历四次企业文化理念体系诊断升级，在2016年第四次文化体系提升后，形成了系统完整的神东创领文化理念体系，在一定时期内发挥了凝聚员工思想、激发工作热情的作用。但在贯彻落实习近平新时代中国特色社会主义思想，立足新发展阶段、贯彻新发展理念、构建新发展格局，落实国家能源集团"一个目标、三型五化、七个一流"发展战略，深入推进世界一流示范企业创建，以社会主义核心价值观引领企业文化建设的时代背景下，公司目前正处于深化改革创新、推进绿色发展、开启高质量发展新征程的现实需求下，需要对公司现有企业文化重新进行审视。通过本课题研究，以期在公司创建世界一流示范煤炭生产企业战略目标新征程上研究如何深入挖掘企业文化潜力，实现企业文化建设向企业文化管理转型升级，从而提高公司文化软实力，提升核心竞争力。

关键词： 企业文化建设　企业文化管理　价值创造

党的十九大报告指出："文化自信是一个国家、一个民族发展中更基本、更深沉、更持久的力量。"一个企业，培育优秀企业文化，加强企业价值观管理，从而实现文化管理，就是促进企业科学发展，打造最深沉更持久发展动力的实践过程。文化管理是企业管理适应现代社会经济发展变革的结果，是企业适应市场需要所做出的价值变革和系统提升。文化建设向文化管理的转型与持续提升必将给企业带来品牌价值提升，凸显竞争优势，从而在企业治理实践中实现创新发展，增强文化自信，获得高价值回报。

一、神东企业文化建设现状

神东自2003年启动企业文化建设以来，先后开展了四次文化诊断，于2016年第四次文化体系升级时，明确了"创领"企业文化定位。围绕创领文化的落地深植，各单位结合业务性质、单位特征、人员特点等，积极探索符合自身实际的文化践行路径，努力探寻能够解决实际问题的文化践行方法，着力打造既能促进安全生产，又能实现员工价值的文化践行载体。主要体现在以下几个方面：

（一）一主多元打造特色子文化和专项文化

按照公司"一主多元、统分结合"的文化建设原则，围绕创领文化核心定位，各单位结合自身实际，着力打造了一批有内涵、贴实际、员工认可的特色子文化和专项文化品牌。例如，洗选中心，秉承"和而不同"的价值理念，构建了"一厂一站一品牌"特色子文化体系；上湾煤矿秉承"生命至上、安全为天"的理念，构建了"安全文化+风险预控"的安全管理实践模式，实现了矿井安全管理的五大转变。

（二）建设班组文化激发基层活力

为让企业文化成为全体员工的价值遵循和行为导向，各单位从班组这个最小的作业单元入手，以班组文化建设作为着力点和落脚点。例如，榆家梁煤矿深入总结近几年班组建设的管理经验，形成了"三自赋能、六措八法"的班组文化建设模式，成为公司班组文化建设的典型代表，也成为行业内班组文化建设的翘楚和榜样；哈拉沟煤矿着力打造"大学生采煤班""神东子弟班"和"创领电工组"三个品牌班组，并借助各种平台进行推介，扩大品牌班组的影响力。

（三）创新实践促进文化和管理的深度融合

坚持问题导向、突出文化引领，各单位积极探索企业文化有效融入管理的路径，充分发挥了文化的管理属性。例如安监局，针对原来的"保姆式"监管发挥作用不明显的问题，强化"主动式"监管理念，构建"大监督"格局，实现了安全监管效能全面提升；矿业服务公司将企业文化与中心工作深度融合，开展了"强、改、树、创"主题活动，满足了员工家属对生活的品质化和个性化需求；新闻中心作为企业文化宣贯的窗口单位，着力打造"十微两端"新媒体矩阵，有效提升了神东在国内乃至世界煤炭行业的影响力和美誉度。

（四）深化服务提供优质文化产品和服务

为全面提升服务水平、满足员工对美好生活的向往，部分单位创新服务手段、丰富服务内涵、提升服务品质，以提供优质、丰富的文化产品和服务助力公司发展。例如企业文化中心立足文化产品与服务创新，以"六化建设"为着力点，做精做实文化惠民品牌，积极搭建文化传播平台，让文化产品和服务成为认知神东文化的窗口；信息中心引入"创客文化"，推动以服务一线、创造价值为导向的信息化系统研发，实现信息化与业务的无缝对接。

（五）强化精神传承充分发挥文化浸润功能

为更好传承特有单位的优秀文化基因，部分单位以精神传承为核心，为神东优秀历史文化积淀赋予新的时代内涵，营造向上向好向善的良好风尚，为企业发展凝聚正能量。例如大柳塔煤矿充分挖掘老一代大矿人在矿井开发建设初期孕育的"艰苦奋斗、开拓务实、争创一流"的神东精神，积极传承矿井的创新精神和领先意识，用行动诠释文化、用文化推动发展；生产服务中心针对复转军人较多的特点，着重培育专业精神和钢铁意志，铸就一支"特别能吃苦、特别能战斗、特别能奉献"的煤海"特种部队"。

二、神东企业文化工作面临的主要问题及原因分析

虽然经过近十几年发展，神东企业文化建设取得了明显成效，主动性不断增强，工作更加规范，体系更加完善，特色更加突出，引领了神东的战略转型，支撑了公司的科学发展，提高了公司的知名度和美誉度。但通过去年开展《神东企业文化软实力提升路径探讨》课题研究时的问卷调查结果，以及深入分析神东企业文化建设现状，还有许多问题阻碍着企业文化作用的发挥。

（一）企业核心价值理念辨识度需提高

神东作为国内最大的煤炭生产企业，由于国有企业的使命、地位、作用，以及所承担的社会责任等要素基本相同，再加上国有企业在提炼核心价值理念时多从国家赋予企业的责任使命着眼。因此国有企业的核心价值理念同质化现象突出，共性基因鲜明，个性基因不足。神东作为煤炭企业，同样存在着核心理念体系与同类企业难以区别、理念辨识度不高的问题。

（二）企业文化建设稳定性不足

神东作为国有企业，与其他国有企业一样，企业的主要领导人员属于任命制，流动性大，导致企业价值理念体系和企业文化风格受企业家频繁更换影响，文化稳定性不足，文化定力不够。虽然神东历任主要领导对神东企业文化核心理念体系，以及"艰苦奋斗、开拓务实、争创一流"的神东精神需要进一步继承和弘扬，神东30多年积淀的优秀文化基因需要大力传承等方面达成高度一致，有效促进了神东企业文化建设水平的提升。但也存在不同的领导文化建设思路存在差异的现实问题。

（三）企业文化与企业管理仍然存在着"两张皮"现象

企业文化应该源于管理需要，服务于管理需要，反映企业管理的形态和管理的成熟度。但是国内大部分国有企业的企业文化仍然处于企业文化建设阶段，企业文化与企业管理仍然存在着"两张皮"现象，神东同样如此。神东的创领文化理念体系还需要通过"宣贯""落地"等措施和手段才能使之融入管理发挥作用。目前仍有

单位将企业文化简单等同于思想政治工作，等同于文体娱乐活动，等同于张贴标语口号，等同于企业标识标牌，等同于老板文化，与职工个人关系不大等思想误区。导致企业文化并没有完全融入企业管理的全过程。

（四）企业文化软指标纳入业绩评估硬指标难度大

企业文化工作的核心是企业价值观管理，价值观念有原始内生性和超稳定性特点，价值观念一旦形成并固化，很难因外部考评发生颠覆性改变。因此，科学评估企业文化质量，评估企业文化软指标对业绩硬指标的贡献度，一直是企业文化研究领域一大难题，没有实质性突破。神东虽然常态化开展企业文化考评，去年的管理课题也尝试构建了一套世界一流企业文化建设考评指标，但也仅仅是对企业文化专题培训的次数、文化宣贯传播的数量、文化活动组织的频次、企业标识应用的规范等物质文化可视化的角度进行的考评，还未真正进入精神文化和制度文化深层次领域的考评。

三、神东为什么要实现企业文化转型升级

神东要实现创建世界一流煤炭示范企业的战略目标离不开先进文化的支撑。神东要尊重企业文化的本质属性和发展规律，深刻认识企业文化建设与文化管理的本质区别和作用机理，尽快推动企业文化建设向文化管理变革提升。做出这样的判断，主要基于以下考虑。

（一）企业文化建设与企业文化管理存在本质属性区别

企业文化建设是企业在发展过程中，内部构建企业文化，充实新的企业精神的过程，是企业价值观体系从无到有，从有到优的建设过程，突出强调构建企业文化体系的过程。而文化管理则体现了企业的精神特质、管理理念，管理状态、管理模式和发展阶段。神东经历了四次系统的企业文化诊断提升，已经提炼出了创领文化价值理念、建立了企业形象识别体系。神东的企业文化建设水平已遇到一定的发展瓶颈，面对这种情况，企业文化的重心应该回归企业文化的本质属性和发展规律，

神东企业文化重心的转移为实现企业文化建设向企业文化管理转型提供了方向指引。

（二）企业文化建设与企业文化管理存在形成过程区别

企业文化建设阶段大都依赖外部咨询机构参与其中，带有鲜明的外部性。而文化管理是强调企业管理价值观和用价值观管理企业的过程，是以管理者团队率先践行为先导，是企业长期积淀形成的价值观、经营理念以及行为方式。神东的创领文化提出五年时间，外部咨询机构对企业文化建设思路的影响已微乎其微，但目前神东企业文化与业务工作一直实现不了深度融合，这就需要突破现有模式、打破常规，结合神东实际自身尝试进行企业文化转型。神东目前的战略定位为实现企业文化建设向企业文化管理转型提出了本质要求。

（三）企业文化建设与企业文化管理存在实施效果区别

由于企业的传统管理惯性，企业文化建设过程中容易造成"表面化""两张皮""运动化""短期行为化"等现象，很难真正渗透到企业管理集体中去引领企业的系统变革。而文化管理则由企业主导，只要企业家有鲜明的价值观导向和观念变革，就会避免"两张皮"现象出现。神东创领文化"双维度"践行模式的提出，强化了文化的管理属性，为各单位的文化践行提供了方法和路径，文化管理属性在实践中的探索应用为神东实现企业文化建设向企业管理转型升级提供了相对优质的内部土壤。

四、神东企业文化管理路径初步探索

针对神东目前企业文化建设存在的问题、原因及文化转型的背景进行深入分析后，结合神东企业文化工作的现状，对神东企业文化管理路径进行初步探索。提出的文化管理路径既能为神东在创建世界一流示范企业战略引领下企业文化工作开展提供思路和参考，也能为其他国有企业在世界示范企业创建上提供一些借鉴和启发。

（一）对神东现有创领文化理念体系进行诊断提升

将理念提升作为推动公司企业文化转型的第一步。国家能源集团企业文化手册已于2021年5月份正式发布，作为国家能源集团的子公司，神东应该对接集团企业文化核心理念体系要求，对现有创领文化理念体系中与集团现有理念冲突的地方、不完善的地方、未覆盖的地方进行系统诊断和优化升级。实现母子文化深度融合，遵循共同的价值倡导，实现共同的价值追求。优化升级后的企业文化理念能够与神东当前的发展需求完全匹配，既符合公司定位，又能够对员工形成正确的价值引导。

（二）对神东现有组织机构进行调整变革

将机构整合作为推动公司企业文化转型的重要组织保障。国有企业的企业文化工作基本由党群工作部主导推动，企业文化渗透到企业深层次管理决策中的渠道有限。而文化管理具有很强的内生性，需要由企业中高层管理者身体力行，渗透到企业经营管理决策和执行过程各环节和企业管理的全过程。神东要实现高质量发展，需要对部分组织机构重新调整、部门职责重新划分、基层单位管理权限重新界定。在这种情况下，将文化管理理念植入公司的战略规划、公司治理结构等方方面面。建立一个由党委办公室、综合管理部、规划发展部、组织人事部等共同参与的立体的管理执行机构，从领导到员工其目标致力于全面改善企业管理状态，为实现企业文化建设向企业文化管理转型提供有力的组织保障。

（三）对神东现有制度体系和运营模式进行系统完善

将制度建设作为推动公司企业文化转型的重要抓手。对现有神东所有规章制度进行系统诊断分析，探寻企业文化与企业各项规章制度不匹配的问题，对制度进行修订完善。完善后的制度体系不论是涉及人事管理、安全管理、财务管理、采购管理等企业所有规章制度必须要体现企业的价值倡导和文化认同。目前公司制度中对于各部门存在部分业务交叉管理或业务盲区现象，严重影响了工作效率。需要公司随时适应外部环境变化，对企业的运营管理进行优化调整，确保公司时刻处于良性发展状态。

（四）对神东现有文化活动和文化仪式进行优化设计

将文化仪式优化作为推动公司企业文化转型的重要载体。文化仪式成为企业强化或弱化某种行为直观表现的重要工具。神东目前已经搭建了很多有重要仪式感的平台以及各种主题文艺汇演以及各类体育竞赛，对选树企业优秀人物、丰富职工精神文化生活起了重要作用。但是缺乏常态化举办的以企业文化或神东精神为主题的有较大影响力的重要文化仪式。神东可以通过增加活动仪式来促进企业文化的宣传，增强企业向心力和凝聚力。举办较大规模有一定行业影响力的各种业务技能竞赛，强化企业文化建设经验的总结提炼，形成企业文化建设阶段性成果，将企业的精神财富固化传承。

（五）对神东现有人才资源进行全面盘活

将人才队伍建设作为推动公司企业文化转型的重要人才保障。充分发挥公司"尚德重才、创造价值"的人才理念，尊重人才、重视人才，树立德才兼备、以德为先的用人导向，全面深化三项制度改革，加大干部人才队伍建设力度，持续深入推进全面定额量化管理改革，建立市场化用工机制，逐步建立健全管理人员能上能下，职工能进能出，收入能增能减机制，全面盘活公司的人才资源，搭建公司内部人才流动市场，促进职工在公司内部合理流动，彻底解决公司结构性缺员和冗员并存的问题，着力完善选用预留人才培养机制，加大年轻干部选拔培育，发挥多元化综合激励效能，发挥广大干部员工在改革中的主体作用，切实维护企业和员工合法权益，实现人岗匹配、人尽其才、人企共赢的发展目标。

（六）对公司现有文化传播载体进行合并重组

将文化宣贯传播作为推动公司企业文化转型的重要手段。强化新媒体的推广应用，整合优化公司内部报刊网台媒体资源，做好传统媒体与新兴媒体融合创新发展，大张旗鼓地选树和宣传公司企业文化工作中涌现出来的先进典型和故事案例，充分发挥引领示范带动作用。加强媒体联动、信息互动、资源流动，打造神东专属优质新媒体矩阵，全方位立体式讲好神东故事、传播神东声音、传递神东形象。要进一步统一"神东煤、神东人、神东矿"品牌，全面打造煤海"乌兰牧骑"文化品牌，加大品牌宣传力度，通过企业员工、企业活动、办公场所和工程项目全面展示企业品牌形象，提升神东产品品牌、文化品牌、生态品牌的知名度、美誉度和影响力。重点抓好"神东煤"品牌形象建设，掌握煤炭行业技术和标准体系的自主权和话语权，强化科技创新，提升"神东煤"产品质量，充分发挥品牌建设对公司发展的促进作用。

文章出处： 成稿于2021年9月，获神东煤炭集团2021年度管理课题研究成果三等奖。

新时代国有煤炭企业弘扬劳模精神的实践路径探索——以国能神东煤炭补连塔煤矿为例

高振军

摘要：习近平总书记在全国劳动模范和先进工作者表彰大会上全面论述了新时代劳动模范、劳模精神的重要性。国家能源集团作为国家能源供应的压舱石，能源革命的排头兵，其改革发展肩负着重大的政治使命和社会责任，大力弘扬劳模精神、劳动精神及工匠精神，积极营造学习劳模、争当劳模的发展氛围是企业改革发展的基本保证。基于此，作为集团主力创效矿井神东补连塔煤矿，积极探索矿井的发展与人才队伍建设的耦合规律，以安全高效管理为目标，强化基础平台建设，注重发挥先进典型引领力，积极引导员工一线岗位建功，在实践中注重以文化人，以行导人，实现了矿井创效与劳模精神的叠加影响。

关键词：煤炭企业　劳模精神　实践路径

习近平总书记在全国劳动模范和先进工作者表彰大会上指出劳动模范是民族的精英、人民的楷模，是共和国的功臣。特别是进入新时代以来，我国工人阶级和广大劳动群众在实现中国梦伟大进程中拼搏奋斗、争创一流、勇攀高峰，为决胜全面建成小康社会、决战脱贫攻坚发挥了主力军作用，用智慧和汗水营造了劳动光荣、知识崇高、人才宝贵、创造伟大的社会风尚，谱写了"中国梦·劳动美"的新篇章。从2021年开始，我国将进入"十四五"时期。立足新发展阶段，必须紧紧依靠工人阶级和广大劳动群众，开启新征程，扬帆再出发。如何深入贯彻习近平总书记的重要讲话精神，进一步揭示劳动精神的时代内涵，引导广大职工崇尚劳动、尊重劳动、发扬劳模精神，在劳动中提高能力和素质，努力成为能担当、勇担当的新时代劳动者，是国有企业人才队伍建设提升的方向。作为国有煤炭企业，肩负着重大的历史使命和社会责任，企业的发展必须依靠职工，如何深入引导广大职工参与企业改革发展的积极性，特别是作为央企的煤矿单位，如何发挥广大职工在安全生产中的积极性，劳动模范的典型引领作用至关重要。下面以补连塔煤矿为例说明。

一、劳模精神的诞生背景

补连塔煤矿作为国能神东煤炭的骨干矿井，矿井原煤产量多年保持在2500万吨以上，是国家能源集团所属最大井工矿，连续多年创效水平保持在全集团所属矿井的第一方阵，矿井生产实现了连续21年安全无事故，工效水平持续保持在集团公司所属矿井前列。矿井在管理中坚持改革创效求发展，积极引导员工在采掘一线艰苦岗位建功立业，在多年的艰苦奋斗和务实改革发展中，在采掘一线涌现出了以全国劳模韩伟、自治区劳模石强为代表的公司级以上劳动模范，实现了矿井创效与职工队伍建设双丰收。

二、劳动模范精神的诠释

补连塔煤矿秉承神东"艰苦奋斗、开拓务实、争创一流"的神东精神，在精心培育下，涌现了一批批勇担公司改革创效重任，立足岗位比奉献、比作为、比业绩，品格坚强、作风过硬的先模人物。作为补连塔煤矿的劳模，在长期的生产实践历练中，他们立足岗位敢想敢干，在困难面前冲在最前沿，干在最前头，采掘现场最危险的工作他们带头干、采掘现场最重的活他们领着干，常年如一日，不说累不诉苦。在历次的采掘工艺改革、新设备投用中，他们带头钻研工艺中存在的安全隐患，设备使用需要优化的环节和部件，在日常工作中，他们久久为功，一干到底，积极与服务工程师、专家探讨设备改进方案，虚心接受别人的意见建议，秉承"他山之石，可以攻玉"的工作理念。他们的精神品质概况为：敢为人先、勇挑重任、吃苦耐劳、精于钻研、持之以恒、虚怀若谷。

三、劳模精神的传播与实践

补连塔煤矿在日常管理经营过程中，以"尊重人才、发现人才、培养人才"为宗旨，从注重体制机制创新，加强平台建设，最大化释放劳动模范的辐射影响力和示范带动力，确保了效益与队伍建设的双达峰。以四个维度为着力点，促进劳模精神落地生根，将劳模精神发扬光大。

（一）劳模示范作用

"爱岗敬业、争创一流，艰苦奋斗、勇于创新、甘于奉献"是广大劳动职工在生产一线劳动实践中锤炼形成的，是广大职工弥足珍贵的精神财富，也是补连塔煤矿劳模们的精神特质。深刻领悟劳动的丰富内涵，把它与新时代的"奋斗幸福观"结合起来，牢固树立"劳动最光荣、劳动最崇高、劳动最伟大、劳动最美丽"的观念，充分发挥劳模的作用，让劳模从基层来再到基层中去创造更大价值，用劳模精神凝聚力量、鼓舞士气、激发干劲。补连塔煤矿党委、工会常态化营造学习劳模的浓厚氛围，积极引导支持区队精准树立示范标杆，以点带面，全面辐射，发挥劳模在工作岗位上的示范作用；强化劳模的责任意识、服务意识，发挥劳模的榜样魅力，带动其他员工立足岗位，扎实工作；把有潜质、肯上进的青年员工送到劳模身边培训，学习他们的精湛技艺和争创一流的劳模精神；开展创先争优活动，使劳模的示范作用不只停留在个人，而是以高技能、高水平的团队成为员工们的示范榜样。

（二）劳模的引领作用

充分发挥好劳模的引领作用，可以发现、发掘出更多立得住、叫得响的先进典型，能够带动更多的职工爱岗敬业、无私奉献，争做新时代的奋斗者。要以劳模高度的主人翁责任感为引领，激发员工把自己当作单位的主人，把工作当作事业来追求，用心工作、专心做事、尽心履责，干一行、爱一行，专一行、精一行，对工作始终保持热情、对事业不断执着追求，努力在平凡的岗位上干出不平凡的业绩。补连塔煤矿工会号召全体员工要以劳模卓越的劳动创造为引领，鼓励员工始终保持对新知识、新技术的"饥渴感"，坚持学习，勇于创新，用创造性劳动来实现自我突破、自我提升、自我超越，为矿井创造更大价值。要以劳模忘我的奉献精神为引领，教育员工将个人成长与单位发展紧密融合，胸怀全局，淡泊名利，甘于奉献，在促进区队工作推进中体现人生价值。

（三）劳模创新作用

勇于创新是时代精神的体现，也是当代劳模身上最闪亮的新特质。补连塔煤矿坚持以"劳模创新工作室"为平台，由劳模"担纲领衔"，以专业技术人才和技能人才"唱主角"，吸纳更多爱岗敬业、技术精湛、锐意进取的职工投入到创新工作之中。并依托工作室的技术、人才密集优势，广泛深入开展课题领办、技术攻关、革新创造和成果交流展示活动，带动职工踊跃投身合理化建议征集、劳动竞赛等群众性经济技术活动；引导职工从日常工作中的问题入手，大胆进行改造发明，营造"处处是创新之地、人人是创新之源、时时是创新之机"的氛围，有力地引领全员走创新、创造、创效之路。设立创新奖励机制，凸显利益效应，通过物质上的刺激来激励劳模在工作中不断推陈出新，让员工真正感受到有贡献就有收益，使劳模的创新作用发挥得更好。

（四）品牌作用

每一位劳模都是一面旗帜，高扬着"爱岗敬业、争创一流"的价值操守；每一位劳模都是一个标杆，标示出"艰苦奋斗、勇于创新"的精神境界；每一位劳模都是一盏明灯，折射出"淡泊名利、甘于奉献"的道德取向。我们要把劳模这一"闪光群体"打造成品牌形象，不断提升劳模品牌效应。补连塔煤矿党委、工会通过组织开展劳模先进事迹报告会、人物专访和劳模风采故事演讲、编印劳模光荣册、举办劳模先进事迹图片展等多种形式，大力弘扬劳模精神、劳动精神、工匠精神，以劳模事迹和劳模品质感召人、鼓舞人、激励人，让"劳动最光荣、最崇高、最伟大、最美丽"的理念深入人心。及时总结提炼劳模选树经验，鼓励和支持劳模做好

"传帮带"，通过个人劳模、明星班组的打造和宣传，扩大劳模的影响力。成立青年志愿服务队，本着"从职工群众中来到职工群众中去"的方针，坚持以服务职工为主体，贴近实际、贴近生活、贴近群众，以献真情、送科技、美环境、保平安、优服务为主要内容，广泛开展形式多样的志愿服务活动，发挥劳模的先锋模范作用，从小事做起，向大处努力，积极传播社会正能量。为劳模施展聪明才智搭平台、建机制、铺路子、造氛围，努力创造劳动模范的成长环境，不断提升劳模和工匠品牌的"含金量"。

四、劳模精神的实践成效

在劳模的辐射带动下，补连塔煤矿各项工作取得骄人的成绩。以综采一队为例，在劳模石强的带动下，区队形成了独具特色的"铁军"文化，创造了行业的多项"硬指标"，2014年，全年产量超过1500万吨，创造了同行业世界第一的纪录。2015年，实现日产原煤6万吨，创神东日产量最高纪录。2015年，优化了工作面贯通挂网工艺，最大限度的保证了贯通速度，用时30小时15分钟，实现了安全、高效贯通，刷新了神东大采高工作面贯通最短纪录。2016年3月，单月生产原煤143.5万吨，达到煤炭行业世界第一的领先水平。2017年，区队全员工效819吨/工，达到煤炭行业世界第一的领先水平。工作面回采率达到97%，在特厚煤层开采方面获得世界第一的水平。2018年，历时17天，顺利通过工作面空巷群922米，创造了神东通过空巷数量最多，时间最短的纪录。从建队至今，累计生产原煤2亿多吨，连续16年安全生产零事故，创造神东安全生产周期最高纪录。曾先后获中央企业团工委"青年文明号"、共青团中央国家安全监管总局"全国青年安全生产示范岗"、全国总工会"安康杯"竞赛优胜班组、中国安全生产协会"安全管理标准化示范班组"、神华集团"百强班组"、神东煤炭集团"金牌班组""一级优秀科队""先进集体"等多项荣誉。

新时代是一个讲奋斗、讲担当的时代，是一个呼唤实干、呼唤劳模的时代。充分发挥劳模作用，弘扬劳模精神、劳动精神和工匠精神，是践行社会主义核心价值观的生动体现，有利于焕发劳动者的民族自豪感、自信心和爱国热情；是推进科技创新、实现高质量发展的重要驱动力量，有利于培养具有核心竞争力、引领时代潮流的一流人才，打造高素质的技能人才队伍；是广大职工创造美好生活的强大精神力量，引导劳动者爱业、敬业、乐业、勤业，在平凡的岗位上做出不平凡的业绩，实现自我价值与人生价值，有更多的获得感。

文章出处： 成稿于2020年6月，来自神东煤炭集团公司2020年企业文化建设成果征集。

03

管理融合

哲学思维下企业文化诊断的新视角

韩浩波

摘要："想问题、做决策、办事情，不能非此即彼，要用辩证法，要讲两点论。"如何从哲学视角下分析解决问题的方法，运用哲学思维组织文化诊断评估，来提高诊断的针对性和实效性，进而提高管理效能，是本文研究的核心问题。文章从坚持"求实"思维、坚持"问题"导向、坚持"辩证"思维、坚持"系统"思维、坚持"实践"思维五个方面，深入研究运用哲学思维进行文化诊断评估的重要性，为各同类企业进行企业文化诊断评估提供了可借鉴的思路和方法。

关键词：哲学思维　企业文化诊断　新视角

引言

文化诊断是否有效，不仅取决于理论工具是否科学，组织结构、制度是否合理和完善，也取决于诊断方法是否科学、得当。正如毛泽东所说，"我们不但要提出任务，而且要解决完成任务的方法问题。我们的任务是过河，但没有桥或没有船就不能过。不解决桥或船的问题，过河就是一句空话。不解决方法的问题，任务也只能是瞎说一顿。"从哲学视角下分析解决问题的方法，运用哲学思维组织文化诊断评估，有助于提高诊断的针对性和实效性，进而提高管理效能。

一、坚持"求实"思维

"求实"就是坚持存在决定意识的原理，坚持一切从实际出发，按照事物的本来面目认识事物。企业文化诊断必须立足于企业实际，尊重企业自身的发展阶段和成长规律，以此为出发点研究和解决企业文化管理的问题。神东煤炭集团2016年第四次诊断就是针对公司战略的调整、煤炭市场的变化及员工队伍结构的特点，从企业发展基础要素、企业文化现状特征和驱动要素三个维度进行的全方位、立体化、多手段的调研诊断。采用系统分析的方法，通过文化基因分析、现状类型及优劣分析、组织氛围和管理问题剖析、员工期望与形象类型、发展战略对文化诉求、行业关键价值驱动要素以及民族、国家、社会文化影响定位文化导向等分析，描绘出神东自身的基因图谱，以解决企业实际问题为根本出发点，回答"有什么——缺什么——要什么"，提出相应的解决方案，大大提升了诊断结果的有效性。

二、坚持"问题"导向

问题是事物矛盾的表现形式。坚持"问题"导向，就是坚持事物矛盾运动的基本原理，承认矛盾的普遍性、客观性，运用矛盾相辅相成的特性，在解决矛盾的过程中推动事物的发展。文化诊断决不能就文化论文化，就文化看文化，必须抓住关键问题进一步研究思考，分析企业管理中存在的问题及探究问题背后的文化归因。当前企业结构的优化和调整、管理的变革与提升、核心竞争能力的打造、干部队伍的素养和作风等等，都绕不开文化。神东在文化诊断过程中，通过对历史积淀、关键成功要素、现状类型、亚文化的一致性和差异性、员工满意度和敬业度指数分析查摆企业当前存在问题，针对企业外向型不足、流程繁琐、成本管控问题、员工价值创造及职业发展问题、授权不足及责任担当意识不足等方面提出建设性意见和整改措施。通过持续的融入与对接，使之成为推动管理问题解决和企业创新发展的出发点与着力点。坚持问题导向，就是要直面问题而不是绕开问题。只有直面问题，准确把握问题本质，针对性整改，才能真正实现文化管理的转变。

三、坚持"辩证"思维

"想问题、作决策、办事情，不能非此即彼，要用辩证法，要讲两点论，要找平衡点"。坚持辩证思维，就是充分运用辩证方法观察和分析问题，坚持在对立中把握统一、在统一中把握对立，克服极端化和片面化。在内容分析上强调一分为二看事物，从个别中发现普遍性的共识和问题，从普遍中抓典型，透过现象看本质，获得有价值的观点和意见。要在方法运用上注重把握事物之间的联系，用发展的眼光看问题，剖析产生问题的根源，找到解决问题的有效途径。神东应用奎因模型图分析企业文化类型，注重内部管理与整合、追求稳定与控制为主，体现了显著的等级森严式和部落式的特点。从外部适应性和竞争性来看，企业外向型思维不足，适应市场环境变化的能力、绩效意识仍较为薄弱，效益压力传导逐级弱化。从内部管理的有效性来看，存在授权不足、责任担当意识不强现象。辩证分析企业文化类型，在提升管理者管理能力建设上，高层行为落实的重点为领导能力，管理层行为落实的重点是组织能力，执行层行为落实的重点则是执行能力。用辩证思维观察、分析、研究和解决问题，大大提高了文化诊断评估的针对性和实效性，达到事半功倍的效果。

四、坚持"系统"思维

文化诊断评估不仅是对建设本身的过程评价，还是对组织的文化管理实践和员工价值观的评估。坚持"系统"思维，就是坚持全面地而不是片面地、系统地而不零散地、联系地而不孤立地观察事物，着眼于整体与部分、整体与层次、整体与环境、整体与结构的相互联系和相互作用，从中获得解决问题的方法。比如，作为文化诊断的重要环节——调研分析中，既要注重战略驱动要素对文化需求分析，还要考虑企业期望类型及形象分析，描绘文化管理路线图；在成果运用中，要厘清各级文化管理机构的职能定位与职责分工，科学界定文化建设顶层设计、服务协调和运行实施的三级管理重点。上一级重顶层设计，重在布局，重在搭建平台。下一级重在实践，响应公司文化，深化特色文化，进行管理实践。另外，文化诊断本身并非静态，企业始终要随着时代的变化，及时进行文化变革。每一次文化诊断都是一次提升，文化诊断的过程就是企业价值理念认知认同的过程，就是全体员工自我提升、革新的过程，是企业自身肌体自我修复、完善的过程。坚持和运用系统思维，研究文化建设与业务流程、经营管理、人力资源、过程管控、制度建设、组织结构等各方面的关联性和各项整改举措的耦合性，多种方法综合运用，才能取得实实在在的成效。

五、坚持"实践"思维

实践观点是马克思主义哲学的核心观点。实践决定认识，是认识的源泉和动力，也是认识的目的，实践是检验认识的标准。坚持"实践"思维就是坚持认识和实践辩证关系的原理，坚持实践第一的观点，在传承中提升，在创新中发展。文化诊断评估是推进企业文化建设向文化管理转变的重要环节，是一项富有创造性的工作。每一次文化理念体系的升级都要基于文化来源与对企业历史的认识，是企业文化实践的提炼和升华。文化源于实践具有持续循环的内生性，同时融合行业特点、地域及民族文化、企业管理实际，并在企业发展过程中不断实现理念创新与实践创新良性互动，具有强大的生命力。文化理念只有融入企业生产经营管理全方面、全过程，通过绩效考评、组织活动、舆论引导、宣传教育、制度建设等手段，最终影响企业决策与员工行为的转变，才能为企业发展提供生生不息的智力支持和保证。

总结

科学、合理的文化诊断评估是企业文化建设取得成效、实现向文化管理转变的重要环节。应用哲学思维开展文化诊断评估，推动诊断成果的转化是一项极富创造性的工作，必须长期坚持并随着时代的发展不断变革。

文章出处：成稿于2017年8月，《企业管理》2017年第10期，获神东煤炭集团2018年度优秀党建思想政治理论课题研究成果二等奖。

基于"互联网+"的
健康神东管理模式研究

郝俊奇　辛彦彬　杜春玫　上官萍

摘要： 健康管理是经济发展、人们生活水平进步、健康意识提高的产物。企业实施健康管理，不仅有利于提高企业凝聚力，还能提升员工的幸福感和获得感，助力企业高质量发展。文章首先介绍健康和健康管理的概念，回顾健康管理相关理论。在此基础上，立足神东实际，详细解析了员工健康的群体性特征及目前健康管理的局限。基于此，全面梳理神东以解决问题为导向，创新服务模式和管理方式，将职工福利、医疗健康、商业保险、大数据技术相融合，为职工建立了"互联网+"的健康管理服务体系和健康管理支撑体系，切实为打造"健康神东"品牌作出的回应和努力。

关键词： 健康管理　健康神东　管理模式

一、前言

从20世纪50年代开始，我国逐步建起了覆盖省、市、县、乡、村的医疗卫生服务体系。随着城镇居民医保制度的全面建立，由城镇职工医保、新农合、城镇居民医保构成的基本医保制度覆盖全民。伴着经济的快速发展，城镇化、人口老龄化进程的加快，我国居民生活方式和疾病谱发生变化，糖尿病、高血压等慢性病高发。现有的"保基本""疾病救治"模式的基本医疗制度已逐渐不能满足人们日益增长的多层次、多样化的健康需求。

2016年10月，中共中央、国务院印发《健康中国"2030"规划纲要》，提出"普及健康生活、优化健康服务、完善健康保障、建设健康环境、发展健康产业"五方面的战略任务。2019年7月，国务院正式公布了《关于实施健康中国行动的意见》。"健康中国"建设体现着国家以人民为中心的发展理念和增进民生福祉的发展取向，指明了未来政策和资源的倾斜方向。"健康中国"这一国家战略，促使健康管理成为国家、社会、企业、个人及家庭的共同责任与集体行动。神东煤炭集团近年来陆续展开在能源供给、消费、技术、体制等维度的"能源革命"，内外部产业走上"减、优、绿"之路。在这样的内外形势下，神东如何凭借基本医疗保险移交属地管理的契机，树立"健康神东"理念，将健康管理服务嵌入创新、协调、绿色、开放、共享的新发展理念的有机版图。如何创新服务模式和管理方式，加大对人力资本的投资，提升员工健康素养。这些都关乎着公司的全局与长远发展以及公司稳定和人力资本可持续发展，是摆在神东人面前的一个重要课题，从而具有重大的战略意义。

二、概念的界定与理论回顾

（一）概念界定

狭义的健康是指一个人身体有没有出现疾病或虚弱现象，广义的健康是指一个人生理上、心理上和社会上的完好状态。

健康管理概念来源于美国。早在1929年，美国的双蓝联合会，作为健康管理实践的早期探索，他们为教师职工和工厂工人提供基本医疗卫生服务。西方世界对于企业员工健康管理，其发展可以划分为四个不同时期：20世纪30年代到20世纪60年代的职业戒酒方案；20世纪60年代至今的员工援助方案；20世纪80年代早期迄今为止的职业健康促进方案；20世纪80年代末发展至今的员工健康管理方案。研究问题的关注点也不再仅限于个人不良生活习惯，而是向心理健康、身体健康和精神健康整体延伸。

本文所说的健康管理就是个人、企业、社会、国家对"健康"进行源头治理，资源投入。从健康管理的链条来看，疾病救治属于末端环节，而"大健康"理念，则要求我们更多地进行健康的源头治理。这意味着健康管理需要关口前移，重心从"治已病"向"治未病"转变。

（二）理论回顾

健康管理理论基础可以从动机理论和人力资本理论两个角度阐述。动机理论主要包括需求层次理论和双因素理论。人力资本理论主要阐述人力资源作为资本的原理。

1.动机理论

动机理论是指关于动机的产生、机制、动机与需要、行为和目标关系的理论。

马斯洛需求层次理论由美国心理学家亚伯拉罕·马斯洛在1943年在《人类激励理论》论文中所提出。该理论将人类需求像阶梯一样从低到高按层次分为五种，分别是：生理需求、安全需求、社交需求、尊重需求和自我实现需求。需求层次理论有两个基本出发点，一是人人都有需求，某层需求获得满足后，另一层需求才出现；二是在多种需求未获满足前，首先满足迫切需求；该需求满足后，后面的需求才显示出激励作用。马斯洛认为，当任何一种需求得到大体的满足后，就不再具有激励作用，下一层次需求就会成为主导需求。企业作为激励方，应最大限度地满足员工最低级别的生理需求，采取增加工资、改善劳动条件、给予更多的业余时间和工间休息、提高福利待遇等手段，达成企业的战略目标。

双因素理论，又称激励保健理论，由美国心理学家赫茨伯格于1959年提出。该理论认为引起人们工作动机的因素主要有两个：一是保健因素，二是激励因素。保健因素是指造成员工不满的因素。保健因素不能得到满足，则易使员工产生不满情绪、消极怠工，甚至引起罢工等对抗行为；但在保健因素得到一定程度改善以后，无论再如何进行改善的努力往往也很难使员工感到满意，因此也就难以再由此激发员工的工作积极性。所以就保健因素来说："不满意"的对立面应该是"没有不满意"。激励因素是指能造成员工感到满意的因素。激励因素的改善而使员工感到满意的结果，能够极大地激发员工工作的热情，提高劳动生产效率；但激励因素即使管理层不给予其满意满足，往往也不会因此使员工感到不满意，所以就激励因素来说："满意"的对立面应该是"没有满意"。按照双因素理论的观点，只有激励因素才能够给人们带来满意感，而保健因素只能消除人们的不满，但不会带来满意感。如果认定"疾病救治"为保健因素，那么"健康管理"就是激励因素。

2. 人力资本理论

20世纪60年代，美国经济学家舒尔茨和贝克尔创立人力资本理论。舒尔茨在《人力资本投资—教育和研究的作用》一书中提到，人力资本是指体现于劳动者身上，通过投资形成并由劳动者的知识、技能和体力所构成的资本。从企业经营价值链来看，客户的忠诚，客户的满意取决于企业能否为顾客提供优质的产品与服务。优质的产品与服务来源于员工生产率与素质；员工有较高的生产率是因为自身的需求得到满足，个人的价值得到实现；而自身的需求得到满足，个人的价值得到实现关键在于企业人力资源产品与服务的提供。通过这样一种传导机制，将企业中的人作为资本来进行投资与管理，从而获得长期的价值回报。人力资本理论指出，作为人力资本的重要一环，人的健康问题不可忽视。投资健康，不止于延长人的生命，还能够累积人力资本的总量，延长人力资本的作用时效，让人力资本的价值得到有效的提高。投资健康还能够增强员工的身体素质，并使员工的内在素质得到更好的提高。

（三）研究思路

随着《健康中国"2030"规划纲要》的发布，"健康中国"成为近几年社会比较关注的一个热点问题，但是对于"企业健康管理"的研究则是少之又少。

本文首先统计近年来神东员工健康水平，客观真实地分析公司员工健康的群体性特征。其次分析公司员工健康管理机制的局限，突出员工健康需求与服务供应之间的结构性差异。最后从构建服务体系、完善支撑体系角度提出建立基于"互联网+"的健康神东管理模式。

三、员工健康的群体性特征及管理机制的局限

（一）员工健康的群体特性特征

2019年《神东煤炭集团职业健康检查总结报告书》及近年来医疗保险数据显示，神东员工健康有如下群体性特征。

1. 健康意识薄弱

神东所属各单位2018—2019年报送体检人数为37624人，其中职业健康体检

20505人、健康体检17119人。实际体检人数为32674人，其中职业健康体检19928人、健康体检12746人。13%的职工未参与体检。无乙肝抗体有17018人，占总检人数的52.1%，这些数据说明职工的健康意识薄弱，需增强保健意识。

2. 职业病多发

煤工尘肺与噪声聋职业病多发。煤工尘肺是长期吸入煤尘（含5%以下游离二氧化硅）引起的肺组织纤维化。多见于采煤工、选煤工、煤炭装卸工。煤工尘肺的形成和发病是个长期累积的过程，一般接触煤尘工龄10年以上易患，易患煤工尘肺的工种分别为煤机司机、连采机司机、破碎机司机、梭车司机、移架工等。2018—2019年体检检出的疑似煤工尘肺人员214人（见下图）。

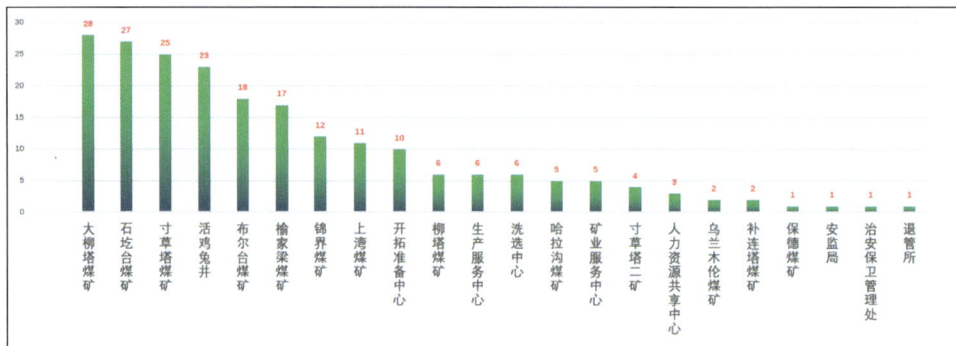

疑似煤工尘肺人数统计表

矿井单位检出煤工尘肺率占检出人数的85%（见下图）。

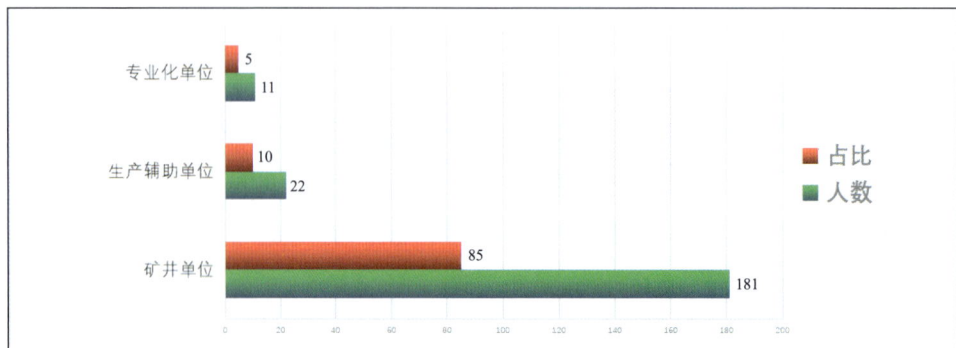

各单位尘肺检出人数

2018—2019年体检检出疑似听力损伤者399人（见下图）。

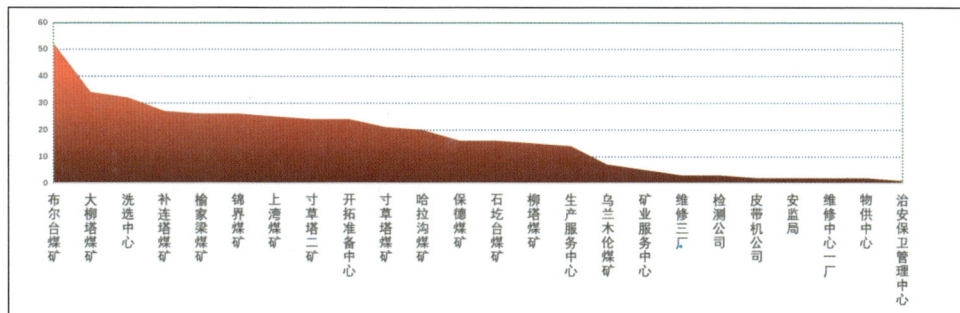

疑似听力损伤人数

3. 患病率螺旋上升

2011年1月—2017年12月神东基本医疗保险药费报销数据显示：2011年公司员工报销医疗票据650人次；2012年报销医疗票据3687人次；2013年报销医疗票据4591人次，2014年报销医疗票据6131人次，2015年报销医疗票据5189人次，2016年报销医疗票据6900人次，2017年报销医疗票据8022人次。下图显示，员工患病率逐年呈螺旋上升趋势。

2011—2017年医疗报销数据

4. "三高"现象突出

2018年职工体检提示员工血压偏高、血脂偏高、脂肪肝、BMI指数超标。检出常见疾病中血压偏高4414人，胆固醇偏高4283人，检出空腹血糖≧7.00mmol/L人员1856人，占总检人数的百分比为5.7%。脂肪肝7620人，BMI指数超标11699人。血压偏高、脂肪肝、胆固醇偏高、BMI指数超标的检出率随着年龄的增加有上升的趋势。

5.慢性病以井喷态势发展

神东基本医疗保险报销数据显示：2012年慢性病门诊报销数量占总数的比例为34.72%，到2016年慢性病门诊报销数量占比增至40%。慢性病病种范围日益扩大，主要以高血压、冠心病、糖尿病、慢性肝病、心脑血管疾病后遗症、肾炎、皮肤病、类风湿性关节炎、慢阻肺、强直性脊柱炎、血液病、不孕不育为主。

神东基本医疗保险报销数据显示：截至2017年12月，职工患恶性肿瘤、器官移植、精神分裂等重大疾病的人数有113人。

2018年职工体检检出幽门螺旋杆菌阳性者8502人，占总检人数的26%。查出甲状腺异常者2890人，其中甲状腺结节人数1533人，甲状腺囊肿998人，甲状腺回声不均109人，甲状腺钙化127人，甲状腺腺瘤86人，甲状腺肿大24人，甲亢12人，甲状腺实性占位1人。肝、肾功能异常者人数较多。检出皮肤病有白癜风、银屑病、湿疹、体癣、足癣、荨麻疹等。

6.过敏性鼻炎成群体事件

20年前，国家为了治理沙漠，改变当地群众的生存环境，花费巨资飞播沙蒿固沙，防风固沙的效果是巨大而显著的，但负面影响也随之而来。神东地跨晋陕蒙地区，该地区正是沙蒿聚集地，每年7—9月，沙蒿开花期成为神东20%员工的黑色季节，沙蒿过敏成为了群体事件，且过敏性鼻炎患者初始发病率呈低龄化，最低年龄为6个月，过敏性哮喘发病年龄已经降至3岁以下。过敏性鼻炎严重影响员工工作、生活、睡眠等，造成生活质量的严重下降。

7.亚健康人群急剧扩大

所谓亚健康是指处于健康和疾病之间的一种临界状态，是介于健康和疾病之间的连续过程中的一个特殊阶段，又称第三状态或"灰色状态"。从亚健康状态既可以向好的方向转化恢复到健康状态，也可以向坏的方向转化而进一步发展为各种疾病。这是一种从量变到质变的准备阶段。在生活习惯上，半数以上男员工有吸烟喝酒的习惯；绝大部分人员运动不足；多数员工都有过颈椎、腰椎酸痛的经历；许多人心肺功能不强，耐力较差；每个人生活、工作中都有一些压力，几乎全体职工均处于亚健康状态。

（二）员工健康管理机制的局限

1. 管理理念待更新

公司医疗保障局限于基本医疗保险药费报销及工会大病救助，对"大健康"理念缺乏全方位认知。企业健康管理，其根本是对人的管理。只有树立先进的健康服务理念，切实从职工的生理与心理健康需求出发，才能够搭建符合"健康神东"的顶层设计。

2. 管理方法不足

目前公司对健康管理的层次划分不清，对健康管理的系统构筑较为简单，在管理方法上具有不系统、结构落后、协调性差的特点。公司应该将健康管理作为一个系统整体考虑，将员工健康管理发展为健康体系建设，形成一个生命周期完备的，有活力的系统体系。

3. 管理手段缺位

公司对健康服务的管理手段缺位，目前公司并未建立起有效的员工心理援助机制，对心理辅导和援助的重要性认识还不够，缺乏专业人员和应对经验。而工作、生活中压力无处不在，医学证明，压力长期得不到疏导和宣泄，容易引起心理疾病，影响员工健康素养。

四、健康神东管理模式构建

根据《国务院关于积极推进"互联网+"行动的指导意见》（国发〔2015〕40号），将职工福利、医疗健康、商业保险、大数据技术相融合，神东为职工建立基于"互联网+"的健康管理服务体系。总体来说就是要积极丰富和完善员工福利计划，构建新型的团体健康保险模式，为员工提供意外伤害、补充医疗保险、重疾等多种保障责任，利用信息化平台为员工提供包括健康咨询、健康讲座、体检、电子健康档案管理、预约挂号、线上医院、家庭医生、企业医务室、心理咨询、职场中医理疗与中医坐诊等一系列健康管理服务。

（一）构建健康管理服务体系

1. 开展"企业服务健康平台"医疗服务

中智企业服务健康平台基于Spring Cloud微服务治理架构开发，并通过Docker的容器化部署，能根据业务灵活适配，动态调整资源。充分调动、协调和聚集供应商的资源，为企业员工提供优质的健康服务。平台为员工、人力资源部门、供应商、医护人员等都提供了操作平台和接口。通过多系统的联动，自动并及时地对员工的健康数据进行管理，并通过大数据平台进行精细化运营，针对不同员工的健康状况进行个性化服务。平台为神东员工提供在线购药、健康评测、基因检测、口腔服务、体检服务等一系列健康服务。后续将继续在健康平台发展增值服务，包括家庭医生、在线问诊、心理咨询、专家挂号、陪诊服务、住院安排、手术安排、优先检查、重疾绿通、多学科会诊、职业健康档案管理、健康风险评估、健康讲座等服务。数字化医疗健康服务产品模块详见下图。

数字化医疗健康服务产品模块图

企业医生服务通过全科执业医师团队、专科执业医师团队帮助企业及员工实现健康评估、健康咨询、转诊及挂号、住院与手术安排及二次诊疗意见，实现小病随时看，大病有安排。公司可与地区医院协商对35岁以上人群实施首诊测血压，逐步开展血压血糖升高、血脂异常、超重肥胖等慢性病高危人群的患病风险评估和干预指导。可在部分单位设立健康室，配备血压仪、血糖仪等自测仪器。加强职业病危害普查和防控，每年对尘肺病等重点职业病进行摸底检查和风险评估。鼓励员工使用心理咨询服务，逐步建立和完善员工心理援助计划，加强心理健康服务。为每一位员工提供日常保健咨询及名医院就医绿通服务。

健康风险筛查服务提供覆盖全国的多种类型医疗健康机构的健康风险筛查服务产品，满足不同员工个性化的健康筛查需求，如健康体检，基因筛查，口腔和中医诊疗，实现健康有人管，有病早发现。

健康管理与促进服务根据职工不同的健康状况，进行相关的健康咨询、健康评测，并根据建立的健康档案定期推送健康教育信息、健康改进计划，组织各类线上线下健康活动，协助员工保持健康的生活方式。神东目前给职工提供的是常规健康体检方式，增加健康管理与促进服务等多样化的健康管理方式可以从更早期帮助职工认知个人的疾病风险，让职工在重疾的预防措施方面能更早更全面的做好准备。健康管理与促进服务为每一位员工建立一份健康档案，根据员工健康数字档案，实施职业病、慢性病综合防控。依据职工检后的健康情况，集中安排时间，邀请专家上门为职工安排职场健康、个人保健、大病预防等有针对性的特定健康话题讲座及现场健康咨询等，对尘肺、脑卒中等慢性病进行定期筛查。

健康生活商城服务提供多元化的医疗健康产品，如药品、保健食品、医疗器械、个人护理及健康生活相关的其他产品。

2. 规范"企业服务健康平台"供应商服务

为规范平台供应商服务，为神东职工提供更好的服务，设立供应商监督考核机制。明确了供应商服务质量规范、商品价格规范、言行规范。设立巡检制度以及处罚措施，并鼓励员工主动投诉。

3. 完善"企业服务健康平台"药品供应服务

企业服务健康平台在线买药设定"叮当快药"及"好药师"两个药品配送方。线上开具的常见病、慢性病处方，经药师审核后，可直接配送。

4. 推进"企业服务健康平台"医疗结算服务

企业服务健康平台具备线下、线上支付功能，员工可直接扫码支付，为员工提供更加便利的服务。企业服务健康平台根据公司员工的居住地，逐步将更多的医疗机构纳入服务网点，方便异地员工实时结算。2019年5月，通过"企业服务健康平台"直付理赔3326人次，理赔金额138.64万元；6月直付理赔20890人次，理赔金额831.63万元；7月直付理赔20061人次，理赔金额745.55万元；8月直付理赔27618人次，理赔金额974.95万元。直付理赔已经在员工群体中广泛应用，便利功能逐步凸显。

（二）完善健康管理支撑体系

1. 制定完善配套政策

《国务院办公厅关于加快发展商业健康保险的若干意见》（国办发〔2014〕50号）文件要求，加快发展商业健康保险，满足人民群众多样化的健康保障需求。鼓励企业和个人通过参加商业保险及多种形式的补充保险解决基本医保之外的需求。鼓励商业保险机构积极开发与健康管理服务相关的健康保险产品，加强健康风险评估和干预，提供疾病预防、健康体检、健康咨询、健康维护、慢性病管理、养生保健等服务，降低健康风险，减少疾病损失。神东2018年为员工建立了补充医疗保险制度，补充医保用于解决基本医疗保险报销后个人负担的部分。员工患疾病就医诊治，享有鄂尔多斯市、榆林市城镇职工基本医疗保险的福利，其自付部分还可按照企业补充医疗保险协议的规定予以理赔。同时公司为员工购买了重大疾病保险，避免因病致贫。当员工发生42种重大疾病时，保险公司按照协议向员工直接赔付30万元。这一系列员工看得见、摸得着的福利，进一步增强了员工的归属感和幸福感，增强了企业的凝聚力和向心力，营造了和谐发展的氛围。

2. 开展过敏性鼻炎防治行动

做好季节性过敏性疾病防治的科普工作，从感冒、过敏性鼻炎、过敏性哮喘症状的区分、筛查，从精神、运动、饮食调理到药物治疗，以简单、易懂、易做、少花钱的形式表述，在公司信息网和媒体宣传，减少误诊、乱用药等情况发生。与地方协商，在神东周边医院设立变态反应科，配备专科医生和检查设备。尽快在神东生态示范区等就近人群的地区更换、间隔种植其他高冠、高附加值的经济树种，减少花粉传播。鼓励员工免费认领沙地，种植经济高冠树种，林下作物，加速连片面积化树种的更换，逐步改善矿区过敏性鼻炎群体的生活环境。

3. 强调员工自助模式

自助模式强调员工的积极性和主动性，主要通过员工改变生活习惯或对健康知识技能的主动学习和应用，维护身心健康水平。可通过一整套的措施方案，例如开展健康讲座、健康宣传、健康知识培训、健美操微视频讲堂、鼓励工间操等，引导员工健康生活。

结语

健康管理是经济发展、人们生活水平进步、健康意识提高的产物。企业实施健康管理，是以人为本、将人才的身心健康作为企业重要财富的表现。企业实施健康管理，有利于提高企业凝聚力，增加员工满意度，降低人员流动水平，提高员工工作效率，促进企业生产绩效。在企业实施健康管理过程中，不仅仅要加大健康服务硬件建设的投入，更要增强对员工的个人健康意识的管理与疏导。应该将企业健康管理建设作为一个系统完整的管理活动加以考虑，才能取得较好的管理效果。

文章出处：文章成稿于2020年9月，获神东煤炭集团2022年度管理课题研究成果二等奖。

参考文献：

[1] 张帅. 互联网＋健康在线服务平台的设计与实现[J]. 科技创新与应用，2019(10).

[2] 李雷波. 境外员工健康管理平台建设实践与建议[J]. 职业健康，2018(10).

[3] 章游星，顾嘉奇，汤景云，朱杰. 区域移动医疗服务平台的设计与实现[J]. 中国数字医学，2019(4).

[4] 吴同飞. 为企业员工提供最优的保险保障和健康服务[J]. 中国人力资源社会保障，2018(6).

[5] 张枫林，王力坚，黄智敏. 员工健康管理是企业健康发展的基础[J]. 大家健康，2015(1).

[6] 沈晨光. 员工健康管理问题研究的文献述评[J]. 企业管理，2017(24).

新时代创新企业文化建设
促进安全管理的研究

周建新

摘要： 企业文化是企业的灵魂，是推动企业发展的不竭动力。近年来，神东榆家梁煤矿全面加强企业文化建设创新，打造企业文化"品牌"，厚植文化土壤，将文化"软实力"转化为发展硬支撑，夯实安全根基，促进安全管理水平持续提升。

关键词： 企业文化　安全管理　创新实践

经济全球化时代，国有企业增强文化核心竞争力，对推动企业改革发展、安全稳定、创新提升具有重要现实意义。榆家梁煤矿坚持"投资少、见效快、滚动发展"建矿方针，秉承"艰苦奋斗、开拓务实、争创一流"神东精神，通过"矿井搭台、员工唱戏"，培育了"三自赋能、六措八法"班组建设管理模式，创新打造了"图腾文化""蚁族文化"等文化品牌，坚持文化传承创新、跨越发展，汇聚矿井安全高效发展强大文化力量。

一、企业文化建设创新的背景及意义

（一）企业文化建设的背景

（1）新时代国企改革发展的需要。新时代国有企业要建设具有全球竞争力的世界一流企业，必然要加强企业文化建设创新，丰富企业文化内涵，培养员工的现代发展理念，推进深化改革。

（2）新时代国企品牌建设的需要。煤炭企业安全生产压力大，煤矿单位环境艰苦、生产任务繁重，致使安全生产之弦紧绷，通过加强企业文化建设，塑造文化品牌，强化文化引领，有效化解员工心理压力和不利影响，提升矿井文化软实力和管理能力。

（3）新时代员工精神文化的需要。榆家梁煤矿地处偏僻，地面生活条件较差，员工精神文化生活贫乏，矿井员工来自四面八方且年轻人多，员工思想形态多元化。通过开展文化建设，丰富精神文化生活，用文化来统领思想，推进人文和谐矿井建设。

（二）企业文化建设的意义

（1）不断增强煤炭企业核心竞争力。企业文化是企业发展的软力量，是推动企业前进的原动力，是企业发展的核心竞争力。煤炭企业精神文化、制度文化、安全文化，最终都依靠班组执行，班组安全文化、创新文化、廉洁文化是煤矿的无形文化资产，渗透在管理的各环节。因此，增强矿井核心竞争力就得抓好企业文化建设创新。

（2）有效提高煤炭企业员工队伍素质。班组是企业的细胞，夯实班组文化建设，提升员工队伍综合素质，可以更好地释放和激活企业发展活力。加强班组文化建设是落实以人为本、丰富员工精神生活、推进科学发展的需要，是解决班组实际问题、人才培养、提振士气的需要。企业文化可以深层次影响员工的思想观念、行为直观，培养爱党、爱国、爱企、爱岗精神，提升员工综合素养。

（3）推动提升煤炭企业安全管理水平。企业文化建设，特别是安全文化建设已成为企业保障安全生产、维护职工安全与健康、实现高质量发展的成功阶梯，企业文化为企业带来的增益效果非常明显。创建企业安全文化，让安全文化"润物无声"，让大家从对安全事故发生后的处理延展到了对安全危机的防范，实现企业全员思想意识的飞跃，真正明白"安全为了谁"。

（4）持续扩大煤炭企业品牌影响力传播力。企业文化越来越成为企业凝聚力和创造力的源泉，一流的企业必须要有一流的文化作支撑，而文化管理是企业管理的最高境界。企业文化建设的重要性日益显现，已成为其综合实力和核心竞争力的重要组成部分，用企业文化引领企业发展战略，最大程度发挥文化的驱动力，对企业品牌价值和文化影响力提升具有重要意义。

二、榆家梁煤矿企业文化建设创新实践

（一）创新打造文化品牌

企业文化的基础是班组文化，榆家梁煤矿秉承神东"一主多元"的企业文化建设思路，全面强化班组文化创新工作，打造"一队一品"文化精品工程。综采一队打造"同心文化"，践行"始于心、善于新、立于信、勤于学、工于细"的区队精神；综采二队建设"蚁族文化"，提出了"分工合作、和谐包容"的工作格言；连掘一队结合工作场所流动性大的实际情况，将班组文化定位为"泰山文化"，倡导"区队安全为泰山之本，班组和谐为泰山之基，员工利益为泰山之巅"的管理理念；运转队采用虎、马、蛇、牛、鸡、雁、鹰作为各班组的"图腾"标识，将"安全运输出每一块煤炭"确定为工作目标；机电队培育了"雁阵文化"，车队打造了"雷锋车队"文化品牌。独具个性的文化理念，凸显了区队班组的特点，奠定了文化创新发展基石，矿井获得中国企业文化研究会"基层践行企业文化先进单位"等荣誉。

矿井以"创新、严谨、和谐"为核心价值观，提出"以人为本、生命至上、风险预控、依法治矿、追求卓越"的安全理念，管理中"严制度，宽文化"，把制度处罚与人文关怀相融合，让管理层"带着感情抓安全"，增强了安全管理科学化、规范化。

（二）深入践行"三自赋能、六措八法"班组建设管理模式

2008年以来，榆家梁煤矿在班组建设工作方面进行了系列探索和实践，先后经历了经验管理、制度管理、文化管理三个阶段，最终确定了"3+1"即"经验、制度、文化+自主"管理的班组建设工作思路，形成了独具榆家梁特色的"三自赋能、六措八法"班组建设模式。

矿井以"区队自治、班组自主、员工自律"三自理念为指导，以分级赋能为手段，区队赋能"六措"包括赋组织之能、赋执行之能、赋学习之能、赋管理之能、赋心力之能、赋文化之能，使外部推动与内部激发同步，班组赋能"八法"通过抓班长、抓团队、抓标杆、抓方法、激活进取心、激活责任心、激活自尊心、激活自信心八个方法为班组和员工赋能，实现班组自主和员工自律，促进班组安全管理。

（三）创新班组"五讲十问"安全警示教育管理法

矿井创新安全管理方法，推行班组"五讲十问"安全警示教育管理法，以帮扶纠正员工不安全行为思想为基础，强化对员工的安全教育为目的，通过安全员讲危害、学习员讲标准、节约员讲损失、和谐员讲责任、创新员讲改进的五大员帮扶说教，结合当事人的扪心自问、有疑必问和面壁自问的"三步十问"自我反思过程，帮助员工从根本上认识不安全行为的发生给自己带来的严重后果，教育员工要牢记安全责任、提高安全意识，提升班组安全管理水平。管理法荣获中国煤炭工业协会2019年全国煤矿优秀"五小"成果二等奖和国家能源集团优秀班组建设典型经验。

（四）擦亮文化底色凝聚文化自信

打造"班组安全文化节"品牌。矿井连续六年自主举办了"班组安全文化节"，开设书画摄影展、班组建设宣传片展示、班前"三分钟"视频展播、班组长演讲比赛、家属安全亲情寄语视频展播、班组员工才艺大比拼、无不安全行为人员抽奖、班组安全生产管理经验展示评比等活动，集中展示矿井班组建设、安全管理、文化建设等方面取得的新经验、新成就。

举办青年员工"微电影大赛"活动。员工以班组故事、人才成长、矿工生活等反映矿工工作和生活的内容为题材，自编、自导、自演、自拍、自制微电影，多部作品入选平遥微电影节优秀奖、提名奖。弘扬社会主义核心价值观，传播煤炭行业正能量，精心塑造矿工的良好精神风貌，在矿井文化建设中发挥了里程碑作用。

打造"安全梦想账单"文化品牌。矿井为传播敬老爱亲的道德理念，丰富安全活动载体和形式，增强员工参与安全教育活动的积极性，连续举办多届"安全梦想账单"活动，年度无不安全行为的员工均可参加。参赛选手全部要撰写亲情梦想故事，明确要实现的亲情梦想，活动设置初级梦想挑战关、中级梦想冲刺关、超级梦想决胜关，将亲情、梦想、安全、文化等有力融合，调动全员参与安全管理的积极性。

三、如何推动企业文化建设促进安全管理提升

（一）凝聚共识让企业文化内化于心

好的企业文化，要经过不断总结和提炼，从而形成全体员工的共识。认识到位是做好企业文化建设的基础和前提，职工群众特别是领导干部，需要对企业文化建设有全面、深刻的认识，率先垂范，走在前干在先，给员工带好头。榆家梁煤矿文化建设都是全体员工"不断折腾"的过程，不断达成共识的过程，也是不断内化于心的过程。

（二）建章立制让企业文化固化于制

企业内人和物缺乏制度的规范，企业文化就失去载体和支撑，就会流于形式。基于"创新、严谨、和谐"的价值理念，通过规范制度管理，让矿井文化建设真正落实落地。矿井重视企业文化建设短期和长远规划，通过长期坚持，着力提升员工队伍素质，实现由量变向质变的转化。坚持着眼大局，统筹长远规划，设定短期目标，积极搭建活动载体，逐阶段推进，促进企业文化建设整体工作稳步前行。

（三）打造品牌让企业文化外化于行

优秀的企业文化是企业发展的不竭动力。文化理念的提炼、文化体系的构建、文化氛围的营造不是需不需要的问题，而是如何做好的问题。煤炭企业文化建设要注重打造"品牌"，将文化建设融入煤矿安全生产经营等主业，让企业文化能够传承企业的精气神，要突出重点，有意识地培育和打造品牌活动、品牌人物、品牌文化，积极发挥品牌效应，提升基层班组的向心力、执行力和战斗力，从而更好地服务矿井安全生产，在实践中不断完善企业精神和文化精髓，真正做到让企业文化内化于心，外化于行。

四、结语

企业文化建设是实现煤矿企业安全绿色发展的重要途径，要坚持"以人为本"，

突出行业特色，培育安全文化、班组文化、创新文化等子文化体系，塑造文化品牌，发挥文化潜在的凝聚力量，继承和发扬企业精神，推进企业文化建设融入安全生产管理全过程，让企业文化入眼入耳入脑入心，筑牢企业安全生命线。

文章出处：成稿于2021年8月，获神东煤炭集团2021年"落实安全责任 推动安全发展"主题安全文化作品有奖征集安全文化论文三等奖。

企业文化对提升员工工作效率的途径探讨

白雪飞

摘要： 企业文化是企业制度与员工工作之间的润滑剂。文章首先分析刚性管理制度对员工效率、企业效能、市场竞争力产生的影响，其次对企业文化的润滑剂作用及提升员工工作效率的重要性进行分析，并在此基础上，从杜绝企业建立"伪文化"而发挥作用、企业文化的细节是释放员工效能的途径、在企业文化中高度体现企业的信任三方面探索研究了企业文化发挥促进员工效能提升作用的实施措施。

关键词： 企业文化　工作效率　途径探讨

企业管理从传统的经验管理走向了科学化的制度管理，但制度管理还存在着五大困惑：制度管理的规范性与人性的复杂性之间发生矛盾；制度的刚性和僵化约束与环境复杂多变的灵活性之间发生矛盾；制度管理下"人的被动性"与企业运行需要"人的主动性"之间发生矛盾；制度管理的刚性与团队建设的柔性之间发生矛盾；制度管理的"负激励"与人的"正激励"需求之间产生矛盾。这些矛盾的产生进一步制约了员工工作效率的提升，进而影响着企业的整体效益。企业需要建立良性的企业文化来化解矛盾，优化管理制度，提升员工的工作效能。

一、管理制度对员工效率、企业效能、市场竞争力产生递进式影响

（一）管理不完善影响员工的工作效率

一是随着国家法律法规的完善和员工法制意识观念的提升，员工在企业工作的同时更加注重自己利益的维护。当员工的合法权益得不到满足时，员工对工作的热情减弱，甚至采取消极补偿的方式来对冲不能获得的权益以达到心理平衡。例如在

董事长信箱中反映的加班加点、带薪休假、劳动保护等热点问题，都是上个世纪煤炭企业司空见惯存在而漠视的问题，现在则引起足够重视，企业对员工的个人权益不可侵犯。二是员工渴望参与企业管理，但制度中的规定让员工按章办事、按流程做事，员工的积极性受挫，缺乏了工作中的主动性与活力。在市场化、法治化、信息化的大背景下，企业通过不断地管理改进，由传统的人管人转变到了制度管人、文化管人，企业更加重视管理模式和企业文化的建立，让管理成为员工工作过程中的一把平衡尺。

（二）员工工作效率影响企业的效能

在实际的企业管理过程中，由于企业面临市场竞争力加剧，企业的生产环境压力越来越大，这必将导致企业不同程度地将压力传导给了员工。企业为了生存不被市场所淘汰，就要不断地追求更高的效能，从而加大生产任务指标，追加更多人力和物力的投入；而员工为了不被企业竞争所淘汰，就得不断高强度地工作、加班加点来满足企业的需要。在这样的环境下，企业外在显现出一片积极生产的景象，但最后的结果往往是企业的效率低下、工作和产品质量差、安全事故率高，企业背负更高的管理成本，市场竞争力更加弱化。

（三）企业的效能决定企业的市场应变能力

社会已经进入到了信息化时代，任何事物都在讲速度，铁路在不断地加速，建筑业在不断加速，经济在不断加速。对于企业来讲，慢有可能会丧失很多机会，例如晚研发出一个新产品，有可能其他企业已经申请了专利从而使自己投入研发的产品变得一无是处。生产事故的发生也会给企业带来风险。慢就是效能低下，效率低下会导致成本升高、效益下滑，从而在行业、在市场上处于被动的处境。

为了应对市场多方位、多层次的加速，企业也在不断地通过薪酬调整来调动员工的积极性，例如富士康员工通过加班加点可以拿到比正常工资都高的加班费，这对于简单标准化作业如组装企业来讲也许见效快，但对于创新或动态生产型企业，通常可能只是提升了员工效率指标中的数量，却影响了更为重要的质量指标。在繁重和超时的工作环境下，员工往往会变成机器人，人在动而心不动、脑不动，工作的数量大增，而工作的质量通常会大减。现实中很多企业还是停留在注重物质层面的"硬激励"，认为企业支付给员工相对较足的劳动报酬或者按照劳动量付报酬，员工就会或应该将工作做到最佳，从而忽略了企业精神层面的"软激励"，缺少对员工的人文关怀，没有从员工的角度去思考工作的本质。

二、良好的企业文化是管理中的润滑剂

企业文化是企业制度与员工工作之间的润滑剂，在刚性绩效考核制度下，员工做工企业付酬这种简单合同性质的契约精神，往往在执行过程中由于太刚而忽略人的感情色彩。通过企业文化的建立，使企业管理张弛有度，建立刚柔并济的管理机制，并且在企业需要加速之时员工能够"召之即来、来之能战、战之能胜"，既打造了一支能打硬仗的员工队伍，也让员工通过休整期实现个人的人生价值，达到了两全其美、各取所求的目的和效果。

企业文化不是空洞说教，不是搞些文体娱乐活动，也不能等同于思想工作。简单地说，企业文化是一个系统的概念，表层主要体现形象、环境、精神状态；其次是制度，又称制度文化，反映企业管理理念和思路。企业文化的核心是精神文化，是职工对公司（企业）价值观的认同，并将企业员工思想、行为统一到企业目标上来。

强势文化造就强势群体，弱势文化造就弱势群体。作为一个企业就是要以先进的文化引领职工树立正确的世界观和价值观，让职工知道为什么工作，怎样做好工作，最终通过自身修炼，增强综合素质来为企业做出自己的贡献，体现自己的人生价值。

三、企业文化的建立促进员工工作效率提升

（一）企业文化融入员工的价值观

讲企业，无非是由人、财、物所构成的组织，人在组织中是主体，通过发挥人的实干、创造等能动性，将财与物运用起来，才能为企业创造效益，人是企业创造力的源泉。所以，企业必须重视员工，合理安排员工的劳作时间和劳动强度，任何

长期以牺牲员工利益为代价而获取企业发展或者效益的做法是注定不能长久的；同样利用严格的制度来约束员工的工作与行为来提升企业生产效率的期望也是不切合实际的；以薪酬来调动员工的积极性的管理方式在企业是缺乏活力的。

现代人力资源管理理论早已从"经济人"假说过渡到"社会人"假说，倡导全面关注员工的需求，但在企业实际运营过程中远非如此。不少企业片面追求经济利益，只把员工当成一种资源，是管理和被指挥的对象，这也是为什么员工缺乏归属感的根源。员工在企业一天三分之一的工作时间里，除了获得足够劳动报酬的物质层面需求，也有精神层面的需求。员工需要企业提供安全舒适的工作环境，希望在工作中能够得到企业的尊重、实现自己的价值。企业在讲员工"以企为家"的同时，也要将员工看作企业的主人，员工才能做出超越企业管理要求标准从而取得高质量绩效。例如在矿井生产过程中，我们的很多材料消耗没有准确的定额标准，存在着很大的员工自主性标准限额，那么员工如果具有主人翁意识，将会为企业节省材料，反之最大化的消耗也不会违反制度的要求。

文化管理是组织管理的最高境界，优秀的企业文化能充分调动员工的积极性，促进员工能量的发挥，进而提高组织的运营效率，推动企业健康、良性发展；反之则会产生巨大的负面效应，使企业陷入高能耗、低质量、高成本的困境之中。

（二）企业文化与生产运营管理活动相融合

企业文化，是企业管理的需要。我国经济进入到了"新常态"，市场体系逐步完善，以规模化发展来占领市场的传统企业管理模式已经跟不上市场的要求，要求企业不断提高安全管理水平、降低生产成本、提升产品质量、产品服务多样化等方面精细化管理，才能提高企业的经济效益，实现企业利润最大化。在企业中，员工渗透在生产的各个环节，引导员工参与到企业管理是实现精细化管理的根本。所以，从企业的战略、经营理念、生产运营环节等设计上，要体现企业文化的融入。

1. 与战略融合

战略是企业对未来发展方向做出的长期性规划，它包括了企业未来到哪里去、什么时候、如何去的问题，关乎着企业的未来。在企业制定战略时，要融合企业的文化，企业需要什么样的文化去承载战略方向，让企业内部上下同心，企业外部竞争有力，与相关方关系融洽，才是企业战略能够实现的软环境。

2. 与运营管理融合

企业的生产运营活动是一个系统在不断地运转，不断地产生能量交换的过程。在这个过程中，有着劳动力的输入、资金的输入、材料的输入，最后得到了企业需求的产品。这个过程中持续伴随着问题的发生、问题的整改与完善，需要各级人员积极、主动地去解决问题来维系生产运营活动的连续性、安全性和质量一致性。企业文化是很好地支持生产运营活动的载体，员工的积极性、主动性和创造性只有在一定的文化环境中才能发挥最大的作用，才能塑造出具有"主人翁"意识的员工队伍。

3. 与生产操作融合

一切企业创造价值的活动都在生产现场，让员工有舒适的工作环境和团队工作氛围时，能力才能最大效率地发挥。在企业中，一线员工一天工作8小时，在此期间吃住行等都由企业提供，企业需要建立良好文化氛围让员工有家的感觉，在工作中有快乐感，有安全感。

四、企业文化发挥促进员工效能提升作用的实施措施

（一）杜绝企业建立"伪文化"而发挥作用

中国引入企业文化是在20世纪70年代末，到目前国内很多企业已经建立了自己的企业文化体系。但很多企业还只是停留在表象层面，对企业文化真正的认识还不到位，往往形式大于内容，企业文化在企业发挥的作用甚微，做到了"形似而神不似"。很多企业在不同的场合向员工宣传"以人为本""人性化管理"的文化理念，但从员工实际的工作环境和制度要求来看，就会发现与企业"以人为本"的文化理念相违背。一些企业制定了"尊重个人"的企业文化，但实际情况是员工利益经常被漠视，很多事情一把手说了算，员工的诉求得不到回应。也有一些企业提倡"尊重人才"，但真正的人才却得不到重视，在薪酬、晋升上往往被一些管理中的"人情"所淹没。这种从内向外、由上至下"两张皮"的企业文化并不是把员工看作主体，

文化作用于人的基本属性并没有很好体现。

在企业中，企业文化往往是一本厚厚的手册，无论是厂区，还是车间，到处都悬挂、摆放着企业的使命、愿景、价值观，成为了慷慨激昂的宣传口号。对领导层来讲，企业的领导更多注重于权力至上的个人主义，在企业个人说了算，自己的行为不受企业制度与文化的约束；对员工来讲只是看在眼里，没有深入到心里，最后沦为了束之高阁的制度文件，成为了企业思想政治工作和作秀的工具。究其原因，这些文化的来源往往是外来的，通过咨询公司或者企业一部分人想出来的，不是企业所沉淀的文化，它更像是一个制度变异。员工对于企业文化感知性低，与员工本身的文化不相融。只鼓励员工努力工作，而不讲员工在企业如何受益。

（二）企业文化的细节才是释放员工效能的途径

1. 为员工提供轻松的工作环境

工作场所的环境与在其内工作的员工的心理感受有着密切关系，影响着员工的行为态度、工作效率和工作满意度。员工都渴望得到安全性、舒适性、健康性高的环境来安心工作。对于自己所认为的不合理，将会从心理再到行为上抵触，从而影响员工的效能释放。企业要认真倾听员工的意见，采纳员工的合理建议，对于关键岗位、关键人才必要时采取私人定制的方式建立工作环境，充分调动员工参与工作积极性，进而提升员工的工作效率。

2. 给员工以工作自主权

我们通常听到"制度是死的，人是活的"，在企业对员工的管理中"管死不如管活"，给员工以充分的自主权，如时间安排、工作地点、工作方式等，除非有特殊要求如安全、质量及国家相关规定不存在取舍的环节，其他的工作环节都可以鼓励员工发挥主观能动性，最大限度地调动员工在工作中的积极性和创造性。企业中绝大部分员工都想把工作做到最好，或者最为高效，但往往受到制度、领导指示等外界的干扰，还有绩效管理中的死板考核，明知道这样做会更有效，但与绩效考核不一致、与领导想法不一致，影响员工的收入，导致员工在工作中畏手畏脚，知难而退。最后员工做了不想做的事，想做的事不让做。

3. 关注员工心理健康

随着职业的多元化，传统方式的谋生工作已经在新一代人的思想体系中逐步改变，不想上班是现在社会上的一种通病，心理学家们管这种病叫作职业倦怠症。"职业倦怠症"又称"职业枯竭症"，它是一种由工作引发的心理枯竭现象，是上班族在工作的重压之下所体验到的身心俱疲、能量被耗尽的感觉。患上职业倦怠症的人，会对工作越来越缺乏激情，每天只想着消极怠工，甚至对工作的意义和价值产生怀疑。加拿大著名心理大师克丽丝汀·马斯勒将这一类人称之为"企业睡人"。德国心理学家调查研究表明，80%以上的职场人都患有"职场倦怠症"。职场倦怠症已经成为现代职场人的一种通病。

为了有效管理员工的负面情绪，在企业文化的建设中融入一些积极正向的企业文化理念，鼓励员工参与企业管理活动，建立员工小改小革和建言献策的通道，促使员工能够对企业产生较强的认同感和归属感。企业（尤其是高强度重复性劳动的企业）要关注员工的心理健康，必要时对员工实施心理辅导，通过讲座、座谈、一对一咨询等方式，缓解员工压力，解除心理障碍。一些企业还通过设置心理咨询热线、放松室、发泄室等方式来缓解员工的紧张情绪。

（三）在企业文化中高度体现企业的信任

首先要对工作信任。在很多的时候，领导也对自己的方案、计划不信任，对完成工作目标不信任。究其原因，是为了给上级做样子，看似努力工作，但却与工作的要求相差甚远，甚至是在做劳民伤财、对企业无益甚至有害于企业的事。在企业中要求企业、领导层等对任何业务都予以肯定的态度，给员工展现出公司要完成某项业务的信心，而不是让员工去琢磨公司到底想做还是不想做，做到什么程度，员工一直处于质疑中。这必然会影响企业员工的效率，进而使员工失去了工作的热情。

其次要对员工信任。有时候在安排的过程中缺乏对员工能力、素质与敬业精神的授权，总是要在工作中给自己留一条绳子，时时刻刻系住员工，让员工在自己的监视下开展工作。领导对员工不信任，员工的积极性大打折扣，在工作中一步三回头，边走边看领导的态度。没有自主权的工作永远不能取得高质量成效。比如，美国一家著名的跨国企业连续解聘几个CEO，当董事局主席谈到为什么要解聘他们时说，他们在很多方面都是非常优秀的，聪明、积极、肯干、有热情……唯独不尊重下属，不能给下属以关怀，没有员工的努力工作，企业不可能强大。

总结

传统的薪酬激励具有一定的局限性，它可以留住员工的人，却难以留住员工的心；也可以在一定的时间段内激发员工的效率，但不能持之以恒地激励员工积极工作。而企业文化可以弥补这一缺陷，为员工提供精神动力，提供能量发挥员工工作热情，提升工作效率，激发员工的潜力，帮助企业在追求发展速度的同时，提高发展的质量，使企业在激烈的竞争中立于潮头，成为行业内的佼佼者。

文章出处：成稿于2019年8月，获神东煤炭集团2019年度管理课题研究成果三等奖。

神东煤炭集团公司人员不安全行为管控水平提升路径探索

李振国　高东风

摘要： 人员不安全行为管理是安全管理的重点，也是安全管理的难点。根据有关资料统计分析，在煤矿各类事故中，有90%以上的事故都是由于人员的不安全行为造成的。与此同时，在煤矿安全生产管理中，人的不安全行为比物的不安全状态更难预测、更难控制。做好人员不安全行为产生的原因和规律性研究，并进行针对性的控制，是切断事故发生的因果链、防止和避免事故发生的重要途径。文章通过分析人员不安全行为难以预测和控制的原因、神东不安全行为管控现状及存在问题，从五方面思考和探索了不安全行为管控水平提升的路径和方法。

关键词： 不安全行为　事故原因　行为管控

神东煤炭集团公司（以下简称"神东"）一直将人员不安全行为管理作为安全管理的重点来抓，通过建立人员不安全行为"防控"机制，人员安全意识逐步加强，人员安全素质显著提高，高风险不安全行为逐步减少，"上标准岗，干标准活，做安全人"趋于常态。但与此同时，随着多年来一些不安全行为管理做法的沉淀和积累，也逐步有着思维固化、形式僵化、浮于表面的趋势，很多工作做得"不实不细"，难以"由实入深"，不安全行为管理进入"深水区"。这就需要我们"沉下心、俯下身"，深入思考，认真总结分析，多措并举，破冰前行，真正把工作做严做实做深做细，为安全管理保驾护航。

一、人员不安全行为难以预测和控制的原因

通过行为安全学的大量研究表明，人员不安全行为难以预测和控制的原因主要包括以下七个方面：

一是人员行为的复杂性。人的行为有其复杂的规律，既受人的生理和心理影响，也受社会和自然的影响。过去，对人的行为研究很少，许多"不可思议"的行为无法解释，更谈不上如何进行预测和控制。目前，仍有一部分人把人的不安全行为引发的事故看成是"不可宽恕的低级错误"，使生产一线人员担负很大的心理和思想压力。过大的压力得不到引导和释放，就会导致产生人为失误的新危险源。

二是人员行为的随机性。人的不安全行为是作业者在生产过程中发生的、直接出现的人为失误，是导致事故的近因。由于作业者行为、动作（无意识或有意识）失误具有随机性，往往因为情况千变万化而难以预测，使防止人为因素的不安全行为难度增大。

三是人员的个体差异。作业人员在身体外貌、体质、生理、心理上存在明显差异，会对工作产生不同的影响。由于各种工作内容千差万别，对员工的要求也不同，因而需要在人岗之间进行匹配。但在目前，不少管理者对人岗匹配的重要性仍没有正确认识。

四是人员的心理活动难以掌握。行为是受心理活动支配的，而心理活动是内隐的，行为是外显的。因为心理活动不同，致使相同的行为可来自不同的原因，相同的刺激、情境可以产生不同的行为。由于难以掌握当事者的心态，所以对于人员的行为难以预测和控制。

五是人机不匹配。在生产作业中，人是作业者，机只是人为了实现某种目的而使用的工器具。只有根据人的身心特点来设计机器，才能使人的操作得心应手，操纵自如；也只有按照人的特点来设计人机系统，才能真正做到安全、可靠、高效。

六是事故原因分析不够深入。人的行为失误可能发生在从事管理、计划、设计、制造、安装、维修等人员身上。这些管理不到位，往往是最后导致人的不安全行为造成事故的原因。但把事故直接责任人的不安全行为认定为事故的直接原因并为此而"买单"，进而容易忽视对事故本质原因的深入分析，更谈不上对事故原因采

取事前控制的措施。如果不把这些因素消除掉，完全防止人的不安全行为是不可能的。

七是员工行为培训效果差。为防止或减少因不安全行为造成的事故，就要对员工进行心理教育，使他们懂得如何控制情绪、如何科学地运用注意力、防止依赖心理和侥幸心理。从目前培训现状来看，相关培训较少且效果不佳。

二、神东不安全行为管控现状分析

神东坚持以员工具备相应的安全知识、安全技能和安全意识为基本点，以员工自主保安目标为导向，以建立"预防为主，防控结合"人员不安全行为管控为原则，积极采取多项措施，最大程度地发挥了人的主观能动性，最大限度地减少和避免了人员不安全行为的发生。

一是提升标准，把好"准入关"。随着煤矿生产技术水平的提高，现代化的采煤技术和工艺广泛应用于煤矿的生产活动中，也对员工的综合素质提出了更高的要求。公司严把准入关，在对矿井的地质条件、采煤工艺、机械化程度、生产能力等分析的基础上，按照"因事设岗"的原则，制定科学合理的岗位需求计划。同时，建立并执行严格的员工进入标准、流程，并根据不同职层和岗位性质对初进入人员的岗位胜任能力进行跟踪管理，保证人员与岗位的最佳匹配，从源头上减少不安全行为的发生。

二是做好培训，打好"基础关"。违章作业、违章指挥和违反劳动纪律，是不安全行为的主要表现形式。其产生的原因，主要是由于人员安全意识薄弱或安全能力不足。公司高度重视培训工作，根据生产工艺和组织形式变化、人员增减情况，设备更新、环境变化等因素，本着"干什么、学什么、缺什么、补什么"的原则，针对不同岗位做实《岗位标准作业流程》《作业规程》《操作规程》培训，有效地改变了员工态度，提高了员工知识和技能。

三是以防为主，消灭不安全行为发生的诱因和土壤。依据国家有关安全生产法律法规，以及集团与公司内部管理要求，在危险源辨识的基础上，制定了不安全行为认定标准，为不安全行为管理提供依据。同时，对不安全行为进行了严格界定，便于员工掌握和学习。班组长以上管理人员通过定期开展行为安全观察与沟通活动方式，以《岗位标准作业流程》和《操作规程》为依据，对员工作业行为进行观察，及时纠正不安全行为，总结分析好的经验做法，为不断优化管理、改进工艺技术、提升设施设备配置提供依据。最大限度地规范人员作业标准，创造良好作业环境，消灭不安全行为发生的诱因和土壤。

四是自主管理，激发不安全行为管理内生动力。对于基层单位发现的不安全行为，按照基层单位管理办法进行矫正，公司不跨级考核。对于区队（站）发现的不安全行为，按照区队（站）管理办法进行矫正，单位不跨级考核。同时，对于基层单位所检查的不安全行为，不作为公司评先树优、劳务工转正等各项激励措施的依据，最大限度地激发了自主管理的积极性。

五是坚持从"严"基调，建立符合实际、自主管理、宽严相济、分级处置的正向激励机制。开展不安全行为积分管理，对于多次发生、重复发生不安全行为的人员，根据积分预警情况实行停工培训、岗位调整等惩戒措施，发挥威慑作用；对于发生风险等级较高或年度内发生两次及以上不安全行为人员，严禁参加人员抽奖、评先树优等活动，发挥"红线"作用；对于发生风险等级较低且年度内未再次发生不安全行为人员，采取适当返还罚金等方式，激发员工积极性，避免员工在发生不安全行为后出现"破罐子破摔"现象，发挥"正向引导"作用。

六是防治结合，基于风险分析进行重点管控。按月对经常冒险作业、技能不足、不安全行为次数较多、情绪不稳定等人群进行排查，建立高危人员档案，实行重点管控。按月全面总结分析不安全行为治理情况，深入分析不安全行为产生的根本原因，摸清趋势，找准管控重点和改进方向，采取针对性措施，进行重点治理。

三、神东当前不安全行为管控存在问题

在不安全行为管控取得一定成果的同时，也存在一些长期性、顽疾性问题。

一是个别单位不安全行为管控存在重管理轻技术的现象。部分管理人员认为，人员不安全行为的产生，主要是由于当事人主观意愿造成的，是属于个人行为。防止不安全行为的产生，主要靠"制度管"，靠"人来抓"。对不安全行为产生的深层

次原因缺少分析，对不安全行为产生的诱因和土壤缺少认真审视，对如何通过技术、设备、设施、工艺的改进，来从根源上杜绝和减少不安全行为的产生，研究和实践较少。

二是部分单位不安全行为管控存在重处罚轻引导的问题。各单位对于不安全行为管理方面，基本都能突出一个"严"字，严格管理，严格考核。对于发生的不安全行为，一律按制度刚性处罚。这在不安全行为管理中，起到了较好的作用。但部分单位，仅限于此。对于如何通过文化引领，借助严管与厚爱的方式，来解决员工安全意识薄弱、安全制度的执行、员工业务素质提升等问题，缺乏长效机制。

三是存在不安全行为查处不规范现象。不规范查处主要体现在"凑指标、完任务"。为加强不安全行为管理，避免查处不安全行为得罪人"不想查"、影响被检查人经济利益、个人及所在班组荣誉"不能查"、被检查人打击报复、胡搅蛮缠"不敢查"的现象，各单位均制定了不同层级管理人员的不安全行为查处指标，起到了一定的效果。但在实际执行过程中，存在部分管理人员为完成指标"虚假录入"、高风险等级不安全行为以低风险标准形式"变相录入"现象，区队、厂（站）层级更为突出。各单位也未建立长效机制，对不安全行为的真实性进行核查和纠偏。

四是不同程度存在"严于检查、轻于矫正、疏于预防"现象。经调查发现，各单位不同程度存在对于查处的不安全行为未进行矫正或未按照制度严格矫正培训，人员不安全行为矫正培训期间入井作业现象，不安全行为矫正培训试卷均由他人作答等现象。此外，各单位行为观察与沟通活动均未深入开展，观察记录不全面，大多只填写了不规范操作和不安全行为，未填写员工作业过程的其他表现，不能将观察情况认真总结分析，为优化管理、改进工艺技术、提升设施设备配置提供依据。

五是部分单位不安全行为管控重点不突出、管控效果不明显。经调查发现，有部分单位存在未对易于发生不安全行为的"高危"人群进行排查梳理或重点管控现象；各单位均不同程度存在不安全行为分析报告质量不高，缺乏对不安全行为产生原因、趋势进行深入分析，管控措施针对性不强、每月一样，且缺少对措施执行情况和管控效果进行跟踪和回顾等现象。

四、不安全行为管控改进意见

通过对已发生的不安全行为进行分析，既有个体内在因素，也有外在客观因素和管理因素。因此，不安全行为管控要多措并举，持之以恒。

一是统一思想，持续将不安全行为管控作为日常安全管理的重点常抓不懈。对于各单位，不能有任何麻痹和松懈思想。要基于危险源辨识成果，认真梳理本单位的不安全行为认定标准，明确到底哪些行为属于不安全行为，利于员工掌握。单位领导带头参与不安全行为查处，并严格按照制度进行处罚及矫正。不跨级处罚，不随意处罚，不重复处罚。

二是考核引导，确保不安全行为查处真实有效。要结合单位实际以及不安全行为管控情况，合理制定查处指标，通过考核引导，进一步规范不安全行为查处，杜绝"虚假查处"和"变相查处"。对于检查发现的不安全行为，要按照制度严格执行，不打折扣。此外，探索建立不安全行为处罚连带机制，创建开展"创建无不安全行为区队、班组"活动。

三是突出重点，分级管控。对设备突发故障抢修、中、夜班、交接班期间等重点时段，对工作时间长、安全意识懈怠的老员工，作业地点流动性大的员工，情绪低落、心不在焉、性格独特的员工，外委施工队人员等重点人群进行重点管控。特别是要对经常冒险作业、技能不足、不安全行为次数较多等"高危"人群进行梳理，重点管控。对高风险、高频次以及不安全行为积分达到相应预警等级的不安全行为人员，认真分析原因，制定针对性管控措施，做到"一事一分析，一人一对策"，严防不安全行为的重复发生。

四是预防为主，防控结合。要拓宽培训渠道，创新培训手段，采取实操培训和理论培训相结合的方式，不断提高员工技能和素质。要坚持党建引领安全生产，把宣传教育和思想动员作为安全生产的第一道工序，将"安全红线意识"在全体员工中宣贯，加强安全宣传，营造浓厚安全氛围，让安全意识内化于心、外化于行。按月对不安全行为进行综合分析、对比，摸清趋势，找准管控重点和改进方向。通过工艺严防、设备严控、人员严管、过程严治，最大限度地创造良好的工作环境，消灭不安全行为发生的诱因和土壤。

五是多措并举，狠抓落实。认真开展行为安全观察与沟通活动，对观察结果进行总结分析，用以优化管理、改进工艺技术、提升设施设备的安全可靠性，规范员工的作业过程。开展事故案例宣传教育、不安全行为座谈等活动，提高员工安全意识及安全生产的自觉性和责任心，筑牢安全生产的思想防线，从根源上预防不安全行为的发生。推行计划作业清单管理和非计划作业问询管理，在安排工作任务的同时下达作业清单，对照清单明确任务、厘清风险、落实措施，预防不安全行为的发生。

五、总结

总之，不安全行为的管控是一项系统工程。需要我们通过加强文化引导、提高执行力、强化安全监管、夯实安全教育培训、改善作业环境、消除设备、设施缺陷等多重措施，营造良好的安全氛围，最大限度杜绝和减少不安全行为的发生，确保安全生产。

文章出处：成稿于2021年10月，来自2020年神东煤炭集团公司企业文化建设成果征集。

参考文献：

[1] 沈健洪 . SDH 光纤通信设备的维护与故障处理体会 [J]. 大科技，2017.

[2] 叶钟海，黄浩，张竞，叶菁，辛弘兵 . 大科技 [J]. 2017.

[3]《神东煤炭集团员工不安全行为管理办法》.

[4] 黄玉龙，李有铖，林玮玲，张勇军 . 中国安全生产科学技术 [J]，2018.

04

践行应用

新征程下神东安全文化建设实践与思考

王玉丽

摘要： 安全是煤矿企业最大的政治，新征程下，如何更好发挥安全文化的浸润作用，更好地营造神东人干事创业的安全生产氛围，值得每一位神东人去思考和探索。文章从企业安全文化的内涵和主要功能分析入手，在神东安全管理基本情况梳理基础上，分析神东安全文化建设的现状和存在的问题，以解决问题为导向，提出了提升神东安全文化建设水平的五条路径措施，以期助力神东安全高效、高质量发展。

关键词： 新征程　安全管理　安全文化

一、背景和意义

煤炭行业的属性决定了煤炭生产过程属于高危作业，历来受到政府和社会各界的关注。尤其在党的十八大以来，以习近平同志为核心的党中央更加重视安全生产工作，针对安全生产多次作出重要指示批示，提出一系列关于安全生产的新理念、新举措、新要求。为进一步贯彻落实党中央、国务院关于安全生产的重要指示精神，越来越多的煤矿企业在立足设备、技术等提升的同时，重视企业安全文化建设，通过文化引导的手段来改善企业安全生产现状，提高安全管理水平，打造本质安全型员工，实现企业的安全健康稳定发展。

（一）企业安全文化的内涵和主要功能

国家应急管理出版社出版的辅导教材中指出，企业的安全文化是企业在长期安全生产和经营活动中逐步培育形成的、具有本企业特点、为全体员工认可遵循并不断创新的观念、行为、环境、物态条件的总和。企业安全文化建设是现代安全管理的一种新思路、新策略，其通过创造一种良好的安全人文氛围和协调的人机环境，对人的观念、意识、态度、行为等形成从无形到有形的影响，从而对人的不安全行为产生控制作用，以达到减少人为事故的效果。因此，积极营造全方位、立体式、全覆盖的安全文化建设新格局，对实现企业长治久安具有长远的战略意义。

（二）神东安全管理基本情况

1. 基本情况

神东煤炭集团（以下简称"神东"）是国家能源集团的骨干煤炭生产企业，地跨晋陕蒙三省区，拥有13个生产矿井，18家生产辅助单位，14家职能支撑单位，员工2.2万人。通过几次的集团内部企业整合，由几个不同区域、不同管理方式、不同文化属性的煤炭企业组成了2亿吨的煤炭能源基地。公司生产规模大、地跨区域广及员工组织复杂等因素的影响，安全生产一直是企业管理中的重中之重。

2. 把握好安全生产战略重点

2022年，神东提出"打造安全高效、绿色智能、清洁低碳、多能互补的世界一流清洁能源企业"的目标。实现这一目标，首要是牢牢把握安全生产战略重点，即要深入学习贯彻习近平总书记关于安全生产重要论述，统筹好发展和安全，始终坚持人民至上、生命至上，坚持安全高于一切、重于一切、压倒一切，始终以最高标准、最严要求、最硬措施、最实作风，守住安全底线，以安全生产助推高质量发展。在确保安全的前提下，多措并举释放先进产能，全力增加优质煤炭供应、稳市稳价，更好地发挥能源供应稳定器、压舱石作用。

3. 安全管理现状

神东管理业务点多、线长、面广，给本就是高危行业的安全管理工作增加了诸多难度。公司多次强调要适应安全管理面临的新形势、新任务、新要求，要把安全管理摆在一切工作的首位，摆在政治的高度来对待和认识。各单位牢固树立安全发展的底线思维和红线思维，各级领导干部严格执行跟班带班规定，关口前移、重心下移，对重点部位、关键环节进行巡查盯防，进一步加大了查处不安全行为的频次和对不安全行为人员的处罚力度。安全监督监察部门强化"主动式"监管理念，深入推行"大监督"安全管理，重点对安全责任落实、双控机制建立等进行监督检察，形成全天候、全方位、立体式的安全监管网络。截至2020年，百万吨死亡率为0.005，7个矿井安全生产周期超过10年，13矿14井均获得国家特级安全高效矿井荣誉称号。

纵然我们在安全管理上取得了一定的成绩，但是也存在不安全行为屡禁不止、轻伤事故仍时有发生等问题。数据显示，公司2020年全年发生24起人身伤害事故，2021年发生轻伤事故8起。这些都值得反思，为什么管理制度日趋完善，刚性约束不断增强，可不安全行为仍在发生，而且很多都是高频次不安全行为？除了管理因素、环境因素、设施设备因素，是不是我们的安全文化建设还没有完全发挥应有渗透和浸润作用？是不是我们还没有真正做到制度管理向文化管理的转变？为此，在新征程上，如何通过安全文化的力量来切实提升神东的安全管理水平，值得每一个神东人去思考和探索。

二、神东安全文化建设的现状及存在的问题

（一）现状

神东矿区开发建设30多年来，安全文化建设经历了起步阶段、探索提高阶段、集成创新阶段、跨越式发展阶段、安全管理新阶段，提炼形成了"生命至上 安全为天 无人则安 零事故生产"的安全文化理念。

1. 应用四个平台强化文化理念宣贯

安全文化教育培训平台。教育培训分专项培训和日常培训。专项培训要求各单位每年不定期开展安全文化专题培训。日常培训主要是将安全文化纳入各层级、各岗位的日常培训计划，分层分类组织实施。

安全文化主题活动平台。以阶段性的管理重点为活动主题，分区域、分类别、分内容重点开展系统活动。如开展"安全有我、一站到底"安全知识擂台赛、"企业文化基层行·送安全"活动等，寓教育于活动中。

安全文化传播分享平台。搭建"1+N"安全文化传播平台，"1"指"文化神东"微信公众号，定期推出"安全微课堂"，对优秀的安全可视化作品进行展播和分享。"N"指各单位网站或微信公众号开辟安全文化专栏，集中展示各单位在安全文化建设上的典型做法和优秀经验，打造浓郁的安全文化宣传阵地。

安全文化座谈沟通平台。鼓励和引导各单位创新沟通渠道，譬如矿长接待日、心理咨询室、家属协管会等，引导开展亲情沟通，通过"三违"亲情帮教法、主题教育法，在企业与员工、企业与家属、管理者与被管理者之间搭建起真情沟通、良性沟通的桥梁。

2. 以"考评＋指导"的方式推动安全文化与管理工作的融合

将安全文化建设考核标准纳入安全风险预控管理考核评价体系，与安全风险预控管理体系考核同部署、同考核、同奖罚。企业文化主管单位按照一定的检查周期、考核标准，深入各单位进行考核指导。在考评的同时，以解决问题为导向，深入各单位讲授企业文化（安全文化）专题课，帮助各单位找到安全文化建设中存在的不足，提出解决问题的路径和方法。

（二）存在的问题

神东在安全文化建设上取得了一定的成效，但从问题解决上，从建设的目标和规划指导上，管理机制的融合上，文化价值的输出和引导上还存在一定的问题。

1. 安全文化理念体系亟待提升

2014年9月神东正式发布安全文化理念体系后，在一定时期内对神东安全文化建设，促进公司安全生产起到了积极的作用。但是目前集团正在实施"1357"发展战略，其中"安全一流"作为创建具有全球竞争力的世界一流能源集团的重要保障，对神东的安全文化建设提出了更高要求。面对新形势，神东亟须重新诊断提升现有的安全文化理念体系，从文化的视角来引领和带动神东安全管理工作，为公司的安全健康发展提供精神指引。

2. 安全文化建设缺乏中长期规划的指导

2020年是"十四五"规划开局之年，公司从顶层设计上尚未提出安全文化建设中长期规划。各单位在具体实施过程中缺乏方向指引，呈现了自发而又无序的状态，不利于安全文化的深入践行应用。

3. 安全文化建设尚未形成良好的工作机制

安全文化作为神东一个最重要的专项文化，应该与安全生产现场管理、安全生产责任制落实、安全管理制度制定实施以及安全经费投入等深度融合。尤其需要安全监管部门充分发挥安全监察督查作用、公司党委顶层设计建设思路、宣贯实施部门抓好安全文化宣贯传播、培训部门抓好安全培训教育、工会抓好员工职业健康、家属协管等安全保障工作，各单位实现安全自主管理，各部门分工明确，齐抓共管，形成合力。但是目前尚未形成良好的工作运行机制。

4. 安全文化建设考评作用发挥不够

一方面安全文化建设与组织绩效考评融合不够，主要体现在安全文化建设在公司整体安全风险预控考核中所占比重小，且考评指标设置多在内业资料，与实际工作结合不紧密，几乎未设置以文化手段推动安全管理工作的考核指标，考核人员业务能力亟待提升，这些都影响到了考评的实效。

5. 各单位普遍对安全文化建设工作不重视，对安全理念公示、宣贯落实不到位，文化理念传导存在逐级衰减情况

经调研，各单位负责人或中层管理人员表示年度参与安全文化建设次数＜2次。部分单位把安全文化建设等同于搞几次活动，做几场培训，考几次试，没有将安全文化渗透到安全管理的各个环节。大部分单位虽积极宣贯企业文化理念，但越到基层区队、班组，宣贯更多的是停留在员工对安全文化理念本身的学习记忆上，没有将安全生产理念融汇到岗位具体工作中，员工自保、互保、联保的意识不强。

三、神东提升安全文化建设水平的路径措施

针对以上问题，神东上下要坚持系统思维，以解决问题为导向，从体系提升、规划指导、正向激励、部门联动、科学考评、提高认识等方面进行提升和改进。

（一）系统诊断提升神东安全文化理念体系，制订安全文化建设中长期规划

神东的安全文化理念体系要紧跟时代步伐，深入贯彻落实习近平总书记关于安全生产重要论述，与集团的文化理念体系和发展战略有效衔接，亟须在调研诊断现有理念践行应用基础上，进行安全文化理念体系的提升。升级后的文化理念体系，须采取一系列相应的配套措施来跟进落实。即要结合国家及集团安全生产专项整治三年行动计划及安全管理的一般规律制定出安全文化建设中长期规划，分增进认同、全面深化、总结提升三个阶段来分步实施，为公司未来几年安全文化建设工作提供方向和遵循。

（二）充分发挥管理正向激励引导作用，激发员工安全意识和参与安全管理的主动性、能动性

文化的力量贵在将先进的理念同化为一种共同遵守的价值观，进而显化为一种工作标准，固化为一种工作制度，最终融入企业日常工作中。有数据表明，90%以上的安全生产事故是由人的不安全行为导致的。基于这种认识，许多煤矿企业把安全文化建设的主体放在约束员工行为上，制定出一系列严厉的惩罚机制来管控员工行为。但由于生产动态性特点，员工依然会在没有监督的情况下违章冒险作业，给安全生产埋下重大隐患。为此，各级管理人员都应该思考背后的深层次管理原因，完善的管理机制可以发挥每一名员工的主动性，而在不良的管理体制下，也可以出现优秀员工和优秀班组，但不可能形成企业管理的"共生态"。所以，神东须把安全文化建设主体放在管理机制的建立和运行上，发挥管理机制的正向激励引导作用，将严管与厚爱相结合，激发员工安全意识和参与安全管理的主动性、能动性，实现用良好的机制激励员工由"要我安全"向"我要安全"转变。

（三）应用系统联动思维，形成安全文化建设的工作合力

安全文化建设涉及方方面面，是一个系统性工程，绝对不能"孤军奋战"，需要多部门相互协调，通力配合，形成"层层负责、人人有责、各负其责"的组织领导体系，使安全文化建设体系能有效建立和运行。

对神东来说，针对安全文化建设，要进一步明确部门职责，清晰业务划分。建立"主管部门牵头组织、业务部门分工负责、党政工团齐抓共管、广大员工积极参与"的工作机制，发挥联动作用，形成工作合力。企业文化主管部门为安全文化整体统筹建设部门，需牵头负责安全文化理念体系提升及安全文化中长期规划制度的建立，负责联合各相关部门的力量来统筹实施规划安全文化建设。安全监管部门为安全文化建设实施部门，负责督促各单位对安全文化建设中长期规划的具体落实，对各单位安全文化建设宣贯与践行情况进行考核。党政工团等各个职能部门可按照职责分工可配合企业文化主管部门、安全监督管理部门做好安全文化宣贯和考评指导工作。按照各司其职，可从提升职工职业健康水平、劳动者个体防护方面做文章；可发挥专业优势，从安全文化作品创研、安全文化送一线、安全微课进班组、安全健康主题栏目推出等方面，用员工群众认同并乐于参与的方式进行安全文化理念宣贯；可在考评过程中，重在发现理念与安全管理实际工作融合不够的问题，给各单位有针对性的工作指导帮助，同时帮助各单位提炼总结优秀安全管理经验；可大力宣传安全管理典型，号召大家向优秀管理经验学习，向榜样、身边人学习。

（四）科学制订考评体系，推动安全文化与安全生产管理的有效融合

将安全文化融入公司安全生产责任制落实和安全制度体系中，突出理念渗透和行为养成。一方面建议加大季度安全文化考评在风险预控管理体系考评中的比重。另一方面要科学制定考评指标体系。在总结分析近年来安全文化考核评价方式、内容及优劣势基础上，结合公司构建大安全的管理理念，建议从安全承诺、安全管理、安全环境、安全培训学习、安全信息传播、安全行为激励、安全事务参与、决策层行为、管理层行为、员工层行为等十个方面设置考核评价体系，每一项考评内容都要有针对性、可操作性，与安全生产实际相结合，切实发挥出考核评价的指导和督促作用。

**（五）在发挥党组保障作用的同时，引导各单位主要领导对安全文化
　　　建设工作的重视**

充分发挥各级党组织对安全文化建设的思想引领、组织保障、管理创新作用。

建议将各单位主要领导参与安全文化建设和专项培训工作的频次作为考核的重要指标之一。建议培训一批安全文化建设骨干队伍，承担文化理念宣贯、推动安全文化与生产经营融合、策划文化服务活动、提炼文化案例等职责。公司要根据职责对企业文化主管人员开展有针对性的综合能力提升培训，切实发挥出队伍的引领和带动作用。

结语

安全是煤矿企业最大的政治。安全文化建设是一项长期系统的工程，不能一蹴而就，也不能踟蹰不前。新征程上，神东各级领导者要以"安全生产重于泰山"的责任感，"抓铁有痕、踏石留印"的工作劲头，集中精力抓好安全文化建设各项工作，把安全文化建设贯穿于安全生产的各个方面，使安全文化建设与企业管理同频共振、协调发展、整体推进，推动企业高质量发展。

文章出处：成稿于 2021 年 10 月，获神东煤炭集团 2021 年度管理课题研究成果二等奖。

参考文献：

[1] 黄玉龙，李有铖，林玮玲，张勇军.中国安全生产科学技术[J]，2018.
[2] 韩浩波，赵晓蕊.世界一流煤炭企业文化建设目标体系和路径研究[J].陕西煤炭，2020.
[3] 陈春花.企业文化的改造与创新[J].北京大学学报（哲学社会科学版），1999.
[4] 陈丽琳.企业文化四层次结构理论及应用[J].经济体制改革，2007.

煤炭企业一流班组文化建设路径和作用的思考

祁阳　高安平　魏鑫鑫

摘要：本课题通过研究神东近年来班组文化建设的路径和措施，分析在经济社会新常态下，一流班组文化建设应该如何持续改进提升，以及未来一流班组文化建设在企业管理工作中应当发挥的作用。

关键词：煤炭企业　一流班组文化　建设路径

引言

习近平总书记指出："文化是一个国家、一个民族的灵魂，文化兴则国运兴，文化强则民族强。""没有高度的文化自信，没有文化的繁荣兴盛，就没有中华民族伟大复兴。"培育优秀的企业文化，必须根植于中华优秀的传统文化，聚焦于社会主义核心价值观，立足于企业发展的历史积淀，才能造就真正能够支撑创新强国战略、满足企业发展需求、契合员工美好生活追求的企业文化。

神东煤炭集团公司（以下简称"神东"）是国家能源集团的骨干煤炭企业之一，地处晋、陕、蒙三省交界区域，拥有13座安全高效矿井，是我国建成的首个2亿吨级商品煤生产基地，是享誉国内外的世界级"新型煤都"。长期以来，神东坚持以安全生产为核心，在传承优秀历史文化积淀的基础上，积极探索企业文化建设的路径和方法，总结形成了"创新领跑"为核心的文化理念体系，在文化落地方面，重点以班组文化建设为着力点和落脚点，不断强化班组建设的创新力、执行力和聚合力，形成了独具自身特色的班组文化建设模式。

班组文化是班组成员在长期工作实践中形成的共同价值观和行为规范，是凝聚班组成员的"桥梁"和"纽带"。优秀的企业文化依靠优秀的班组文化来打牢根基，搞好班组文化建设工作，建设一流班组文化有助于推动企业文化建设在基层深入推进和发展，有助于解决企业生产安全问题、人才培养问题以及队伍凝聚力和战斗力提升的问题，对于提高员工队伍素质、提高管理水平、提升企业效益意义深远。

近年来，随着生产效益及管理水平的持续提升，神东积极探索班组文化建设的方法和路径，聚焦"如何充分发挥班组这一企业最小细胞积极作用"这一目标，让班组文化深入人心，并真正用来服务和促进企业的核心业务。目前神东已经形成了以"创领文化"为引领的班组文化建设模式，集团所属厂矿也开展了各具特色、特点突出的班组文化建设，班组文化已经成为神东企业文化体系的重要组成部分。

一、神东一流班组文化建设的渊源及取得成果

（一）"创领"文化助推企业班组建设高质量发展

神东从创业初期开始，在狠抓煤炭主业的同时，高度重视思想政治建设和企业文化建设，坚持物质文明和精神文明一起抓，力主形成主业做强与文化做大的发展格局。伴随着改革开放的历史脚步，承载着煤矿工人的美好梦想，神东依托一片得天独厚的资源宝库，打造了煤炭工业高产高效的神东模式，取得了国内第一、世界一流的安全高效业绩，培育了凝聚几代神东人心路历程的创领文化。"创"即创新、创造，"领"是领先、领跑。

创新驱动，价值创造——神东始终立足世界煤炭科技前沿，建设创新驱动型企业，持续提高价值创造能力。创新精神成为神东班组员工身体上流淌的"血液"。神东发展来源于创新模式，创新为企业和员工带来了良好的回报，创新精神已经成为神东基层班组员工的共识。

四化五型，世界一流——神东坚持"五高"（高质量、高技术、高起点、高效率、高效益）方针，实行集约化生产，专业化服务，精益化管理，形成了以"四化五型"（生产规模化、技术现代化、管理信息化、队伍专业化和安全型、学习型、创新型、节约型、和谐型）为主要特征的千万吨矿井群的发展模式。班组成为神东四

化五型、精干高效的缩影，做精做强主业成为班组员工不懈追求的目标。

求真务实，高效执行——神东3万多名员工团结拼搏，以高效执行精神全面提升工作执行力，坚持"当班事、当班毕"，树立了雷厉风行的工作作风，曾连续七年产量增加千万吨，于2010年实现了神东矿区煤炭年产量过亿吨的目标，率先在全国建成了亿吨级矿区。实现安全高效开采，煤炭开采百万吨死亡率达到0.0059，与世界先进采煤国家的安全指标看齐，开创煤炭企业健康、可持续发展的新境界。

（二）神东"双维度"践行模式催生了特色子文化建设

神东积极探索文化在基层的宣贯和践行路径，班组积极拓展创领文化在传播形式，通过微视频、快闪、作品征集、员工演示等形式，宣传创领文化理念，结合自身业务特点，形成了不同业务模块下特色鲜明、亮点突出的班组子文化体系。

"双维度"践行模式极大调动了各单位、各层级员工的归属感和自豪感，激发了员工的创新活力和工作积极性，班组文化建设呈现出同心共建、全面开花的良好局面。神东所属的80多个矿处级企业内部单位，1000多个区队，4000多个班组，结合不同业务模块，形成了特色鲜明、亮点突出的班组文化。

其中，洗选中心"用心工作，爱心服务"的"心"文化，补连塔煤矿廉洁风险管控文化，榆家梁煤矿"三自赋能、六措八法"班组文化建设模式，哈拉沟煤矿大学生采煤班特色文化，设备管理中心"创新无止境，求真有回报"的创新文化，智能技术中心引入"创客文化"，生产服务中心"特种部队精神文化"等，都在创领文化下形成了各具特色班组文化。独特的班组文化成为了神东一道亮丽的风景线，在各单位发挥着巨大的文化引领作用和精神激励作用。

二、神东一流班组文化建设路径和措施

在班组文化建设过程中，神东充分发挥党建引领作用，坚持聚焦现实问题，明确问题导向，党政工团齐抓共管，文化重心充分下移，完成了一流班组文化建设的使命。

（一）党建引领凝心聚力

国有企业党组织是企业的政治核心，特别是基层党支部和党小组，其担负着直接组织宣传凝聚服务职工群众的基础职责，在企业发展各项决策部署、方针政策的落实中起到凝心聚力的作用。近年来，神东在企业文化建设工作中高度重视党委"把方向、管大局、促落实"领导作用和基层支部战斗堡垒作用的发挥，注重工作重心下移，坚持把党小组建在"班"上，调动党小组组长参与班组文化建设的积极性、主动性和创造性，将班组党建活动与班组安全管理、岗位练兵、技术创新活动相结合，针对薄弱环节和生产变化及时调整党建工作着力点，灵活且有针对性开展党员示范岗、先锋队创建活动，提升整体活力，构建和谐班组，激励班组员工为助力企业发展目标而共同奋斗。

（二）问题导向管理融入

神东班组文化建设牢牢把握问题导向，按照基层需求，充分发挥基层班组对文化建设自主研究、自觉管理权利，保证了班组根据自身需求凝练文化理念、选择子文化体系，进而形成各自子文化理念体系。

榆家梁煤矿班组文化建设形成了独具特色的"三自赋能、六措八法"班组文化建设模式。"三自赋能"，即以"区队自治、班组自主、员工自律"的"三自"理念为指导，以分级赋能为手段，让区队"强"起来，让班组"活"起来，激发班组的活力，自我超越，良性竞争，发挥优秀班组的群体效应。

这种方法的形成正是源于榆家梁煤矿特点鲜明、重点突出的问题导向工作法，在矿井遇到困难和问题的时候，充分发挥团队的优势互补效能，勇于发现问题，善于解决问题，进而形成了自身的特色文化。

良好的班组文化增强了班组活力，强大的班组又推进了企业的良性发展。近年来，该矿多次获得集团级班组建设先进单位，获行业级煤质管理工作质量标准化矿井荣誉称号，被中国煤炭工业协会命名为特级安全高效矿井，班组文化建设经验在全国班组文化建设论坛上进行了分享，并荣获"全国企业文化优秀成果"一等奖。

（三）顶层设计班组赋能

神东通过合理授权，将子文化体系建设的主动权下移到矿井。各矿处单位工作重点在于搭建好"导向平台、激励平台、展示平台"，以树立团队精神为核心，以加强班组建设为重点，开展了"一队一品"文化建设，采用指导、月度评比考核、年度评选优秀创意文化项目等方式，鼓励基层探索建立特色班组文化。

矿处单位将班组建设活动按年度进行统一规划，明确主题，下发给各科队。区队每月根据主题，结合自身实际，自主策划组织活动。班组文化活动具体的策划权、主办权交给科队，实现了管理重心下移。

班组文化活动的形式包括技术比武、知识竞赛、班组大讲堂、积分评比、助力实现安全梦想账单、经验展示等，形成各具特色的班组文化理念。如有的采煤队伍根据井下工作情况，结合蚂蚁团结协作、分工明确的特点形成了"蚁族文化"；有的机电队伍管理"战线"较长，以大雁团队精神总结出了"雁阵"文化；有的辅助运输队伍结合业务特点，总结提炼出了"雷锋车队"文化；有的运转队伍根据班组工作特点，选取相应特点的动物为图腾，形成了"图腾文化"等等。

（四）选树典型搭建平台

神东积极践行工匠精神的引领，尊重职工，尊崇奉献，倡实干之风、重业绩导向，用实绩说话，大力弘扬工匠精神、厚植工匠文化，为工匠这一企业创新发展的主体提供干事创业的平台。各基层单位将人才接续培养、专业技能取证等纳入日常考核，鼓励班组培养年轻员工、发现优秀员工，推荐优秀人才参加各专业、各级别的技术技能竞赛。

特别是2021年以来，集团公司立足于攻坚智能矿山建设，指导各基层单位选优配强专业人才力量，在基层区队广泛成立"大学生智能化采煤班"，为青年员工成长成才搭建了平台。同时，坚持对技艺精湛、贡献突出、业绩优异、带动作用显著的岗位先进工作者进行表彰奖励，集中宣传报道，形成强大的舆论声势，营造"劳动光荣、技能宝贵、创造伟大"的良好氛围。

（五）注重选拔兵头将尾

班组长是现场管理的关键，集安全生产、工程质量、任务完成、工作协调、团队建设等职责于一身，责任大、压力大。因此，班组长的管理是班组建设的重中之重。

神东各基层单位建立班组长培养、选拔、任用、评价等机制，切实改进班组长的选任方式，公开考评、公开竞聘，把政治素质高、业务能力强、善于学习创新、群众基础好的优秀职工选拔到班组长岗位上。集团各单位还为班组长搭建干事创业的良好平台，打通成长晋升的渠道。榆家梁煤矿采用"三选、四培、三用、四评"的方式，使有技能、有业绩、善管理的班组长通过竞聘成长为科队长以及矿级管理干部，为公司输送了一批人才。

（六）智慧管理更趋透明

班组建设自主管理采用信息化平台，融入了正向激励、积分管理、资源共享、自我考核的管理思想，开发出了具有目标管理、考核标准、结果公示、综合查询等主要功能的班组建设系统。

基层单位对照集团20个考核子项目、48条考核标准，分解项目，将日常开展的班组建设工作及时录入自主考核系统中，内容包括工作项目、完成时间、管理类别、具体内容、工作图片、牵头人和参与人等资料。录入后提交上级部门审核。上级业务部门根据基层单位提报的工作开展情况，对照考核标准，查看图片、附件等资料，最终审核打分。

三、新时代一流班组文化建设应做到"五个促进"

任何先进的文化都不是一劳永逸的，班组文化建设来源于基层的生动实践，也必须在进一步的生产实践中接受检验，进而趋于完善。在新时代背景下，煤炭企业智慧、智能发展已成为大趋势，员工对美好生活的向往与追求更加强烈，信息化、自动化与生产安全技术融合更加深入。因此，班组文化建设应结合创领文化内涵，积极探索新思路、新途径和新方法，保证常育常新，推动企业持续发展。具体应当做到以下"五个促进"。

（一）进一步促进班组安全自治

坚持"一切事故皆可预防"的理念，把安全生产作为企业的生命线，通过不断提高对安全隐患的感悟意识与风险防范能力，做好自保、互保与联保，以个人保班组、班组保区队、区队保矿井、矿井保集团，形成环环相扣、层层负责的安全生产责任保障机制。

把保障员工的生命安全和职业健康作为最大的价值追求，推广使用先进的劳动防护用品，提高员工职业防护安全意识，丰富员工安全文化教育的载体和方式，实现班组安全零伤害。

（二）进一步促进班组创新创效

创新是企业之魂。一流班组文化应与企业总体发展战略目标保持一致，服务于企业管理提升，积聚创新精神。通过优秀的班组文化，引导广大职工自我激励、自我超越，积极投身于推进智能矿山和自动化采煤技术的进步与发展，实现信息化、自动化与煤炭企业技术相融合。

通过智能诊断和大数据分析，科学决策，实现精准管理，大力提升"无人少人"状态下的安全指标，从"千人千万吨矿井"矿井模式转变为"自动化开采"的智慧班组模式，大幅度地提高劳动工效，实现跨越式发展。

（三）进一步促进班组降本增效

面对激烈的市场竞争，企业要大力倡导勤俭节约的文明风尚，共同营造良好的节约氛围，打造高效低耗的节约型班组。要让每位员工都能在反对浪费、厉行节约中做表率，自觉减少不必要的成本浪费，创造新的利润增长点，成为价值创造的单元。

（四）进一步促进班组温馨和谐

树立"人本和谐"理念，重视民主管理、全员参与，推行透明化、可视化管理。要畅通沟通渠道，坚持重大事项全员讨论，广泛征集班组员工意见和建议，鼓励和调动员工参与班组建设的积极性和主动性。推行班务公开，保障员工享有绩效工资、奖金分配、先进评选等事项的参与权和监督权，以及享有学习、培训、维护职业健康的权利。

（五）进一步促进班组乐思善学

创新培训模式，探索学习型班组建设的有效路径，营造尊重知识、鼓励创新、"比、学、赶、帮、超"的学习氛围，实施素质提升工程，建设高境界、高品质、高素养、高技能的员工队伍。要注重交流分享平台的搭建，提供班组成员与他人互动、与专业人才互动的机会，实现思想、知识、经验、成果的交流与共享，使工作中遇到的问题可以在交流中得到解答，优秀的经验可以迅速得到学习推广。

放眼未来，神东要达成世界一流企业建设目标，必须坚持发挥班组文化在推进企业发展、人才培养等方面的强大作用，让企业安全生产实践成为班组文化的发源地和主战场，实现制度管理和文化管理相融合，实现程序规制和人员行为自觉相融合，使企业员工都能够成为价值创造的主体，将企业建设成为安全生产与企业文化"共鸣"的典范，为中国煤炭事业树立新的高峰和新的标杆。

文章出处：成稿于2020年8月，获神东煤炭集团2020年度优秀党建思想政治理论课题研究成果二等奖。

神东培训文化视域下的
"三型"支部建设研究

李锋　万福兵　王改霞

摘要： 教育培训专业的本职工作就是组织学习、培训（服务）员工和文化传播，"三型"支部建设在神东培训文化视域下拥有得天独厚的载体优势。神东教育培训工作经过多年摸索建设，形成了独具特色的神东"四级培训体系"文化。本文立足于神东培训文化与"三型"支部建设之间的相互关系，深入分析目前基层支部建设困境，找出二者之间互融互促的主要方法和途径，最终实现神东培训工作和"三型"支部建设工作的双提升。

关键词： 培训文化　"三型"支部　教育培训

引言

党的十八大提出要建设"学习型、服务型、创新型"党组织。2018年10月，随着《中国共产党支部工作条例（试行）》的出台，明确了党的组织建设的重点和核心在支部。基层党支部担负着直接教育党员、管理党员、监督党员和组织群众、宣传群众、凝聚群众、服务群众的职责。

神东煤炭集团（以下简称"神东"）作为国内煤炭领军企业，已发展出一套比较成熟的"四级培训体系"及文化理念，并且已深深渗透到公司的安全、运营、生产等方方面面。如何借助神东培训文化优势，积极推动全面从严治党向基层延伸，逐步形成大抓基层、大抓支部的良好态势，切实打开"三型"支部创建新局面，是我们基层党务工作者需要认真思考的问题。

一、神东基层党支部建设现状分析

经过30年开发建设，神东党的建设质量也以崭新的姿态不断发展，在公司高速发展中发挥着把方向管大局的领导作用。但也同时存在党建质量发展不均衡现象，部分基层单位仍不同程度存在党建工作虚化、弱化、淡化、边缘化等问题。

（一）基本组织建设尚未牢固

过去的30年是神东高速发展的30年，公司上下全力抓生产、抓安全，一定程度上忽略了基层党组织建设工作。公司基层党支部作为党组织的基本单元，组织制度建立不全，委员配备不到位，作用发挥不明显，组织生活不规范等问题长期存在。

（二）党建引领生产经营作用还需加强

党支部基层组织力和领导力存在弱化现象。基层党组织没有将党建工作与生产经营工作统筹考虑、充分融合，导致党建与业务"两张皮"。

（三）党建责任传导贯通力度不够

"党的一切工作到支部"理念没有真正落实到位。广大的基层党员长期战斗在生产一线上，对于生产和党建具有最直观、最可靠的体验，党的建设必须依靠基层党员、基层党支部，"自己的病自己治"。

（四）缺乏全面双向激励机制

要激发支部的创建活力只靠严格的考核机制显然是不够的，更应该有完善的奖励机制，正面激励与负面激励相互配合，才能在最大程度上调动支部创建的巨大能量。

二、神东培训文化与"三型"支部建设的相互关系分析

神东培训工作作为保障矿井安全生产的重要组成部分，在多年的建设探索中，形成了一套自上而下的有效机制和"培训创造价值"文化理念。而"三型"支部建

设和培训，二者覆盖的人员广度和深度几乎一样，但这两者之间还缺乏应有的融合与交流。现在，我们需要做的就是重新认识他们二者之间的关系，并为实现1+1>2的碰撞寻找突破口。

（一）神东培训体系是"三型"支部建设的成熟载体

神东教育培训工作涵盖公司各岗位、工种，基本能够实现全员覆盖，如果基层"三型"支部建设能够依托"公司级、矿处级、科队级、班组级"的"四级培训体系"框架，深度融入基层培训工作当中，党建、培训协同开展，互融互促，那么，"学习型、服务型、创新型"的"三型"支部建设将在神东培训文化视域下找到有力抓手，取得事半功倍的良好效果。

（二）培训体系是实现"三型"支部建设与主业深度融合的最佳媒介

员工培训贯穿于生产活动各项工作的始终，神东培训文化倡导"无培训、不上岗""培训工作不到位、矿工有权不下井"等理念。基层支部建设工作借助培训这辆便车，通过开展支部各类学习（党建、业务）活动，服务生产、服务员工活动，小改小革技术创新、理论创新等活动，和生产实际产生实质性关系，能够促使基层"三型"支部建设工作的真正落地。

（三）"三型"支部建设的过程也是不断强化基层培训文化的过程

"三型"支部建设工作具体开展的过程，就是对神东培训文化的不断强化和推陈出新的过程。"学习型"支部建设，通过党员集中学习能进一步强化神东理论培训文化；"创新型"支部建设，党员通过技术创新，为公司节能降本增效，进一步强化"学习提升能力、知识创造价值"的培训文化；"服务型"支部建设，党员通过经验和技术的"传、帮、带"，进一步强化培训"师带徒"文化。

（四）神东培训文化建设与"三型"支部建设具有一致性

二者在实现途径与目标上具有高度的一致性，神东培训文化建设与"三型"支部建设都是紧紧围绕主业，积极落实强理论、重实践、看创新三个主要抓手服务大局，助力公司整体战略目标的实现。培训工作通过为公司打造人才梯队、培养行家里手发挥作用，而"三型"支部建设则通过激发基层广大党员的先进性来发挥作用。

三、神东培训文化与"三型"支部建设互融互促的主要思路

树立神东的培训体系就是"三型"支部创建平台的意识，拓宽思路、积极探索，寻找"三型"支部创建与培训的结合点，全面开展神东培训文化视域下的"三型"支部建设工作。

（一）将理想信念教育贯穿培训工作始终，夯实"学习型"支部建设基础

2020年8月，神东正式挂牌成立中共国家能源党校神东分校。党校依托神东教育培训中心现有教学资源开展相关党务培训和党的理论研究工作。党校成立后，预计将实现公司各层级党员年均轮训1遍的目标，这对公司党员的整体素质提升、基层党务工作人员的能力强化和基层党支部建设质量都将起到不可忽视的强大作用。神东党校的建立，将成为培训文化与党建紧密融合的超级平台。

1. 构建党员干部特色培训课程

以目前神东发展建设面临的问题为导向，构建具有神东特色的针对性党校干部培训课程，创新教学设计和课程设置，研发促进党建提升和助力公司成长的系列课程，切实提高干部教育培训的有效性。

2. 注重理想信念教育的系统性

在各类党校干部教育培训班中强化马克思列宁主义、毛泽东思想、邓小平理论、三个代表、科学发展观和习近平新时代中国特色社会主义思想为主要内容的理想信念教育，使之"往心里走、往深里走、往实里走"。突出理论学习的系统性，唤醒广大党员的共产主义理想信念。

3.打造"理论＋实操"红色培训文化

充分依托周边红色教育资源，着力锻造党员党性，以"理论＋实操"的教学模式，深化红色基因传承。开展党校学历教育，注重提升党员领导干部的理论文化水平和指导实践的能力。

（二）将全面创新思想深入培训始终，在理论与实践相互促进中打造"创新型"支部

1.加强党建创新理论学习，提升党建质量

神东的党建课题研究是基于问题导向和企业发展目标而进行的理论创新实践活动，是公司党建理论创新发展的主要方式。广大基层党员在长期的生产实践中，能从根源上发现阻碍支部党建提升的主要病症，并结合支部实际找出对症之药。通过集中培训、对标学习、宣讲等方式对这些课题和典型案例进行及时的推广和分享，能有效推动公司党建质量整体提升。

2.培养理论大家和专职培训师，筑牢党建创新人才基础

创新的基础是人才，人才的养成靠学习、靠培训。只有掀起马克思主义理论研究和学习热潮，形成"理论学习成就职业生涯"的大环境，才能充分激发基层党员学习马克思主义的热情，造就一批马克思主义理论大家和专职讲师，为"创新型"支部建设打下坚实人才基础。

（三）做好对接，强化责任，打造"服务型"党组织

1.推进"神东培训在线"与"党建信息管理"平台对接，实现信息共享融通

平台贯通有利于学员零成本跳转，形成好的应用体验，带来点击量的成倍上升。同时，平台间资源的共建共享和相互补充，可以避免资源重复建设。另外，平台互通可以很好地发挥网络关联功能，督促党员"党建""培训"两不误。

2.在培训过程中强化党员作用，彰显支部服务功能

在组织员工培训过程中，要充分发挥党支部的服务优势，利用培训信息化管理

平台和智能化考勤系统等现代化手段，实行培训精益化管理。发挥党员责任区、示范岗作用，为员工提供精准服务，确保员工培训期间衣、食、住、行等各方面无后顾之忧。同时严格培训结果的考核应用，与党员领导干部的评先树优工作相挂钩。

四、神东培训文化视域下，建设"三型"支部的可操作路径试析

（一）"以训促学"，加快"学习型"支部建设

本质上，培训工作与党建学习是一回事，可以合并进行。党建学习包括理论学习和业务学习，党内实践也包括党性锻炼和业务技能提升，因此二者能够互融互促，一体推进。针对基层党员理论基础不扎实、学习成效不显著的问题，党支部、党小组可以抓住早调会和班前会等时机对党员进行随机提问，引导党员主动学习。另外，开展"每日一题"和"党员大学习"等形式的活动，动员全体党员参与出题、出方案等工作，变被动为主动，打造支部良好学习氛围。

（二）以载体搭建为抓手，推进"创新型"支部建设

针对实际工作当中的重点、难点和热点，通过一个适合的载体将中心业务与党建工作深度融合、推进，最终达到互相促进、双赢的目的，应该是支部创新发展的一个行之有效的方法。

培训工作也注重创新精神，例如"神东青年工匠人才培养项目"，就是培训与党建创新融合的一个优质载体。神东"青年工匠"以培养"又红又专"的机电人才为目标，对公司机电技术领域的青年党员骨干，分理论和实操两个部分进行专项集训，为公司的高质量可持续发展提供人才保障。

再如，"智力扶贫"开展扶贫培训班，从知识层面、技能层面对贫困地区人员进行培训和帮扶。充分利用成熟的教育培训优势，牵手农村，绿色共建，送知识、送培训、送学习物资到贫困村，结对帮扶，传授新思想、新理念，帮助他们开阔眼界，克服局限性，从根源上摆脱贫困落后。

培训+党建=精神引领、强化党性；培训+生产=优势互补、经验共享；培训+管理=人人参与，提升效率。在"三型"支部的建设过程中，基层党支部要依靠有效

的载体建设，充分发挥组织优势，挖掘各领域优秀人才，共同为支部建设贡献智慧和力量。

（三）以"员工满意度"为目标，开展"服务型"支部建设

由于"工学""工教"矛盾的长期存在，基层抽调员工脱产培训一直存在困难。我们如果站在服务员工，提升客户满意度的角度思考，结合不同培训种类的实际情况，培训工作也可以"上门服务"。让优秀党员班主任亲自带班，把培训送到基层去，以矿处单位为单元精准组织培训、考试和取证等工作，实现"培训服务下基层一条龙"服务。

另外，公司员工教育水平不一，年龄跨度大，有些员工对电脑知之甚少，甚至没用过电脑。针对这个问题，支部可以通过在每个机位的桌面张贴图文操作步骤（从开机—登录—答题—交卷—关机）进行"手把手"教学服务，真正让培训文化与"服务型"支部创建在融合互促中共同提升。

结语

老子曰："九层之台，起于累土；千里之行，始于足下"。公司党的建设离不开每一个党支部的努力奋斗，而通过将神东的培训文化与党建工作的深度结合，可以不断加强"三型"支部建设的力度，持续发挥党组织强大的学习力、服务力和创造力，为集团公司建设具有全球竞争力的世界一流能源企业贡献力量。

文章出处：成稿于2020年8月，获神东煤炭集团2020年度优秀党建思想政治理论课题研究成果三等奖。

运用基层文艺载体培育和
弘扬社会主义核心价值观探析

常晓莹　艾彩虹　李晓光　薛岗　洪雪娇　贺琳

摘要： 文艺是培育弘扬社会主义核心价值观最灵活常用的有效载体和手段，基层文艺工作根生在人民群众的土壤，吸收着鲜活火热的元素，与人民群众工作生活息息相通，易共鸣，受欢迎。如何运用基层文艺载体，活灵活现地体现社会主义核心价值观，使之春风化雨，沁润人心，是基层文艺工作者需要面对的重要课题。

关键词： 基层文艺载体　培育弘扬　核心价值观　探析

文艺是培育弘扬社会主义核心价值观最灵活常用的有效载体和手段，基层文艺工作根生在人民群众的土壤，吸收着鲜活火热的元素，与人民群众工作生活息息相通，易共鸣，受欢迎，具有极大的弘扬、渲染、引导力量，是最接地气的文艺工作层面。如何运用基层文艺载体，活灵活现地体现社会主义核心价值观，告诉人们什么是应该肯定和赞扬的，什么是必须反对和否定的，是基层文艺工作者需要面对的重要课题。

一、培育和弘扬社会主义核心价值观的重大意义及内涵

（一）时代背景对意识形态及文艺发展的影响

伴随科技的飞速发展，现代网络技术以大多数人群喜好为选择性发散特点迅速而深刻地影响着社会进程，对人们的意识形态、价值观念进行重构，使得观念剧变，传统消失的步伐越来越快。改革开放带来了巨大变化，经济的飞速发展使我国

综合经济实力不断攀升，西方一些资本主义国家利用文化渗透手段引入西方思潮，以达到影响我国主流意识形态的目的，"普世价值""自由主义"的论调在一定的群体认知中存在。

随着改革开放进程不断深入，经济目标逐渐成为社会追逐的主要目标，文艺发展也受到一定的冲击，文艺作品的社会公益价值被放低，甚至出现恶搞红色经典、歪曲英雄人物形象的现象，造成恶劣影响，说明一些不良用心的人对民族文化的漠视和对历史严肃性无知的意识形态存在，也暴露了文艺发展中存在的深层次意识引导问题亟待解决。

（二）积极培育和践行社会主义核心价值观的重大意义

面对世界范围思想文化交流、交融、交锋形势下价值观较量的新态势，面对改革开放和发展社会主义市场经济条件下思想意识多元、多样、多变的新特点，积极培育和践行社会主义核心价值观，对于巩固马克思主义在意识形态领域的指导地位、巩固全党全国各族人民团结奋斗的共同思想基础，对于促进人的全面发展、引领社会全面进步、凝聚中华民族伟大复兴中国梦的强大正能量，具有重要现实意义和深远历史意义。这是适应国内国际大局深刻变化，引导人们坚定不移地走中国道路，共同建设世界命运共同体的重要方法和途径。

（三）社会主义核心价值观的重要内涵

（1）倡导富强、民主、文明、和谐，是社会主义核心价值观的最高层次，体现了社会主义现代化国家的建设目标。

党的十八大报告对推进中国特色社会主义事业作出了"五位一体"的总体布局，着眼于全面建成小康社会、实现社会主义现代化和中华民族伟大复兴的宏伟目标。"富强、民主、文明、和谐"的社会主义核心价值观体现了中国共产党和全体人民在中国特色社会主义发展道路上并肩前进，努力奋斗。

（2）倡导自由、平等、公正、法治，是在社会层面提炼而成的价值目标，是对社会主义美好状态的生动表述，体现了中国特色社会主义的基本属性。

从建党之初，中国共产党就把实现中国人民的民主、自由、平等，实现社会公平正义，作为自始至终的政治主张和锲而不舍的奋斗目标，开辟了波澜壮阔的中国特色社会主义道路。随着中国特色社会主义事业持续向前推进，社会主义民主政治更加深入广泛，人们自由平等的意识已经普及，对公正法治的要求越来越高。正因为有了人民群众的新期望、新要求，党更加自觉努力践行自由、平等、公正、法治价值理念，并凝练成为我们党坚持和发展中国特色社会主义的核心价值追求。

（3）倡导爱国、敬业、诚信、友善，是公民基本道德规范，是从个人行为层面对社会主义核心价值观基本理念的总结。

公民是社会构成的基本元素，公民的世界观、人生观、价值观集合促生了社会意识形态内容。要加强思想道德建设，人民有信仰，国家有力量，民族有希望。要提高人民思想觉悟、道德水准、文明素养，提高全社会文明程度。公民基本道德素养的提升奠定了社会文明进步的基础。

二、培育和弘扬社会主义核心价值观要准确把握好文艺工作方向

（一）深入贯彻国家文艺工作指导思想、方针原则和集团文化工作方针

在新时代中国特色社会主义建设的伟大征程中，以习近平同志为核心的党中央站在民族复兴的战略高度，深刻阐释文化的地位作用，为社会主义文艺的繁荣发展指明了前进方向，对广大文艺工作者寄予殷切期望。国家能源集团发展战略及神东煤炭集团（以下简称"神东"）都把践行社会主义核心价值观，建设文化品牌、提升文艺服务提到崭新高度，基层文艺工作方向与思路要与国家、两级公司的高度保持一致，文艺工作者要做社会主义核心价值观的真正践行者和弘扬者，用文艺的力量温暖人、鼓舞人、启迪人、激励人，形成推动企业发展的文化内驱力和精神力量。

（二）坚持弘扬以社会主义核心价值观为中心的"神东精神"

"创领文化"是神东几代人拼搏奋进、创新创业中形成的管理智慧、工作作风、精神风貌的凝练与总结，神东创造了煤炭工业发展的奇迹，形成了特有的企业文化，造就了宝贵的神东精神，开发转化矿区多年来形成的丰富的文化资源宝藏，让文化落地生根，绵延传承，是神东做精做强、永续发展的动力。基层文艺工作应以

神东文化为根脉，创作立足矿区，表现全体员工家属奋战岗位、敬业爱家、创造奇迹的优秀作品，利用主题演出、道德模范弘扬、道德故事宣传等形式，把好的作品带到职工群众身边去，用神东精神激励人，鼓舞人，建设文化神东，推动企业发展。

（三）把实现人民群众对美好生活的向往作为工作指南

神东矿区矿井分布较分散，文艺工作要坚持发挥好文艺轻骑兵的轻装、快捷、直达作用，深入矿井单位、走进基层一线单位，利用文艺专长服务职工、培养骨干，灵活化、多样化开展基层文艺文化服务，帮助矿区基层单位开展好各类文艺活动，把基层文艺工作同中心区域工作相结合变成常态化，把文艺工作和职工群众的日常工作与生活深度融合，做优做精口碑好、受欢迎的品牌文艺服务项目，做到想群众所想，做群众所需，使人民群众对美好生活的向往通过文艺工作的真正落地得以体现。

三、基层文艺载体培育和弘扬社会主义核心价值观的方法及经验

文艺是培育和弘扬社会主义核心价值观，陶冶美好情操，培养优良品德，宣传企业文化的重要工具，对基层文艺载体培育和弘扬社会主义核心价值观经验及方法的总结、推广是当下非常重要的工作。

（一）矿区基层文艺工作现状

近年来，神东在矿区大力开展文化建设，发展文体事业，先后创办了夏季广场文化艺术节、元宵文化艺术节、文艺下基层、电影下基层、矿区职工家属公益文艺培训、职工书画展、职工文艺汇演等文艺工作的品牌活动。文体中心是主要的文化活动组织开展单位，文艺部承担着主题汇演策划编创、基层文艺工作开展、活动指导、演出支持和文艺爱好者培训，矿区文艺创作引领的责任，近几年足迹走遍了神东各个矿井单位和部分地面单位，并深入到供电、洗选等偏远站点开展文化基层行。编排、创作了100多个反映矿区职工生产、工作、生活的文艺节目，受到欢迎和好评，在宣传企业文化、安全文化、廉政文化、中央及两级公司重要精神等方面

发挥了重要的作用。矿区各单位也高度重视特色子文化建设，微视频、快闪、文艺汇演、安全文化活动、文明创建、道德模范推选等等各具特色的子文化亮点层出不穷，已成为矿区文化工作中一道亮丽的风景线。

基层文艺工作虽然取得了一定的成果，但同时也应看到仍然存在很大的发展空间，并有一些制约因素，例如文艺人才的短缺，文艺作品相对高度、精度不够，文艺活动形式和覆盖面还有很大提升潜力等。

（二）运用文艺作品创作与再创作融入社会主义核心价值观经验分析

培育和弘扬社会主义核心价值观与文艺载体的艺术形式和表现内容是密不可分的整体，在神东矿区流传的作品主要分为原创作品、改编再创作作品及外部优秀作品，仅针对部分原创作品及改编再创作作品进行艺术手法目的分析。

1. 基层原创作品善用身边人身边事，彰显社会主义核心价值观内涵

基层原创作品具有鲜明的基层文化特点，从实际工作生活事件中提炼创作，说的是身边人，讲的是身旁事，与职工群众紧密相关，用先进典型或精神引领融入人心，彰显崇高真情，歌颂质朴形象，用职工群众最熟悉的人和事引导人们热爱生活，重视安全，感恩工作，奉献光热，具有良好的传播、引导、教育作用。

典型作品如歌曲《矿工兄弟》，"你有一双勤劳的手，千米井巷开创一片新天地，你有一颗感恩的心，怀着一份报答慈母的意……你把青春献给祖国大地，你把漫漫长夜留给自己，却让光明照亮神州万里……"词句朴实，曲调深情，从孝敬慈母，想念妻儿的平凡真情入手，引人共鸣，诠释着矿工的真挚情感，同时也歌颂了矿工兄弟们在平凡的岗位上为祖国踏实奉献的伟大情怀。作品用现实主义手法创作，涵盖了孝敬老人、热爱家庭，爱岗奉献的多重内容，在2016年获全国最佳企业歌曲金奖。歌曲《决不放弃》将写实与浪漫相结合，曲调由柔渐强，词句铿锵，充满张力，是为神东履行社会责任，彰显大爱，地方矿井事故救援和榆林、子洲等地洪涝灾害抢险而作。歌曲既有责任与大爱的彰显，又有信任与忠诚的表达。这些歌曲具有企业自己的文化风格，歌曲的传唱为企业发展注入了和谐友爱、价值创造、积极奉献的文化内容。

舞蹈《红湖雁归来》，是环保主题的原创优秀节目，表现了在地方和企业全面加强生态环境保护，深入打好污染防治攻坚战的过程中，生态恢复，雁群回归到美丽的红湖，翩翩起舞，自由飞翔的情景，表达了绿水青山就是金山银山的重要理念。这支舞蹈登上了2016年神木市春晚舞台，并在2017年陕西省工会职工汇演中获奖。

原创小品《生命无价》是一部安全警示小品，取材提炼于具有普遍性意义的煤矿事故案例，讲的是一位矿井瓦斯检测员因和妻子打了一夜麻将，疲劳上岗睡觉，出现违章操作，造成事故后面对法律的制裁后悔莫及，妻子和本人的忏悔、亲人的生离死别，情节感人肺腑，观众看完深受感染，对安全的重视深入心中。

快板因其朗朗上口，宣传内容准确，表演形式生动，是安全文化宣传非常好的艺术形式，例如《安全神东美家园》《安全浇开幸福花》等皆是宣传安全理念的典范性原创作品。

相声这一艺术形式也是表现安全文化的生动艺术形式，例如对口相声《说红》《追零》、群口相声《找父母》也是近年来创作的经典曲艺作品，在宣传生产安全及安全规章制度方面起到了直指目的，寓教于乐的作用。

原创作品最大的特点是能够把创作者所要表达的思想内容，通过艺术的手法和形式完整地展现，作品源于基层工作生活，群众接受度高，能够教育人、引导人于春风化雨之中。难点在于创作难度大，创作周期长，作品故事创作及情节提炼需具备丰富的基层工作生活知识经验，同时对创作能力素质要求很高，成功的作品数量较少。

2. 改编再创作作品是弘扬社会主义核心价值观不可缺少的一种方法

在公益宣传中，改编歌曲具有效率高、成型快、易传唱的特点。这类作品一般采用群众较为熟悉的歌曲作为改编对象。绝大部分改编歌曲均保留了原有旋律，仅对歌词部分根据需要进行修改，如《神东我生命的追寻》，"在祖国的高原上，有个神奇的地方，乌金滚滚掀巨浪，将世界照亮"，作为改编再创作歌曲，是快捷好用的宣传企业文化、安全生产及其他主题性内容方法。

舞蹈类模仿和再编创作品在展现企业员工精神面貌、廉政教育等方面，能够发挥出独有优势。例如《咏荷》《莲颂》等舞蹈作品以荷与莲为喻，倡导风清气正，出淤泥而不染的高尚品格，起到廉政教育作用。《奔赴》《神东之恋》则表现了神东员工立足岗位、拼搏奋斗，追求卓越，把真挚的热爱奉献企业的故事。

曲艺类作品因其语言为主的艺术特性，在教育与目的性方面比其他艺术门类更加深入，直接有效。但曲艺类作品创作也是文艺类作品改编、创作中较难的部分。如《罢宴》《奖金去哪了》《把你们送进去》《今非昔笔》《红色印迹》等改编再创作作品，改编周期相对较短，艺术性高，在实际场景中往往能起到良好的宣传效果。

3. 创新文艺载体形式是培育和弘扬社会主义核心价值观的必要条件

创新性是基层文艺工作中最重要的特性，传统的节目在编创过程中，加入创新元素，往往可以画龙点睛、烘托气氛，使元素组合更加吸人眼球，新颖有趣。例如演唱、说唱环节的添加，加上原创歌词含金量高，宣传目标更明确，效果好。在原创小品《井下班中餐》中，运用了京东大鼓的旋律，把"矿工安全的七条规定"以演唱的形式表现出来，寓教于乐。演出完毕后，观众说：《七条规定》我们不容易记住，这么一唱就很容易记住了！"同时，这种形式运用，也可以较好地弥补演员表演能力不足、角色人才缺少等问题，提升节目的宣传价值和观赏性。

文艺演出内容搭配既要注重主题与娱乐又要考虑多样与统一，节目在围绕同一主题营造氛围的基础上，增加新元素内容，以调节节奏，提升关注点，例如器乐表演作为文艺演出的一种重要形式，在演出中往往起到了"爽口配菜"的作用。在群众性演出中，则现代舞、吉他弹唱、花式篮球、趣味互动游戏等都是可选择内容，表演乐曲节奏感强，现场带动气氛好，往往能收到非常好的气氛营造和提升关注度的效果。

（三）注重搭建丰富多彩有吸引力的基层文艺工作平台

人民是文艺创作的源头活水，一旦离开人民，文艺就会变成无根的浮萍、无魂的躯壳。能不能创研出优秀作品，最根本的决定于是否能为人民抒写、为人民抒情、为人民抒怀。因此重视基层文艺工作平台搭建，对营造和谐健康的企业文化氛围，传播积极进取的人文精神，培育和弘扬社会主义核心价值观十分重要。神东矿区地处晋陕蒙交界，地理位置离周边城市较为偏僻，各矿井单位距离中心区相对远，周边文化生活配套依托少，创新搭建文艺工作平台，更有助于社会主义核心价值观的落小落细落实。

制定基层文艺工作发展规划，组织开展丰富多彩的基层文艺活动。利用大餐+点心、点餐+送餐、节目组织创作+引进、个体+组合等丰富多彩的形式，激活基层文艺工作；着力引导和繁荣基层文艺创作生产，发掘基层职工群众的文艺潜力和创作源泉，让蕴藏在人民群众中间的创作活力充分地涌流出来；逐步开建基层文艺站点，开展文艺互动与交流、文艺送基层结对建设工作。提升基层文艺工作质量，拓展宽度及广度。

丰富文化送基层形式与内容。注重职工群众欢迎度和真实需求，把文艺工作落细、落小、落实，充分把各类文化特色进行组合再创，变成新颖的新文艺形式；有计划地壮大基层文艺队伍，对文艺创作者给予充分的创作空间和扶持条件，主动为文艺工作者排忧解难；不断完善基层文艺创作的条件，开设文艺创作者文化课堂，注重专业培训，强化激励机制，激发创新热情，鼓励专业人员创作更多更好的作品。

依托矿区各单位实际，把特色文艺建设纳入文化建设工作中。可根据现有单位及人才情况，或兴趣意向，任意选取文艺形式，组织专业人员教、学、帮、带，进行深度挖潜和人才培养，突出特色与风格，下活一盘棋，统揽矿区文艺优秀作品和人才，打造基层文化艺术经典库，为精品文化节目创编、主题文艺汇演、企业文化落地与传播推广奠定基础。

发挥各艺术协会的作用，量身打造各自特色子文化品牌。充分思考地域特色文化的吸纳与传承，开展群众性汇演、大赛、精品展活动和文化的传播与交流活动。注重文艺传播途径的打造与拓展，科学探究网络传播规律，充分发挥网络、媒体的作用，建设体验良好、内容充实、文化内涵厚重的文化传播平台。

建设综合性文化中心，提高基本公共文化服务的覆盖面和适用性，发掘文化潜在能量和空间，培育新型文化业态和文化消费模式，研发有生命力的文化产品、有故事的文化作品，推动文化神东的建设，以高质量文化供给增强人们的文化获得感、幸福感。

四、结论与综述

文艺是时代前进的号角，最能代表一个时代的风貌，最能引领一个时代的风气，文艺是培育和弘扬社会主义核心价值观的有效载体。基层文艺工作者应扎根人民群众中，体验生活，提炼典型。文艺作品应追求崇高，礼赞美好，把社会主义核心价值观融入中心，讴歌党，讴歌祖国，讴歌人民，从而转化为人们的情感认同和行为习惯，引导人们树立正确的人生观和价值观，增强文化自信。同时也要用多姿多彩的文艺形式为人民群众服务，提升人民群众精神文化生活品质，丰富群众业余文化生活，营造和谐文化氛围，使基层文艺载体培育落地升华，推进社会主义核心价值观在全社会践行弘扬。

文章出处：成稿于2018年8月，获神东煤炭集团2018年度优秀党建思想政治理论课题研究成果二等奖。

"双碳"目标下
神东企业文化建设路径研究

赵晓蕊

摘要："碳达峰"和"碳中和"是以习近平同志为核心的党中央作出的重大战略决策，也是我国生态文明建设和高质量发展的必然选择。"双碳"目标下能源结构调整势在必行。神东煤炭集团公司（以下简称"神东"）作为国家能源集团的骨干煤炭生产企业，贯彻落实国家能源集团"一三五七"发展战略，积极创建世界一流煤炭生产示范企业。目前的神东既面临着创建世界一流煤炭生产示范企业的艰巨任务，又面临着"双碳"目标下能源转型和绿色低碳发展的严峻挑战，还面临着部分职工对煤炭行业前景消极悲观的复杂心态。在这种情况下，神东需要充分发挥企业文化作用，用文化鼓舞士气、振奋精神，引导广大职工用辩证和发展的眼光对待煤炭行业面临的机遇与挑战，树立传统煤炭企业的坚定自信，激发煤炭企业转型的内在潜力，用人文精神强化文化软实力。本文做了一定的探索和研究。

关键词： 双碳目标 企业文化 一流企业

一、研究背景

习近平总书记强调："文化自信，是更基础、更广泛、更深厚的自信。"《国民经济和社会发展"十四五"规划和二〇三五年远景目标》中指出："坚持马克思主义在意识形态领域的指导地位，坚定文化自信，坚持以社会主义核心价值观引领文化建设"。对于国有企业来说，以社会主义核心价值观引领企业文化建设，培育优秀企业文化，就是促进企业科学发展，打造更深沉更持久发展动力、凝聚更深远更广泛发展共识的实践过程。

神东作为国家能源集团的主要煤炭生产企业，是我国目前唯一一个年产两亿吨煤炭生产基地。在国家能源集团创建具有全球竞争力的世界一流示范企业的目标引领下，在企业部分职工对传统煤炭行业未来发展消极悲观的思想波动下，神东如何以习近平新时代中国特色社会主义思想为指引，用社会主义核心价值观引领企业文化建设，积极培育适应新形势新任务新挑战的企业文化，全面提振企业士气，努力克服能源行业革命和煤炭消费减量对职工情绪的不良影响，重新树立传统煤炭企业职工的行业自信。这是神东当前需要解决的一大课题。

本文从企业文化的视角，分析在"双碳"目标背景下神东企业文化建设工作存在的问题和不足，重点探索研究新形势新任务新挑战下培育优秀企业文化，坚定行业信心的路径和方法。为神东下一步稳定职工队伍实现能源转型凝聚强大的精神力量，同时为其他以煤炭为主体的国有企业文化建设工作提供参考和借鉴。

二、神东企业文化建设现状

神东作为国内最大的煤炭生产企业，在近30年的发展实践中，形成了"艰苦奋斗、开拓务实、争创一流"的神东精神；构建了"3+1+4+6"的"创领"文化理念体系，系统回答了神东将走向哪里、为了什么、基本价值遵循和精神动力等最基本的问题；形成了独具神东特色的创领文化"双维度"践行模式，充分发挥了文化的宣贯和管理双重属性，推动企业文化和安全生产、经营管理、队伍建设、党的建设等工作的深度融合；搭建了内外宣立体式的文化传播矩阵；神东自开发建设之初就坚持走采煤技术变革、煤炭绿色开采和生态环保的新路子，目前建成了西部能源基地的煤海绿洲，打造了黄河流域能源走廊和生态屏障。神东积极履行社会责任，助力米脂、吴堡两个贫困县实现全面脱贫。主动投入地方应急救援，参与"4·19"神木板定梁塔煤矿透水事故救援、"7·26"榆林绥德、子洲抗洪抢险等，受到了省市县各级地方政府以及社会各界的广泛赞誉和一致好评，有效提升了企业美誉度和品牌影响力。

三、新形势下神东企业文化建设面临的主要问题

虽然经过近30年的发展，神东企业文化建设取得了较好成效。但也存在一些问题，具体体现在以下几个方面：

（一）现有的企业文化理念体系与企业发展实际不匹配

神东"创领"文化理念体系中，神东愿景为："创百年神东，做世界煤炭企业的领跑者"。从目前国家能源集团煤炭资源储备数据中看，神东仅剩50多亿吨可采资源，从1984年开发建设至今，神东已经历了近30年的发展历程，按照目前最大化年产两亿吨产量（实际自产煤1.8亿吨），仅剩25年的煤炭开采年限。神东如果不能实现企业转型，很大程度上无法持续百年的发展。按照马克思主义哲学中世界统一于物质的原理，遵循一切从实际出发的哲学思想，神东目前对未来发展方向的定位与企业实际不相匹配，需要对神东愿景重新进行定义和表述，客观正确回答神东未来将要走向哪里的问题。

（二）现有的企业文化理念缺乏爱国奉献精神

神东作为中国煤炭企业的代表，是当前这场能源革命的主要参与者。自从"双碳"目标提出后，神东部分职工尤其是年轻职工逐渐产生对煤炭行业发展前景的消极悲观情绪和矿区转型、人员分流的担忧，不能安心投入工作，思想上背负精神包袱。按照用社会主义核心价值观引领企业文化建设的思路，社会主义核心价值观个人层面的第一条就是"爱国"，而目前神东"创领"文化理念里强调"领先领跑"的效率效益价值追求，缺乏爱国奉献和人文关怀等价值倡导，无法对特殊情况下的员工进行价值引导和精神抚慰。

（三）企业文化的稳定性和文化定力不足

神东作为国有企业，与其他国有企业一样，主要领导属于任命制，流动性大，导致企业价值理念体系和企业文化风格受企业家频繁更换的影响，文化稳定性不足。虽然神东历任主要领导对"艰苦奋斗、开拓务实、争创一流"的神东精神达成

高度一致，但也存在着不同的领导文化建设思路存在明显差异的现实问题，这也是国有企业文化建设普遍存在的共性问题。

（四）企业文化软指标纳入业绩评估硬指标难度大

企业文化工作的核心是企业价值观管理，评估企业文化软指标对业绩硬指标的贡献度，一直是企业文化研究领域的一大难题。神东虽然常态化开展企业文化考评，也尝试构建了一套世界一流企业文化建设考评体系，但也仅仅是针对企业文化专题培训的次数、文化宣贯传播的频次、文化活动组织的频次、企业标识应用等物质文化层面。还未真正进入精神文化、制度文化和行为文化深层次的考评，价值观考评倒逼员工良好习惯养成的态势还未形成。

四、"双碳"目标下神东企业文化建设的方法与路径

面对新形势新任务新挑战，神东作为传统煤炭企业的代表，既要肯定过去取得的成绩，也要直面存在的问题。按照马克思主义哲学一切事物都处于运动和变化之中的观点，企业文化建设也应该是动态发展、持续提升。因此，神东要实现创建世界一流煤炭生产示范企业的目标，除了依靠科技创新实现能源转型，走绿色低碳发展和智慧矿山建设的途径，还应该在企业文化建设上做出方向性调整和战略性重塑。

（一）优化公司理念体系，实现文化与战略的高度匹配

目前，煤炭行业发展的外部环境和未来走向已经发生了深刻变化，新形势下必须对神东现有价值理念体系进行系统诊断提升，使其更适应行业未来的发展方向和企业目前的战略定位。要将现有文化理念体系诊断提升放在"双碳"目标的时代背景下、放在对接集团母子文化的深度融合下。认真审视神东当前和未来一段时间面临的严峻形势。立足实际、着眼长远，尤其是要客观准确回答企业未来发展方向、企业为何而存在、企业当前和未来的价值遵循等核心价值问题。诊断提升后的理念体系应包含煤炭企业职工强烈的爱国主义精神和对党忠诚的政治本色，凝聚起煤矿工人在顺境中不懈奋斗、勇攀高峰、奋勇争先的强大精神支柱和在逆境中奋力拼

搏、攻坚克难、甘于奉献的宝贵精神财富。

（二）做好文化赓续，实现主要领导对文化的传承创新

传承创新应是文化的主基调。神东优秀的文化基因凝聚着几代神东人集体智慧的结晶和优秀价值的倡导。在"双碳"目标下作为传统煤炭行业的领导者，应该扮演好"六种角色"，一定要做企业文化的领航掌舵者，一定要做企业精神的坚定践行者，一定要做文化建设的忠实参与者，一定要做企业价值的真正笃信者，一定要做企业故事的深入传播者，一定要做文化创新的积极倡导者，而且这"六种角色"需要神东主要领导一任接着一任持续扮演好。唯有如此，才能让神东优秀文化基因赓续传承，焕发出永久的生机与活力。

（三）实施价值观行为考评，实现员工行为与企业倡导的同频共振

文化的变革来自行为的改变，微观的文化管理就是管理员工的工作行为，"双碳"目标对煤炭行业职工的行为有了更高的要求。神东要进一步提升企业文化建设水平，不能简单停留在物质文化层面的考评，应该借鉴优秀企业如华为、阿里等探索引进价值观考评，将考评深入行为层，将价值观行为评价纳入日常绩效管理，强调过程绩效的文化导向性，这种过程与结果并重的方式才能真正让价值观落地执行。

（四）讲好企业故事，实现神东精神的传承弘扬

"双碳"目标下作为国有企业，神东要大张旗鼓地选树和宣传神东开发建设中涌现出来的模范人物，浓墨重彩地记录在平凡岗位上做出突出贡献的先进典型，树立精神标杆，讲好神东故事，弘扬神东精神。坚持以远大理想感召人、以共同信仰凝聚人、以崇高精神塑造人，将弘扬神东精神与胸怀全局、为国分忧的奉献精神相结合，与延安精神、革命精神相结合，在"双碳"目标下不断赋予神东精神新的时代内涵。

（五）搭建宣传平台，实现文化传播的深刻广泛

面对新形势新任务，神东要积极打造内外文化传播主阵地，形成对外传播合力，搭建立体式文化传播网络。围绕企业文化、党的建设、科技创新和绿色发展主

题，通过内容创新和传播方式创新，形成新的神东话语体系。要努力创作一批讴歌时代、讴歌矿工的优秀文学文艺精品，让更多"春天的故事"唱响在塞北高原、能源小镇上，用文艺作品奏响神东积极践行"社会主义是干出来的"伟大号召的时代主旋律。

（六）培育特色文化，实现文化建设的一主多元

神东的文化建设应秉承一主多元、百花齐放的原则，在"双碳"目标下大力培育特色文化。

一是培育安全文化，提炼符合新形势新任务下的公司安全文化理念体系，牢固树立"生命至上"理念。二是培育创新文化，紧紧牵住科技创新这个"牛鼻子"，走好科技创新这步"先手棋"，全面提高公司的科技创新能力。三是培育品牌文化，打造以"神东煤"优质产品品牌、"神东矿"绿色矿井品牌和"神东人"精神传承品牌为主，煤海"乌兰牧骑"文化品牌、煤海"塞罕坝"生态品牌和"神东救援"应急品牌为辅的品牌体系，擦亮主辅品牌，塑造神东良好的外部形象。四是培育人本文化，推进幸福神东建设，把职工对美好生活的向往作为企业的奋斗目标，在企业内部营造尊重人、塑造人的文化氛围，增强企业的凝聚力向心力，提升员工的忠诚度和满意度。五是培育党建文化，把党的先进思想和运行机制融入企业价值观塑造和企业管理中，形成具有神东特色、内容丰富的党建文化。六是培育低碳文化，加快形成能源节约型企业，通过技术革新实现低碳排放，坚持节能优先，引导职工牢固树立低碳消费、低碳排放的意识和行为，营造低碳节能良好氛围。

文章出处：成稿于2020年10月，来自2020年神东煤炭集团公司企业文化建设成果征稿。

参考文献：

[1] 庞敏.浅谈如何培育"世界一流"的企业文化，上海民航职业技术学院[J].2020年12月.

[2] 北京仁达方略管理咨询公司.加强企业文化创新 助力建设世界一流能源企业[J].管理之道，2020年4月.

[3] 高和兴.培育与"世界一流"相适应的先进企业文化的探索与实践[J].实操场，2019年1月.

[4] 蒲毅，迟林华.国有企业"最受尊敬"企业文化建设的思考与实践[J].中国航空报，2020年7月.

浅谈矿井基层党支部职工
思想教育工作与安全文化的关系

兰冬

摘要： 在当前煤炭行业的新常态下，安全发展是永恒的话题。而当前的安全生产管理工作实际当中，刚性制度约束似乎是强化安全管理的主要且单一的手段，如何让员工增强"我要安全"意识的办法和途径仍旧不多。神东补连塔煤矿机电一队以矿井"三零"安全文化为核心，推进职工思想政治教育与"三零"安全文化的有机结合，通过强化宣传思想、家属协管、群众性活动、先进引领、调查研究等工作开展"职工思想政治教育五结合"工作，积极探索了职工思想教育工作与安全文化的关系和作用。

关键词： 思想教育　安全文化　关系和作用

思想政治教育是社会或社会群体用一定的思想观念、政治观点、道德规范，对其成员施加有目的、有计划、有组织的影响，使他们形成符合一定社会所要求的思想品德的社会实践活动。笔者认为，思想政治教育是企业基层党支部落实落地安全文化的重要内容。对于安全文化来说，职工思想政治教育工作既十分重要，又相当难做，尤其是在市场经济和煤炭行业新形势的条件下，需要基层勇于创新，积极探索，找准抓实推进安全文化的主要着力点——职工思想政治教育。

一、职工思想教育工作在推进安全文化工作中的重要意义

思想政治教育工作作为矿井基层党支部的一项重要工作，它起着统一思想、凝

聚人心、保障安全、维护稳定的作用，矿井基层党支部作为党联系职工群众的重要桥梁和纽带，思想政治教育工作的开展要实现密切联系群众，内容上丰富、形式上创新、方法上改进，以企业的安全和谐稳定发展为主线，以维护职工权益为基础，以常态化开展工作为抓手，与矿井"三零"安全文化推进"六常""九路径"等工作方法有机结合，抓好职工思想政治教育建设，增强贯彻落实"安全文化"的内生动力，使他们自觉地为矿井的安全发展贡献自己的力量。

二、结合职工思想政治教育工作推进矿井安全文化落地的探索

（一）与宣传思想工作相结合，推进安全理念、制度落实落地

党的十八大以来，我们党在实践中不断深化对宣传思想工作的规律性认识，提出了一系列新思想新观点新论断，习近平总书记在全国宣传思想工作会议上的重要讲话，从9个方面对这些新思想新观点新论断作出了精辟概括，强调了做好宣传思想工作的根本遵循，必须长期坚持、不断发展。

补连塔煤矿机电一队在长期探索实践中，围绕宣传思想工作"举旗帜、聚民心、育新人、兴文化、展形象"的使命任务，运用媒体宣传和理论宣传相结合的手段，开展启发式职工思想政治教育工作，夯实了基层党支部宣传思想工作方面的基础。一是健全载体建设。在新媒体时代的当下，机电一队党支部通过构建由"煤语机电"抖音号、企业微信群、宣传栏、两报三刊等宣传载体建立"新媒体+传统媒体"宣传思想工作矩阵，积极宣传安全文化理念和安全管理制度，推进职工宣传思想工作向好向深发展。二是强化理论宣贯。机电一队始终紧紧围绕学习贯彻习近平新时代中国特色社会主义思想这个首要任务，不断强化职工理论武装，依托"班前政工三分钟"及党建主题宣讲活动等载体，强化职工政治理论素质，统筹推进宣传思想和政治理论工作，营造出宣传思想工作良好氛围，让职工群众有学习、有思考，使受教育职工在自我思索的状态下建立良性思想政治基础。

（二）与家属协管工作相结合，推进常态化安全活动开展

《思想政治教育》中指出，思想政治教育必须把外部灌输和发掘人的自觉性结合

起来进行教育。结合机电一队日常工作实际，外部灌输指的便是除工作以外的家庭教育引导。家属协管工作是党支部围绕矿井安全生产中心工作，推进矿井"三零"安全文化落地的一项重要举措。一直以来，机电一队党支部始终坚持把家属协管工作作为筑牢安全生产第二道防线来抓，通过开展"家属协管+"工作模式，让"有情"教育不断修正员工对安全文化在实际工作中的认知，在围绕中心、服务大局、教育员工中起到不可或缺的作用。

2020年，机电一队党支部积极创新，开展"家属协管+"工作，让基层党支部安全活动真正实现了常态化。通过组织开展"协管员送温暖（清凉）"活动，让全体员工在骄阳似火夏日喝上清火的绿豆汤，在寒风凛冽冬天送去驱寒姜汤，温暖员工身心。通过"协管员班前会宣讲"让家属协管员在区队日常班前会上为全体员工送上安全嘱托，讲出"矿嫂"对"矿哥"们安全的期盼。通过"家属亲情寄语""一封安全家书"等活动，让全体员工在入井前能够看到妻子、儿女对自己的"安全嘱托"，让职工真正感到他们的安全不是一个人的安全。

一系列家属协管安全活动的开展，让全体员工感受到家属协管员以情感人、以理服人的工作方式，不断提升全体职工的安全思想认识水平。

（三）与群众性活动相结合，发挥诱导式教育作用

矿井基层党支部在开展职工思想政治教育工作时，要尽可能做到围绕中心贴近实际，利用各种"寓教于学""寓教于乐"的途径来把握职工的思想动态，运用煤矿职工喜闻乐见的形式开展诱导式教育，避免职工因强制学习教育产生的逆反效果。

在日常开展职工思想政治教育工作实际当中，机电一队党支部首先注重职工参与度，通过组织开展普及性教育培训和技能培训，帮助职工掌握新知识、新技术、新本领，不断提升职工综合实践能力，厚植职工思想政治教育工作融入矿井安全文化体系的基础。通过开展运动、宣讲、展览等文体活动，深入浅出地营造良好思想政治教育氛围，让职工群众在健康向上的文化活动当中，潜移默化地接受安全文化、职业道德等正能量思想的影响，从而强化职工思想政治教育。统筹推进劳动竞赛、技术比武等专业要求较强的主业活动，让职工在"比学赶帮超"的氛围中，以磨炼自身过硬业务素质为初衷，不断提升自身能力，拓宽自身发展通道。

2020年以来，机电一队组织全体员工积极参与各类普及性教育培训工作2批次，受众职工及家属达160余人次；组织开展电工技能提升培训3批次，培训矿井维修电工24人；组织参与篮球、足球、排球等球类运动及主题演讲、知识竞赛等各类活动3次，征集安全、和谐等主题书画摄影作品10余件，充分发挥寓教于乐功能，潜移默化地影响职工思想阳光向上；开展专项扶贫物资采购、"爱心超市"物品捐赠等活动，全体干部职工自发采购定点扶贫县绥德、米脂各类农副产品3000余元，捐赠"爱心超市"衣物100余件，通过形式多样的活动，营造和谐发展氛围。

（四）与先进引领示范相结合，发挥榜样引导作用

职工思想政治教育工作中，通过运用先进、榜样示范带动作用开展无形教育，进一步使受教育职工潜移默化地受到"榜样"思想政治的影响和感染，进而树立与榜样一致的正确"三观"，实现榜样力量在落实安全文化中的有益作用。

在实际探索过程中，积极开展各类春雨润物般的无形教育，通过先进典型的成长"暗示"，潜移默化地影响职工怎么成长、怎么工作。2020年，机电一队通过开展学习宣贯神东发展史、矿井建设史等公司史、矿史等活动，培育职工深刻领会神东"艰苦奋斗、开拓务实、争创一流"的企业精神。年度组织"道德讲堂"活动4次，邀请劳动模范、先进典型宣讲其成长成才历程，通过"言传身教"发挥先进典型的巨大影响力。开展"文明家庭""文明职工""道德模范"评选，评选出各类文明典范30余人次，道德模范2人，通过正面树立典型，使职工思想政治工作深入人心，把榜样的力量变为职工群众的自觉行动，鼓励和引导职工争当先进、争当模范。

（五）与调查研究工作相结合，解除职工思想政治教育后顾之忧

毛泽东提出"没有调查就没有发言权"，调查研究工作是工会开展职工思想政治教育工作的有力保障。充分深入基层，实时收集掌握职工群众所急、所盼、所想，瞄准问题导向，解决问题根源，才能有的放矢地做好思想政治教育工作。

在实际操作过程中，机电一队党支部主要采用"撒网"和"标靶"的方式，分层分类开展事关职工群众的调查研究工作。针对全体职工，党支部通过开展职代会提案征集、合理化建议征集等手段，依托队长信箱、企业微信简道云等主要载体开

展意见建议征集工作。2020年，收集关于安全生产、劳保用品、生活后勤、劳动定额等各类建议40余条，年底前制订整改计划，建立台账，逐项整改销号。针对部分职工存在的个性问题，党支部在建立健全员工档案、全面掌握员工基本信息的基础上，广泛开展"三必知四必谈五必访"活动（三必知即员工性格特长必知、员工家庭情况必知、员工工作表现必知；四必谈即员工缺勤误工必谈、员工出现"三违"必谈、员工思想情绪不稳定必谈、员工间产生矛盾必谈；五必访即员工生活困难必访、员工生病住院必访、员工婚丧嫁娶必访、员工受到奖励处罚必访、员工家庭出现矛盾必访），常态化开展谈话与家访，根据访谈情况解决员工存在的思想问题和后顾之忧，从源头上消除员工思想政治教育工作方面隐患，从根源上解决职工后顾之忧。

三、政治教育与安全文化工作进一步相结合的重点

补连塔煤矿机电一队在职工思想政治教育工作推进矿井安全文化落地上进行了有益的探索，促进了矿井安全管理。但是安全生产是企业的头等大事，而思想政治工作围绕"安全生产"的主题应做的工作有很多，这些工作如何进行才是最合理、最有促进作用，如何进行才能将思想政治工作和安全管理有效结合，值得我们不断深入研究和探讨。因此在进行探索的同时，也要关注存在的不足，作为今后研究、实践、提升的重点和方向。

一是基层工作人员综合素质有待提升。矿井基层区队从事职工思想政治教育工作的主要负责人主要为党支部副书记，在日常安全生产工作当中，有重实效、轻思想的想法，加之矿井相关业务培训机会少之又少，基层工作人员业务能力提升渠道和抓职工思想政治教育工作的精力不够。

二是抓职工思想政治教育工作的载体和手段应当进一步拓展。现阶段开展职工思想教育工作定位于党建与中心工作之间，起到承上启下的作用。但就目前来看，基层对于职工思想政治教育工作的载体建设投入不足，抓手也主要依托类似以上"五结合"的工作法，在新形势下没有实现新的突破。

三是职工参与思想政治教育工作的主动性不够。目前来看，基层单位各项活动对员工吸引力还属于比较强的，文体活动、家属协管、宣传教育活动开展频次按照

比例基本可分为3：3：1，这就造成职工思想政治教育工作主要以氛围营造和潜移默化转变为主，员工主动投身改进思想政治建设的积极性主动性不够强。

四、结语

对矿井基层单位来说，开展职工思想政治教育工作是推进"安全文化"工作必不可少的抓手和基点。基层单位在开展安全生产相关工作的同时，应当始终把抓职工思想政治教育工作放在首位，积极探索，主动创新，不断拓宽职工思想政治教育工作的范围和载体，通过加强职工思想政治教育的手段让全体员工能够真真正正地感受安全文化、应用安全文化，实现安全生产。

文章出处： 成稿于2020年9月，来自2020年神东煤炭集团公司企业文化建设成果征稿。

参考文献：

[1] 张耀灿，郑永廷，吴潜涛.思想政治教育专业概述[M].高等教育出版社，2013(11).

[2] 丁岳霞.探究如何加强职工思想政治教育水平[J].神州-上旬刊，2019(8).

[3] 查明.论如何做好教职工思想政治教育[J].神州-上旬刊，2018(8).

中央企业媒体从形态融合
到生态融合的研究

麻葆钧　梁宝玉　何芳

摘要： 推动媒体融合发展，加快构建融为一体、合而为一的全媒体传播格局，是党中央着眼巩固宣传思想文化阵地、壮大主流思想舆论作出的战略部署，也是中央企业建设世界一流示范企业，做大做强主流舆论，为企业高质量发展提供强大舆论保障的需要。本文结合神东煤炭集团媒体融合实践，以"为什么融""融什么""怎么融"为思路，提出了加快推动中央企业媒体深度融合发展的对策，服务于中央企业进一步做好媒体深度融合发展工作。

关键词： 中央企业　媒体融合　主流舆论

党的十八大以来，以习近平同志为核心的党中央深刻把握时代发展大势和信息化趋势，作出了推动传统媒体和新兴媒体融合发展的重大决策部署。从习近平总书记亲自谋划、指导、推动媒体融合发展，到中央政治局以"全媒体时代和媒体融合发展"为主题进行集体学习；从党的十八届三中全会首次提出媒体融合发展重大任务，到"十四五"规划建议中明确提出推进媒体深度融合、实施全媒体传播工程、做强新型主流媒体、建强用好县级融媒体中心；从2014年8月中央全面深化改革领导小组第四次会议通过的《关于推动传统媒体和新兴媒体融合发展的指导意见》，到2020年9月中共中央办公厅、国务院办公厅印发《关于加快推进媒体深度融合发展的意见》，媒体融合发展成为国家战略、舆论热词、业界显学。

中央企业作为党执政兴国的重要支柱和依靠力量，近年来，积极落实中央部署，媒体融合发展取得重要进展，新闻舆论阵地不断拓展，现象级融媒体产品不断涌现，主流媒体影响力不断提升。梳理近几年来中央企业媒体融合实践，从推动新媒体产品融合、渠道融合，到推动新媒体平台融合、内容生态融合、叙事模式融合，可以发现中央企业媒体通过守正创新、一体发展，已经走到了一个关键节点，正向着"融为一体、合而为一"的目标迈进。

一、推动中央企业媒体深度融合发展的意义

（一）助力世界一流示范企业创建

创建一流企业媒体是创建一流企业的重要组成部分。推动媒体融合发展，是以习近平同志为核心的党中央着眼巩固宣传思想文化阵地、壮大主流思想舆论作出的重要部署，也是党的主流媒体顺应传媒格局、舆论生态、受众需求深刻变化，有效发挥引导舆论的主力军主渠道主阵地作用的必然选择。中央企业作为党的新闻舆论工作重镇，只有牢牢坚持导向为魂、内容为王、创新为要，积极探索融合发展路径，不断提升传播力、引导力、影响力、公信力，宣传正能量、唱响主旋律，让党的声音直抵人心、温暖人心，让企业的发展成就鼓舞人心、凝聚人心，传播好企业新时代声音，讲述好企业新征程故事，提升企业在重点领域的话语权，才能彰显中央企业的责任和担当，进而创建一流企业。

（二）开启中央企业全新传播时代

移动传播形态之下的媒体融合，将给企业管理和员工生活带来深远影响。一是信息选择权将交给用户和员工，私人定制成为可能，信息个性化、差异化需求得到供给。二是重新定义媒体内涵。深度融合之后，中央企业媒体将形成以用户为中心，跨媒体、行业、业务的内容生产平台，"新闻+业务+互动+服务"的模式，将在突出首发原创新闻、聚合新闻媒体信息的基础上，打造全效媒体，满足企业及用户多样化需求，取得全方位效果。三是深度融合使企业的话语表达形式更加丰富、渠道更加顺畅，用户通过媒体平台表达观点、感受和情绪，向企业提出问题和建议，参与企业公共事务的形式更加丰富，这正是未来中央企业所需要的能力。

（三）推动中央企业占据主渠道、彰显主流价值

移动传播时代，用户多元思潮和价值观念使企业主流价值和主流意识形态受到挑战。通过媒体深度融合，一是企业参与主体多元化，企业话语空间扩大，生产力、传播力、影响力进一步提升。二是随着深度融合，直观有趣、交互性强、沉浸体验好的媒体内容将改变企业媒体传播方式，爆款产品、现象级产品的分散化传播，将使企业的网络结构和话语体系发生改变，这是媒体彰显主流价值的需要。

二、中央企业媒体在深度融合中的实践与探索

本部分主要以央企二级企业新闻中心媒体融合发展为例，从转换"语态"、丰富"形态"、创新"业态"三个方面进行分析研究。

新闻中心是神东煤炭集团公司所属的综合性新闻机构，其前身为1989年组建的华能精煤矿区电视台。1998年，在原神华矿区电视台、神府精煤公司有线电视台、东胜精煤公司《东煤通讯》的基础上合并成立新闻中心，有电视、报纸、网站三大媒介平台，内蒙古广播电视台、陕西广播电视台、中国煤炭报等媒体在新闻中心设立记者站。这在当时的中央企业媒体中尚属凤毛麟角。

从2014年开始，新闻中心全面布局微信、微博、客户端建设。经过6年的发展，目前建成了电视、报纸、网站及以"图说神东""神东之声""神东微视"为代表的"十微两端"新媒体矩阵、"抖音""快手"等短视频平台、"煤海正发声"直播号，建立了与33家中央、省、市、县等主流媒体的合作，各媒体平台间深度融合，媒体融合不断向纵深推进。

（一）转换"语态"，积极创建媒体品牌

媒体品牌建设是中央企业媒体融合发展的重要突破口，应该把握好这个方向，整合内容、数据、渠道、技术等方面的资源优势和布局构架，为媒体品牌提供更为垂直化、专业化和细分化的支撑。神东强化互联网思维，把"内容为王"落实到各方面、全流程，打造了一批具有主流媒体气质和品格的新闻产品，并以创新为要，提升优质内容传播力，逐步打造出基层新闻聚焦栏目《一线》《记者走基层》、热点

专题评论栏目《关注》、新闻纪实性栏目《今日神东》等一批具有各媒体特色的品牌栏目。新媒体平台还策划推出了以新媒体语言展现神东煤、神东矿、神东人形象的《神东名片》栏目，以全媒体视角展现神东发展变迁的《见证神东》栏目，以聚焦热点、回顾要点为主展现神东及行业新闻的《神东一周大事》栏目，对内打通网上网下两个舆论场，推动了媒体品牌建设。

（二）丰富"形态"，增强全媒体发布意识

丰富报道"形态"，通过"用户画像"更加精准地传播信息，是媒体深度融合的关键。新闻中心在重大主题报道过程中，能够做到统筹指挥，发挥媒体矩阵合力。信息发布上做到内部台、报、网、端、微齐发力，对外利用新华社、人民网、省区市电视台等主流媒体外部传播矩阵。突出重点选题策划，持续推进各平台在形象、内容、发布等方面的深度融合，真正实现"一体策划、一次采集、多种生成、多元发布"，使企业能够运用媒体平台更加有效地引导舆论。

（三）创新"业态"，推进"四全媒体"建设

打造适应"全程、全息、全员、全效"媒体特点的新业态，是媒体深度融合的目标。新闻中心坚持及时全时推进全程媒体建设，应用多种形态推进全息媒体建设，鼓励多元多向推进全员媒体建设，做好分析研判推进全效媒体建设，各媒体平台根据自身特色，打造品牌栏目，深化媒体服务，拓展渠道、载体，从单一媒体向多媒体形态拓展，把融合发展理念贯穿于各媒体平台组织指挥、采集编发、终端覆盖全过程，打造适应"全程、全息、全员、全效"媒体特点的新业态。

三、中央企业媒体深度融合发展实现方法与思考

神东融合发展现状也是中央企业媒体融合发展的一个缩影和个性化呈现，本部分将从媒体融合要避开的误区、媒体融合"融什么""怎么融"三个方面，提出加快推动中央企业媒体深度融合发展的实现方法与思考。

（一）中央企业媒体深度融合存在的误区

目前，中央企业媒体融合正已进入关键突破阶段，但要进一步推动媒体深度融合，必须避开以下四个误区。

1."办了"新媒体就是融合

中央企业的媒体融合不是成立新媒体部门，配备了新媒体编辑，报纸、电视等传统业务与新媒体业务互不相干、各自为战，不论是媒体管理还是业务布局仍是"两张皮"而不是"一盘棋"。

2."用了"新媒体就是融合

很多中央企业虽然开了新媒体号，但仅仅把新媒体平台作为对传统报道的补充和延伸，而不是作为企业引导舆论的主阵地，没有把媒体发展的工作重心、信息资源、报道力量真正聚焦到新媒体报道上。

3. 把新旧内容相加，就是媒体融合

部分中央企业的新媒体只是把网站、报纸等记者的稿件原封不动直接在新媒体平台发布，而不是根据可视化、轻量化、互动化特点进行再次加工、重新包装，用网言网语和全媒要素进行编辑、制作、分发。

4. 全媒体人才就是懂技术、什么都会的新人

很多中央企业提到新媒体用人，优先考虑招聘新人来组建新媒体团队，而忽略了人才选择和培养的关键，即全媒体思维的培养。新媒体要起用既是现代传媒新手段的行家里手又懂采编、会策划的专业人才，提高新闻的传播力，抢占更多的用户，扩大主流媒体引导力和影响力。

（二）中央企业媒体深度融合，具体"融什么"

中央企业媒体深度融合发展涉及内容建设、平台打造、技术赋能、体制机制、人才培养等多个方面，媒体运营管理前，要结合企业行业属性、区域特色、发展方向，理清融合思路，找准"融什么"的着力点，再进行改革和布局，才能事半而功倍。

1. 做强"高端"，着力扩大优质内容产能

新形势下，内容生产正以更加积极的状态与用户对话，内容融合成为推动媒体深度融合的关键和基础，但无论媒体形态如何变化，高品质的内容永远是"稀缺品"。中央企业主流媒体具有得天独厚的资源禀赋，在自身发展和媒体宣传上都享有国家和企业的政策支持，所以要用好资源，着力加强国家政策、企业新闻、权威评论、高端访谈等报道，特别是要通过品牌栏目、专题专栏等形式，着力扩大优质内容产能。

首先，必须坚守正确方向和导向，这是中央企业在全媒体时代攻坚克难的"底气"所在。必须始终坚持正确舆论导向，不断巩固宣传思想文化阵地、壮大主流思想舆论，更好地承担起举旗帜、聚民心、育新人、兴文化、展形象的使命任务。这就要求企业要将坚持正确舆论导向贯穿新闻采访、撰写、编排、发布各个环节，落实到记者、编辑、签发人员，层层把关、人人负责，发挥融媒体在统一思想、凝聚力量方面的强大传播力、动员力及舆论引导力。

其次，必须保持"高端"内容定力。要在提高原创内容质量上下功夫，有意识地把正能量和大流量结合起来，制作有品质、有格局、有深度的内容，生动展示国家、企业形象，唱响时代最强音。

2. 升级"云端"，技术赋能，实现传播渠道"多轮驱动"

媒体融合其实是一次以技术创新为引领的媒体变革，融合发展必须有新技术应用作为支撑。中央企业要始终保持技术敏感，对新技术要有了解的兴趣、接纳的态度、使用的能力、管理的本领，紧盯技术前沿，大胆将信息通信、人工智能、大数据等方面的先进技术融入企业新闻信息生成、传播、服务全过程，引领和带动媒体深度融合发展。

企业传统媒体应立足行业和本土领域做深做精，成为行业代言人，地方发言人。企业新媒体要集中建设区域技术平台和传播平台，讲好企业故事，为企业发展提供舆论支撑。企业外宣媒体要融通内外，适应行业传播领域移动化、社交化、可视化的趋势，协同各个平台讲好企业故事，传播好企业声音。

不同平台之间要优势互补、相互搭台，用好流量、充分借台，实现内容互动生

产、平台互联互通、构建协同配合的运行机制和生机勃勃的媒体融合生态。特别要以企业"四会""半年工作会""颁奖典礼"等重大会议或活动为契机，积极运用大数据、云计算、人工智能技术，不断提升数据处理和人机协作能力，增强新闻信息编辑制作的智能化水平。

3. 做好"服务端"，实现"媒体＋服务"模式

中央企业媒体深度融合不仅是传统媒体和新兴媒体的融合，更是媒体和用户的融合，本质是让媒体说群众的话、办群众的事，真正为群众服务。

要通过内容成就"媒体＋服务"。中央企业媒体可以将数据规律作为选题线索，把可视化数据呈现为报道形式，让反馈信息成为二次新闻生产的主要内容。微博评论，可以成为另一个报道的核心，热点留言被置顶，可以是新的传播热点，平台用户的留言回复，可以再次传播。如2017年，新华社微信公众号发了一篇内容只有九个字的快讯——"刚刚，沙特王储被废了"。文章刚刚发布，就有网友留言回复："就这九个字还用了三个编辑"，短时间内获赞2.4万次。新华社小编也不甘示弱，以"王朝负责刚刚，关开亮负责被废，陈子夏负责沙特王储。有意见？？？"回击，被点赞5万次。再比如，"图说神东"微信平台2021年7月23日发布的《超高颜值！神东新入企大学生惊艳亮相！快来一睹新面孔风采……》，一条"想看牛蛋"的留言被疯狂点赞和复制，最终，平台以此留言为线索，找到了"大学生牛蛋"，一条新的内容《火遍全网的神东新入企大学生"牛蛋"，找到了！1米8帅气小伙砸！很绝……》产生。

要重建用户连接。中央企业媒体要研究企业"80后""90后""00后"用户的接受习惯，以及各类"爆款"产品背后的规律，再通过创意创新，综合利用专业技术能力和编辑手法，调用内外部资源，将年轻态与企业硬题材"巧妙结合"，让企业主题报道也能成为"流量担当"，这是未来媒体服务的基础。

4. 用好"终端"，打通媒体深度融合"最后一公里"

提升传播力有赖于打通"最后一公里"。中央企业媒体应该通过平台之间的连接和重构融合，利用不同平台特点，积极推动内容与平台属性的匹配，增强传播的针对性，逐渐形成集企业多平台发稿线路、报纸、网站、客户端、社交平台等各类终端于一体的传播矩阵。

打造"一屏、多端、五平台"的软件架构体系，"一屏"即搭建渠道管理、内容生产、舆情监测、重大事件报道指挥等多功能于一体的软件系统、引导群众；"五平台"包含舆情监测管理平台、传播效果分析平台、指挥调度系统平台、生产发布平台、权威供稿平台。形成"策、采、编、播、发、管、控、馈"立体化内容生产体系，打造"一次采集、多种生成、全媒传播"的格局，为企业高质量发展提供强大舆论保障。

（三）中央企业媒体深度融合，到底"怎么融"

媒体融合发展关键是融为一体、合而为一。其关键在"融"，前提是"合"。通过信息有序聚合、资源有效整合、各方有力配合，变"你是你、我是我"为"你中有我、我中有你"，进而实现"你就是我、我就是你"，中央企业媒体深度融合，要统筹处理好三个关系。

1. 平台运营机制上，处理好"统"和"分"的关系

所谓"统"，就是在媒体融合的顶层设计上，要通过建立中央企业全媒体报道运行机制，统一整合企业各基层单位、各媒体平台、各岗位领域报道资源，深度融合各类媒介形态，在各部门进行资源共享，把主流媒体和基层媒体平台的单打独斗变为同频共振，进行一体化协同。

所谓"分"，就是要明确各平台、各单位、各媒介在融合中的定位、职责、任务。要在一体化运行中充分发挥各自的优势、特点、作用，根据不同单位的职责、专业分工、媒介属性，找准各自定位，发挥各自优势，在统一协调分配中发挥分的特点，在深度融合中彰显各单位、各领域、各媒体的特色优势。

2. 内容采编流程上，处理好"一"和"多"的关系

所谓"一"，就是中央企业媒体在任务分发时要做到同一主题报道，统一策划、统一安排、统一采写、统一加工、统一播发，从顶层角度解决文字、图片、音视频和新媒体报道多头指挥、各自为战的问题。

所谓"多"，就是要适应不同单位、平台、受众需求，对同一个内容进行多次加工、多元生成、多形态呈现、多渠道分发，形成企业新闻资源的综合运用，推动

重大主题、活动等报道形式的紧密互动，形成采编发全流程有机融合的全方位、多维度、立体式的报道的全媒体新格局，最终在企业内形成既有面向行业、面向外媒体"高大上"的精品之作，也有针对周边、地方、基层单位"小轻微"的"刷屏"之作，既影响"关键少数"，也面向广大受众，彻底改变一个模式供稿、一套话语报道、一个腔调传播，实现媒体"个性化定制"。

3. 编辑业务技能提升上，处理好"专"和"全"的关系

所谓"专"，就是中央企业新媒体编辑要在专业上精通一门，做无可替代的"专门家"。所谓"全"，就是全媒体人才要掌握"十八般武艺"，树立全媒体意识，强化互联网思维，既精通一门，又做"全能手"，既有采访功底，练就能在纸上笔走龙蛇的"大手笔"，也有指尖能力，能成为骁勇善战的互联网主力军。赢得媒体融合这场接力长跑，关键在队伍建设。

中央企业要着力培养政治、业务、作风"三过硬"队伍。出台更有市场竞争力的人才政策，把人才"引进来"。要不断优化新媒体业务流程和激励制度，把学有所长、业有所精的优秀人才充实到媒体融合的关键岗位，把人才"留下来"。要与高校做好衔接，依托相关学科，综合打造培养媒体融合人才的"套餐"，在青年员工中培养创新型、复合型、引领型传媒工作者。要勇于突破，培养符合移动端规律特点、用户喜爱的"网红"主播、"网红"记者编辑等，倡导鼓励跨界发展，为主流媒体培养创造良好的成长环境。

四、结束语

中央企业推进媒体深度融合是一个时代课题，它意味着媒体融合已经从形态融合进入生态融合，而中央企业新媒体异军突起看似给传统媒体关上一扇"门"，实际上却打开了一扇"机遇之窗"。中央企业推进融合发展，要统筹把握好已知和未知，对已知需要再认识，对未知应有新发现。要积极顺应网络化、信息化、数字化发展趋势，紧紧抓住大数据、云计算、人工智能和5G应用等发展机遇，以时不我待的紧迫感和使命感，努力参与进去、有效运用起来，实现"弯道超车"。要通过各自平台

打造、生产流程重塑、技术升级，有效打通台、报、网、端、微、屏等媒体平台，实现新闻传播的全方位覆盖，加快推动媒体融合向纵深发展。

文章出处：成稿于2021年6月，获神东煤炭集团2021年度优秀党建思想政治理论课题研究成果二等奖。

企业安全文化建设
基本要素的落实措施研究

鲍绥斌

摘要： 企业安全文化建设的七个基本要素是：安全承诺、行为规范与程序、安全行为激励、安全信息传播与沟通、自主学习与改进、安全事务参与、审核与评估。本文从企业安全管理的角度出发，逐项分析企业安全文化建设基本要素的落实措施，并举例说明，为企业安全文化建设工作提供了学习和借鉴。

关键词： 企业安全文化　对策措施

文化是一个国家、一个民族的灵魂。文化兴国运兴，文化强民族强。没有高度的文化自信，没有文化的繁荣兴盛，就没有中华民族伟大复兴。要坚持中国特色社会主义文化发展道路，激发全民族文化创新创造活力，建设社会主义文化强国。企业安全文化作为企业文化的重要组成部分，影响着安全科技、安全法制、安全管理、安全治理的效能和效果。国家安全生产监督管理总局于2008年11月发布了《企业安全文化建设导则》（AQ/T9004—2008），企业如何全面落实《企业安全文化建设导则》提出的安全文化建设基本要素是成败的关键。

企业安全文化涉及的领域体系分为企业外部社会领域的安全文化，如家庭、社区、生活娱乐场所等领域的安全文化；企业内部社会领域的安全文化，如公司、厂矿、车间区队、班组和岗位等领域的安全文化。本文只分析企业内部社会领域的安全文化建设基本要素的落实措施。

一、企业安全文化建设的现状和问题

（一）企业缺乏安全文化建设管理人才，没有专人研究安全文化建设工作。多数人不清楚安全文化的内涵和重要性，仅仅以为安全文化就是安全宣传。

（二）管理机构不健全，投入不足，不能推动安全文化建设工作向前发展。多数企业照搬别人的安全文化，不切合本企业的特点与实际情况，员工不认可、不接受，参与的人员较少。

（三）企业管理人员缺乏沟通意识和沟通技能，沟通渠道不顺畅，宣传、培训不到位，尤其缺乏自下而上的沟通。有的企业要求员工死记硬背安全文化理念，成了一线员工的负担，打击了员工的参与积极性。

（四）安全文化建设没有形成系统，安全文化建设管理责任落实不到位，多数人不知道如何落实，激励手段单一，员工不愿参与。

安全文化建设是一项系统工程，它包括的内容多，涉及企业多个部门和单位，要构建安全文化网络体系，动员各方面的力量，形成齐抓共管的格局。加强领导，形成合力，是安全文化建设的前提条件；以人为本，提高素质，是安全文化建设的关键环节；优化环境，浓厚氛围，是安全文化建设的重要载体；加强制度建设，构建长效机制，是安全文化建设的必要保证。

二、企业安全文化建设基本要素落实措施

企业安全文化建设的基本要素是企业安全文化建设的主要内容和结构支撑。包括安全承诺、行为规范与程序、安全行为激励、安全信息传播与沟通、自主学习与改进、安全事务参与、审核与评估。

（一）安全承诺

（1）企业领导要提炼出企业的安全理念。如河南煤业化工集团建成10个零安全文化体系，并且分解细化到各专业、各系统，形成30个零的子文化体系，实行"矿井自主、系统自控、区队自治、班组自理、员工自律"为主要内容的"五自"管

理，提高了安全执行力，安全管理全面、全方位、全系统，值得学习借鉴。

（2）企业领导要对安全承诺做出有形的表率，让各级管理者和员工切身感受到领导对安全承诺的践行。领导在工作中坚持"安全第一，生产第二"，投入资源和时间，持续抓安全生产，真正落实企业主要负责人的责任。

（3）企业要健全岗位安全文化责任体系，做到责任到位。企业要明确所有层级、各类岗位从业人员的安全生产责任，通过加强教育培训、强化管理考核和严格奖惩等方式，建立起安全生产工作"层层负责、人人有责、各负其责"的工作体系。建成"党委管党、行政管长、工会管网、团委管岗、技术管防、家属管帮"的安全协管体系，创新机制、丰富载体，构筑安全生产多道防线，形成党、政、工、团齐抓共管的格局。

企业（含承包商）要制订职能部门、区队（车间）、班组及各岗位安全文化责任制，并将职业安全健康管理体系要素融入安全文化责任制中。企业内部签订安全责任状，企业与相关方签订安全管理协议书等，厘清安全管理责任，做到责任横向到边，纵向到底，管理无盲区、无死角。

（4）安全管理制度文化是安全承诺的全面体现。企业领导要组织制订切合实际的各项安全管理制度，要为员工解读制度，通过角色互换、现场情景模拟来解释为何这样做，有何后果，以激发员工执行制度的热情，达到依法治企。

（5）安全物质文化是安全承诺在生产现场的体现。如设备的运动部件设置防护罩，以免误入；电气设备实现连锁防止误操作等安全保护措施；煤矿井下辅助运输巷安装红绿信号灯等等，属于安全物质文化的范畴。企业要落实生产现场的物质和工作环境的安全措施。

（6）创建特色安全文化。企业要结合自己的实际，创建公司、单位、科队车间、班组安全文化。不照搬照抄其他企业的安全文化。

（二）行为规范与程序

企业组织的行为规范是组织安全承诺的具体体现和安全文化建设的基础要求。它包括企业所有人员的行为规范。员工的不安全行为管理、员工岗位标准化作业流程管理、设备操作规程、某项作业的安全作业规程和各个行业的安全规程等，这些都是为了规范企业的安全行为。

1. 行为准则是对员工行为的规范

如水在不同的容器中呈现不同的形状，规则就是容器，通过对员工行为的约束、规范和指导，促进员工安全行为的养成，做到"上标准岗，干标准活"。

2. 企业要教育员工具有安全风险预防意识，做到"四不伤害"

不伤害自己、不伤害他人、不被别人伤害、保护别人不受伤害。员工作业前要"五思而后行"：问自己做此项工作有哪些风险？不知道不去做；问自己是否具备做此项工作的技能？不具备不去做；问自己做此项工作所处的环境是否安全？不安全不去做；问自己做此项工作是否有适当的工具？不恰当不去做；问自己做此项工作是否佩戴了合适的个人防护用品？不合适不去做。在以上五项都符合的情况下，员工才能开始作业。

3. 开展岗位标准化作业流程管理

如神东全面开展员工岗位标准化作业流程的编制、视频拍摄与培训，规范员工的作业行为。现场安全管理广泛应用手指口述法。如山东枣矿集团实行手指口述法检查确认设备的安全状况，宁煤集团梅花井煤矿车辆检查采取手指口述法。

4. 创新员工不安全行为管理方法

如补连塔煤矿对发生不安全行为人员，按低、一般、中等、重大、特别重大不安全行为五个等级实行分类管理；开展不安全行为案例征集活动，收集具有真实性、代表性、针对性和参考学习性的不安全行为案例，辨识新的岗位危险源、深刻领悟不安全行为的启示，分享管理经验、避免因不安全行为导致事故。企业对提供不安全行为案例者进行奖励。组织员工行为观测，及时纠正不安全行为。

（三）安全行为激励

激励的作用是巨大的。激励分为目标激励、行为激励、竞赛激励等，激励要投入资金，要分层次进行。美国心理学家亚伯拉罕·马斯洛于1943年在《人类激励理论》中提出需求层次理论，把人的需要从低到高归纳为生理需求、安全需求、社交需求、尊重的需求和自我实现的需求。管理应经常性地调研，弄清员工需要什么，然后有针对性地进行激励。

（1）企业要建立将安全绩效与工作业绩相结合的奖励制度。奖励员工在安全生产中的发明创造、小改小革和安全管理经验，评选季度安全之星、安监之星、明星班组、金牌班长等。如宁煤集团给优秀班组长奖励一辆小轿车，有30多人获奖。如补连塔煤矿为落实带班队长现场管控责任，提升带班安全管理绩效，对年度带班180次以上、所带班组全年未发生不安全行为的带班队长给予万元奖励。

（2）推广白国周六三班组安全管理法。中平能化集团七星公司开拓四队的班长白国周，工作22年没有发生过任何事故，他21年当班组长培育出13名班组长没有发生过安全事故，他带出的230多名工友都没有发生过安全事故。"六三工作法"是煤矿班组安全文化建设的一个完整的管理体系。

（四）安全信息传播与沟通

（1）企业充分发挥报刊、电视台、信息网、微信平台、广播、展览室、宣传图板等媒体的宣传导向功能，广泛宣传企业安全文化、安全管理经验、安全工作亮点和安全生产改革成果。树立"安全管理典型、创新典型、学习典型"等，广泛宣传典型。

（2）企业组织安全管理与技术研讨会、论坛、主题征文、演讲会、现场会、漫画等安全文化活动，开展企业内部的有效沟通与交流。如神东开通董事长信箱、矿长信箱，畅通沟通渠道。

（3）企业还要与政府监管机构和相关方建立良好的沟通。及时传达贯彻国家和地方政府的法律法规及会议精神，使企业合法、有序发展。听取相关方的意见和建议，改进安全文化建设工作。

（五）自主学习与改进

企业要营造良好的学习氛围、创造优越的学习条件、提供丰富的学习机会，提升员工学习能力，培养学习型员工、学习型科研队、学习型单位，激发员工学习的主动性和积极性；员工本着"不主动学习就是放弃自己"的理念，坚持不懈地学习，主动共享知识和经验，共同成就自己和企业的未来。

（1）企业要在管理者和普通员工中选拔、培养一批推动安全文化发展的指导老师，建立完善的安全文化培训体系，编写相关的安全文化培训教材，形成安全文化建设的课程体系和师资队伍。每年评选优秀安全文化管理师和辅导员，表彰安全文化建设的先进集体和个人。

（2）企业要组织开展单位、科队、班组三级安全文化教育培训，科队、班组要组织开展员工实践操作培训、师带徒现场培训。开展新工艺、新技术、新装备和新材料的专题安全培训。如河南煤业化工集团建成11个安全培训机构、60多个安全实操培训基地，开发16个员工在线安全培训考试系统。

（3）常态化开展事故案例警示教育，编制事故案例警示教材，开展事故案例不定期宣讲活动。开展设备消漏补缺案例征集，主要围绕机电设备设计制造缺陷、安全防护设施和安装、搬运、回撤、检修维护等方面存在的安全隐患进行研究，立足现有设备设计缺陷和人员误操作提出针对性防范措施，对人员误操作和设备设计缺陷进行及时发现、及时预防，实现"误操作，设备动作不了，即使误操作，后果也在可控范围之内"。

（六）安全事务参与

（1）企业要满足员工的社交需求，鼓励员工积极参与安全改进和安全管理工作，实现自身价值。组织员工开展岗位风险预见性分析和不安全行为或不安全状态的自查自评活动，员工开诚布公的沟通在企业中蔚然成风。要对主动发现安全问题和隐患的员工给予奖励。

（2）企业要建立承包商参与安全改进的机制，加强与承包商的沟通和交流，要给予培训，使承包商清楚安全生产要求和标准；让承包商参与安全风险分析和经验反馈等活动；倾听承包商对安全改进的意见。如国家能源集团承包商管理实行"五个关口，五个统一"管理法：对承包商严把"准入关、责任关、稳定关、监督关、验收关"（五个关口），并在承包商中"统一推行安全生产管理体系、统一推行安全生产标准化建设、统一推行区队班组建设、统一进行安全教育培训、统一监管考核"（五个统一）。

（七）审核与评估

企业每年开展安全文化建设审核。可外请安全文化建设专家与企业内部安全文化指导老师共同分层次进行审核与评估，采用有效的安全文化评估方法，关注安全绩效下滑的前兆，给予及时的控制和改进。

组织开展安全文化检查与考核评价。安全检查的内容包括查思想、查领导、查现场、查隐患、查制度、查管理。委托中介安全文化评价机构，对企业进行全面、全方位评价，整改管理缺陷。

三、结论

企业安全文化内容丰富，与安全管理有内在的联系，但安全文化不是纯粹的安全管理，二者互相不可取代。安全文化建设是一个长期的过程，是一个系统工程，不可急于求成，企业要在创新中求发展，在发展中求规范，在规范中求深化，在深化中求实效。企业安全文化建设要以广大员工、长远建设、融入建设、综合建设和个性建设为着力点，参考《企业安全文化建设导则》，全面细化落实安全文化建设基本要素，从企业实际出发，多方面、多渠道地探索建设安全文化的途径，发挥安全文化的激励功能、约束功能、凝聚功能、示范功能、育人功能、导向功能和塑形功能，为企业安全健康发展而奋斗。

文章出处：成稿于2021年6月。获神东煤炭集团2021年"落实安全责任 推动安全发展"主题安全文化作品有奖征集安全文化论文一等奖。

后记

优秀的企业文化是企业持续发展的精神支柱和动力源泉，是企业核心竞争力的重要组成部分。神东文化建设史就是一部我国煤炭行业踔厉奋发、砥砺奋进、改革发展奋斗史的缩影。党的十八大以来，神东在集团党组的坚强领导下，创新推动文化建设，积极进行理论研究，认真编写文化案例，精心打造文化品牌，用心创研文化文艺作品，涌现出了一系列文化建设成果。为更好地传承神东精神、彰显神东价值、凝聚神东力量，为神东高质量发展提供精神动力和文化滋养，神东编撰出版了"国能神东煤炭企业文化建设系列丛书"。这套集理论性、实践性于一体的企业文化建设系列丛书，不仅是对神东三十多年来文化建设取得成绩的全面梳理总结，更是讲好神东故事，展示神东形象、传递神东价值的重要载体。

"国能神东煤炭企业文化建设系列丛书"第一册《思想盛宴——理论篇》，集中收录了党的十八大以来公司各部门、各单位的文化思考践行者对于神东企业文化建设的理论探索、课题研究及实践经验总结，为神东企业文化建设工作者在实践工作中提供了理论依据和方法指导。第二册《行动印证——案例篇》总结编写了自2019年神东创领文化"双维度"践行模式发布以来，公司及各单位文化与管理深度融合最新、最具有价值的特色文化案例，在各单位文化践行与日常管理的深度结合方面，具有很强的指导和示范作用。第三册《绽放美好——品牌篇》从文化践行、文化惠民和文化传播三个角度，呈现了近年来神东在文化品牌建设方面的工作成果，为读者提供了一个深入了解神东文化的窗口，向社会传递了神东富有生命力的文化品牌。第四册《原创力量——文艺作品篇》用艺术的方式、优秀的作品唱响神东人爱党爱国、砥砺奋进、积极向上的良好形象,弘扬神东精神,传播神东声音。第五册《神东文韵——传统文化作品篇》用中华优秀传统文化作品表达对伟大祖国的热爱之情,彰显一代又一代神东人艰苦奋斗、开拓务实、争创一流的企业精神。

本套丛书从大纲拟定到编辑出版,经过多次反复斟酌、修改,部分文章更是几易其稿,同时邀请了经验丰富的外部专家进行指导,不仅注重丛书的可读性和实用性,更注重对神东企业文化的精准表达和传播。在策划和撰写过程中,得到了神东各级领导和广大员工的大力支持和积极参与。企业文化中心作为牵头编写单位,多次协调组织专题会议围绕章节分类、文稿撰写、作品选取等进行讨论、修改、完善,多次对全书样稿进行了逐字审核校对。各单位、各部门深度参与丛书的编写创作过程,奉献了丰富的一手资料和文字素材。神东矿区书画协会、摄影协会积极配合,认真筛选、提供文艺作品和传统文化作品。新闻中心相关人员积极参与了书稿的编辑润色和图片的筛选提供。煤炭技术研究院给予了很多技术服务支持。正是大家各尽所能、同心合力,无怨无悔地付出,使得丛书得以顺利出版。

可以说,本套丛书是全体参与者集体智慧和共同劳动的结晶。借此机会,对丛书编写过程中提供了大力支持、帮助的各方面领导、专家,相关部门和单位,以及参与编写的全体工作人员,一并致以深深的感谢!

本套丛书编辑历时一年多,规模达一百多万字。受编写水平所限,书中不当、不周之处在所难免。诚恳欢迎各位领导、专家学者和广大读者批评指正,以便我们更好地改进和提升,共同推动神东企业文化建设再结累累硕果。

编者